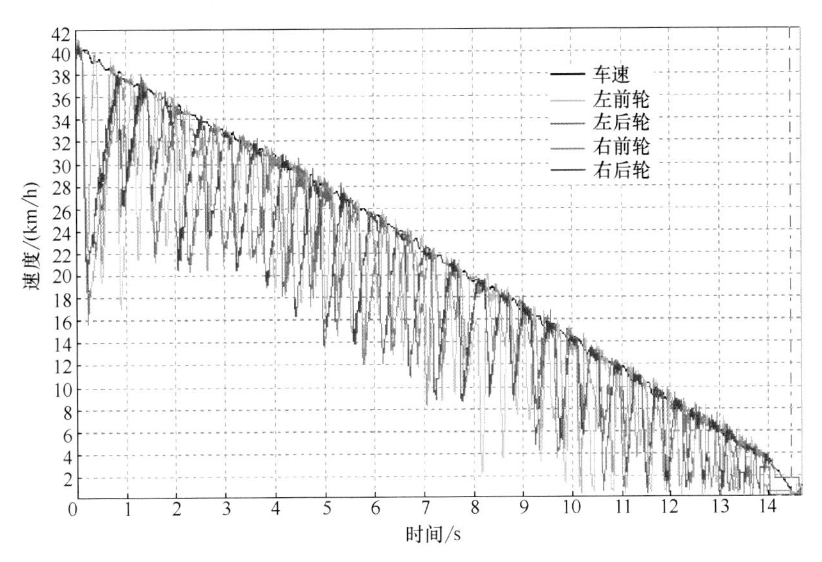

图 4.14　低附着系数路面、40km/h 车速附加检查

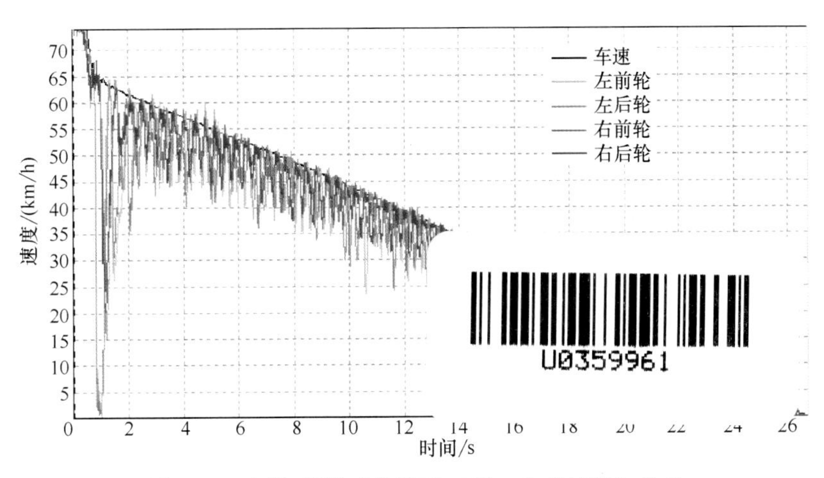

图 4.15　高附-低附对接路面、72km/h 车速附加检查

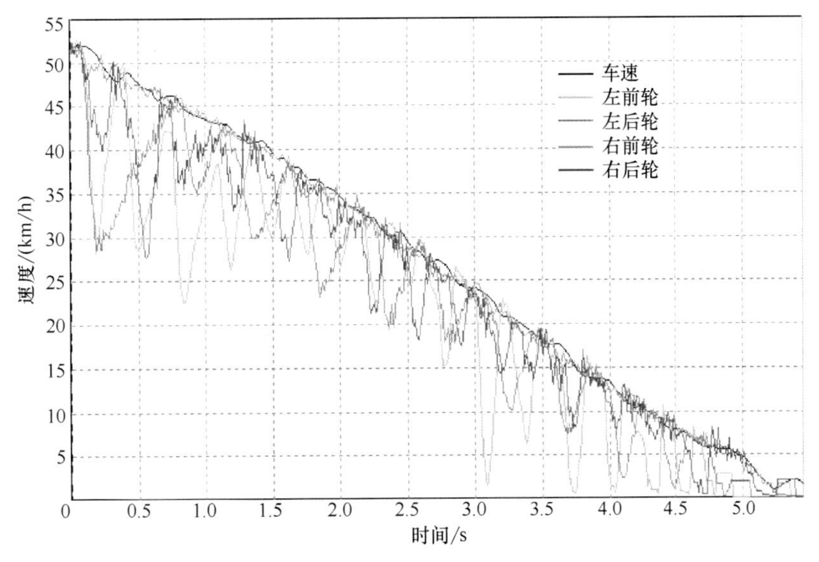

图 4.16　对开路面附加检查

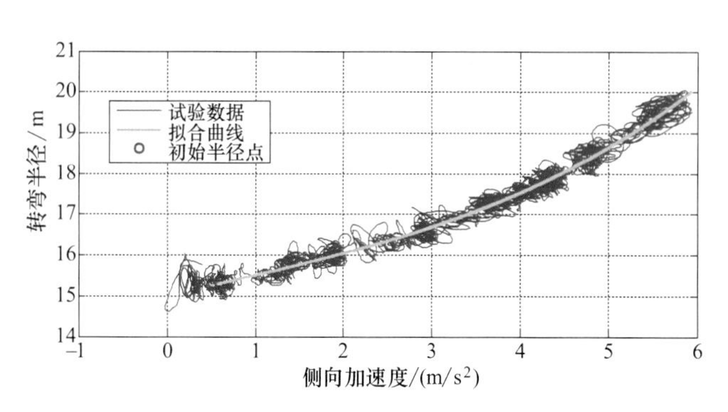

图 5.17 转弯半径与侧向加速度关系曲线

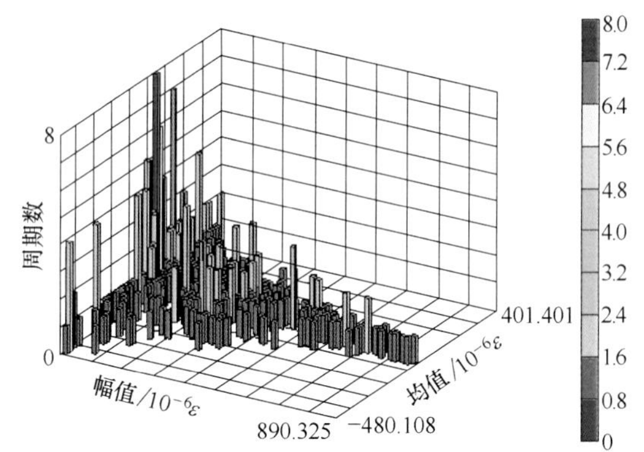

图 7.18 雨流计数结果示例

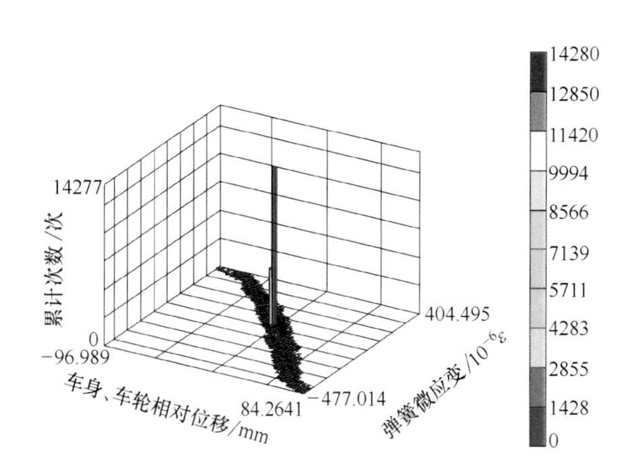

图 7.19 位移与弹簧应变的联合概率密度

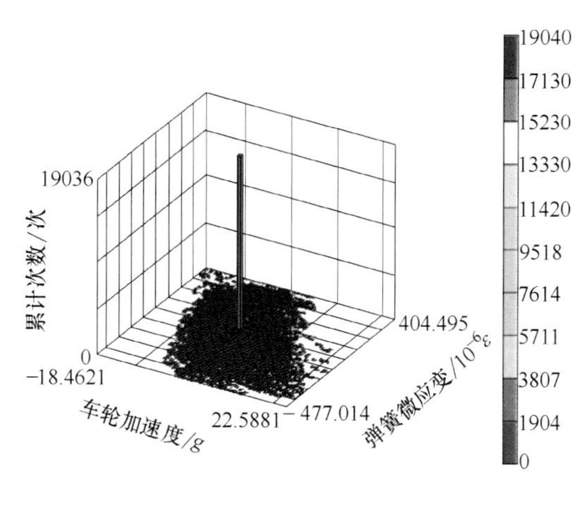

图 7.20 加速度与弹簧应变的联合概率密度

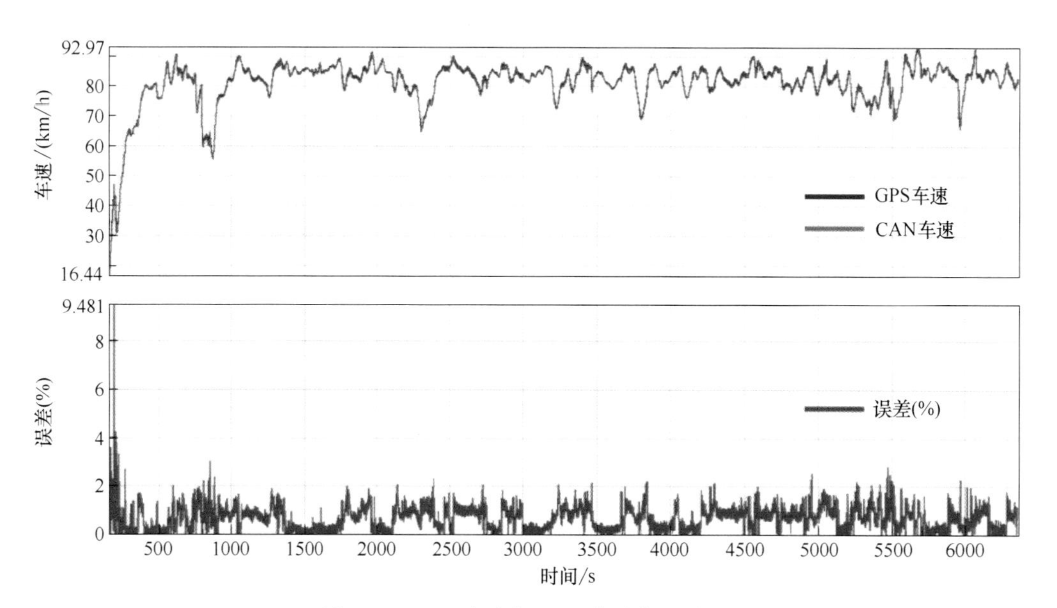

图 7.29 GPS 车速与 CAN 车速信号对比

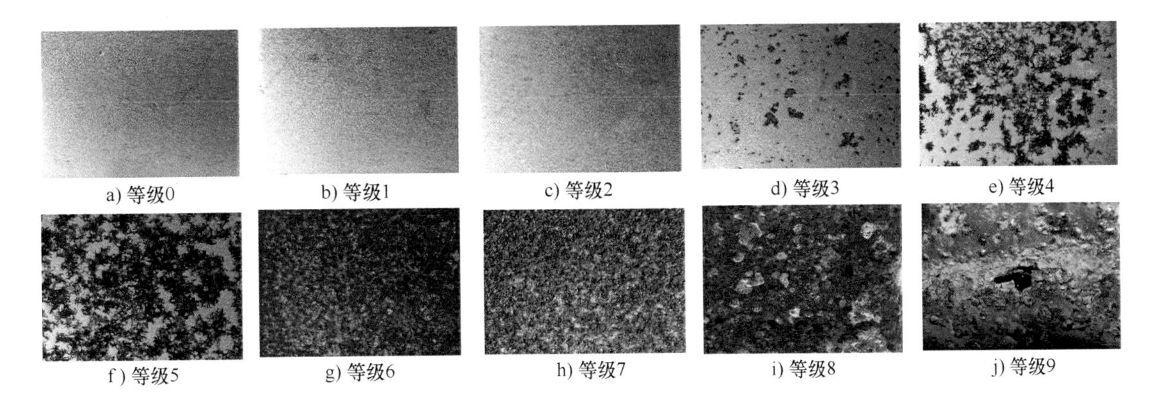

图 8.6　腐蚀等级示意图

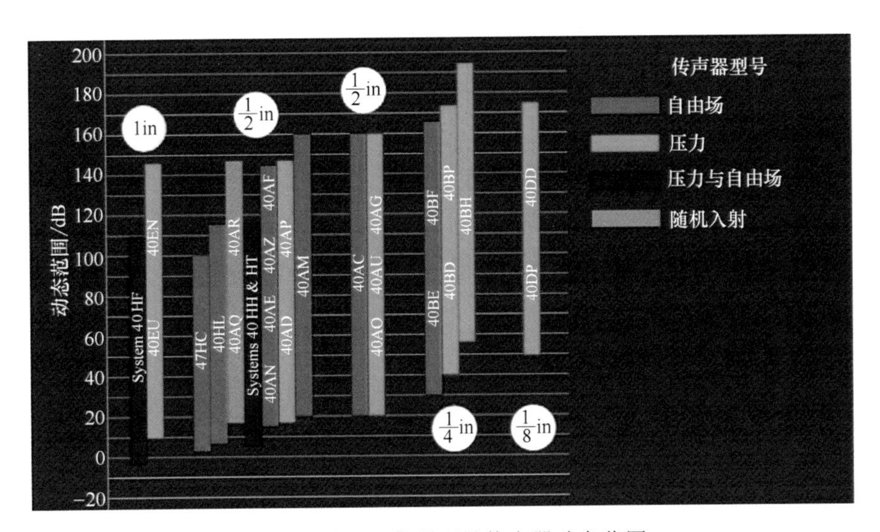

图 9.9　GRAS 常见型号传声器动态范围

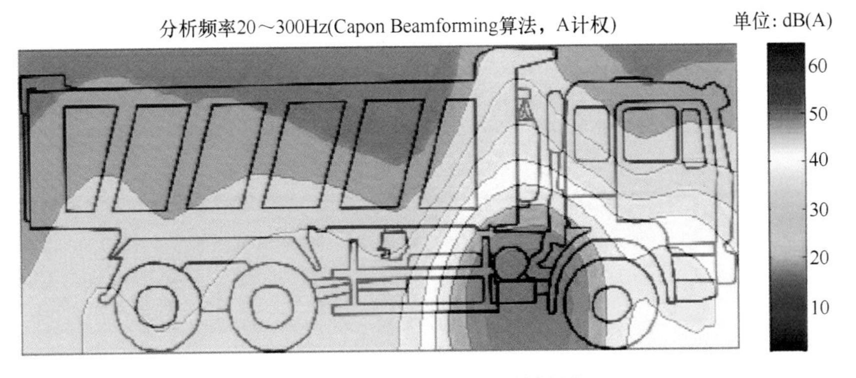

图 9.26　声源定位测量结果图

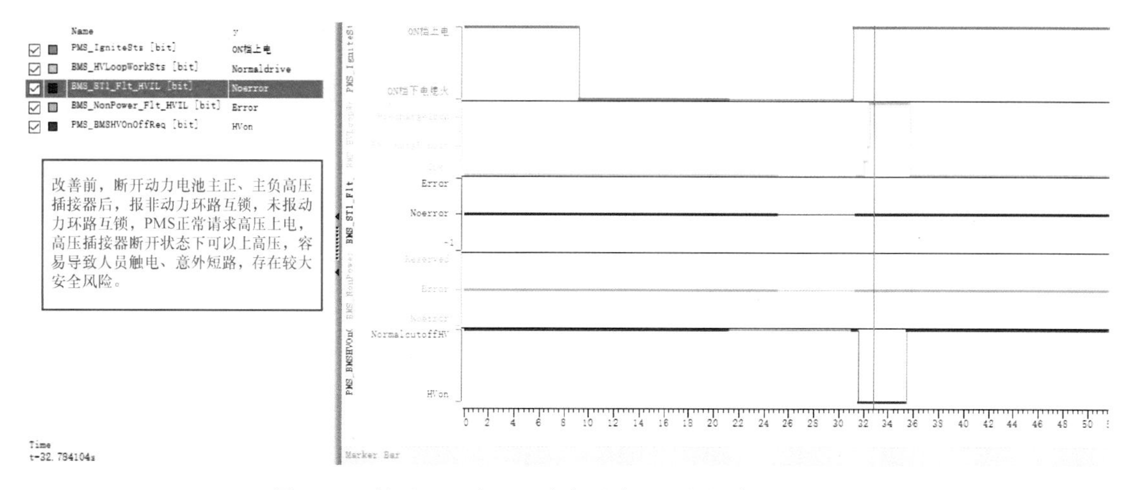

图 13.8　断开 BMS 主正、主负后高压互锁状态 CAN 报文

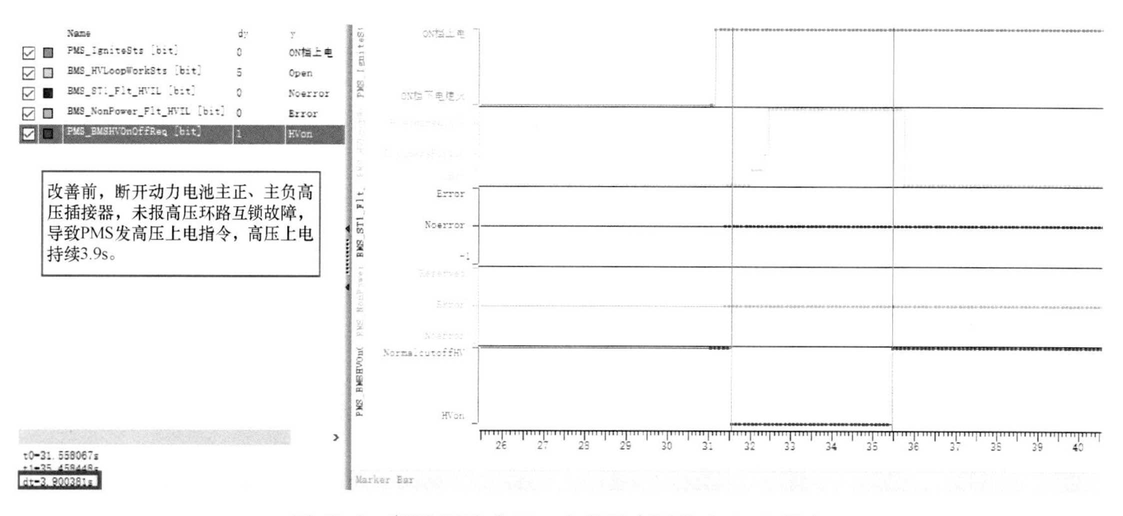

图 13.9　断开 BMS 主正、主负后高压状态 CAN 报文

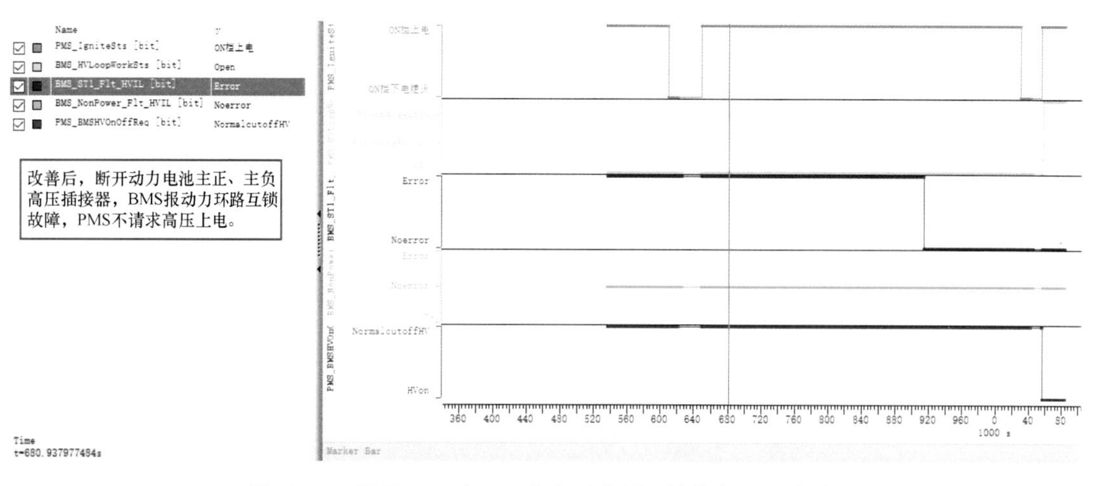

图 13.10　断开 BMS 主正、主负后高压互锁状态 CAN 报文

汽车技术创新与研发系列丛书

汽车道路试验及数据分析

运伟国　李　彬　编著

机 械 工 业 出 版 社

本书主要介绍汽车道路试验的原理、试验条件和试验方法，结合编者多年的实际工程经验，针对目前汽车相关专业学生和汽车研发人员缺乏整车试验，特别是道路试验相关实践经验的情况，从基础开始，系统地介绍汽车试验的理论、方法、过程和具体应用场景。本书通过大量的实际案例让读者深入了解每项汽车试验的理论依据、试验步骤、数据处理和相关注意事项，既涵盖了动力性、经济性、制动性能、操纵稳定性、可靠性、耐久性、环境适应性等传统试验项目的相关知识，又包括了智能驾驶试验、新能源汽车整车专项试验等新领域的技术。

本书可供从事汽车研发、试验等方面的工程技术人员和管理人员参考，也可作为高等院校汽车相关专业的教材和参考用书。

图书在版编目（CIP）数据

汽车道路试验及数据分析/运伟国，李彬编著. —北京：机械工业出版社，2024. 5

（汽车技术创新与研发系列丛书）

ISBN 978-7-111-75348-3

Ⅰ. ①汽… Ⅱ. ①运… ②李… Ⅲ. ①行车试验-数据处理 Ⅳ. ①U467. 1

中国国家版本馆 CIP 数据核字（2024）第 054597 号

机械工业出版社（北京市百万庄大街 22 号　邮政编码 100037）

策划编辑：舒　恬　　　　责任编辑：舒　恬

责任校对：张勤思　李小宝　　责任印制：李　昂

北京捷迅佳彩印刷有限公司印刷

2024 年 8 月第 1 版第 1 次印刷

184mm×260mm · 16. 5 印张 · 2 插页 · 406 千字

标准书号：ISBN 978-7-111-75348-3

定价：169. 90 元

电话服务　　　　　　　　　　网络服务

客服电话：010-88361066　　机　工　官　网：www. cmpbook. com

　　　　　010-88379833　　机　工　官　博：weibo. com/cmp1952

　　　　　010-68326294　　金　书　网：www. golden-book. com

封底无防伪标均为盗版　　机工教育服务网：www. cmpedu. com

序　言

汽车道路试验随着汽车工业的发展，已有百余年历史。早在1924年，美国通用汽车在全球率先建立了第一个汽车试验场，标志着汽车道路试验从理论真正地走向实践，各大汽车公司开始使用专用设施设备，按照预定程序进行汽车道路试验。汽车道路试验最贴近用户真实使用场景，能充分检验汽车产品可靠性和性能表现，是汽车产品研发非常重要的一个环节。

本书信息量大、内容全面，系统阐述了汽车道路试验的原理与方法，覆盖了动力性与经济性试验、制动与操纵稳定性试验、耐久与可靠性试验、振动与噪声试验、环境适应性与排放试验等知识内容。本书按照试验类型划分章节，每章以汽车评价指标作为基础，然后详细论述各类道路试验的方法，介绍了与之配套的试验设备要求，并对每项试验数据处理方法进行了剖析，给出详细的数据计算过程，最后结合实际工程案例，例如抖动问题、能耗过高问题，引导读者通过试验数据分析解决产品问题。

近年来我国新能源汽车产业取得了长足进步，并在全球新能源汽车市场上崭露头角。新能源汽车技术的进步，对新能源汽车道路试验也带来了新的挑战。传统发动机被锂电池、电机所替代，失效模式和用户需求也发生变化，汽车传统试验方法已不能完全解决新能源汽车的问题，本书结合新能源汽车特点和行业情况，详细阐述了智能驾驶试验、三电耐久性试验、功能验证、能量流试验等新能源汽车专项试验方法，也体现了汽车道路试验技术创新成果。因此本书的出版对于汽车道路试验领域有极大的学术价值和实用参考价值。

本书最大的特点是理论与实践相结合。运伟国博士在汽车道路试验领域有着十几年的工作经验，他将具体工作经验与汽车试验理论知识相结合，才能写出这样兼具理论与实践的专著。本书凝聚了作者大量的实际试验工程经验，也是作者对自己多年工作的一个专业总结，所以本书可作为院校汽车相关专业学习用书，也可作为汽车试验工程师的参考书籍。

前　言

汽车道路试验是汽车研发过程中的关键一环，它能够更准确地模拟用户使用条件，包括各种路面状况和气候条件，能够准确评价汽车产品的性能。随着新能源、智能网联技术的应用，汽车道路试验变得越来越重要。它不仅能够为汽车开发人员提供汽车关键性能实测数据，也是汽车是否可以投放市场的重要依据之一。

汽车道路试验是一门以车辆为对象，以数学、力学、统计学、计算机科学、数字信号处理等多学科知识为理论基础的跨学科、跨专业综合性学科，目前高校车辆工程及相关专业也开始普及该课程，但现已出版的汽车道路试验相关书籍偏重于汽车基本理论知识，与实际试验工程结合得不够深入。

本书由浅入深，系统地介绍了汽车试验的理论、方法、过程和具体应用场景，并融入了作者十几年汽车道路试验工程经验。通过大量的实际工程案例，让读者深入理解每项汽车试验的理论依据、试验步骤、数据处理和相关注意事项，本书既涵盖了动力性、经济性、制动性能、操纵稳定性等传统试验项目的相关知识，又包括了新能源汽车专项试验、智能驾驶试验等新领域的技术。本书可作为院校汽车相关专业的基础教材，也可以作为汽车研发工程人员参考用书。

本书共13章，第1章重点介绍了汽车试验基本概念和分类；第2、3章分别介绍了汽车动力性和经济性试验，融入了新能源汽车试验数据分析案例，例如爬坡车速、电耗试验；第4、5章分别介绍了汽车制动性能和操纵稳定性试验，并加入了实际工程问题分析案例，比如针对制动距离不合格、转向回正性能差等问题的分析；第6~8章分别介绍了汽车可靠性、耐久性、环境适应性试验，对可靠性、耐久性进行明确的区分和定义，并加入了制定可靠性增长试验、耐久试验规范等工程案例；第9、10章分别介绍了汽车噪声、振动试验，并介绍了实际噪声问题分析案例；第11章为汽车道路排放试验；第12章介绍汽车智能驾驶试验，从封闭道路试验、道路在环仿真测试、开放道路测试等方面进行了系统阐述；第13章是新能源汽车整车专项试验，着重讲述了新能源汽车三电系统试验方法，包括功能验证、高压安全等。

衷心感谢支持本书编写的所有领导、前辈和同仁，由于编者能力和水平有限，书中难免有疏漏和不妥之处，欢迎读者批评指正！请将反馈信息发送至654476668@qq.com。

编　者

目录

序言

前言

第 1 章　绪论 ………………………………… 1

1.1　基本概念 ………………………………… 1

1.2　汽车试验的分类 ………………………… 1

1.2.1　按试验目的分类 ……………………… 1

1.2.2　按试验对象分类 ……………………… 2

1.2.3　按试验场所分类 ……………………… 2

1.2.4　汽车试验标准 ………………………… 4

1.3　汽车试验基本步骤 ……………………… 5

1.4　本书定位与特点 ………………………… 6

第 2 章　汽车动力性试验 …………………… 7

2.1　汽车动力性评价指标 …………………… 7

2.1.1　汽车动力性常用评价指标 …………… 7

2.1.2　电驱动汽车动力性特有的评价指标 ………………………………… 7

2.2　汽车动力性试验常用设备 ……………… 8

2.2.1　光电式车速测试系统 ………………… 8

2.2.2　卫星信号接收式车速测试系统 …… 9

2.2.3　底盘测功机 …………………………… 9

2.3　汽车动力性试验条件 …………………… 10

2.3.1　道路条件 ……………………………… 10

2.3.2　环境条件 ……………………………… 10

2.3.3　测量精度条件 ………………………… 11

2.3.4　车辆条件 ……………………………… 11

2.4　汽车动力性试验方法及数据处理 ……… 12

2.4.1　最高车速试验 ………………………… 12

2.4.2　加速性能试验 ………………………… 13

2.4.3　最大爬坡度试验 ……………………… 14

2.4.4　最低稳定车速试验 …………………… 15

2.4.5　30min 最高车速试验（仅适用于电动汽车） ………………………… 15

2.4.6　爬坡车速（适用于电动汽车） …… 15

2.4.7　坡道起步能力试验（适用于电动汽车） ………………………………… 16

2.4.8　驱动功率、稳定车速试验 ………… 16

2.5　汽车动力性试验数据分析案例 ……… 16

2.5.1　最大爬坡度分析 ……………………… 16

2.5.2　最高车速试验抖动问题分析 ……… 17

第 3 章　汽车经济性试验 ………………… 20

3.1　汽车经济性评价指标 ………………… 20

3.1.1　传统汽车经济性评价指标 ………… 20

3.1.2　纯电动汽车经济性评价指标 ……… 20

3.1.3　混合动力汽车经济性评价指标 …… 20

3.2　汽车经济性法规及测试标准 ………… 21

3.3　汽车燃油经济性试验常用设备 ……… 22

3.3.1　全流排放分析仪 ……………………… 22

3.3.2　油耗仪/气耗仪 ……………………… 24

3.3.3　功率分析仪 …………………………… 27

3.4　行驶阻力测试 ………………………… 28

3.4.1　轻型车道路行驶阻力测试方法 …… 29

3.4.2　重型车道路行驶阻力测试方法 …… 34

3.4.3　对于电驱动汽车滑行的要求 ……… 36

3.5　车辆经济性试验（底盘测功机法） … 37

3.5.1　试验工况 ……………………………… 37

3.5.2　试验准备 ……………………………… 41

3.5.3　试验方法 ……………………………… 42

3.5.4　数据处理 ……………………………… 43

3.6　车辆经济性试验（实际道路试验法） ………………………………… 43

3.6.1　试验设备的安装 ……………………… 43

3.6.2　试验工况 ……………………………… 44

3.6.3　等速行驶工况能耗测试 …………… 44

3.6.4　加速行驶工况能耗测试 …………… 45

3.6.5　怠速工况能耗测试 …………………… 45

3.6.6　模拟用户使用工况的道路能耗测试 ………………………………… 46

3.6.7　实际道路的背靠背能量消耗量对比测试 ………………………………… 46

3.7　经济性优化分析案例 ………………… 48

第 4 章　汽车制动性能试验 …… 50
4.1　汽车制动性能评价指标 …… 50
4.1.1　基本理论 …… 50
4.1.2　评价指标 …… 52
4.2　汽车制动性能试验常用设备 …… 55
4.2.1　制动试验数采主机 …… 55
4.2.2　制动触发设备 …… 56
4.2.3　踏板力计和驻车制动力计 …… 56
4.2.4　拉线位移传感器 …… 57
4.2.5　轮速传感器 …… 57
4.2.6　液压压力传感器 …… 58
4.2.7　气压压力传感器 …… 58
4.2.8　热电偶 …… 58
4.3　汽车制动性能试验条件 …… 58
4.3.1　道路条件 …… 58
4.3.2　环境条件 …… 58
4.3.3　车辆条件 …… 58
4.4　汽车制动性能试验方法及数据处理 …… 59
4.4.1　行车制动性能试验 …… 59
4.4.2　应急制动性能试验 …… 62
4.4.3　驻车制动性能试验 …… 63
4.4.4　防抱死制动性能试验 …… 63
4.4.5　制动系统时间响应特性试验 …… 70
4.4.6　气压制动系统专项试验 …… 71
4.4.7　制动踏板感知试验 …… 71
4.4.8　再生制动系统制动稳定性试验 …… 72
4.5　制动性能数据分析案例 …… 72
4.5.1　制动问题 …… 72
4.5.2　原因分析 …… 73
4.5.3　整改方案和效果验证 …… 74
第 5 章　汽车操纵稳定性试验 …… 75
5.1　汽车操纵稳定性评价指标 …… 75
5.1.1　基本理论 …… 75
5.1.2　评价指标 …… 77
5.2　汽车操纵稳定性试验常用设备 …… 80
5.2.1　测力转向盘 …… 81
5.2.2　惯性导航系统 …… 81
5.2.3　驾驶机器人 …… 82
5.3　汽车操纵稳定性试验条件 …… 82
5.3.1　道路条件 …… 82
5.3.2　环境条件 …… 82
5.3.3　车辆条件 …… 82
5.4　汽车操纵稳定性试验方法及数据处理 …… 83
5.4.1　稳态回转试验 …… 83
5.4.2　转向回正试验 …… 85
5.4.3　转向轻便性试验 …… 87
5.4.4　转向盘转角阶跃输入试验 …… 89
5.4.5　转向盘转角脉冲输入试验 …… 91
5.4.6　蛇行试验 …… 92
5.4.7　转向盘中心区操纵稳定性试验 …… 93
5.5　汽车操纵稳定性数据分析案例 …… 96
5.5.1　转向不回正问题数据分析 …… 96
5.5.2　稳态回转过度转向问题数据分析 …… 97
第 6 章　汽车可靠性试验 …… 99
6.1　汽车可靠性评价指标 …… 99
6.1.1　基本理论 …… 99
6.1.2　评价指标 …… 102
6.2　汽车可靠性试验方法 …… 102
6.2.1　试验计划制订 …… 102
6.2.2　试验实施 …… 104
6.3　汽车可靠性试验数据处理 …… 105
6.3.1　故障统计原则 …… 105
6.3.2　数据处理方法 …… 106
6.4　汽车可靠性试验数据分析案例 …… 108
第 7 章　汽车耐久性试验 …… 110
7.1　汽车耐久性评价指标 …… 110
7.1.1　基本理论 …… 110
7.1.2　评价指标 …… 116
7.2　汽车耐久性试验常用设备 …… 116
7.2.1　应变片 …… 116
7.2.2　加速度传感器 …… 117
7.2.3　位移传感器 …… 117
7.2.4　车轮六分力传感器 …… 118
7.2.5　数据记录仪 …… 119
7.3　汽车道路载荷谱采集及分析方法 …… 119
7.3.1　采集目的 …… 119
7.3.2　数据基本检查 …… 120
7.3.3　时域分析 …… 120
7.3.4　频域分析 …… 122
7.3.5　概率分析 …… 124
7.4　试验场耐久性试验方法 …… 126
7.4.1　试验场规范制定 …… 126
7.4.2　试验台数及里程要求 …… 128
7.4.3　耐久性试验实施 …… 129
7.5　用户关联数据分析案例 …… 131

7.5.1 载荷谱采集 …… 131
7.5.2 载荷谱数据基础处理 …… 132
7.5.3 优化匹配计算 …… 133
第8章 汽车环境适应性试验 …… 136
8.1 汽车环境适应性试验评价指标 …… 136
8.1.1 传统汽车环境适应性评价指标 … 136
8.1.2 新能源汽车环境适应性评价指标 …… 137
8.2 汽车环境适应性试验常用设备 …… 137
8.2.1 热电偶 …… 137
8.2.2 压力传感器 …… 137
8.2.3 手持气象仪 …… 138
8.2.4 太阳辐射测量仪 …… 138
8.2.5 强化腐蚀专用设施 …… 138
8.3 汽车环境适应性试验方法及数据处理 …… 139
8.3.1 高温试验 …… 139
8.3.2 高原试验 …… 139
8.3.3 高寒试验 …… 140
8.3.4 自然暴露试验 …… 141
8.3.5 强化腐蚀试验 …… 145
8.4 汽车环境适应性数据分析案例 …… 148
第9章 汽车整车噪声试验 …… 150
9.1 汽车整车噪声评价指标 …… 150
9.1.1 声压与声压级 …… 151
9.1.2 声功率和声功率级 …… 152
9.1.3 声强与声强级 …… 152
9.1.4 语言清晰度 …… 153
9.2 汽车噪声试验常用设备 …… 154
9.2.1 声级计 …… 154
9.2.2 传声器 …… 155
9.2.3 传声器校准器 …… 159
9.2.4 声强探头 …… 159
9.2.5 声阵列 …… 161
9.2.6 噪声数据采集仪 …… 161
9.3 汽车整车噪声测试方法及数据处理 … 161
9.3.1 加速行驶车外噪声测试方法 …… 162
9.3.2 车内外特殊点噪声测试方法 …… 168
9.3.3 整车道路噪声源识别 …… 171
9.3.4 新能源汽车道路噪声测试 …… 174
9.4 汽车噪声超标整改分析案例 …… 174
9.4.1 试验方案 …… 174
9.4.2 试验结果和分析 …… 175
9.4.3 消声器改进和效果验证 …… 176
9.4.4 试验研究结论 …… 176
第10章 汽车整车振动试验 …… 177
10.1 汽车振动性能评价指标 …… 177
10.1.1 振动信号的基本评价指标 …… 177
10.1.2 汽车平顺性评价指标 …… 178
10.1.3 隔振系统的评价指标 …… 179
10.2 振动测试系统及传感器 …… 179
10.2.1 数据采集仪 …… 179
10.2.2 汽车振动测试用传感器 …… 180
10.2.3 振动数据处理软件 …… 183
10.3 振动数据采集及预处理 …… 184
10.3.1 采样定理 …… 184
10.3.2 振动数据预处理 …… 184
10.4 道路振动试验及数据处理 …… 186
10.4.1 车内外关键点振动测试 …… 186
10.4.2 车辆悬架系统隔振特性测试 …… 188
10.4.3 悬置系统隔振特性测试 …… 189
10.4.4 汽车平顺性道路试验 …… 190
10.5 某商用车驾驶室平顺性改进分析案例 …… 202
10.5.1 不同车速下相关位置功率谱密度对比分析 …… 202
10.5.2 原因分析 …… 204
10.5.3 整改方案实施和效果验证 …… 205
第11章 汽车道路排放试验 …… 207
11.1 汽车道路排放评价指标 …… 207
11.1.1 排放法规 …… 207
11.1.2 评价指标 …… 208
11.2 汽车道路排放试验常用设备 …… 208
11.2.1 PEMS设备主要组成模块 …… 208
11.2.2 PEMS设备基本原理 …… 208
11.3 汽车道路排放试验条件 …… 210
11.3.1 道路条件 …… 210
11.3.2 车辆条件 …… 210
11.3.3 设备安装条件 …… 211
11.3.4 驾驶员条件 …… 212
11.4 道路排放试验方法 …… 212
11.4.1 上电预热 …… 212
11.4.2 设备标定 …… 212
11.4.3 时间参数校正 …… 213
11.4.4 车辆启动检查 …… 213
11.4.5 试验运行 …… 213

11.4.6 试验后检查 …… 213
11.5 道路排放试验数据处理方法 …… 214
11.5.1 轻型车道路排放数据处理方法 …… 214
11.5.2 重型车道路排放数据处理方法 …… 216
第12章 汽车智能驾驶试验 …… 218
12.1 汽车智能驾驶评价指标 …… 218
12.1.1 安全 …… 218
12.1.2 体验 …… 219
12.1.3 配置 …… 219
12.2 汽车智能驾驶试验常用设备 …… 220
12.2.1 模拟目标物 …… 220
12.2.2 模拟目标物载体 …… 220
12.2.3 惯性导航系统 …… 220
12.2.4 道路环境采集设备（含传感器） …… 221
12.3 汽车智能驾驶试验条件 …… 223
12.3.1 道路条件 …… 223
12.3.2 环境条件 …… 223
12.3.3 车辆及试验设备要求 …… 223
12.4 汽车智能驾驶试验方法 …… 225
12.4.1 封闭场地试验 …… 225
12.4.2 道路在环仿真测试 …… 239
12.4.3 开放道路测试 …… 239
12.4.4 V2X功能验证 …… 241
12.5 汽车智能驾驶数据分析案例 …… 242
12.5.1 AEB失效问题 …… 242
12.5.2 原因分析 …… 242
12.5.3 整改方案和效果验证 …… 243
第13章 新能源汽车整车专项试验 …… 244
13.1 能量流试验 …… 244
13.1.1 能量流试验条件 …… 244
13.1.2 能量流试验方法 …… 244
13.1.3 能量流试验数据分析 …… 245
13.2 整车功能验证 …… 246
13.2.1 整车功能验证常用设备 …… 247
13.2.2 整车功能验证方法 …… 247
13.3 整车三电耐久性试验 …… 250
13.3.1 整车三电耐久性试验方法 …… 250
13.3.2 整车三电耐久性试验注意事项 …… 250
13.4 高压安全试验 …… 250
13.4.1 绝缘电阻测量 …… 251
13.4.2 绝缘电阻监测功能测试 …… 252
13.4.3 电位均衡试验 …… 252
13.4.4 涉水试验 …… 253
13.5 新能源汽车数据分析案例 …… 253
参考文献 …… 254

第1章

绪论

1.1　基本概念

由于汽车需在不同的道路、地理和气候条件下使用，它的性能、效率、可靠性和耐久性等不能只依靠仿真计算，必须经过试验证实。汽车试验是汽车工程重要的组成部分，也是现代汽车技术发展的主要推手，它对整车性能的提升具有举足轻重的作用，可以说没有汽车试验的发展，就没有汽车工业的今天。

汽车试验通常是指在专用试验场，或其他专用实验室，使用专用设备、设施，依照试验大纲及有关标准，对汽车或总成部件进行各种测试的工作过程。也可以根据需要在常规道路上或典型地域进行相关试验，如限定工况的实际行驶试验、地区适应性试验等。通过实测的手段确定汽车或与汽车有关的某些参数，这些参数可以是定量的，也可能是定性的。

汽车试验的目的是对汽车产品的性能进行检验，使其缺陷和薄弱环节得到充分暴露，以便进一步对试验数据进行研究，并提出车型的具体改进意见，以提高汽车整体质量和性能。总之，汽车试验是发现问题的重要手段，是对汽车各项性能做出客观评价的主要依据。

1.2　汽车试验的分类

在汽车研发过程中，为了保证汽车的技术特性、可靠性、耐久性和环境适应性，需要做大量的试验。汽车试验可以按照试验目的、试验对象和试验场所进行具体分类，如图 1.1 所示。

试验目的	试验对象	试验场所
•质量检查试验 •新产品定型试验 •科研探索试验	•整车试验 •系统及总成试验 •零部件试验	•室外道路试验 •室内台架试验 •试验场试验 •客户试用试验

图 1.1　汽车试验的分类

1.2.1　按试验目的分类

1. 质量检查试验

通过定期检查，鉴定目前生产的汽车产品质量的稳定性，如果检查要求由用户提出，也可以不定期。由于产品的技术性能和质量指标参数已经确定、试验规范已经成型，并且产品质量检查强调时效性，所以这类试验比较简单。

2. 新产品定型试验

新产品（包括整车、总成或零部件）在正式投产前进行的全面性能试验，必须按照国家相关试验标准和规程进行，通常还要选择不同试验环境，验证汽车在不同温度、湿度、海拔以及环境气候下的适应性。一般要进行多轮试验，样件数量逐轮增加，每轮发现的问题应该及时改进，直到性能要求全面满足，产品设计和工艺参数等全部确定。质量检查试验和新产品定型试验有时也统称为产品检验性试验。

3. 科研探索试验

为了改进现有产品或研制新产品、开发新技术，就要对车辆的新部件、新结构、新材料和新工艺等进行相关试验。此外，还包括对汽车及相关领域基础理论和技术的研究，以及对汽车试验方法本身的探究。科研探索试验的研究对象主要是目前尚无普遍应用的产品和技术，涉及诸多尚未普遍验证的理论和方法，其具有难度高、深度大和广度宽的特点。

1.2.2 按试验对象分类

1. 整车试验

整车试验通常在整车不解体或仅拆卸少量外露零部件的条件下对汽车的各主要性能进行考察和评价，主要包括汽车的动力性、经济性、制动性、操纵稳定性、平顺性和通过性等，还有环保性、电磁兼容性、整车技术参数的测量以及虚拟试验等。汽车整车试验，尤其是整车的道路试验，相对于其他汽车试验更接近汽车的真实使用状况，对于客观评价汽车使用性能、发现实际使用工况下的异常状况和可靠性问题、考察汽车的设计制造水平、对汽车以及相关领域理论方法的验证和创新，都具有重要意义。但是，由于整车不解体，试验中的部分异常现象和故障难以准确判断其来源，车辆性能与各组成部分之间的影响关系也不易厘清。

2. 系统及总成试验

系统及总成试验主要考察系统或总成的工作性能、强度和耐久性等，例如测试发动机的功率、电动机的转矩、变速器的静挠度或钢板弹簧总成的疲劳强度等。

3. 零部件试验

零部件试验主要考察被试件的设计和工艺合理性，主要测试项目包括强度（静强度和疲劳寿命）、刚度、抗磨损能力和工艺、选材的合理性等。例如齿轮类的疲劳寿命试验、传动轴滑动花键磨损试验、整体式驱动桥壳的垂直弯曲刚度和强度试验等。

1.2.3 按试验场所分类

试验场所主要有室内和室外两个场所。在这两个场所进行试验各有优劣、互为补充。

1. 室外道路试验

室外道路试验是指在室外实际道路上对车辆的技术性能进行验证。试验场地条件和车辆的实际运行条件一致，通常不需要对车辆进行解体，驾驶操作真实，可以进行几乎所有整车性能试验，而且其结果可信度较高。但室外行驶条件不易控制，试验过程易受各种无关因素的干扰，数据重复性较差。车载条件也对测试仪器设备提出了更高的要求。而且室外道路试验的组织和实施耗时较长，动用人员较多。近年来，随着测试技术的进步，小型高性能传感器、电子化与智能化车载数据记录处理设备和信号短距离无线传输遥测系统等的应用日益增多，大大提高了汽车道路试验的能力，降低了试验难度。

对于有越野性能要求的车辆，“道路”也可以包括泥土地、涉水地、沙地、冰雪地等非铺装路面。

2. 室内台架试验

室内台架试验是指在汽车实验室内搭建专用试验台架，利用试验台模拟实际使用工况，对汽车整车或总成、零部件进行测试。室内环境易于控制试验条件，允许对被试件施加各种可控载荷，可以消除天气、道路状况和交通流量等室外随机因素的影响，有利于组织和安排试验，缩短试验周期，且试验数据精密度高、重复性好、可比性强。但汽车行驶阻力、整车或车轮的惯量、车轮垂直载荷变动、悬架动变形或路面附着系数等真实行驶工况，需要靠台架模拟，其精确度是一个需要重视的问题，否则试验结果是不可信的。而且，由于室内台架试验的被试件大多停留于原地，缺乏迎面风，长时间大负荷运转时需配置散热设备。台架本身搭建和调试时间可能较长，但试验操作本身过程较短（对于疲劳寿命类试验，台架运行的时间很长，但一般并不需要全程人工操作和监控），仪器设备大多是固定式的，比较容易布置和操控。台架试验需要考虑设备运转时周围操作人员的安全防护问题。

3. 试验场试验

世界上第一个试车场建成于1917年的美国，发展至今，世界各地拥有大大小小的试车场超过200个。而中国第一个试车场建成于1987年，位于海南琼海，随后，包括襄阳达安汽车试验场、安徽定远解放军总后勤试验场等一批试验场陆续建成。但是，最初试验场并非为轿车试验而建，主要是用于货车和军用车辆的试验。这些试验场到21世纪才陆续开放为轿车进行试验。

试验场试验也可以看成是一种室外道路试验，但其路面（地面）是根据不同试验项目和目的严格按照规范修建的。同一个试验场，划分为不同的功能区，建有不同的分场地（跑道）以供不同试验项目使用，如图1.2和图1.3所示。大型试验场还具有配套设施完备、服务周全和试验安全性高等优点。

图1.2 中汽中心盐城汽车试验场

图1.3 襄阳达安汽车试验场

国内主要的试验场有襄阳达安汽车试验场、中汽中心盐城汽车试验场、交通运输部公路交通综合试验场（北京通州汽车试验场）、海南汽车试验场、定远汽车试验场、一汽农安汽车试验场、上海通用泛亚安徽广德试验场、大众在华三大试车场（新疆、长春、安亭）、福特南京高淳试车场、丰田常熟试车场、广州本田增城试验场、东风大连试车场、重庆西部汽车试验场、长城保定试车场、重庆机动车强检试验场、比亚迪汽车试验场、中汽中心呼伦贝尔冬季试验场、长安大学汽车综合性能试验场等。试验场的强化测试道路主要进行零部件、车身、悬架、总成等结构的强化疲劳及可靠性试验，而性能测试设施主要进行整车及总成的各种性能测试，例如中汽中心呼伦贝尔冬季试验场、黑河红河谷汽车测试中心、博世（呼伦贝尔）汽车测试技术中心。每年有几个月的气温达到-35℃及以下，是进行冰雪及低温起动、扬雪等试验的绝佳场所。

国内汽车试验场典型的试验道路有高速环道、综合性能路、回转特性试验广场、多附着系数制动试验路、石块路、卵石路、鱼鳞坑、扭曲路、搓板路、比利时路、越野路等。利用汽车试验场，试验安排和组织更有条理，测试过程更科学，试验工况更具典型性，大大提高了试验的效率和数据结果的可信度。

4. 客户试用试验

所谓“试用试验”就是在实际使用中对车辆（或车辆的某部分）的某个指标进行测试。这当然也是在室外道路上进行的。但这种“试验”往往并不是利用专业试验仪器设备进行通常意义上的测试，而是仅仅由试验员（此处的“试验员”一般来说就是该车的实际驾驶员）对某些行车信息进行记录，如行车环境、车辆技术状况反馈、手脚操作动作和次数、维护、补给、润滑以及修理项目与次数等。对于行驶道路和气象条件、车辆装载情况、驾驶操作规范、车辆技术状况和维修调整作业等不做任何额外规定，完全按驾驶员意图和实际工作条件操作。可以看出，这种试用试验，其实就是对日常行驶进行详细记录，其优点是行驶状况最为真实可信；但是驾驶员的操作技能与习惯、试验车辆的技术状况和使用环境等均存在差异，这种“真实可信”仅对该车、该驾驶员与该时间段成立，试验数据的典型性和重复性不好，而且实际工作中还可能存在一些难以预测的不公平因素，导致其可操作性很差。能够采用试用试验方式的汽车试验项目并不多。

1.2.4 汽车试验标准

汽车试验标准按适用范围可以分为国际标准、国际区域性标准、国家标准、行业标准、地方标准、企业标准，按性质可以分为强制性标准、推荐性标准。

1. 国际标准

国际标准由国际标准化组织（International Organization for Standardization，ISO）制定。例如，ISO 2631《机械振动与冲击　人体暴露于全身振动环境中的状态分析》，就对人体的坐姿受振模型、各振动轴向和各频率段的加权关系、平顺性的评价指标——加权加速度均方根值的计算方法等，给出了详细的规定。很多与汽车平顺性分析和试验有关的国家或行业标准，都是以该国际标准为基础编制的。

2. 国际区域性标准

较典型的国际区域性标准有欧洲经济委员会（Economic Commission for Europe，ECE）标准和欧洲经济共同体（European Economic Community，EEC）标准等。

3. 国家标准

我国的国家标准简写为 GB。如果国家标准号以 GB 开头、后面紧跟号码，就是强制性标准，俗称“法规”，必须执行，如 GB 7258《机动车运行安全技术条件》；如果在 GB 后面还有字母 T，就是推荐性标准，如 GB/T 12678《汽车可靠性行驶试验方法》等。

4. 行业标准

某些行业需要有统一的、通行的技术要求与规范，而暂时又没有国家标准的，则制定行业标准。相应的国家标准实施后，该行业标准即行废止。我国汽车行业标准的简写为 QC，交通行业标准的简写为 JT。

5. 地方标准

对于没有国家标准和行业标准而又需要在某省、市、自治区范围内统一规定的技术要求与规范，则需制定地方标准。国家或行业标准公布后，该地方标准即行废止。

6. 企业标准

企业可以根据自身特点，参考国家与行业标准，制定仅适用于该企业内部的标准。制定企业标准的主要目的是提高企业自身的产品质量和管理水平，企业标准的技术要求可以高于国家标准和国际标准，且一经当地政府标准化行政主管部门备案后不得自行降低。企业标准代号通常以“Q”开头。

汽车试验标准的制定，是一项庞大的系统工程。标准一经颁布执行，就具有技术上的权威性和一定的法律属性。无论是整车性能试验还是总成及零部件试验，都要在试验标准的指导下进行，否则试验就失去了严肃性和结果的可比性。汽车试验标准繁多，标准文件更新频繁。因此，在进行相关汽车试验前，必须有针对性地对相关标准进行研究。所以，本书在相关章节介绍试验项目时会在不同程度上引用相关试验标准，并对标准中的重要步骤和关键参数进行分析和讨论。请读者和研究人员重视标准的更新和迭代，试验前一定要查阅最新的、有效的标准文件。

1.3 汽车试验基本步骤

汽车试验项目、被试对象、被测参数和试验工况各异，具体实施手段千差万别，详略繁简各不相同，不可能有详细而统一的模式和规程。简而言之，汽车试验通常可以划分为以下四个步骤。

1. 制定试验大纲

汽车试验的技术性很强，试验结果的影响因素很多，在实际测试前必须进行周密的计划、组织与准备。首要任务就是制定试验大纲，它是指导试验的纲领性技术文件，它的编制是否科学、合理，将影响整个试验的成败。

试验大纲主要规定内容如下：试验目的；试验必须完成的任务，以及要达到的目标；操作项目与测试条件；所有被测参数与对应的仪器设备；试验操作的程序和具体方法；人员组织与计划进度；计划外事件的紧急应对预案等。

2. 试验仪器设备和人员的准备

严格按照试验大纲的要求，准备好所需的全部仪器设备，包括购置、安装（搭建）、调试、标定、试运行等各项工作。针对各仪器设备和各项测试操作，安排好专业的试验人员。同时配置必要的记录表格。

3. 具体实施操作

根据试验大纲规定的试验项目和目的，使用仪器设备对被试件进行测试，以获取试验数据和结果。具体作业（包括现场操作和数据的分析与处理等）需严格遵循各级标准和有关技术文件的要求，以确保试验过程安全、有序，数据结果真实、准确、有效。

4. 编写试验报告

试验报告是对试验的全面总结。报告中需要回顾试验目的和简要的测试方案，所选用的试验方法和测试系统的组成等。着重描述现场试验的条件，包括时间、地点、参与人员、环境条件和配套设施条件等，如实叙述具体操作过程和得到的各项结果和数据。对观察到的现象和发现的问题进行必要的分析，对测试数据进行误差分析，论述对试验结果是否满意、试验目标是否达到、试验中出现的问题以及提出的对策等。有可能的话，通过归纳与推演，将试验数据与结果提升到理论规律的高度，对现有理论知识体系进行改进与完善。

1.4 本书定位与特点

如前文所述，汽车试验的研究内容极为宽泛，既有室内也有室外，既有整车也有大量的总成和零部件试验。这些试验中有各种性能测试与分析，如果要在本书中全面阐述既无可能，也无必要。结合作者多年汽车试验实际经验和教学经验，针对目前汽车相关专业学生和从业人员缺乏整车试验（特别是道路试验）理论指导和实践经验的情况，本书主要介绍汽车道路试验重要知识点，让读者从基础开始，由浅入深地系统了解汽车性能的评价指标、试验方法、过程和具体应用场景。通过大量的实际案例让读者深入了解每个汽车试验的理论依据、试验步骤、数据处理和相关注意事项。另外，在一些重要章节，作者详细介绍了通过试验数据的分析找出车辆在性能方面可能存在的问题，为读者在实际车辆开发过程中对具体工程问题的处理提供一些解决思路和方向。本书具体内容涵盖了汽车动力性、经济性、制动性、操纵稳定性、可靠性、耐久性、NVH（噪声、振动与声振粗糙度）、排放等整车试验的全部范围。本书可作为汽车、机械和交通运输相关专业本科生的教材或参考书，也可供从事汽车试验研究的工程技术人员参考。

第2章

汽车动力性试验

2.1 汽车动力性评价指标

汽车动力性是指汽车在良好路面上直线行驶时由汽车受到的纵向外力决定的，所能达到的平均行驶速度。汽车行驶中遇到的阻力有滚动阻力、空气阻力、坡度阻力和加速阻力。汽车必须有足够的车轮驱动力来克服这些阻力，才能以较高的速度和良好的加速性能行驶。汽车的动力性是汽车的基本性能之一。

2.1.1 汽车动力性常用评价指标

1. 最高车速

最高车速指在水平良好的路面上汽车能达到的最高行驶速度。

2. 加速时间

加速时间包括原地起步加速时间和超越加速时间。原地起步加速时间是指汽车从静止状态下起步，并以最大的加速强度加速，到达某一预定的车速或距离所需要的时间。超越加速时间是指汽车在行驶过程中，从某一车速开始全力加速至某一较高车速所需要的时间。因为汽车超越是与被超越车辆并行，容易发生安全事故，所以超越加速能力强，并行行驶的时间就短，行驶就更加安全。

3. 爬坡能力

汽车在满载状态下、良好路面上，以最低车速行驶所能克服的最大坡度，代表了汽车的爬坡能力。坡度表示为坡度起点和终点之间的高度差与其水平距离之比（正切值）的百分比。

4. 最低稳定车速

最低稳定车速指内燃机汽车满载以最高档和次高档保持稳定行驶时所能达到的最低速度。汽车在该速度行驶时，传动系不颤动，急速踏下加速踏板，发动机不能熄火。最低稳定车速越低，则汽车最高速度与最低稳定速度差值越大，代表汽车对道路阻力的适应能力越强。

2.1.2 电驱动汽车动力性特有的评价指标

相比于传统内燃机汽车，新能源汽车，特别是纯电动汽车有其自己的特点：续驶里程有

限，无法保持长时间高速巡航；一般没有离合器和变速器，坡道上容易溜坡，中高速爬坡时容易出现转矩不足。所以电驱动汽车动力性能评价指标还应包括：

1. 30min 最高车速

30min 最高车速是指汽车能够持续行驶 30min 的最高平均车速，它考核电池持续大功率放电和电机持续高功率工作的能力。

2. 坡道起步能力

坡道起步能力是指汽车在一定坡度的坡道上静止后正常起步，不得出现明显溜坡。它考核电动汽车在坡道路面转矩响应和防溜坡控制能力。

3. 爬坡车速

爬坡车速是指汽车在满载状态下和规定坡度下，加速踏板满开度行驶，所能达到的最高车速，它考核电动汽车在中、高车速状态下对坡道的适应能力。

在实际评价汽车动力性时，由于汽车用途和使用条件的不同，侧重点也不一样。对于乘用车而言，各个指标都很关键，一般消费者更看重加速能力，即所谓的“推背感”；对于载货汽车，重点是满载爬坡能力，而最高车速达到高速公路限速条件即可；对于越野车，路况极其恶劣，跨越障碍能力和最大爬坡度是关键指标。

汽车动力性试验国标对评价指标和试验方法进行了明确规定，相关国标汇总如下：

GB/T 12544—2012《汽车最高车速试验方法》；

GB/T 12543—2009《汽车加速性能试验方法》；

GB/T 12539—2018《汽车爬陡坡试验方法》；

GB/T 12547—2009《汽车最低稳定车速试验方法》；

GB/T 18385—2005《电动汽车　动力性能　试验方法》；

GB/T 19752—2005《混合动力电动汽车　动力性能　试验方法》。

2.2 汽车动力性试验常用设备

汽车动力性试验可以在道路上进行或者室内进行，在道路上进行时需要使用车辆速度测试系统，按照设备原理不同，分为光电式和卫星信号接收式。在室内进行时需要使用底盘测功机。

2.2.1 光电式车速测试系统

光电式车速测试系统采用特殊的大面积硅光电器件作为探测器，计算机是核心部件，有相应的 I/O 接口和外接设备，无道路接触。它利用光电相关滤波技术，由安装在车辆上的光电路面检测仪（简称光电头）对路面进行照明（图 2.1），将路面图像转化为频率信号输入计算机。输出信号经计数和计算机处理后，可实时显示车速、距离、加速度和经过时间，并可存储和打印数据。该类设备距离测量误差在 1cm 以内，速度测量误差在 0.01km/h 以内。

图 2.1　光电式车速测试系统

2.2.2 卫星信号接收式车速测试系统

高性能的GPS卫星信号接收器已经是道路试验常用的车速测试设备，在动力性试验中运用最为广泛，如图2.2所示。试验用的卫星定位系统主要是美国的全球定位系统（GPS），该类设备定位精度在1m以内，卫星刷新频率≥10Hz，如果配合地面基站使用，定位精度能提升至2cm。可以高精度地测量速度、距离、加速度、制动距离等参数。

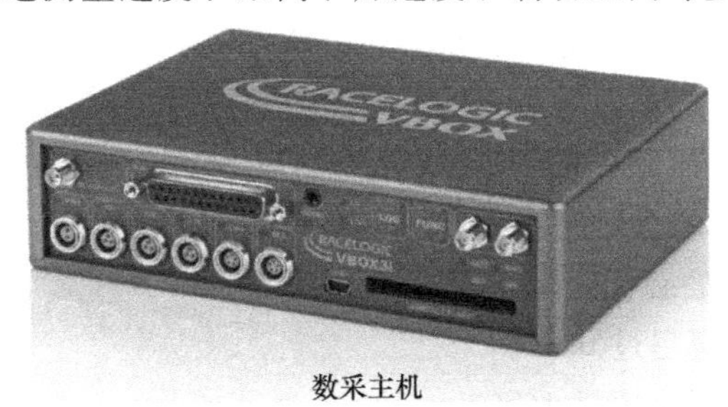

图2.2 汽车道路试验用的GPS设备

2.2.3 底盘测功机

底盘测功机可以在实验室中利用道路模拟系统、惯量模拟系统以及功率吸收装置等设备对车辆在实际道路上的行驶阻力和道路载荷进行准确的模拟。底盘测功机包括电力测功机加载装置、拉压力传感器、车速等测量装置、转鼓组件（转鼓、飞轮）、车辆约束装置、车辆举升装置、轮胎冷却装置、发动机冷却装置等。底盘测功机的工作原理如图2.3所示，底盘测功机系统构成如图2.4所示。

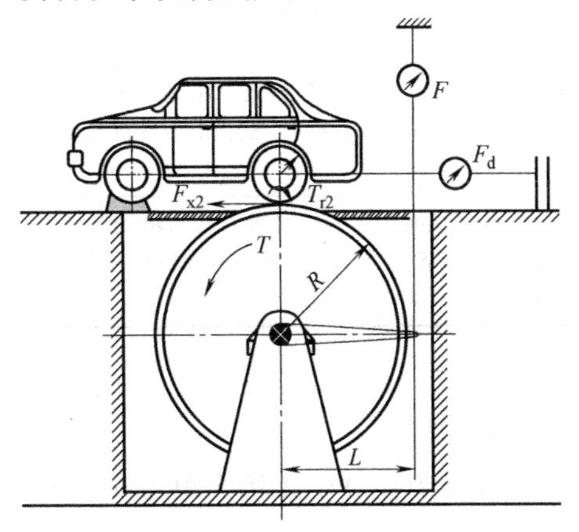

图2.3 底盘测功机工作原理

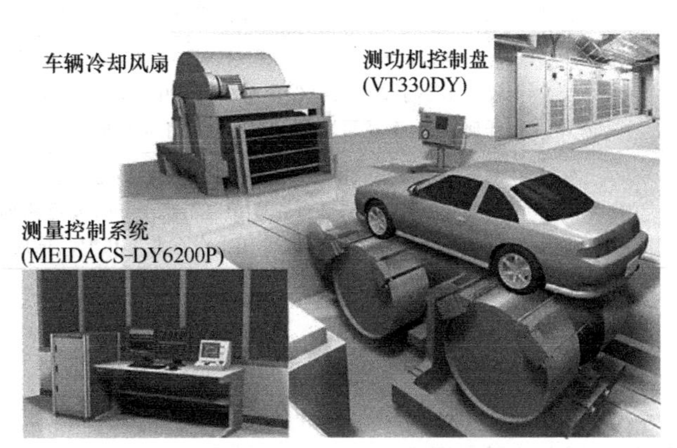

图2.4 底盘测功机系统构成

试验汽车的驱动轮放在转鼓上，转鼓轴端装有电力测功机。测功机能产生一定的阻力矩并调节转鼓的转速（即汽车的速度）。由测力装置可测出施加于转鼓的转矩（T）值，即

$$T=FL \tag{2.1}$$

式中　F——拉力传感器测出的作用于测功机外壳长臂上的拉力，单位为N；

　　　L——测功机外壳长臂的长，单位为m。

设备可以利用滚筒模拟整车行驶的道路属性，包括汽车在运行过程中所受的空气阻力、非驱动轮的滚动阻力及爬坡阻力等。底盘测功机还可以实时记录车辆瞬时速度。采用底盘测功机进行试验时，排除了由于环境变化导致的压力、温度、湿度等环境参数对试验结果造成的偏差，鉴于以上优点，基于底盘测功机进行整车道路模拟在国内外已经得到了广泛应用。

底盘测功机精度应满足下列要求：

1）转矩（驱动力）静态标定偏差不应超过0.1%。

2）基本惯量偏差不应超过0.5%。

3）加、减速度偏差不应超过1%。

4）当速度高于10km/h时，速度测量偏差不应超过0.5km/h。

5）当速度高于30km/h时，稳定模拟的总行驶阻力偏差不应超过3%。

6）模拟风机的风速与汽车速度偏差不应超过5km/h。

2.3　汽车动力性试验条件

在道路上进行动力性试验，对环境、车辆加载要求严格，下面重点介绍在道路上进行动力性试验的条件要求。

2.3.1　道路条件

试验应在直线跑道、环形跑道和坡道上进行，路面应平整、干净，且具有良好的附着系数。具体要求见表2.1。

表2.1　试验道路要求

直线跑道	测量区域长度至少200m，加速区与测量区应具有相同的特性，在进入测量区前200m内达到稳定的最高车速。加速区后200m与测量区的纵向坡度控制在0.5%之内，测量区横向坡度不得超过3%。道路双向均满足要求，若采用单向试验，纵向坡度不应超过0.1%
环形跑道	环形跑道的长度应不小于2000m。环形跑道由直线部分和近似环形的部分相接而成。环形部分的曲率半径应不小于200m，应保证车辆行驶中的离心力通过道路横向坡度补偿，使驾驶员在试验中不对转向盘进行任何操作，车辆可以保持在车道内正常行驶
坡道	测试路段坡道长度不小于20m，且能够满足试验车辆进行坡道起步能力试验的要求。测试路段的前后设有渐变路段，坡前平直路段长度不小于8m，坡道路面应表面平整、坚实、干燥、坡度均匀、具有良好附着性能。测试路段的纵向坡度变化率不大于0.1%，横向变化率不大于3%

2.3.2　环境条件

试验时环境应是无雨无雾天气，相对湿度小于95%、气温0~40℃（新能源汽车：5~32℃），风速不大于3m/s。

2.3.3 测量精度条件

测量参数、单位和精度要求见表2.2。

表2.2 测量的参数、单位和精度

测量参数	单位	精度	分辨率
时间	s	±0.1	0.1
长度	m	±0.1%	1
温度	℃	±1	1
大气压力	kPa	±1	1
速度	km/h	±1%或±0.1(取大者)	0.2
质量	kg	±0.5%	1

2.3.4 车辆条件

1. 行驶检查

主要进行车辆外观检查、制动性检查、转向系统检查以及转向机构连接状况检查，行驶里程不大于100km（电动汽车：试验前7天内，试验车辆应至少用安装在试验车辆上的动力电池行驶300km）。

2. 车辆磨合

一般为1000~3000km，这是保证机件充分接触、摩擦、适应、定型的基本里程，除另有规定外，磨合按该车辆使用说明书规定。

3. 预热行驶

试验前，试验车辆必须进行预热行驶，使汽车发动机或驱动电机、动力电池、传动系及其他部分预热到规定的温度状态。

4. 模式要求

若车辆有多种驾驶模式（如智能模式、运动模式等），推荐进行多种驾驶模式的试验。若车辆装备手自一体变速器，应分别进行手动模式和自动模式的试验；对于混合动力汽车，若车辆具备纯电模式，则分别进行纯电模式和混动模式的试验。

5. 附件状态要求

考虑到附件会影响车辆动力性，所以除试验必需的设备和车辆日常操纵件外，试验过程中应关闭车上的照明装置及辅助装置（如空调、座椅加热、多媒体等）。试验过程中车窗和通风口应关闭。

6. 轮胎气压

试验过程中，轮胎冷充气压力应符合该车技术条件的规定，误差不超过10kPa（±0.1kgf/cm^2）。

7. 燃料、润滑油（脂）和制动液

应符合该车技术条件或现行国家标准的规定且同一次试验的各项性能测定必须使用同一批燃料、润滑油（脂）和制动液。

8. 电动汽车充电

在环境温度为20~30℃下，使用车载充电器为动力电池充电，或采用车辆制造厂推荐的外部充电器给动力电池充电。12h的充电即为充电终止的标准；假如标准仪器发出明显的信号提示驾驶员动力电池没有充满，在这种情形下，最长充电时刻为：3×制造厂规定的动力电池能量（kW·h）/电源供电功率（kW）。

9. 电动汽车电池电量

对于纯电动车辆和具有纯电模式的混合动力车辆，进行纯电状态试验，30min 最高车速试验开始时，动力电池电量应处于完全充满电量的 90%以上；最高车速、加速能力、爬坡车速试验开始时，动力电池电量应处于完全充满电量的 50%以上；最大爬坡度、坡道起步能力试验开始时，动力电池电量应处于完全充满电量的 30%～40%。对于混合动力车辆还要进行混动状态动力性试验，此状态下试验时，对动力电池电量没有强制要求，但要保证各项试验中两种能源供给装置均处于工作状态，例如增程式车辆，试验过程中增程器必须参与工作。

在道路试验过程中，车辆的试验质量根据试验项目参考表 2.3 要求。

表 2.3 汽车动力性能试验质量

试验项目	试验质量
最高车速、30min 最高车速（适用于电动汽车）、加速能力	1. M_1 类和总质量小于 2t 的 N_1 类车辆：当车辆的最大设计装载质量≤180kg 时，试验质量为整备质量加上最大设计装载质量；当车辆的最大设计装载质量>180kg，但≤360kg 时，试验质量为整备质量加上 180kg；当车辆的最大设计装载质量>360kg 时，车辆的试验质量为整车整备质量加上 50%的最大设计装载质量 2. M_2、M_3 类城市客车：最大装载质量的 65% 3. 其他车辆：最大允许装载质量
最大爬坡度、爬坡车速、坡度起步	最大允许装载质量

2.4 汽车动力性试验方法及数据处理

2.4.1 最高车速试验

1. 双方向试验

为了减少道路坡度和风向（风速）等因素造成的影响，依次从试验道路的两个方向进行试验，尽量使用道路的相同路径，两次测试应连续进行，间隔时间尽可能短。将试验车辆加速，使汽车在驶入测量区之前能够达到最高稳定车速并稳定行驶 200m，保持这个车速持续行驶通过设定的测量长度。试验中车辆行驶速度变化不应超过 2%，记录车辆的通过时间 t_i。随即进行反方向的试验，并记录通过的时间 t_i。往返方向上的试验次数应相同，每次试验通过时间 t_i 的变化不超过 3%。按式（2.2）计算最高车速。

$$V=3.6L/t \tag{2.2}$$

式中 V——实际最高车速，单位为 km/h；

t——往返方向试验所测通过时间 t_i 的算术平均值，单位为 s；

L——测量道路长度，单位为 m。

2. 单方向试验

由于试验道路的自身特性限制，汽车不能从两个方向达到其最高车速，则允许只从一个方向进行试验。要求连续 5 次重复进行行驶试验；风速在车辆行驶方向的水平分量不能超过 ±2m/s，按式（2.3）计算最高车速。

$$V_n = 3.6L/t \tag{2.3}$$

考虑到风速，最高车速应按式（2.4）进行修正。

$$V_h = |v_h| \times 3.6 \tag{2.4a}$$

$$V_i = V_n \pm V_h f \tag{2.4b}$$

式中 V_n——每次测试行驶的最高车速，单位为 km/h；

v_h——所测量的风速在行驶方向的水平分量，单位为 m/s；

V_h——风速水平分量，单位为 km/h；

f——修正因数，取值为 0.6；

t——汽车行驶通过测量路段长度的距离所用的时间，单位为 s。

式（2.4）中，如果风的水平分量与行驶方向相反，则选择“+”号，反之，选择“-”号。

去掉 V_i 的两个极值，由式（2.5）计算最高车速。

$$V = \frac{1}{3}\sum_{i=1}^{3} V_i \tag{2.5}$$

2.4.2 加速性能试验

试验应在同一段试验道路上往返进行，每个方向至少进行 3 次，以消除误差，若一次试验发生问题，则该往返试验均应重做。取全部有效数据的算术平均值作为试验的最终结果。

1. 全油门起步加速性能试验

将车辆由静态全油门加速到 100km/h（如果最高车速的 90%达不到 100km/h，应取最高车速的 90%向下圆整到 5 的整数倍车速作为试验终了车速）或将车辆由静止状态全油门加速通过 400m 的距离。其操作如下：

（1）手动档 汽车停于试验路段一端，变速器置入该车的起步档位，迅速起步并将加速踏板快速踩到底，使汽车尽快加速行驶，当发动机达到最大功率转速时，力求迅速无声地换档，换档后立即将油门全开，直至加速至终了速度或通过 400m 距离。

（2）自动档 在发动机怠速情况下（若有必要，可踩下制动器），将变速器置于 D 位，车辆起步加速，应在车轮滑转最小的情况下使车辆达到最大加速性能，当车辆运动时触发记录装置。

2. 全油门超越加速性能试验

车辆从规定的起始车速全力踩下加速踏板加速到 100km/h（如最高车速的 90%达不到 100km/h，应取最高车速的 90%向下调整到 5 的整数倍车速作为试验终了车速），每次试验应记录过程车速、加速时间和加速距离，常用以下车速作为起始车速：最高车速小于或等于 70km/h，起始车速 30km/h；其他情况，起始车速为 60km/h。

加速前，车速应控制在规定的起始车速以下 2km/h 的范围内保持匀速行驶至少 2s，当车速达到规定的起始车速时触发记录装置。且变速器在试验过程中不应换档。其操作如下：

（1）手动档 M_1 类车辆和最大设计总质量小于 2t 的 N 类车辆的档位选择：对于 4 档或 5 档的手动变速器，档位应置于最高档和次高档；对于 6 档的手动变速器，档位应置于第 4 档和第 5 档；对于 3 档手动变速器，仅使用最高档位；M_2、M_3 类汽车和最大设计总质量不小于 2t 的 N 类车辆的档位选择：档位应置于最高档和次高档。

(2) 自动档　变速器置于D位。允许在汽车变速控制器的控制下换档。试验前，车辆加速到规定的起始车速以下2km/h的范围内保持匀速行驶至少2s。当车速达到规定的起始车速时触发记录装置。

试验完成后，根据车辆往返的有效数据结果，计算算术平均值、标准偏差（SD）和变化系数k，并以起步加速试验的数据变化系数不大于3%、超越加速试验的数据变化系数不大于6%为指标，验证试验数据的精准度，计算公式见式（2.6）。

$$\mu = \frac{\sum_{i=1}^{n} T_i}{n} \tag{2.6a}$$

$$\mathrm{SD} = \sqrt{\frac{\sum_{i=1}^{n} (\mu - T_i)^2}{n-1}} \tag{2.6b}$$

$$k = \frac{\mathrm{SD}}{\mu} \tag{2.6c}$$

式中　μ——算术平均值，单位为s；

k——变化系数；

T_i——第i次试验数据，单位为s；

SD——标准偏差，单位为s；

i——第i次试验；

n——试验总次数。

图2.5是某款汽车0—100km/h加速曲线，横坐标是速度，纵坐标是加速时间和加速距离，从图中可知，该汽车从0km/h加速至100km/h，时间需要7.4s，距离需要56m。

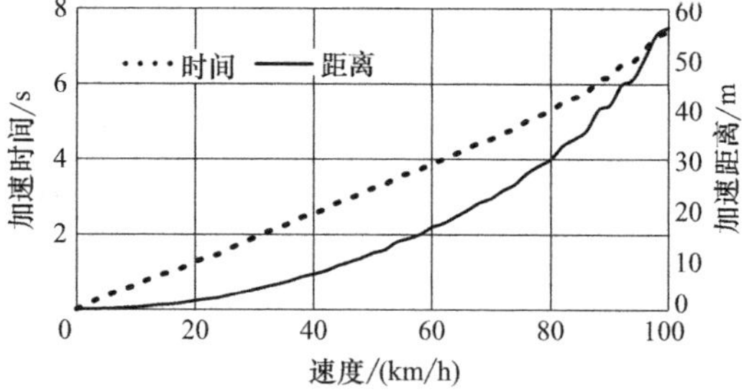

图2.5　某款汽车0—100km/h加速曲线

2.4.3　最大爬坡度试验

试验车使用最低档（自动档汽车使用D位）或制造商规定的特殊爬坡档位，将试验车停于接近坡道的平直路段上；起步后，将油门全开进行爬坡；测量并记录汽车通过测速路段的时间及发动机转速；爬至坡顶后，停车检查各部位有无异常现象发生，并作详细记录。如第一次爬不上，可进行第二次，但不超过两次。爬不上坡时，测量停车点（后轮接地中心）到坡底的距离，并记录爬不上的原因，并重新计算最大爬坡度。试验坡道如图2.6所示，测试路段坡道长度不小于20m，并在测试路段前设有渐变路段，坡前平直路段不小于8m，坡道路面应表面平整、坚实、干燥、具有良好的附着性能。

如没有规定坡度的坡道，可增减装载质量或采用变速器较高一档（如Ⅱ档）进行试验，再按公式折算为厂定最大总质量下变速器使用最低档时的爬坡度α_m，换算公式见式（2.7）。

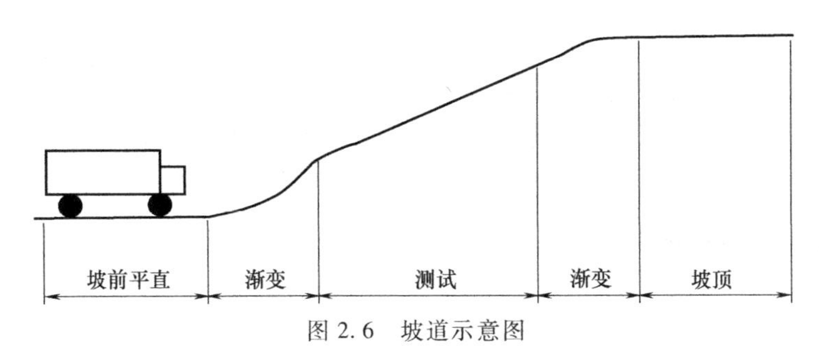

图 2.6　坡道示意图

$$\tan\alpha_m = \tan\left\{\sin^{-1}\left[\frac{\sin\alpha_1 G_{a1}\dfrac{i_1}{i_2}+\left(G_a i\dfrac{i_1}{i_2}-G_a\right)R}{G_a}\right]\right\} \tag{2.7}$$

式中　$\tan\alpha_m$——最大爬坡度；

α_1——试验坡道实际坡度角，单位为°；

G_{a1}——试验时实际总质量，单位为 kg；

G_a——最大设计总质量；

i_1——最高档速比；

i_2——试验时实际速比；

R——滚动阻力系数，取 0.01。

电动汽车可以参考上述方法进行最大爬坡度试验，但是电动汽车加速性能过于良好，如果车辆起步后直接满油门，在爬坡过程中车速偏高，驱动电机转速过高，导致电机脱离最大转矩区域，无法发挥车辆最大驱动力，所以电动汽车爬坡前不适合直接满油门起步，应该在渐变区域缓慢加大油门，当车辆后轮进入测试区域后，再满油门。

2.4.4　最低稳定车速试验

将试验车辆档位置于最高档或者次高档，从发动机怠速转速开始，使汽车保持一个较低的稳定车速行驶，测得通过 100m 的平均车速，汽车驶出试验路段时，立即踩下加速踏板，发动机不应熄火，传动系不应抖动，汽车能够平稳不停顿加速，若不满足上述条件，应提高稳定车速，重复试验，直至找到合适的稳定车速为止，试验过程中不得换档、不得切换离合器。

2.4.5　30min 最高车速试验（仅适用于电动汽车）

该试验可在表 2.1 要求的环形跑道上进行，使试验车辆以该车 30min 最高车速估计值 ±5%的车速行驶 30min，记录行驶里程 s（m），并按式（2.8）计算 30min 最高车速 v_{30}（km/h）。

$$v_{30} = s/500 \tag{2.8}$$

试验中车速如有变化，可以通过踩加速踏板来补偿，从而使车速符合试验要求，如果试验中车速达不到 30min 最高车速估计值的 95%，试验应重做。

2.4.6　爬坡车速（适用于电动汽车）

该试验需在底盘测功机上进行，车辆按照要求的试验载荷加载进行滑行阻力测试，底盘测功机参数按照试验车辆最大设计总质量。将试验车辆置于测功机上，调整测功机使其增加一个相当于4%坡度的附加载荷，将加速踏板踩到底，确定试验车辆能够达到并能持续行驶1km的最高稳定车速，计算出爬坡最高车速。按照同样方法，在12%坡度情况下，计算爬坡最高车速。M_1、M_2、N_1 类以外的电动汽车可不做此项试验。

2.4.7 坡道起步能力试验（适用于电动汽车）

该试验应在车辆制造商规定的坡度坡道上进行。在试验坡道测量区前提供起步区域，车辆放置在起步区域，以至少10m/min车速通过测量区。制造厂技术条件规定的最大爬坡度对应的角 α_0 未知时，可用式（2.9）进行估算。

$$\begin{cases} C_r = C_a i \eta_t \\ F_t = C_r / r = Mg(\sin\alpha_0 + R) \end{cases} \tag{2.9}$$

式中 C_a——最大动力轴转矩，单位为N·m；

C_r——车轮转矩，单位为N·m；

R——滚动阻尼系数，一般为0.01；

i——主减速比；

M——最大设计满载总质量，单位为kg；

η_t——传动效率；

g——重力加速度，取9.81m/s²。

假如该坡道坡度与厂定最大爬坡度对应的坡度有差别，可通过增减装载质量的方法进行试验，增减的装载质量按式（2.10）计算。

$$\Delta m = m(\sin\alpha_0 - \sin\alpha_1)/(\sin\alpha_1 + R) \tag{2.10}$$

式中 α_1——实际试验坡道所对应的角度，单位为rad；

α_0——设计最大爬坡度所对应的角度，单位为rad；

m——整车设计满载总质量，单位为kg。

2.4.8 驱动功率、稳定车速试验

该试验在底盘测功机上进行，可参照GB/T 18276—2017《汽车动力性台架试验方法和评价指标》执行，实际工程应用不多，不再赘述。

2.5 汽车动力性试验数据分析案例

2.5.1 最大爬坡度分析

某电动汽车设计参数见表2.4，依据表2.4的设计参数，我们可以进行最大爬坡度理论计算。

为求出理论的最大爬坡度，把汽车当作一个刚体进行受力分析，如图2.7所示。

按照驱动力与阻力平衡的原则，得到式（2.11）。

$$mg\sin\alpha + mgf\cos\alpha = Ti_1 i_2 / r \tag{2.11}$$

式中 m——设计满载总质量，单位为 kg；

g——重力加速度，单位为 m/s^2；

α——最大爬坡度，单位为 rad；

f——滚动阻力系数，一般取 0.01；

T——电机峰值转矩，单位为 N·m；

i_1——主减速比；

i_2——最低档速比；

r——车轮静力半径，单位为 m。

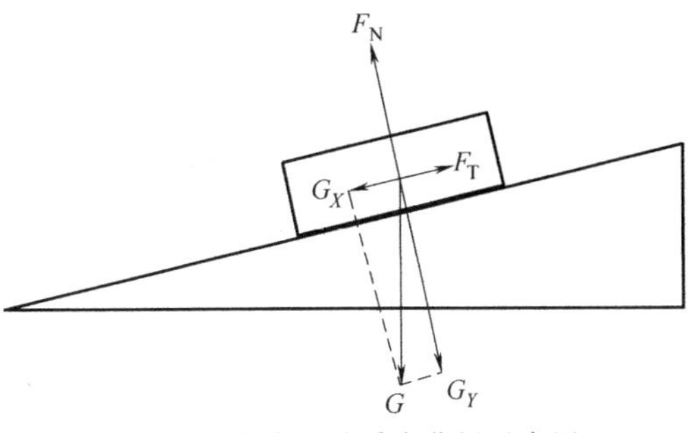

图 2.7 汽车爬坡受力分析示意图

表 2.4 某电动汽车设计参数

序号	参数名称	单位	设计值
1	峰值转矩	N·m	260
2	主减速比	—	10.5
3	最低档速比	—	1
4	车轮静力半径	m	0.31
5	满载总质量	kg	3000

将表 2.4 的数据代入式（2.11），可以计算得到该汽车最大爬坡度为 30.2%，但是实际在爬陡坡试验中，当坡度达到 30%时，车辆出现明显的降速，无法爬上 30%的坡，如图 2.8 所示。

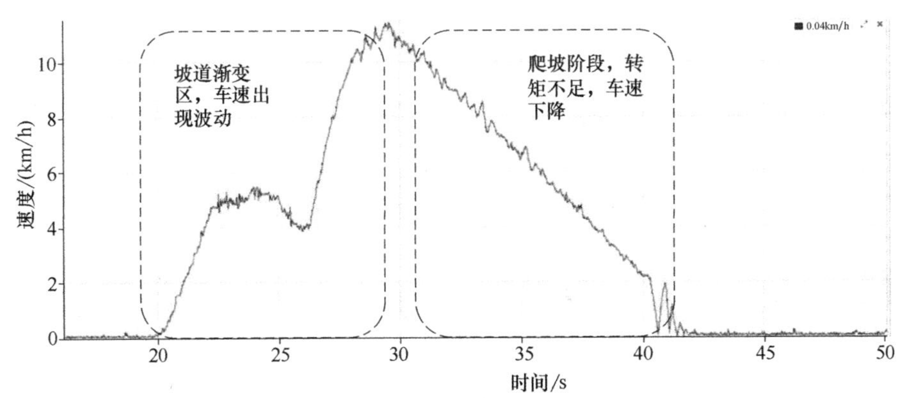

图 2.8 30%爬坡试验速度记录

对载荷进行减重，直至能稳定爬上 30%的坡为止，最终换算得到该电动汽车 3t 状态实际最大爬坡度为 25%，如图 2.9 所示。

为分析最大爬坡度不足 30%的原因，调取 30%爬坡试验过程中车辆 CAN 总线数据，如图 2.10 所示，上曲线为驱动电机实际转矩，下曲线为加速踏板开度。由该图可知，当加速踏板开度为 100%时，驱动电机实际峰值转矩只有 220N·m，远低于设计峰值转矩 260N·m，针对此问题，需要调整电机标定参数，加大电机峰值转矩。

2.5.2 最高车速试验抖动问题分析

某纯电动汽车在最高车速试验出现严重抖动，图 2.11 是最高车速数据，可以看出，最

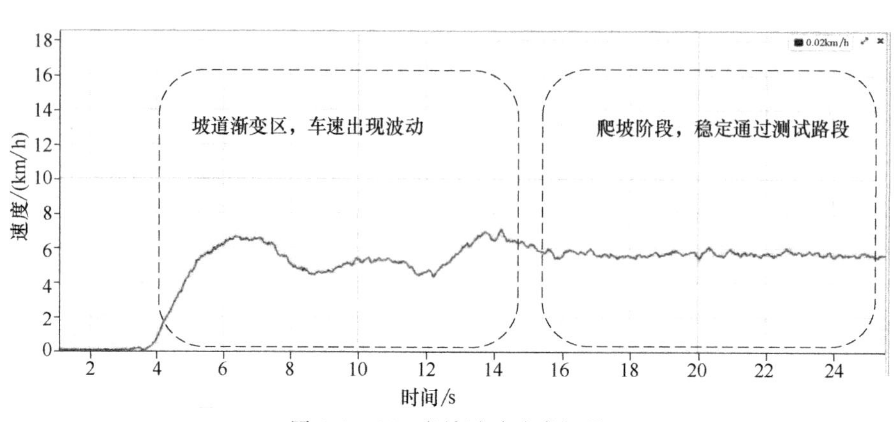

图 2.9　25%爬坡试验速度记录

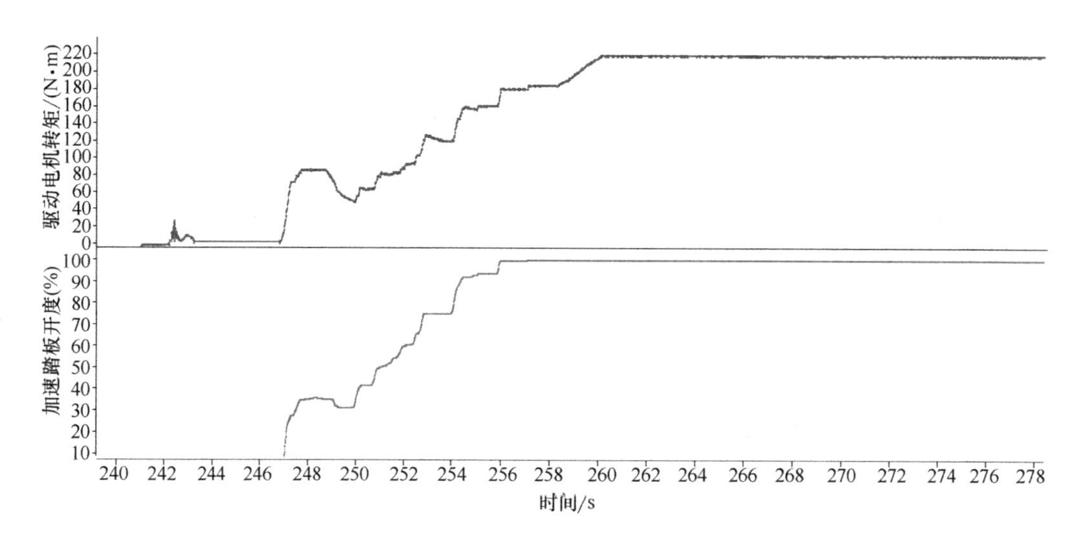

图 2.10　30%爬坡试验过程中车辆总线数据

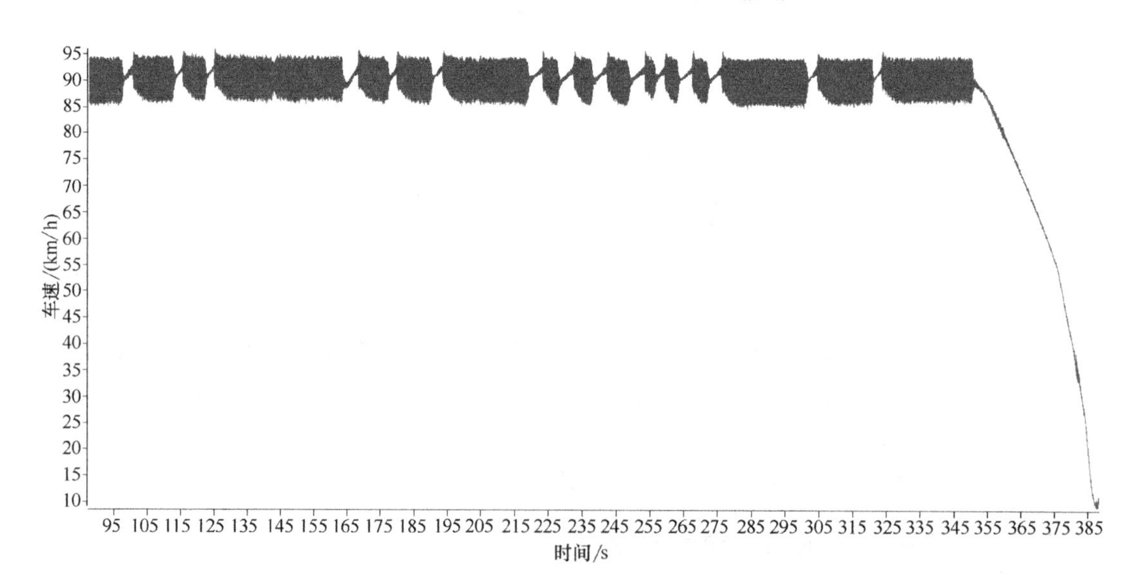

图 2.11　车辆速度数据

高车速在 85~95km/h 之间剧烈波动。该车速数据来源于车辆 CAN 总线，由驱动电机转速计算得到，速度波动很有可能是电机抖动、转速不稳定造成的。

对车辆 CAN 总线数据进一步分析，调取驱动电机转矩和转速数据，如图 2.12 所示。从图中可以看出，电机转矩在 14~36N·m 之间剧烈波动，电机转速在 7600~8400r/min 之间剧烈波动。

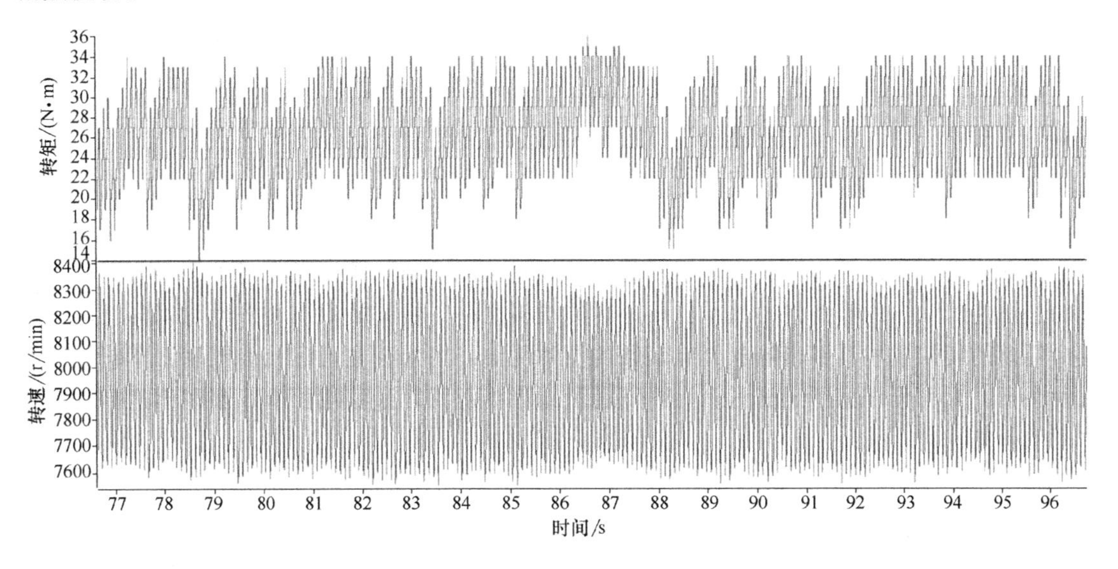

图 2.12　驱动电机转矩和转速数据

针对此问题，对电机控制进行了重新标定，对转矩响应控制加入滤波处理，重新进行最高车速试验，试验结果表明转矩响应滤波处理后，最高车速能稳定在 91km/h，电机最高转速能稳定在 8100r/min 附近，如图 2.13 所示。

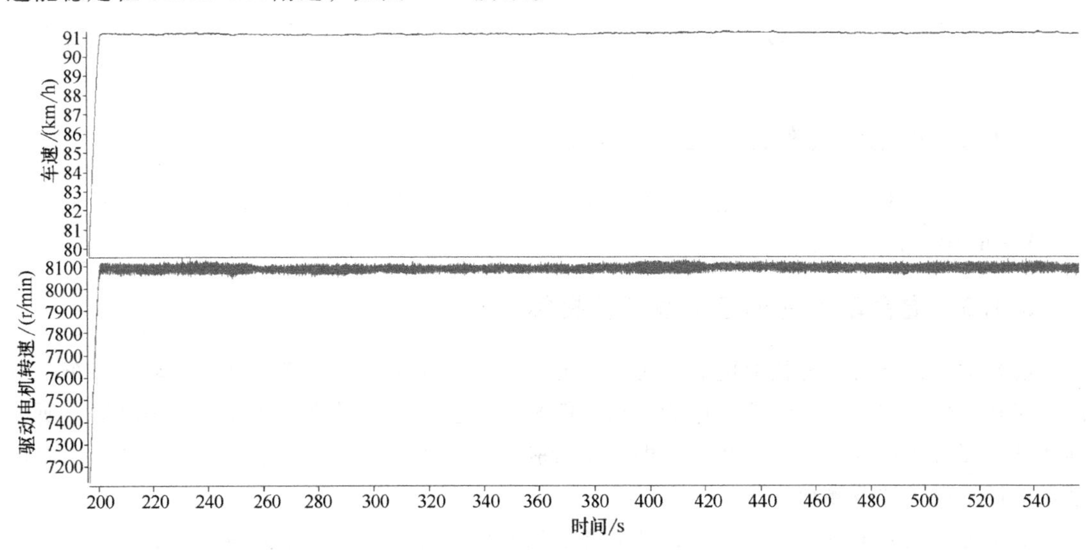

图 2.13　转矩响应滤波处理后车速数据与驱动电机转速数据

第3章 汽车经济性试验

在保证动力性的条件下，汽车以尽量少的燃料消耗量或能源消耗量行驶的能力，称为汽车的经济性。汽车的经济性是汽车的核心性能指标之一，良好的汽车经济性可以降低汽车全生命周期的使用成本，在市场上具有较强的竞争优势。另外，在国际社会限制汽车碳排放的大背景下，大部分国家制定了汽车燃料消耗量或者能源消耗量法规要求，限制不达标汽车在本国的销售。

3.1 汽车经济性评价指标

3.1.1 传统汽车经济性评价指标

燃油汽车经济性常用一定运行工况下汽车行驶百公里的燃料消耗量或一定的燃料能使汽车行驶的里程来衡量。

经济性指标单位通常为 L/100km，即每行驶 100km 的燃料消耗量。数值越小，代表燃油经济性越好。

3.1.2 纯电动汽车经济性评价指标

纯电动汽车的经济性评价指标为在一定运行工况下汽车行驶百公里的电量消耗量，单位是 kW · h/100km。

3.1.3 混合动力汽车经济性评价指标

混合动力汽车有可外接充电和不可外接充电之分，对于不可外接充电混合动力汽车，虽然汽车在工作过程中有化学能、电能和机械能相互转换，但是最终的能源供给是燃油，所以其经济性评价指标与燃油汽车相同，即为每行驶百公里燃油消耗量，单位为 L/100km，而且是在电量平衡条件下测得。

对于可外接充电混合动力汽车，其能源供给有两个方面，一个是电网提供的电能，另一个是燃油提供的化学能。所以评价指标应包括百公里电耗和百公里油耗，但这两个指标不是独立存在的，百公里电耗并不是指纯电模式下的电能消耗率，百公里油耗也不是指电量平衡条件下的燃油消耗率，而是两个相互关联的指标，它是基于用户每日一充的出行习惯，即用户在出行之前汽车储能装置是满电状态。汽车在运行过程中一般会经历三个阶段：纯电行驶、电池电量调整、电池电量平衡。纯电行驶阶段只有电能消耗，电池电量调整阶段既有电耗又有油耗，电池电量平衡阶段只有油耗，最终要对这三个阶段的电耗、油耗进行加权，得到综合的油耗、电耗值，加权的系数来源于用户每日出行里程。这种指标及其评价方法能真正反映用户真实情况。

3.2 汽车经济性法规及测试标准

自1973年世界石油危机以来，各国十分重视汽车的经济性，大部分国家制定了汽车燃油经济性的限值要求。我国早在1984年便颁布了货车与客车的经济性限值标准。2021年，国家市场监督管理总局批准发布了GB 19578—2021《乘用车燃料消耗量限值》。2022年，工业和信息化部发布了《重型商用车辆燃料消耗量限值（征求意见稿）》。我国现行的关于车辆经济性限值和试验方法的标准汇总见表3.1。

表3.1 我国现行汽车经济性标准汇总

标准编号及名称	适用车型	适用动力类型	所用工况
GB/T 19233—2020《轻型汽车燃料消耗量试验方法》	N_1类、最大设计总质量不超过3500kg的M_1、M_2类车	汽油、柴油、甲醇、天然气	2025年之前：WLTC（与轻型车国六标准保持一致） 2025年之后：CLTC-P（M_1）；CLTC-C（M_2、N_1），与轻型车国七标准保持一致
GB/T 27840—2021《重型商用车辆燃料消耗量测量方法》	N_2、N_3、大于3.5t的M类车	汽油、柴油、甲醇、天然气	中国重型商用车辆行驶工况（CHTC）
GB/T 18386.1—2021《电动汽车能量消耗量和续驶里程试验方法 第1部分：轻型汽车》	N_1类、最大设计总质量不超过3500kg的M_1、M_2类车	纯电动	中国工况：CLTC-P（M_1）；CLTC-C（M_2、N_1）
GB/T 18386.2—2022《电动汽车 能量消耗率和续驶里程试验方法 第2部分：重型商用车》	N_2、N_3、大于3.5t的M类车	纯电动	中国重型商用车辆行驶工况（CHTC）
GB/T 19753—2021《轻型混合动力电动汽车能量消耗量试验方法》	N_1类、最大设计总质量不超过3500kg的M_1、M_2类车	混动（发动机为点燃或压燃）	2025年之前：WLTC（与轻型车国六标准保持一致） 2025年之后：CLTC-P（M_1）；CLTC-C（M_2、N_1），与轻型车国七标准保持一致
GB/T 19754—2021《重型混合动力电动汽车能量消耗量试验方法》	N_2、N_3、大于3.5t的M类车	混动（发动机为点燃或压燃）	中国重型商用车辆行驶工况（CHTC）
GB/T 29125—2012《压缩天然气汽车燃料消耗量试验方法》	M类、N类车通用	压缩天然气（CNG）或者含CNG的掺烧	轻型车按照GB/T 19233—2020《轻型汽车燃料消耗量试验方法》 重型车按照GB/T 27840—2021《重型商用车辆燃料消耗量测量方法》

（续）

标准编号及名称	适用车型	适用动力类型	所用工况
GB/T 35178—2017《燃料电池电动汽车　氢气消耗量测量方法》	M类、N类通用	氢燃料电池	轻型车按照GB 18352.6—2016 重型车按照GB/T 19754—2021+中国典型城市公交循环工况
GB/T 4353—2022《载客汽车运行燃料消耗量》	行驶在公路和城市道路上的载客汽车	汽油或燃油	用等速工况，然后进行加权和修正计算
GB/T 4352—2022《载货汽车运行燃料消耗量》	行驶在公路和城市道路上的载货汽车	汽油或燃油	用等速工况，然后进行加权和修正计算
JT/T 719—2016《营运货车燃料消耗量限值及测量方法》	3.5t~49t营运货车	汽油或柴油	等速、加速、怠速工况分别测试，然后加权计算
JT/T 711—2016《营运客车燃料消耗量限值及测量方法》	3.5t以上营运客车	汽油或柴油	等速、加速、怠速工况分别测试，然后加权计算
QC/T 1130—2021《甲醇汽车燃料消耗量试验方法》	通用	甲醇	轻型车按照GB/T 19233—2020《轻型汽车燃料消耗量试验方法》 重型车按照GB/T 27840—2021《重型商用车辆燃料消耗量测量方法》
GB 19578—2021《乘用车燃料消耗量限值》	不超过3.5t的M_1类车	汽油或柴油	WLTC
GB 27999—2019《乘用车燃料消耗量评价方法及指标》	不超过3.5t的M_1类车	汽油、柴油、纯电动车辆、燃料电池以及气体燃料和醇醚类燃料	WLTC
GB 30510—2018《重型商用车辆燃料消耗量限值》	N_2、N_3、大于3.5t的M类车	汽油、柴油	中国重型商用车辆行驶工况（CHTC）
GB/T 36980—2018《电动汽车能量消耗率限值》	不超过3.5t的M_1类车	纯电动	中国工况：CLTC-P（M_1）
GB/T 37340—2019《电动汽车能耗折算方法》	通用	纯电动汽车与可外接充电式混合动力电动汽车	—
GB 20997—2015《轻型商用车辆燃料消耗量限值》	N_1；不超过3.5t的M_2类车	汽油、柴油	2025年之前：WLTC（与轻型车国六标准保持一致） 2025年之后：CLTC-P（M_1）；CLTC-C（M_2、N_1），与轻型车国七标准保持一致

3.3 汽车燃油经济性试验常用设备

汽车燃油经济性试验有道路试验和台架试验两种基本方法。常用的试验设备包括底盘测功机、全流排放分析仪、油耗仪、功率分析仪（电动汽车）等。

3.3.1 全流排放分析仪

全流稀释汽车尾气分析仪作为法规级排放测量设备，其测量精度高，测量结果准确。在利用底盘测功机进行车辆燃油消耗量试验中，GB/T 19233—2020 和 GB/T 27840—2021 等国家标准推荐使用碳平衡法测量得到各种工况下车辆的实际燃油消耗量。基于碳平衡法的油耗测量方法，原理是碳元素守恒，通过计算汽车尾气中碳元素的质量，根据燃油中碳元素所占

的比例，反向推导出汽车的燃料消耗，因此需要对各种瞬态工况下车辆尾气中的 HC、NO_x、CO、CO_2 等气态污染物进行准确有效的测量分析。详细计算方法见式（3.1）（汽油燃料）和式（3.2）（柴油燃料）。

$$FC_{汽油}=\frac{0.1155}{D}(0.866HC+0.429CO+0.273CO_2) \tag{3.1}$$

$$FC_{柴油}=\frac{0.1156}{D}(0.865HC+0.429CO+0.273CO_2) \tag{3.2}$$

式中 $FC_{汽油}$、$FC_{柴油}$——燃料消耗量，单位为 L/100km；
HC——碳氢排放量，单位为 g/km；
CO——一氧化碳排放量，单位为 g/km；
CO_2——二氧化碳排放量，单位为 g/km；
D——15℃下的燃料密度，单位为 kg/L。

测量时通过采样管将排气管中的样车尾气引入定容取样系统（CVS）中，通过空气滤清器过滤干燥后与环境空气进行混合稀释，利用临界文丘里管对排气流量进行测量，最后利用风机将稀释通道内的尾气抽出。

图 3.1 和图 3.2 分别为日本 HORIBA 公司生产的定容取样系统和气体分析仪。

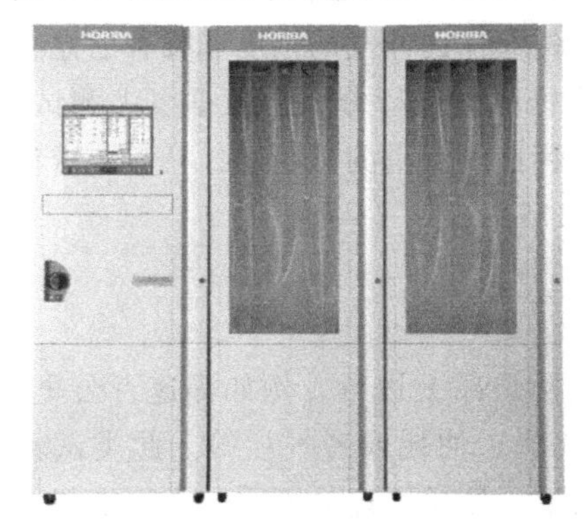

图 3.1 HORIBA CVS-ONE 定容取样系统

图 3.2 HORIBA 气体分析仪

全流稀释定容取样系统将空气与尾气充分混合均匀，然后进行取样，其较部分流取样系统测试更加准确。

系统组成部分主要包括：稀释空气处理装置、稀释通道、抽气装置、气体取样系统、颗粒物取样系统。取样系统的原理如图 3.3 所示，详细的技术指标必须满足 GB 18352.6—2016 中的要求。总体上要满足以下基本要求：

1）车辆的排气应用足够量的环境空气进行稀释，以防止在试验过程中的任何情况下取样和测量系统中出现水冷凝。

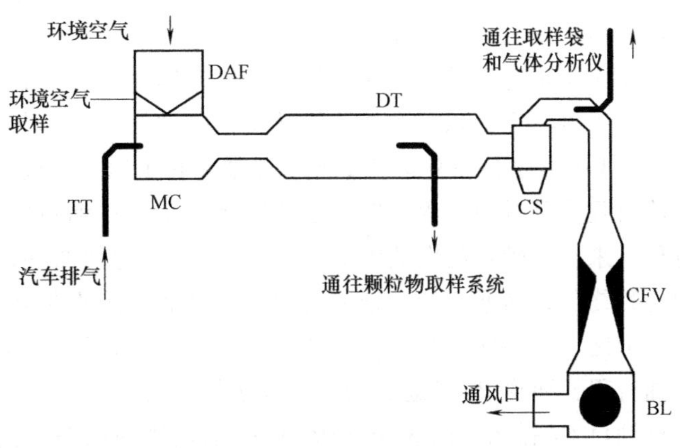

图 3.3 临界流量文丘里管全流稀释系统

2）在取样探头处，排气和空气的混合气应均匀。取样探头应能抽取稀释排气中有代表性的样气。

3）此系统应能测量待试车辆的稀释排气的总容积。

4）取样系统不得漏气。变稀释度取样系统的结构及其制造材料应不影响稀释排气中污染物的浓度。

5）如果系统中的任何部件（热交换器、旋风分离器、鼓风机等）可能改变稀释排气中的任何一种污染物的浓度，而对此缺陷又不能进行修正，那么该污染物的取样应在该部件之前。

6）所有与经过稀释及未经稀释的排气接触的稀释系统的部件，其设计应保证能将颗粒物的沉积或改变降到最低。所有部件应由导电材料制成并确保不与废气发生反应。另外，系统应接地以防止静电效应。

7）若被试验汽车装有由几个支管组成的排气管，则应将各个支管在尽可能靠近汽车、但又不影响汽车的运行处连接起来。

8）变稀释度取样系统在结构上应能使排气取样时，排气管出口处的背压没有明显改变。

9）车辆和稀释系统间的连接管的设计应保证能将热损失降到最低。

排气污染物测量是根据整个试验期间测得的按比例取样的样气的浓度和稀释后总容积相乘得到的，且样气的浓度还需要根据环境空气中污染物含量进行修正。根据以上测试原理，影响全流排放测试精度的主要有两个因素，一个是稀释排气流量测试精度，一般要求误差≤2%；另外一个是气体浓度分析精度，一般要求误差≤1%。

3.3.2 油耗仪/气耗仪

在车辆燃料消耗量试验中，有部分试验需要在实际道路上进行，例如等速百公里油耗、交通运输部油耗、用户实际使用状态下（用户道路试验）油耗或者气耗等。此类试验开展过程中，车辆的瞬时油耗必须使用车载油耗仪进行测试。按照原理的不同，常用容积式油耗仪和质量式油耗仪，加注汽油、柴油的汽车采用容积式油耗仪，加注天然气的汽车采用质量式油耗仪。

容积式油耗仪通过测量发动机运转时累计消耗的燃料总容量，将汽车行驶时间和行驶里程换算为汽车的燃油消耗量。

图3.4是行星活塞式油耗仪的工作原理。该装置由十字形配置的4个活塞和旋转曲轴构成，用于将一定容积的燃油流量转变为曲轴的旋转。在泵油压力作用下，燃油推动活塞往复运动，4个活塞各往复运动1次则曲轴旋转1周，完成一个进排油循环。活塞在油缸中处于进油行程或是排油行程，取决于活塞相对于进排油口的位置。图3.4a表示活塞1处于进油行程，来自曲轴箱的燃油由 P_3 推动其下行，并使曲轴做顺时针旋转；此时，活塞2处于排油行程终了，活塞3处于排油行程中，燃油从活塞3上部经 P_1 从排油口 E_1 排出，活塞4处于进油终了。当活塞和曲轴位置如图3.4b所示时，活塞1处于进油行程终了，活塞2处于进油行程，通道 P_4 导通，活塞3处于排油行程终了，活塞4处于排油行程，燃油从通道 P_2 经排油口 E_2 排出。图3.4c和图3.4d的进排油状态及曲轴旋转方向如图中箭头所示。如此循环往复，曲轴每旋转一圈，各缸分别泵油1次，从而具有连续定容量泵油的作用。曲轴旋

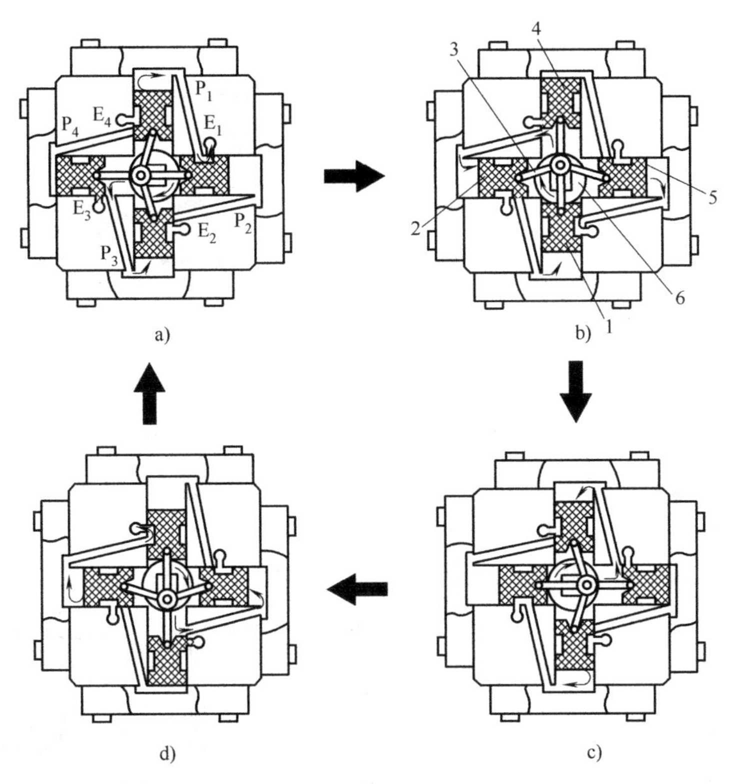

图 3.4 行星活塞式油耗仪工作原理图

1—活塞 1 2—活塞 2 3—连杆 4—活塞 3 5—活塞 4 6—曲轴

P_1、P_2、P_3、P_4—油道 E_1、E_2、E_3、E_4—油道口

转 1 周的泵油量见式（3.3）。

$$V=4\frac{\pi d^2}{4}2h=2h\pi d^2 \tag{3.3}$$

式中 V——四缸排油量，单位为 cm^3；

h——曲轴偏心距，单位为 cm；

d——活塞直径，单位为 cm。

由此可见，经上述流量变换机构的转换后，测燃油消耗量转化为测定流量变换机构曲轴的旋转圈数，一般采用光电测量装置进行信号转换，把曲轴旋转圈数转换为电脉冲信号。

信号转换装置由主动磁铁、从动磁铁、转轴、光栅、发光二极管和光电二极管等组成。主动磁铁装在曲轴端部，从动磁铁装在转轴端部，两磁铁相对安装，但磁铁之间留有间隙，其作用在于构成磁性联轴器；光栅固定在转轴上，由转轴带动旋转；光栅两侧相对位置上固定有发光二极管和光电二极管，光电二极管用于接收发光二极管发出的光线，光栅位于二者之间，其作用是把发光二极管发出的连续光线转变为光脉冲。当曲轴转动时，通过磁性联轴器带动转轴及光栅旋转，光栅在发光二极管和光电二极管之间旋转，使光电二极管接收到光脉冲，由光电二极管的光电作用将光脉冲转换为电脉冲信号输入计量显示装置。显然，该电脉冲数与曲轴转过的圈数成正比，从而经过运算处理，在显示装置上显示出燃油的消耗量。

如图 3.5 所示是德国 GREGORY 公司开发的容积式油耗仪。

a) Flowtronic S8005C(用于乘用车)

b) Flowtronic FCS-D(用于商用车)

图 3.5 德国 GREGORY 公司开发的容积式油耗仪

质量式油耗仪由称量装置、计数装置和控制装置构成，如图 3.6 所示。

质量式油耗仪通过测量消耗一定质量的燃油所用的时间来计算油耗，燃油消耗量可按式（3.4）计算。

$$G=3.6\frac{\omega}{t} \tag{3.4}$$

式中 ω——燃油或者燃气质量，单位为 g；

t——测量时间，单位为 s；

G——燃油消耗量，单位为 kg/h。

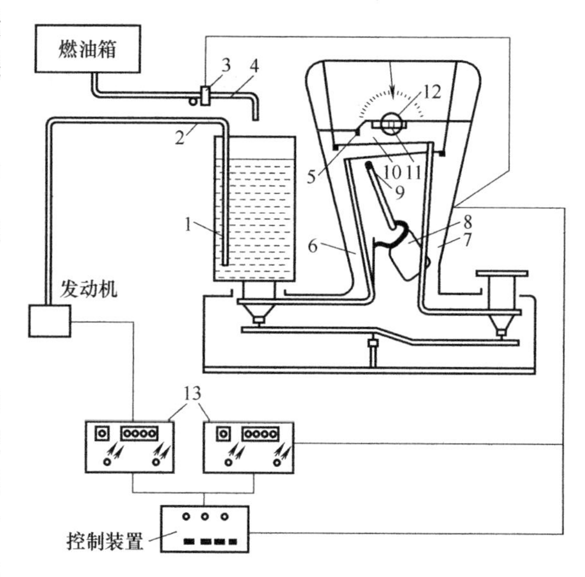

图 3.6 质量式油耗仪

1—油杯 2—出油管 3—电磁阀 4—加油管 5、10—光电二极管 6、7—限位开关 8—限位器 9—光源 11—鼓轮机构 12—鼓轮 13—计数器

称量装置的秤盘上装有油杯 1，燃油经电磁阀 3 注入油杯。电磁阀的开闭由装在平衡块上的行程限位器 8 拨动两个微型限位开关 6 和 7 进行控制。光电传感器由两个光电二极管 5、10 和装在菱形指针上的光源 9 组成，用于给出油耗始点和终点信号。光电二极管 5 为固定式，光电二极管 10 装在活动滑块上，滑块通过齿轮齿条机构移动，齿轮轴与鼓轮 12 相连，计量的燃油量通过转动鼓轮 12 从刻度盘上读出。计量开始时，光源 9 的光束射在光电二极管 5 上，光电二极管发出信号使计数器 13 开始计数，随着油杯中燃油的消耗，指针移动。当光束射到光电二极管 10 上时，光电二极管发出信号，使计数器停止计数。

在汽车经济性测试中油耗仪需要达到表 3.2 规定的要求。

表 3.2 燃油车经济性测试对油耗仪的要求

参数	单位	准确度	分辨率
燃油消耗量	mL	>0.5%	1
采样频率	Hz	≥10	时间分度值 0.1s

3.3.3 功率分析仪

功率分析仪是集电压测试、电流测试、功率测试、功率因素测试于一体的多功能测试仪器；是一种利用数字采样技术对信号进行分析处理的智能型测试设备。目前，功率分析仪被广泛用于混合动力电动汽车、纯电动汽车和燃料电池汽车等能量流的测试和分析中，其基本原理如图 3.7 所示。

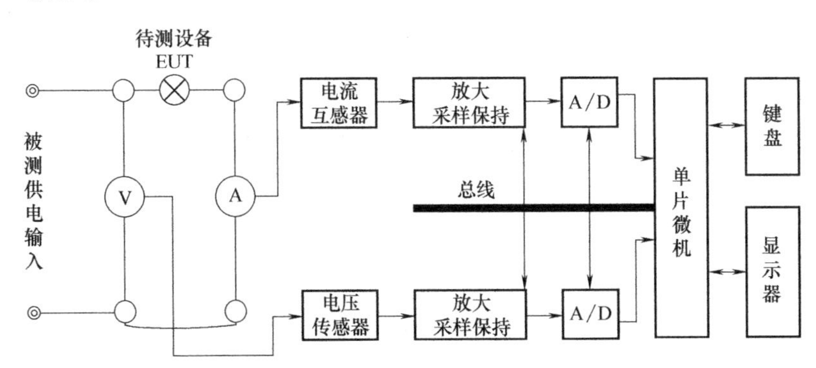

图 3.7 功率分析仪基本原理框图

仪器由模拟部分和数字部分组成。模拟部分主要由传感器、程控放大器、采样保持器和模/数（A/D）转换等电路组成。数字部分则包含单片微机、数据存储器和键盘显示部分。被测电压信号 U_i 经过电压传感器后，信号衰减为弱电压信号，根据信号的大小，由单片微机控制，进行程控放大，经采样保持后，由模/数转换器将电压信号转换成数字信号，并把该数字信号传输给单片微机，计算出电压有效值（U_{rms}），并输送到显示器上显示出来。同样，被测电流信号 I_i 经电流传感器和电流/电压（I/V）转换，信号转换为弱电压信号，经过程控放大、采样保持、A/D 转换，传输到单片微机计算出电流有效值（I_{rms}）并显示。电压有效值（U_{rms}）、电流有效值（I_{rms}）、有功功率（P）、功率因数（P_f）按如下公式计算

$$U_{rms} = \sqrt{\frac{1}{N}\sum_{i=1}^{N} U_i^2} \tag{3.5}$$

$$I_{rms} = \sqrt{\frac{1}{N}\sum_{i=1}^{N} I_i^2} \tag{3.6}$$

$$P = \frac{1}{N}\sum_{i=1}^{N} U_i I_i \tag{3.7}$$

$$P_f = \frac{P}{U_{rms} I_{rms}} \tag{3.8}$$

汽车能量消耗量测试中功率分析仪需要达到表 3.3 规定的要求。

表 3.3 电动汽车经济性测试对功率分析仪的要求

参数	单位	准确度	分辨率
电能	W·h	±1%	1
电流	A	±3%FSD 或读数的±1%	0.1
电压	V	±3%FSD 或读数的±1%	0.1
采样频率	Hz	—	≥20

图 3.8 是日本横河电机公司生产的 WT5000 型功率分析仪。

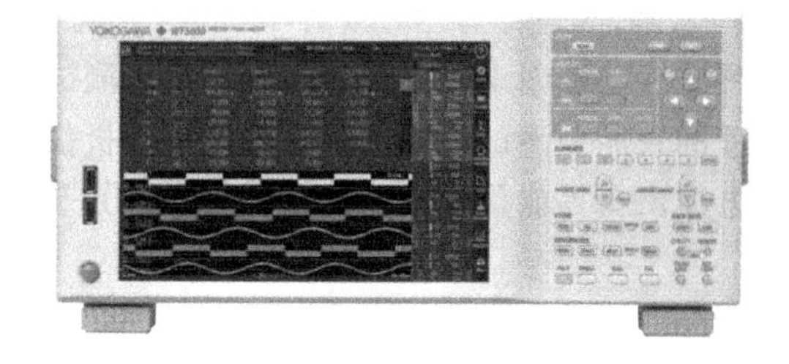

a) 正面

b) 背面

图 3.8 日本横河 WT5000 型高精度功率分析仪

3.4 行驶阻力测试

在底盘测功机上进行经济性试验，必须提供汽车道路行驶阻力参数。道路行驶阻力可以由标准的数学模型来描述，即

$$F=a+bv+cv^2 \tag{3.9}$$

式中 F——车辆的道路行驶阻力，单位为 N；

v——车辆的行驶速度，单位为 km/h；

a——与车辆速度无关的常数项阻力；

b——与车辆速度一次项有关的阻力系数；

c——与车辆速度二次项有关的阻力系数。

汽车行驶阻力的测量，即在动力输出断开的情况下，让车辆由高车速向低车速自由滑行，并记录减速过程中各阶段时间、起止速度，然后通过计算获得阻力数值。

根据牛顿第二运动定律，汽车在滑行试验中的阻力可表示为式（3.10）。

$$F=m\frac{\mathrm{d}v}{\mathrm{d}t}=a+bv+cv^2 \tag{3.10}$$

式中 m——车辆的质量，单位为 kg。

在轻型车道路行驶阻力测试中，m 为测试质量和旋转质量之和；在重型车道路行驶阻力测试中，m 可以直接使用测试质量计算。

在滑行试验中，试验车辆以车速 $v_j+\Delta v$，滑行至车速 $v_j-\Delta v$，当速度区间较小时（即 $\Delta v\leqslant 5\text{km/h}$），可认为车辆的滑行过程是匀减速运动，则当车速为 v_j 时的减速度 a_j 可表达为式（3.11）。

$$a_j=\frac{\mathrm{d}v}{\mathrm{d}t}=\frac{(v_j+\Delta v)-(v_j-\Delta v)}{\Delta t}=\frac{2\Delta v}{\Delta t} \tag{3.11}$$

式中 a_j——速度为 v_j 时的减速度，按车速由 $v_j+\Delta v$ 滑行减速至 $v_j-\Delta v$ 过程中的平均减速度计算；

Δt——车速 $v_j+\Delta v$ 滑行减速至车速 $v_j-\Delta v$ 所经历的时间；

v_j——基准车速，选取的速度区间的速度中点。

测试车辆在速度为 v_j 时的道路行驶阻力可以表达为

$$F_j = ma_j = m\frac{2\Delta v}{\Delta t} = a + bv_j + cv_j^2 \tag{3.12}$$

通过记录各降速区间的时间 Δt，可得出各车速点 v_j 的道路行驶阻力。得出行驶阻力和车速关于 a、b、c 系数的三元一次方程，构成方程组。根据方程组，进行解算和拟合，得出 a、b、c 系数的解。

根据最大设计总质量的不同，汽车分为轻型车和重型车，两类车型试验方法和精度有明显差异，轻型车和重型车详细定义如下：

1）轻型车：最高设计车速≥50km/h 的 N_1 类车和最大设计总质量不超过 3500kg 的 M_1 类、M_2 类车。

2）重型车：N_2 类车、N_3 类车、M_3 类车和最大设计总质量超过 3500kg 的 M_1 类、M_2 类车。

3.4.1　轻型车道路行驶阻力测试方法

1. 测试条件

1）试验前用综合气象仪测试试验环境，要求高出路面 0.7m 处测量的平均风速不大于 3m/s，阵风不大于 5m/s。试验过程中大气温度应在 5~40℃ 范围内。如果在滑行试验期间，测量的最高温度和最低温度之间的温度差大于 5℃，对每次滑行都要根据试验中实测温度的算术平均值单独进行修正。试验应在无雨、无雾的天气下进行，且相对湿度小于 95%。

2）试验道路要求纵向坡度应不超过 0.1%，路面的横向坡度不应超过 3%，选用专业汽车试验场直线性能路进行。进行试验的直线段应尽可能长度相同，同时直线段两端有可以进行加减速的环形路段，这样可以避免多次分段带来的测量误差，同时提高试验效率。

3）进行行驶阻力测试的试验样车进行至少 3000km 的磨合行驶，且磨合后样车处于正常运行状态，但总行驶里程不应超过 80000km。试验车辆四轮定位参数应满足车辆生产企业规定范围。滑行试验前，检查车辆轮胎花纹深度应为原始花纹深度的 80%以上，使用轮胎气压表检查轮胎气压，调整至设计要求值，误差±20kPa。试验样车按照实际试验载荷要求进行加载，载荷偏差应控制在±1%之内。试验车辆应干净，试验时保持车窗及车内通风装置为关闭状态。对于带有能量回收装置的车辆，应确保档位在 N 位时能量回收装置不产生驱动或者阻止车辆滑行的力。

4）轻型车行驶阻力测试的试验载荷应当按照实际试验载荷要求或测试质量进行。实际试验载荷要求即为试验想要测得的载荷状态，如空载、半载、满载等。而测试质量需要根据试验样车的参数计算得出，为试验车辆的基准质量、选装装备质量及代表性负荷质量三者之和。

① 基准质量指汽车的整备质量加上 100kg。

② 选装装备质量指在生产企业技术条件规定的标准车辆装备之外，可由客户选购的生产企业负责提供的车辆装备。

③ 代表性负荷质量指一定百分比的车辆最大负载：客车为车辆最大负载的 15%，货车为车辆最大负载的 28%。车辆最大负载为设计最大总质量减去基准质量再减去选装装备质量后的质量。

试验样车按照试验载荷要求进行加载，载荷偏差应控制在±1%之内。

在试验方法的选择中，我们使用固定式测速仪滑行法测定道路行驶阻力系数。这种试验方法相对简便，且试验设备成本低，只需要使用 GPS 测试设备测量车速和时间的关系，同时在道路旁固定位置测量包括温度、气压、风速等气象数据，即可完成测试。试验过程中，测试设备以最小 5Hz 的频率测量并记录运行时间和车速。

2. 测试方法

（1）预热　以实际驾驶的方式对车辆进行预热，车辆预热前，在离合器断开或自动档在 N 位的状态下对试验车辆制动，使车速在 5~10s 的时间内稳定地从 80km/h 降低到 20km/h。制动试验后，不对车辆的制动系统进行调整，确认制动系统制动间隙在正常范围内，避免放松制动后制动器接合导致测试的行驶阻力偏大。然后试验车辆以最高车速的 80%~90%，至少进行 20min 的预热，直至达到稳定的热车状态。

（2）基准车速 v_j 的选择　基准速度从 20km/h 起始，以 10km/h 的步长增加。最高基准速度应为 130km/h，道路载荷确定和底盘测功机的设定应该在相同的基准速度点进行。如果最高基准速度加上 14km/h 后，大于或等于试验车辆的最高车速，在进行道路载荷测定，或者在底盘测功机上设定阻力时，应将该速度剔除。此时次高基准速度成为车辆的最高基准速度。

（3）滑行　车辆完成预热后，车辆应该行驶到比最高的基准车速高 10~15km/h（根据车辆实际状态选择，至少应高于基准车速 8km/h）的速度，稳定后切换至空档或者 N 位开始滑行。滑行过程中，尽量不要转动转向盘，不能进行制动。每次滑行应连续进行。如果不能对所有基准速度点的数据连续记录的话，也可以分段进行滑行。分段滑行时，应保持车辆状态不变。

对应基准车速 v_j，可选取 $\Delta v=5$km/h，测量车辆速度从 $v_j+\Delta v$ 滑行到 $v_j-\Delta v$ 的时间。滑行试验往返双向进行，最少应获得三组测量结果。

第 i 组试验的调和平均滑行时间 Δt_{ji} 可表达为

$$\Delta t_{ji}=\frac{2}{\dfrac{1}{\Delta t_{jai}}+\dfrac{1}{\Delta t_{jbi}}} \tag{3.13}$$

式中　Δt_{jai}——往方向 a 对应的滑行时间，单位为 s；

Δt_{jbi}——返方向 b 对应的滑行时间，单位为 s。

n 组试验的调和平均滑行时间 Δt_j 可以表示为

$$\Delta t_j=\frac{n}{\sum\limits_{i=1}^{n}\dfrac{1}{\Delta t_{ji}}} \tag{3.14}$$

计算结果的标准偏差 σ_j 为

$$\sigma_j=\sqrt{\frac{1}{n-1}\sum_{i=1}^{n}(\Delta t_{ji}-\Delta t_j)^2} \tag{3.15}$$

n 组试验的统计精度 P_j 的计算见式（3.16）。

$$P_j=\frac{h\sigma_j}{\sqrt{n}\,\Delta t_j}\times 100\% \tag{3.16}$$

式中　n——试验的组数；

σ_j——第 j 组试验的标准偏差；

h——系数，根据 n 来确定，具体取值见表 3.4；

Δt_j——基准车速 v_j 对应的调和平均滑行时间。

试验要求 P_j 必须小于或等于 3%，如果统计精度不满足要求，则应增加试验次数，并挑选一致性较好的试验数据。

表 3.4 根据 n 确定系数 h

n	3	4	5	6	7	8	9	10
h	4.3	3.2	2.8	2.6	2.5	2.4	2.3	2.3
$h/\sqrt{n}$	2.48	1.60	1.25	1.06	0.94	0.85	0.77	0.73

根据符合统计精确度要求的滑行时间，计算道路行驶阻力，可得到

$$F_j = \frac{1}{3.6}(m_{av}+m_r)\frac{2\Delta v}{\Delta t_j} \tag{3.17}$$

式中 F_j——基准车速 v_j 对应的道路行驶阻力，单位为 N；

m_{av}——试验开始和结束时试验车辆的平均质量，单位为 kg；

m_r——车辆转动零部件的等效有效质量，可根据车辆的基准质量（整备质量+100kg）的 3%进行估算，单位为 kg；

Δv——车辆减速速度区间，单位为 km/h；

Δt_j——基准车速 v_j 对应的平均滑行时间，单位为 s。

$$\Delta t_j = \frac{2}{\dfrac{1}{\Delta t_{ja}}+\dfrac{1}{\Delta t_{jb}}}$$

$$\Delta t_{ja} = \frac{1}{n}\sum_{i=1}^{n}\Delta t_{jai}$$

$$\Delta t_{jb} = \frac{1}{n}\sum_{i=1}^{n}\Delta t_{jbi}$$

式中 Δt_{jai}、Δt_{jbi}——往返 a、b 方向的滑行时间；

Δt_{ja}、Δt_{jb}——方向 a、b 滑行时间的算术平均值。

计算得出各基准速度下的道路行驶阻力，采用最小二乘法进行二次拟合，得出行驶阻力曲线的常数项 f_0、一次项 f_1、二次项 f_2。

通过以上方法测得的行驶阻力系数为实际环境条件下结果，需要把其校正到基准状态。

空气阻力修正因子 K_2 计算如下

$$K_2 = \frac{T}{293}\frac{100}{P} \tag{3.18}$$

式中 T——滑行试验大气温度的算术平均值，单位为 K；

P——滑行试验大气压力的算术平均值，单位为 kPa。

滚动阻力修正因子按照式（3.19）计算。

$$K_0 = 8.6\times10^{-3} \tag{3.19}$$

滑行试验风速修正阻力按照式（3.20）计算。

$$w = 3.6^2 f_2 v_w^2 \tag{3.20}$$

式中 w——滑行试验的风速修正阻力，单位为 N；

f_2——滑行试验测得的二次项系数；

v_w——滑行道路旁两个方向中相对较低风速的算术平均值，单位为 m/s。

试验质量修正因子可按照式（3.21）进行计算。

$$K_1 = f_0\left(1-\frac{TM_H}{m_{av}}\right) \tag{3.21}$$

式中 f_0——滑行试验测得的常数项；

TM_H——试验车辆的需求试验质量，单位为 kg；

m_{av}——试验车辆的实际试验质量，单位为 kg。

基准状态下的道路行驶阻力 F^* 可表示为

$$F^* = [(f_0-w-K_1)+f_1 v][1+K_0(T-20)]+K_2 f_2 v^2 \tag{3.22}$$

在底盘测功机模拟道路行驶阻力时，其 a、b、c 系数可以表示为

$$\begin{cases} a=(f_0-w-K_1)[1+K_0(T-20)] \\ b=f_1[1+K_0(T-20)] \\ c=K_2 f_2 \end{cases} \tag{3.23}$$

式（3.22）与式（3.23）中，T 为摄氏温度，单位为℃。

3. 数据处理

以某轻型车行驶阻力测试为例，该车测试质量行驶阻力数据处理过程如下。

（1）测试质量　试验前确认该轻型车测试质量。该车为常规 M_1 类车型，无选装车辆装备。计算得出理论测试质量为 1705.25kg，见表 3.5，实际试验测试质量为 1705kg。

表 3.5　某轻型车测试质量　（单位：kg）

整备质量	最大许用装载后质量	基准质量	选装装备质量	车辆最大负载	代表性负荷质量	测试质量
1564	1939	1664	0	275	41.25	1705.25

（2）滑行试验数据　以最高基准车速 130km/h 进行滑行试验，共滑行了 6 次，得到表 3.6 中试验数据，并按照式（3.16）计算精度，该例子精度满足≤3%要求。

表 3.6　某轻型车实际滑行时间数据

序号	车速/(km/h)	第一次/s	第二次/s	第三次/s	第四次/s	第五次/s	第六次/s	调和平均值/s	标准差/s	精度(%)
1	130	5.44	5.47	5.47	5.50	5.44	5.38	5.45	0.04	0.78
2	120	6.12	6.19	6.18	6.23	6.23	6.22	6.19	0.04	0.68
3	110	7.18	7.17	7.16	7.17	7.07	7.10	7.14	0.05	0.74
4	100	8.16	8.24	8.17	8.21	8.28	8.15	8.20	0.05	0.65
5	90	9.76	9.60	9.66	9.56	9.42	9.50	9.58	0.12	1.33
6	80	11.43	11.30	11.21	11.21	11.20	11.30	11.27	0.09	0.85
7	70	13.16	13.04	12.79	13.13	13.25	13.29	13.11	0.18	1.46
8	60	15.81	15.55	15.84	15.33	15.82	15.89	15.70	0.22	1.49
9	50	18.87	18.57	18.51	18.35	18.66	18.80	18.63	0.19	1.08
10	40	22.05	22.16	22.20	21.90	22.27	22.60	22.19	0.24	1.15
11	30	26.19	25.82	26.27	26.03	26.52	26.26	26.18	0.24	0.97
12	20	28.46	28.23	28.03	28.00	29.09	28.79	28.43	0.44	1.64

(3) 计算行驶阻力　按照式 (3.17)，计算得出该轻型车实际测试的道路行驶阻力，见表3.7。

表3.7　某轻型车测试道路行驶阻力

序号	基准车速/(km/h)	滑行时间/s	测试道路行驶阻力/N
1	130	5.45	894.45
2	120	6.19	787.52
3	110	7.14	682.74
4	100	8.20	594.49
5	90	9.58	508.85
6	80	11.27	432.54
7	70	13.11	371.84
8	60	15.71	310.30
9	50	18.63	261.66
10	40	22.20	219.58
11	30	26.18	186.20
12	20	28.43	171.47

根据各基准速度下的道路行驶阻力，拟合得出行驶阻力曲线的常数项 $f_0=148.2$、一次项 $f_1=0.0966$、二次项 $f_2=0.0435$。

(4) 行驶阻力的修正　按照式 (3.18)，计算空气阻力修正因子，见表3.8。

表3.8　空气阻力修正因子

试验温度/℃	试验温度/K	试验大气压力/kPa	基准温度/K	基准大气压力/kPa	空气阻力修正因子
30.8	303.8	100.1	293	100	1.0358

滚动阻力修正因子按照常数值 8.6×10^{-3} 参与计算。

按照式 (3.20)，计算风速修正阻力，见表3.9。

表3.9　风速修正阻力

试验风速/(m/s)	行驶阻力二次项系数	风速修正阻力/N
1.2	0.0435	0.8118

按照式 (3.21)，计算试验质量修正因子，见表3.10。

表3.10　试验质量修正因子

行驶阻力常数项系数	试验质量/kg	实际试验质量/kg	试验质量修正因子
148.2557	1705.25	1705	-0.0217

最后按照式 (3.22)，得出修正到基准状态的道路行驶阻力，见表3.11。

表3.11　某轻型车修正道路行驶阻力

序号	基准车速/(km/h)	测试道路行驶阻力/N	修正道路行驶阻力/N
1	130	894.75	937.02
2	120	787.09	823.21
3	110	682.94	718.43
4	100	594.67	622.66
5	90	508.82	535.91
6	80	432.67	458.19

（续）

序号	基准车速/(km/h)	测试道路行驶阻力/N	修正道路行驶阻力/N
7	70	372.05	389.48
8	60	310.56	329.80
9	50	261.85	279.13
10	40	219.73	237.48
11	30	186.28	204.86
12	20	171.56	181.25

并按照式（3.23），得出修正后道路行驶阻力系数，见下式。

$$\begin{cases} a=161.10 \\ b=0.1056 \\ c=0.0451 \end{cases}$$

3.4.2 重型车道路行驶阻力测试方法

1. 测试要求

1）试验环境应为无雨、无雾的天气，相对湿度小于95%，大气温度在0~40℃之间。在高出路面1.6m处测量的平均风速不大于3m/s，阵风不大于5m/s。

2）试验应在清洁、干燥、平直的沥青路面或混凝土路面上进行。

3）试验质量为最大设计总质量。对货车进行试验时，应采用迎风面积最大的上装。试验时关闭车窗和驾驶室通风口。

2. 测试方法

（1）预热　滑行试验前，也应该对车辆进行预热，预热的方法是驾驶车辆在试验路段上以约80%最高车速的速度行驶不少于40min。

（2）基准车速 v_j 的选择　基准速度从10km/h起始，以10km/h或5km/h的步长增加。如果车辆性能和场地条件允许，应在尽可能高的车速下滑行。对于不同类型的重型车，最高基准车速可参照以下要求执行：半挂牵引车90km/h，自卸车80km/h，货车90km/h，城市客车70km/h，普通客车100km/h。如无法达到要求的最高基准车速，则在车辆所能达到的最高车速下滑行。

（3）滑行　滑行试验时，应将车辆加速至尽可能高的车速，随后将变速器置于空档的位置（N位）进行滑行。如果因为道路长度限制无法一次完成滑行试验，可采用分段滑行法。

对应基准车速 v_j，可选取 $\Delta v=5$km/h，测量车辆速度从 $v_j+\Delta v$ 滑行到 $v_j-\Delta v$ 的时间。滑行试验往返双向进行，最少应获得四组测量结果。

计算第 i 组试验的平均滑行时间 Δt_{ji}，可表示为（注意和轻型车道路行驶阻力测试区别）

$$\Delta t_{ji}=\frac{\Delta t_{jai}+\Delta t_{jbi}}{2} \tag{3.24}$$

式中　Δt_{jai}——往方向 a 对应的滑行时间，单位为s；

Δt_{jbi}——返方向 b 对应的滑行时间，单位为s。

n 组试验的平均滑行时间 Δt_j 可以表示为

$$\Delta t_j = \frac{\sum_{i=1}^{n} \Delta t_{ji}}{n} \tag{3.25}$$

试验结果的标准偏差 σ_j 为

$$\sigma_j = \sqrt{\frac{1}{n-1}\sum_{i=1}^{n}(\Delta t_{ji} - \Delta t_j)^2} \tag{3.26}$$

参照轻型车道路行驶阻力测试方法，计算 n 组试验的统计精度 P_j，见式（3.16）。要求在 30~70km/h 的速度点范围内 P_j 不应大于 4%，在其他速度点 P_j 不应大于 5%。如果统计精度不能满足要求，则增加试验组数，并挑选一致性较好的试验数据。

在得到符合要求的滑行时间的基础上，计算道路行驶阻力 F_j，见式（3.27）。

$$F_j = \frac{1}{3.6} M \frac{2\Delta v}{\Delta t_j} \tag{3.27}$$

式中 M——试验车辆的最大设计总质量，单位为 kg；

Δv——车辆减速速度区间，单位为 km/h；

Δt_j——基准车速 v_j 对应的平均滑行时间，单位为 s。

测得的各车速的道路行驶阻力，与轻型车的校正形式不同，重型车试验时直接对测定的行驶阻力 $F_{测定}$ 进行校正，见式（3.28）。

$$F_{校正} = KF_{测定} \tag{3.28}$$

式中 K——校正系数。

校正系数 K 按式（3.29）计算

$$K = \frac{R_R}{R_T}[1 + K_R(T-20)] + \frac{R_W}{R_T}\frac{d_0}{d} \tag{3.29}$$

式中 R_R——速度为 v_j 时的滚动阻力，它等于滚动阻力系数与试验车辆质量的乘积，见式（3.30）；

R_W——速度为 v_j 时的空气阻力，单位为 N，按式（3.31）确定；

R_T——总运行阻力，单位为 N，取 R_R 与 R_W 之和；

K_R——滚动阻力带温度校正系数，取 6×10^{-3}/℃；

T——试验时大气温度，单位为℃；20 为基准大气温度，表示为 20℃；

d——试验条件下的空气密度，按式（3.32）进行计算。

$$R_R = Mgf \tag{3.30}$$

式中 M——最大设计总质量，单位为 kg；

g——重力加速度，取值为 9.8m/s^2；

f——滚动阻力系数，取值按照表 3.12 确定。

$$R_W = \frac{C_D A v_j^2}{21.15} \tag{3.31}$$

式中 C_D——空气阻力系数，可采用车辆生产企业的数据；也可取固定经验值进行计算：半挂牵引车取 0.8、自卸汽车取 0.8、货车取 0.8、城市客车取 0.65、客车取 0.65；

A——迎风面积，单位为 m^2；可采用车辆生产企业的数据，也可通过车高减去离地间隙的差值乘以车宽简化计算得出。

$$d=d_0\frac{P}{P_0}\frac{T_0}{T} \tag{3.32}$$

式中 d_0——基准状态下的空气密度，取值为 1.189kg/m³；

P——试验期间的大气压力，单位为 kPa；

P_0——基准状态大气压力，取值为 100kPa；

T——试验期间的绝对温度，单位为 K；

T_0——基准状态温度，取值为 293.15K（20℃）。

表 3.12 滚动阻力系数

分类		滚动阻力系数
最大设计总质量<14000kg	斜交胎	$f=0.0076+0.000056v_j$
	子午胎	
最大设计总质量≥14000kg	斜交胎	$f=0.0066+0.0000286v_j$
	子午胎	$f=0.0041+0.0000256v_j$

计算得出各基准速度下的校正后的道路行驶阻力，采用最小二乘法进行二次拟合，即可计算得到行驶阻力曲线的常数项 a、一次项 b、二次项 c。

3. 数据处理

某重型车实际滑行时间数据见表 3.13，共滑行了 6 次，并按照式（3.16）计算精度，该例子精度满足≤4%要求。

表 3.13 某重型车实际滑行时间数据

序号	车速/(km/h)	第一次/s	第二次/s	第三次/s	第四次/s	第五次/s	第六次/s	平均耗时/s	标准差/s	精度(%)
1	90	8.53	8.73	8.62	8.86	8.81	8.71	8.71	0.12	1.5
2	80	9.83	9.82	9.86	10.3	10.32	9.93	10.01	0.24	2.5
3	70	11.86	11.9	11.36	11.66	11.92	11.71	11.74	0.21	1.9
4	60	13.82	13.51	13.27	13.47	13.92	13.46	13.58	0.25	2.0
5	50	15.92	16.2	16.87	17.25	16.66	17.35	16.71	0.57	3.6
6	40	20.34	20.46	20	20.39	21.66	21.30	20.69	0.64	3.3
7	30	26.31	26.12	25.33	26.11	25.87	26.37	26.02	0.38	1.5
8	20	30.45	32.17	31.8	31.9	31.78	31.64	31.62	0.60	2.0
9	10	38.76	39.74	39.57	37.06	37.59	40.59	38.89	1.35	3.7

对表 3.13 中数据进行处理，先按照式（3.27）计算总行驶阻力，然后按照式（3.30）计算理论滚动阻力，按照式（3.31）计算理论空气阻力，最后按照式（3.29）计算校正系数，最终得到修正后的行驶阻力，结果见表 3.14，并应用最小二乘法进行拟合，得到滑行阻力曲线，如图 3.9 所示。

3.4.3 对于电驱动汽车滑行的要求

电动汽车滑行阻力试验应全程记录驱动电机工作电流数据，滑行过程中应降低电机能量回收或驱动电流的影响。一般电机工作功率应在滑行功率的 4%以内。

表 3.14　某重型车滑行数据处理

试验质量	5489kg	试验大气温度	21.7℃	滚阻温度矫正系数	6×10^{-3}/℃
试验大气压力	100.66kPa	轮胎类型	子午胎	空气阻力系数	0.8
迎风面积	6.38m^2	基准状态空气密度	1.189kg/m^3	试验时空气密度	1.19kg/m^3
车速/(km/h)	滚动阻力/N	空气阻力/N	测试阻力/N	校正系数	修正后阻力/N
90	679.9	1954.7	1750.5	1.003	1756.1
80	649.8	1544.5	1523.2	1.004	1528.7
70	619.7	1182.5	1298.7	1.004	1303.9
60	589.6	868.8	1122.8	1.005	1128.0
50	559.4	603.3	912.5	1.005	917.3
40	529.3	386.1	736.9	1.006	741.5
30	499.2	217.2	586.0	1.007	590.3
20	469.1	96.5	482.2	1.009	486.3
10	438.9	24.1	392.1	1.010	395.9

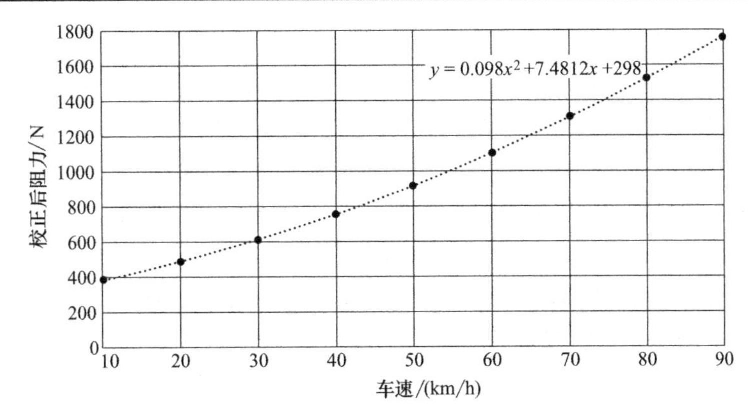

图 3.9　某重型车滑行阻力曲线拟合结果

3.5　车辆经济性试验（底盘测功机法）

随着国家对车辆能耗要求的加强，要求车辆在公告时必须按照法规要求的工况进行能量消耗量的测试，分析法规推荐的试验方法可以发现，法规类经济性试验多采用底盘测功机方法，因为底盘测功机更容易模拟车辆的道路行驶阻力，试验效率高，不受试验道路、天气等因素的影响，而且试验的重复性好。而且随着排放法规的实施，国家标准要求的排放测试工况大多与法规要求的经济性测试工况一致，因此使用底盘测功机可以同一试验完成两项法规测试，在一定程度上提高了试验的效率。

3.5.1　试验工况

根据车辆类别和动力形式，可选择适应的工况进行经济性试验，具体如下。

1. 燃油汽车试验工况

轻型燃油车使用全球统一的轻型车测试循环（WLTC）或中国汽车行驶工况（CLTC-P 和 CLTC-C，其中 CLTC-P 适用于 M_1 类车辆，CLTC-C 适用于 N_1 类和最大设计总质量不超过

3500kg 的 M_2 类车辆）进行试验。

重型燃油车使用中国重型商用车辆行驶工况（CHTC）测量燃料消耗量。其中，货车采用 CHTC-LT［最大设计总质量（GVW）≤5500kg］、CHTC-HT（GVW>5500kg）行驶工况，普通客车采用 CHTC-C 行驶工况，半挂牵引车采用 CHTC-TT 行驶工况，自卸汽车采用 CHTC-D 行驶工况，城市客车采用 CHTC-B 行驶工况。

2. 混合动力汽车试验工况

轻型混合动力汽车使用全球统一的轻型车测试循环（WLTC）或中国汽车行驶工况（CLTC-P 和 CLTC-C，其中 CLTC-P 适用于 M_1 类车辆，CLTC-C 适用于 N_1 类和最大设计总质量不超过 3500kg 的 M_2 类车辆）进行试验。

重型混合动力汽车使用中国重型商用车辆行驶工况（CHTC）测量燃料消耗量。其中，城市客车采用 CHTC-B 行驶工况，客车（不含城市客车）采用 CHTC-C 行驶工况，货车采用 CHTC-LT（GVW ≤ 5500kg）、CHTC-HT（GVW > 5500kg）行驶工况，自卸汽车采用 CHTC-D 行驶工况，半挂牵引车采用 CHTC-TT 行驶工况。

3. 电动汽车试验工况

轻型电动汽车使用中国汽车行驶工况（CLTC，包括 CLTC-P 和 CLTC-C，其中 CLTC-P 适用于 M_1 类车辆，CLTC-C 适用于 N_1 类和最大设计总质量不超过 3500kg 的 M_2 类车辆）进行试验。

重型电动汽车使用规定的中国重型商用车辆行驶工况（CHTC）测量能量消耗量和续驶里程。其中，城市客车采用 CHTC-B 行驶工况，客车（不含城市客车）采用 CHTC-C 行驶工况，货车（不含自卸汽车）采用 CHTC-LT（GVW≤5500kg）或 CHTC-HT（GVW>5500kg）行驶工况，自卸汽车采用 CHTC-D 行驶工况，半挂牵引车采用 CHTC-TT 行驶工况。

4. 燃料电池电动汽车试验工况

轻型燃料电池电动汽车使用轻型车排放工况（包括市区运转循环和市郊运转循环）进行试验。

重型燃料电池电动汽车使用中国典型城市公交循环工况进行试验。

压缩天然气汽车试验工况可参照燃油车进行。

典型的行驶工况曲线如图 3.10~图 3.18 所示。

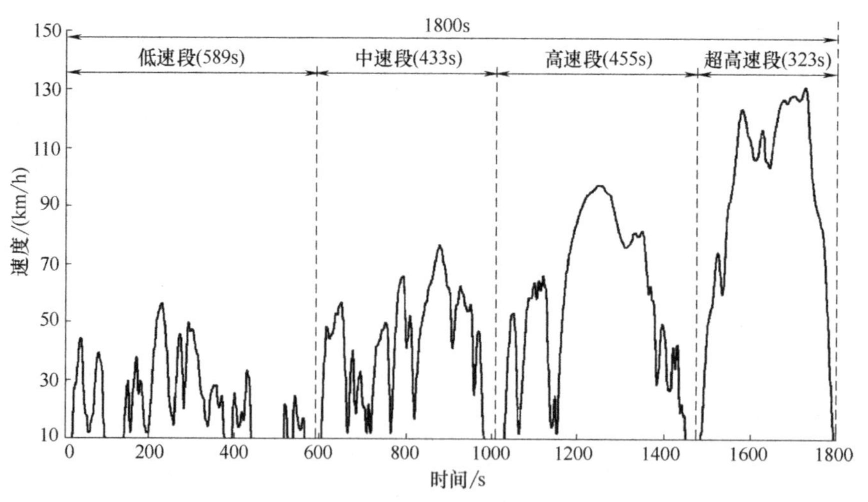

图 3.10　WLTC 工况曲线

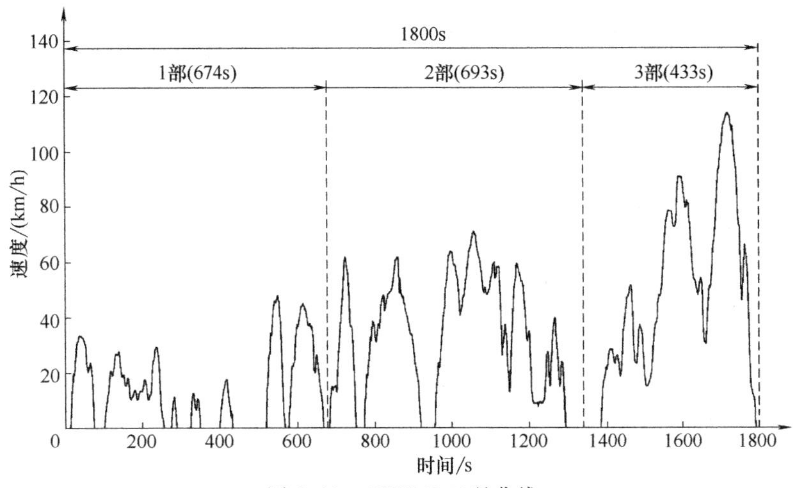

图 3.11 CLTC-P 工况曲线

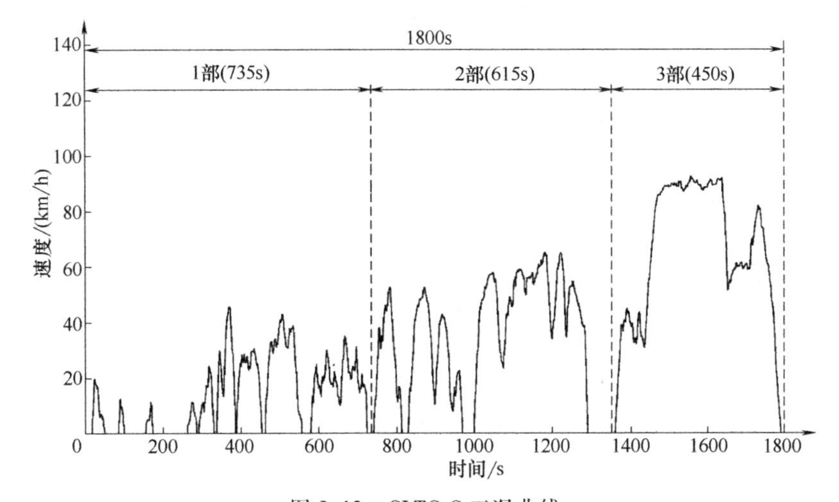

图 3.12 CLTC-C 工况曲线

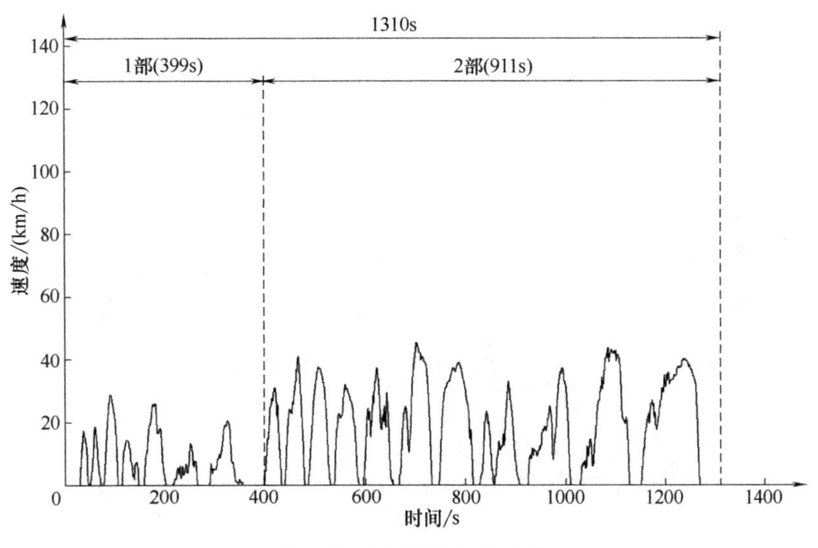

图 3.13 CHTC-B 工况曲线

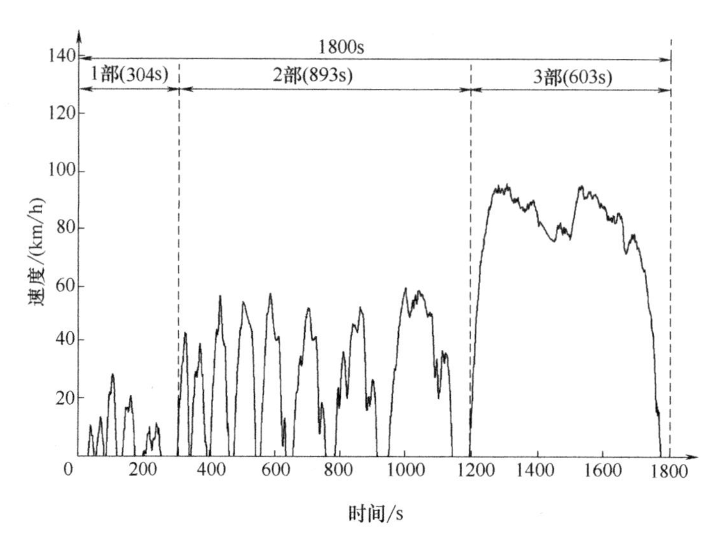

图 3.14　CHTC-C 工况曲线

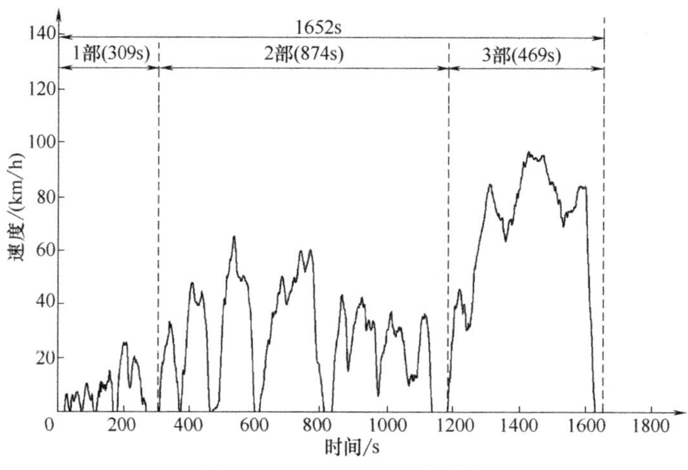

图 3.15　CHTC-LT 工况曲线

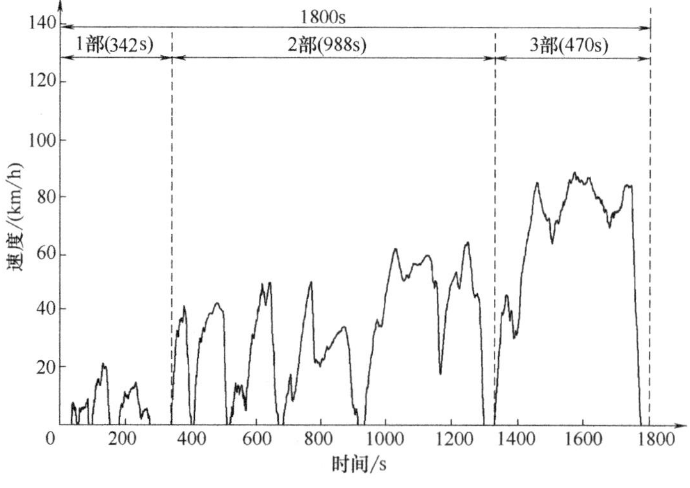

图 3.16　CHTC-HT 工况曲线

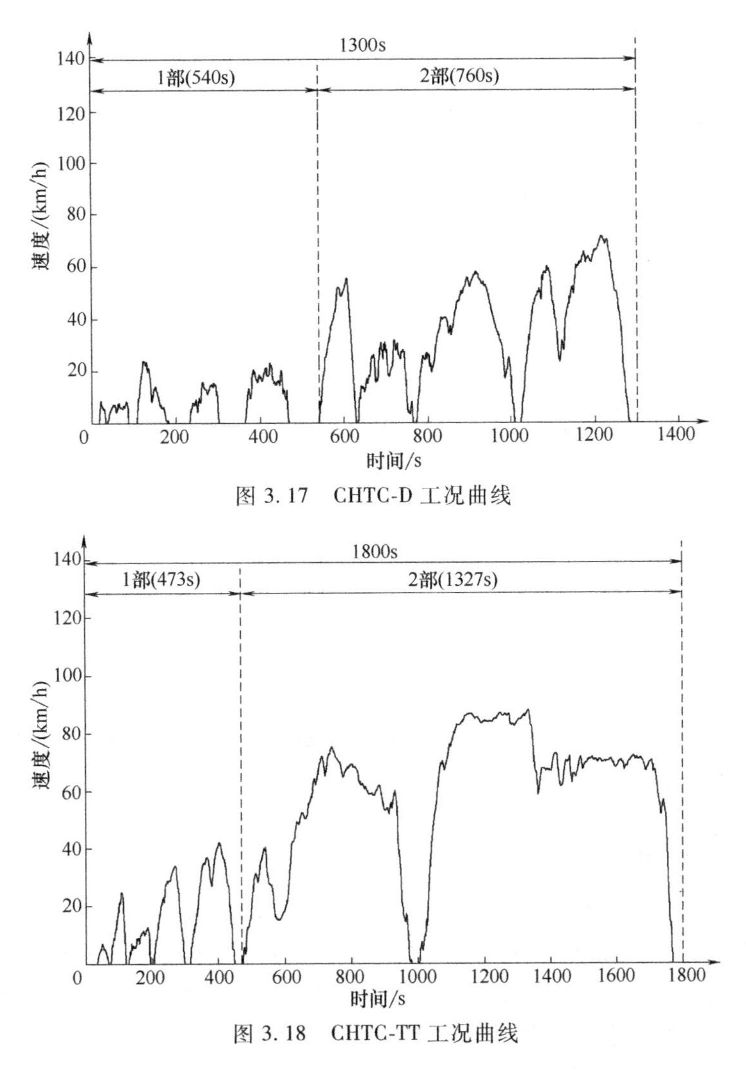

图 3. 17　CHTC-D 工况曲线

图 3. 18　CHTC-TT 工况曲线

工况法的经济性试验由底盘测功机和排放分析仪配合使用完成。底盘测功机用于提供活动路面并模拟汽车在道路上行驶时的阻力，汽车按照规定的试验循环行驶，测得在特定工况下的油耗结果。

3. 5. 2　试验准备

在底盘测功机上使用碳平衡法进行工况经济性试验，在正式试验前应满足下列要求：

1）全流排放分析仪开机预热与标定：打开标准气体及全流排放分析仪电源，自动热机约 45min，状态转为 stand by 后进行标定，约 30min 后标定完成。

2）根据车辆最大设计总质量及非驱动轮的等效平动惯量确定底盘测功机当量惯量，推荐非驱动轮的等效平动惯量为最大设计总质量的 1.5%，也可根据理论计算方法确定等效平动质量。对于前后轴同时驱动的车辆，使用四驱底盘测功机进行试验时，不需要考虑旋转驱动部分的转动惯量。

3）根据车辆轴距调整底盘测功机前后鼓轴距，将车辆固定在底盘测功机上，驱动轮应与滚筒对中，即驱动轮与滚筒接触点应落在滚筒轴向中间位置和滚筒周向最高点。

4）试验前进行整车安全功能项检查，重点关注驱动系统、制动系统及车载用电器等工作性能是否良好。

5）环境仓参数设置：环境仓温度控制在20~30℃之间，湿度控制在（50±5）%，试验过程中开启排废、轮边风机、地坑风机。

6）将试验车辆道路滑行阻力曲线输入底盘测功机，作为行驶阻力模拟目标，并在底盘测功机上进行多次滑行试验，不断调整底盘测功机负荷参数，保证底盘测功机上滑行阻力与道路滑行阻力相同，差异量应控制在3%以内。表3.15是某车辆底盘测功机上滑行数据实例，其差异比率最大为1.69%，符合3%的精度要求。

表3.15 底盘测功机上滑行实例

速度/(km/h)	道路滑行阻力/N	底盘测功机滑行阻力/N	差异量/N	差异比率(%)
85	1698.85	1698.09	-0.77	-0.04
75	1425.34	1429.49	4.15	0.29
65	1182.51	1197.63	15.12	1.28
55	970.36	984.96	14.60	1.50
45	788.93	775.59	-13.34	-1.69
35	638.23	630.43	-7.80	-1.22
25	518.26	521.10	2.84	0.55
15	428.97	436.08	7.11	1.66

7）正式试验前，进行1~2个完整的行驶工况对试验车辆和底盘测功机进行充分预热，直至发动机水温稳定，无明显上升趋势。热车结束应尽快开展试验。

3.5.3 试验方法

试验时，同步运行道路模拟冷却风机、车速和时间记录仪等相关设备，关闭车内所有用电器，驾驶时根据车辆特点选择相应档位，换档过程应迅速平稳；当车辆在某一较高档位下不能达到行驶工况规定车速且速度偏差超过±3km/h时，可降低一档继续试验，并在车辆重新进入能使用较高档位行驶的匀速状态时再次换入较高档位进行试验。

具有节能驾驶指示功能的车辆，可根据相应指示进行换档操作。

减速行驶时，应适当放开加速踏板，继续保持离合器接合状态，直至试验车速降至该档位最低稳定车速时再分离离合器、降档或停车。必要时，可使用车辆的制动器及辅助制动装置进行减速。

车辆试验应运行三个完整的行驶工况，相邻工况间隔时间不应超过5min，若间隔时间较长，应再次进行试验前热车直至发动机水温稳定。

试验过程中全程采集车速、燃料消耗量等信息，并在每个完整的行驶工况结束后分别记录试验结果。在相邻的两个完整行驶工况之间，车辆及相关设备应继续运行或采用其他方法保持热机状态。

三个完整行驶工况的燃料消耗量进行重复性检验后：

1）如通过重复性检验，则应计算三次试验结果的平均值，分别作为行驶工况各速度区间和综合燃料消耗量。

2）如没有通过重复性检验，则应采用燃料消耗量较高的两个完整的行驶工况试验结果的平均值，分别计算行驶工况各速度区间和综合燃料消耗量。

3.5.4 数据处理

某重型混动车能耗测试数据见表 3.16，试验过程依据 GB/T 19754—2021《重型混合动力电动汽车能量消耗量试验方法》执行，试验工况为中国工况 CHTC-HT，纯电利用系数选择质量大于 5.5t 车型，第三个循环发动机起动，按照国标要求，发动机起动后应立即结束该循环，故第三个循环里程偏短。图 3.19 是该车辆电量保持阶段，通过动力电池电量变化量，对油耗进行插值修正。

表 3.16 某重型混动车能耗测试数据及处理

阶段	循环序号	行驶里程/km	油耗/(L/100km)	电耗/(kW·h/100km)	当前循环纯电利用系数
纯电消耗阶段	1	17.405	0	48.8	0.0899
	2	17.335	0	46.5	0.0982
	3	1.243	0	46.5	0.0060
电量调整阶段	4	17.427	33.4	-61.1	0.0800
	5	17.448	18.5	-10.9	0.0721
	6	17.427	17.2	-8.7	0.0649
电量保持阶段	7	17.396	14.7	1.1	0.5889
	8	17.337	14.9	-0.6	
	9	17.366	15.0	-1	
	修正	17.396	14.8	0	
综合加权能耗			13.8	3.0	

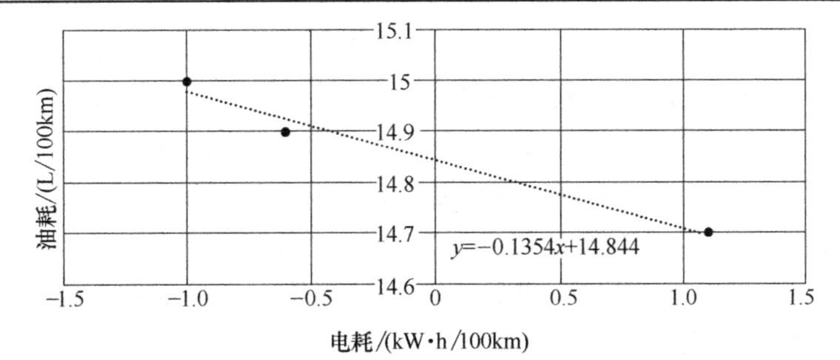

图 3.19 电量保持阶段油耗插值

3.6 车辆经济性试验（实际道路试验法）

在道路上进行能量消耗量试验时，通常需要安装测量车速和行驶距离的定位设备和测量能量消耗的油耗仪或能耗仪，以上两套系统必须集成采集，保证在同一时间坐标系下进行采集。关于车速和距离测量的定位设备的安装，在本书 2.2.1 节和 2.2.2 节中已经详细介绍，本章不作详述，此处重点介绍油耗仪的安装和测量电量消耗的能耗仪的安装注意事项。

3.6.1 试验设备的安装

对于无回油管路的燃油车，可直接将油耗仪串联在汽油泵和发动机之间，使油耗仪入口接汽油泵的出口，油耗仪出口接发动机燃油管路入口。安装示意图如图 3.20 所示。

随着对排放质量更为严格的要求，并且希望发动机具备更大的功率而保持尺寸不变，不断升级的供油系统等都对油耗测试系统提出了新的挑战。与以前只装备简单供油系统的车辆相比，当今的发动机不单有一个用于燃烧的供油系统，而且还包含燃油进发动机，多余的燃油根据用于燃烧和供油系统冷却的油压和流速而调节回油箱的整个系统。装上车的油耗测量系统必须重建所有原装车上的供油系统参数，如压力、温度、循环流量等，并且油耗测量系统的整个供油系统必须与原始状态保持一致。对于有回油的燃油系统而言，需要分别将从油箱到发动机和发动机到油箱的管路断开，按照油耗仪的标识将油耗仪串联到整个油路中。油耗仪安装示意图如图 3.21 所示。

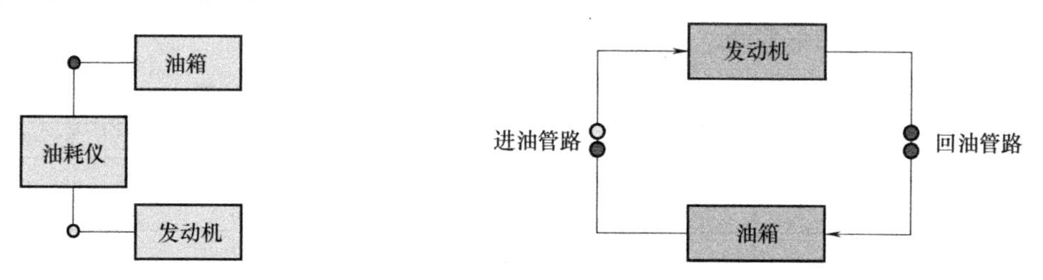

图 3.20　无回油燃油车油耗仪连接示意图　　图 3.21　有回油的燃油车油耗仪连接示意图

在断开车辆原有的进油和回油管路并安装油耗仪的过程中，管路中会有空气进入，此时必须把空气泡排除干净。排除油路中空气泡对保证检测结果的准确性影响极大，这是因为大部分车载油耗仪是容积式油耗仪，油耗传感器会把系统中的空气泡所占的容积当成所消耗燃油的容积，从而使测试得到的油耗结果偏高。此时可使用手动泵泵油或使用油耗仪上的排气档将系统中的空气排出。

对于压缩天然气汽车的燃料消耗量试验，可以通过安装气耗仪进行测试。将气耗仪试验设备串联在气瓶和发动机之间，试验时测量消耗的天然气流量，最后对时间积分得出天然气的消耗量。在安装气耗仪和连接气管时，要特别注意各连接点的密封性，使用气体泄漏检测设备或肥皂水进行检查。避免存在漏气安全隐患，并影响试验结果。

电动汽车的消耗量试验，可通过功率分析仪测量电动汽车各电气部件（电池、电机、空调压缩机、PTC 加热模块、DC/DC 变换器等）的电压、电流数据，计算电池的放电和用电部件的功率和耗电量。连接电流测量设备时，要区分电流的方向，一般以放电电流的方向为正向，回馈电流的方向为负向，电流方向的错误会影响计算结果。

3.6.2　试验工况

道路能量消耗试验的工况通常包括等速行驶工况、加速行驶工况、怠速工况。根据三种工况的试验结果，按照不同的权重系数，加权获得综合的燃料消耗量。该试验方法主要针对燃油车型，其他动力形式的车辆，可以参照进行，通过加权获得综合的能量消耗。

道路能量消耗试验应当在沥青或混凝土铺装的平直路面上进行，试验时车辆状态和试验环境符合试验要求。

3.6.3　等速行驶工况能耗测试

等速行驶工况燃油经济性是测量汽车在正常状态下，匀速行驶时的燃油经济性，该项试验结果用于分析车辆稳态工况下的经济性。使用汽车在同一试验车速下的能量消耗量测量结果的算术平均值作为该车速的等速燃料消耗量。具体试验流程如下：

1）车辆满载状态，手动变速器车辆应置于最高档或次高档，根据试验车速选择尽可

能高的档位，当最高档不能满足试验车速时则采用次高档；自动变速器车辆档位置于D位。

2）试验时，加速至试验车速，保持车辆平稳行驶至少100m后，等速保持500m通过测试路段，测量车辆通过该路段的时间 t 和燃料消耗量 Q。试验时控制加速踏板保持车速。为缩小试验误差，推荐在底盘测功机上进行，至少行驶5km。

3）每次试验的平均速度和规定的试验速度之差不应超过±1km/h；试验过程中瞬时速度与规定的试验速度之差不应超过±2km/h。每个试验车速在路段上往返多次测量，保证数据真实有效。

等速工况燃料消耗量 Q_u（单位为L/100km）按式（3.33）计算得出。

$$Q_u = \frac{\sum_{i=1}^{n} \frac{Q_i}{500}}{n} \times 100 \tag{3.33}$$

式中　Q_i——某车速下第 i 次等速工况往返试验的燃料消耗量的平均值，单位为mL；

n——某车速下的往返试验次数。

3.6.4　加速行驶工况能耗测试

直接档全油门加速工况油耗试验，是检验汽车在大负荷工作时的动力性和燃油经济性的综合性试验；使用汽车在全油门加速时的燃料消耗量测量结果的算术平均值作为该车速的加速燃料消耗量。具体试验流程如下：

1）车辆满载状态，手动变速器车辆应置于最高档或次高档（选取速比为1的档位，如无该档位，则选取速比最接近于1的档位），自动变速器车辆应置于D位。选定加速区间的起始速度和终止速度。

2）加速前，车速应控制在稍低于起始速度（低于起始速度2km/h之内）保持匀速行驶至少5s，然后将加速踏板快速踩到底，同时开始测量，车速到达终值速度时测量结束。

3）记录加速过程中燃料消耗量 Q、加速距离 s、起始和终止速度等测量结果。在测试路段上往返多次测量。

加速工况燃料消耗量 Q_a（单位为L/100km）按式（3.34）计算得出。

$$Q_a = \frac{\sum_{i=1}^{n} \frac{Q_i}{s_i}}{n} \times 100 \tag{3.34}$$

式中　Q_i——加速工况第 i 次往返试验的燃料消耗量的平均值，单位为L；

s_i——加速工况第 i 次往返试验加速距离的平均值，单位为km；

n——往返加速的试验次数。

3.6.5　怠速工况能耗测试

怠速油耗试验是测量汽车在怠速状态下的燃料消耗量。怠速工况是用户常用工况，所以怠速工况的经济性非常重要。

怠速工况的燃料消耗量测量应当在等速工况和加速工况试验结束后立刻进行，或在车辆保持热车状态进行。具体试验流程如下：

1）测量时车辆应静止，离合器处于接合位置，手动变速器车辆处于空档位置，安装自动变速器的车辆档位应处于P位；加速踏板处于完全松开位置，发动机转速保持为车辆制造厂规定的怠速转速，转速允许偏差为±50r/min。

2）怠速燃料消耗量试验应该在发动机转速稳定300s后开始，每次测量时间为300s。记录期间发动机燃料消耗量和发动机转速，取三次怠速燃料消耗量测量结果的平均值。

怠速工况燃料消耗量Q_1（单位为L/h）按式（3.35）计算得出。

$$Q_1 = \frac{\sum_{i=1}^{3} \frac{Q_i}{300}}{3} \times 3.6 \tag{3.35}$$

式中　Q_i——怠速工况第i次试验的燃料消耗量，单位为mL。

试验测得等速工况燃料消耗量Q_u、加速工况燃料消耗量Q_a、怠速工况燃料消耗量Q_1，参照不同权重系数，即可计算得出综合燃料消耗量。以综合燃料消耗量的大小来表示汽车的燃油经济性。

3.6.6　模拟用户使用工况的道路能耗测试

国家标准规定的道路油耗试验是通过测试典型工况的燃料消耗量来表征汽车的燃油经济性。但国标规定的工况不能完全代表客户的实际使用工况，因此测试的结果往往和真实使用场景的结果有一定差距。所以在实际车辆研发阶段，经常模拟用户的实际使用场景进行能量消耗量的测试。

选择的测试道路应能代表车辆实际使用场景，如选择高速公路、一般公路、市区道路、山路等，货车或客车也可以选择营运路线进行测试。

试验设备的安装和使用与上文一致。模拟用户使用工况的道路能耗试验，虽然能代表真实使用场景的结果，但试验条件可控性差，单次试验结果的参考意义不大，需要进行多次试验综合得出，试验周期较长，试验成本高。

也可以通过采集用户实际运行工况，在底盘测功机上进行模拟。并施加高低温环境条件，试验过程应开启汽车用电元器件和附加功能，如空调、采暖、巡航控制功能、发动机起停等。

3.6.7　实际道路的背靠背能量消耗量对比测试

在实际道路上模拟用户工况进行实际的能量消耗量测试意义重大，但是该试验的缺点是试验结果和过程不能完全重复，在车辆研发过程中，研发部门经常对比正在开发的车辆与竞品车的实际经济性差别，除了进行法规要求的工况试验外，试验部门经常需要组织进行实际使用工况的车辆背靠背经济性试验，尤其是商用车行业对背靠背经济性结果更为重视。以下主要介绍背靠背经济性试验的方法和注意事项。

1. 试验要求

1）试验样车应选择两台相同车辆类型、设计最大总质量基本一致、具有可比性的车辆。

2）试验前试验工程师应仔细确认车辆状态，包括整车各系统的软、硬件版本，试验车辆轮胎型号、气压满足设计要求，车辆保养正常。试验车辆行驶里程大于3000km。

3）试验车辆应按照设计最大总质量或者用户实际使用条件进行加载。载荷应均匀分布，试验过程中不得晃动，不允许因振动、潮湿、散失等原因而导致载荷质量和分布发生变化。不得在大雨、大雾等极端天气下进行试验。

4）试验里程数据记录优先使用仪表记录里程，里程表应通过道路性能测试设备提前进行校准。也可以通过高速公路路碑进行校准，使用小表的数据进行校正，校正基础里程不少于 100km。

5）试验过程中，试验车辆的电器件状态保持一致，如空调、除霜系统、车灯、车窗开启状态均保持一致。

6）试验车辆在试验过程中必须保证车辆发动机同时起动、同时熄火下电。在一个循环试验过程中停车时间不得超过 15min。

7）试验过程控制。根据试验数据的获取方式，道路经济性试验可分为燃料加注法（适用于液体、气体燃料的传统车型和混动车型）、充电法（适用于纯电车型和混动车型）和仪器测试法。

2. 试验方法

（1）燃料加注法

1）加注柴油、汽油等液体燃料的车辆：试验开始前，将车辆燃油加满，试验结束后，燃油加注的油箱液面与试验前保持一致，以加注机上显示的累计加注数据为燃料消耗量。尽量使用同一个燃油加注机上的同一个加注枪完成加注。

试验前后加油枪加注方法：先后用加油枪最大档位、中间档位、最小档位进行燃料加注，至加油枪先后三次自动跳枪，开始缓慢加油，直至液面刚刚漫过油箱口。

2）加注液化天然气（LNG）、压缩天然气（CNG）燃料的车辆：试验开始前，将车辆燃料加满，试验结束后，再次将燃料加满，试验前后储气瓶压力应保持一致，以加注机上显示的累计加注数据为燃料消耗量。应使用同一个加注机上的同一个加注枪完成加注。

（2）充电法　纯电车辆试验之前车辆充满电，记录荷电状态（SOC）值，试验之后充电至试验前的 SOC 值，以充电桩上的累计充电量为电耗结果。

充电过程中，不允许使用用电设备。试验结束后，应在两小时之内进行充电。需要充电的车辆，充电桩应为同一品牌、同一型号。

1）不可外接充电的混合动力车辆：为消除试验前后电量不同导致的差异，从满电（用车载充电机充满，记录 SOC 值）、满燃料状态开始进行试验，试验结束后，用车载充电模式充电至试验前的 SOC 值，并补充至满燃料，记录燃料加注量。

2）可外接充电的混合动力车辆：为消除试验前后电量不同导致的差异，从满燃料、满电（外接电源充满并记录 SOC 值）状态开始进行试验，试验结束后记录补充的电量和燃料的加注量。

以上加注燃料的过程均须在平整场地进行。

（3）仪器测试法

1）加注柴油、汽油、甲醇等液体燃料的车辆：根据不同燃料安装对应型号油耗仪，采集整个试验过程中的燃料消耗实时数据。

2）加注 LNG、CNG 等燃料的车辆：可安装气耗仪，采集整个试验过程中的燃料消耗实时数据。

3）纯电车辆：安装功率分析仪，采集整个试验过程中的电耗数据。

4）混合动力车辆：同时安装功率分析仪和对应型号的油耗仪/气耗仪，分别采集整个试验过程中的燃料消耗实时数据和电耗数据。

3. 注意事项

1）背靠背试验应充分考虑驾驶员驾驶习惯、车队前后顺序的影响，可增加试验往返次数，并通过互换驾驶员、互换车队前后位置来消除差异。

2）试验时两台试验样车应保持相同行驶路线，前后跟车行驶，不得并道，不得超车。在保证道路试验安全的前提下，车辆在正常行驶过程中，推荐车间距为：高速工况车间距控制在400~500m，一般公路工况车间距控制在100~200m，山路工况控制在200~300m。试验中如遇到交通信号灯前车通过、后车未通过的情况，前车通过后应找安全位置靠路边停车，等待后车。

3）手动档试验样车，根据不同档位推荐车速，保证不同驾驶员使用的档位一致。试验过程中须保证前后车辆制动次数一致，驾驶员实时观察路况，少踩制动，禁止大油门加速行驶，不得出现因跟车距离过近，而被迫踩制动情况。高速工况下，尽可能保证车辆以高档位及发动机经济转速行驶。

背靠背试验结束，两台试验样车的行驶里程应当保持一致，误差不超过1%。根据消耗的燃料量和电量，对比评价两台试验样车的经济性。

3.7 经济性优化分析案例

某款汽车设计总质量为49t，西北地区用户反馈实际油耗偏高，百公里油耗为43.9L，比平均水平高出了4L。为降低该车油耗，先进行油耗影响因素分析，影响油耗的因素详见表3.17。

表3.17 油耗影响因素

序号	分类	影响因素
1	整车阻力	风阻
2		滚动阻力
3		齿轮油黏度
4	传动系统	传动系统匹配
5		齿轮啮合效率
6	发动机	发动机本体效率
7		附件消耗（冷却风扇、空调压缩机、液压助力泵）
8	用户使用	用户驾驶习惯
9		载重
10		道路类型
11		档位和车速

1）进行风阻问题排查，仿真分析该车型风阻系数为0.52，行业平均水平为0.55，略优于行业平均水平。

2）滚动阻力方面，调取该车滑行阻力曲线，分析发现该车滚动阻力比其他车型高2%，主要是轮胎引起的，轮胎比对详见表3.18，由表可知该车轮胎滚阻系数比其他车高2%~4%。

3）对车桥齿轮油进行分析，都使用行业通用的GL-5 85W/90型机油，机油黏度不存在问题。

表3.18　轮胎比对分析

车型	轮胎型号	轮胎花纹类型	花纹型号	滚阻系数/(N/kN)
分析车型	12R22.5 18PR	混合花纹	AZ565	5.5
对标A	12R22.5 18PR	纵向花纹	PT66	5.3
对标B	12R22.5 18PR	混合花纹	PAL526	5.4
对标C	12R22.5 18PR	纵向花纹	RR202+	5.4

4）对传动系统进行分析，该地区同类车型选用的是12档超速变速器配4.11速比的主减速器，而该车使用的是3.7速比的主减速器。3.7速比的主减速器适合于平原低负荷工况，4.11速比的主减速器适合于西北山区爬坡工况，该车需要调整主减速比。

5）在实际用户跟车过程中，发现在空载时车辆动力性较好，车速较高，空载时负荷小，动力过于富裕。该地区同类车发动机功率在370~410马力（1马力=735.499W），也可满足常规动力需求，对比其他车型的配置，可升级多态开关，输出不同的发动机功率，保证油耗最优。

6）附件消耗中重点分析风扇消耗，该车风扇转速标定较高，风扇转速与车速和发动机散热需求关联性不好，可以通过优化低速工况的风扇转速，减少风扇消耗功率。

7）该用户为长途运输，通过调取发动机工作数据进行统计，发现该用户运行过程中发动机转速1400r/min以上占比超过26%，60%大油门时间占比超过32%，常用车速40~70km/h，国道占比超过90%，用户为追求时效性，驾驶习惯非常激进，导致发动机经常脱离经济区。可以通过规范用户驾驶习惯，显著降低油耗。

通过上述原因分析，形成5点改进措施，见表3.19，并在实车上实施，最终油耗降低达10%以上，达到用户满意水平。

表3.19　改进措施汇总

序号	问题	解决方案
1	轮胎滚动阻力大	更换为低滚阻轮胎，轮胎滚阻系数降低至5.1N/kN
2	主减速比过低，低速爬坡时，发动机脱离经济区	更换主减速器，速比由3.7改为4.1
3	空载及半载发动机负荷低，动力富裕，发动机效率低	增加多态开关，发动机动力输出分为高、中、低三种模式，供用户自行选择
4	低速工况风扇转速高，功耗较大	风扇转速增加关联车速控制，调整风扇控制策略
5	驾驶员驾驶激进，大油门工况及不合理的档位选择较多	对用户进行专业培训，明确如何进行节油驾驶，明确合理的档位和发动机转速

第4章 汽车制动性能试验

汽车行驶时能在短距离内停车且维持行驶方向稳定性和汽车在下坡时能维持一定车速行驶的能力，称为汽车的制动性能。汽车制动性能的好坏对于汽车的行驶安全性有着非常重要的影响，重大的交通事故往往与制动距离太长、紧急制动时车辆发生侧滑等情况有关。由此可见，制动性能是汽车安全行驶的重要保障，只有制动性能良好、制动系统工作可靠的汽车，才能充分发挥其动力性能。

4.1 汽车制动性能评价指标

4.1.1 基本理论

1. 制动时车轮受力分析

车轮在良好的硬路面上动态制动时的受力情况，如图4.1所示。

图4.1中，u_a 是车辆的前进速度；T_μ 是车轮制动器中摩擦片与制动鼓或制动盘相对滑转时产生的摩擦力矩；T_P 是车轴或车桥对车轮的推力；W 是车轮的垂直载荷；F_Z 是地面对车轮的法向反作用力；F_{Xb} 是地面制动力；r 是车轮半径。

车辆以车速 u_a 向前行驶，此时进行制动形成摩擦力矩 T_μ，车轮对地面有一个向前方向的力，同时地面对车轮产生向后方向的反作用力 F_{Xb}，地面制动力 F_{Xb} 使车辆减速制动。

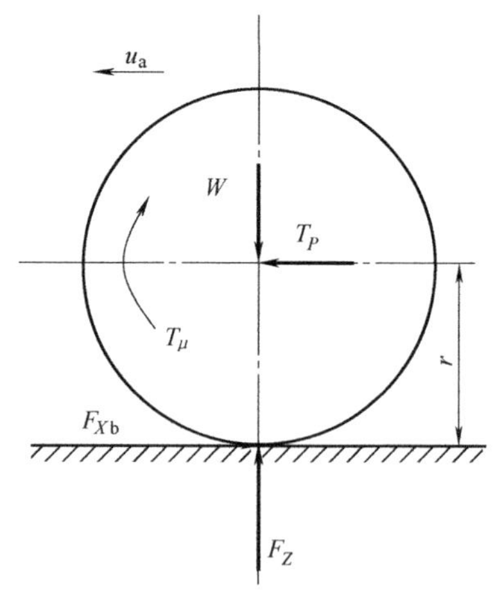

图4.1 车轮制动时的受力

2. 地面制动力、制动器制动力和附着力

地面制动力、制动器制动力和地面附着力之间的关系如图4.2所示。

图4.2中，F_μ 是制动器产生的制动力；F_φ 是附着力，地面对轮胎切向反作用力的极限值为附着力；F_{Xbmax} 是最大地面制动力，等于附着力；P 是制动系压力；F_P 是制动踏板力。

在制动时，若只考虑车轮的运动为滚动与抱死拖滑两种状况，当制动踏板力 F_P 较小时，制动摩擦力矩 T_μ 不大，地面与轮胎之间的摩擦力即地面制动力，足以克服制动器摩擦力矩而使车轮滚动。车轮滚动时的地面制动力 F_{Xb} 就等于制动器制动力 F_μ，且随制动踏板力 F_P（或制动系压力 P）增长成正比例增长。但地面制动力 F_{Xb} 是滑动摩擦的约束反力，它的值不能超过附着力 F_φ。

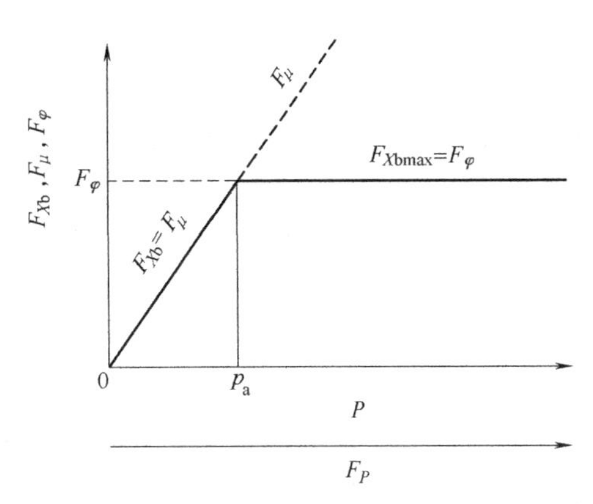

图 4.2 地面制动力、制动器制动力及附着力关系

当制动器踏板力 F_P 或制动系压力 P 上升到某一值、地面制动力 F_{Xb} 达到附着力 F_φ 值时，车轮即抱死不转而出现拖滑现象。制动器制动力 F_μ 由于制动器摩擦力矩的增长而仍按直线关系继续上升。但是地面制动力 F_{Xb} 达到附着力 F_φ 的值后就不再增加，即 $F_{Xbmax}=F_\varphi$。

由此可见，地面的制动力首先取决于制动器制动力，但同时又受地面附着条件的限制，所以只有汽车具有足够的制动器制动力，同时地面又能够提供高的附着力时，才能获得足够的地面制动力。

3. 车轮滑动率与制动力系数、侧向力系数的关系

图 4.3 是汽车在制动过程中逐渐增大踏板力 F_P 时，轮胎留在地面上的印痕。观察印痕，从右至左基本上可分为三个阶段。

图 4.3 制动时轮胎印痕

第一阶段：印痕的形状与轮胎胎面花纹基本一致，车轮接近纯滚动。

第二阶段：轮胎花纹的印痕可以辨别，但花纹逐渐模糊，轮胎胎面与地面发生一定程度的相对滑动，车轮处于边滚边滑的状态。且制动强度增加，滑动的比例越来越大。

第三阶段：印痕最终形成了一条粗黑的印痕，完全看不出轮胎的花纹，此时车轮被制动器抱死，在地面上做完全的拖滑。

从三个阶段的变化情况可以看出，随着制动强度的增加，车轮滚动成分越来越少，而滑动成分越来越多。一般用滑动率 s 来说明这个过程中滑动成分的多少，即车轮接地处的滑动速度与车轮中心运动速度的比值，见式（4.1）。

$$s=\frac{u_w-r_{r0}\omega_w}{u_w}\times 100\% \tag{4.1}$$

式中 u_w——车轮中心的速度；

r_{r0}——没有地面制动力时的车轮滚动半径；

ω_w——车轮的转动角速度。

当车轮纯滚动时，$u_w=r_{r0}\omega_w$，滑动率 $s=0$；在纯抱死拖滑时，$\omega_w=0$，$s=100\%$；边滚边滑时，$0<s<100\%$。

制动时车辆滑动率与制动力系数、侧向力系数的关系如图4.4所示。制动力系数 φ_Z 为地面制动力与垂直载荷之比，随着滑动率的增长，制动力系数迅速增大，在滑动率20%左右出现峰值，此时可获得最大制动力。滑动率再增加，制动力系数有所下降，直至滑动率为100%。

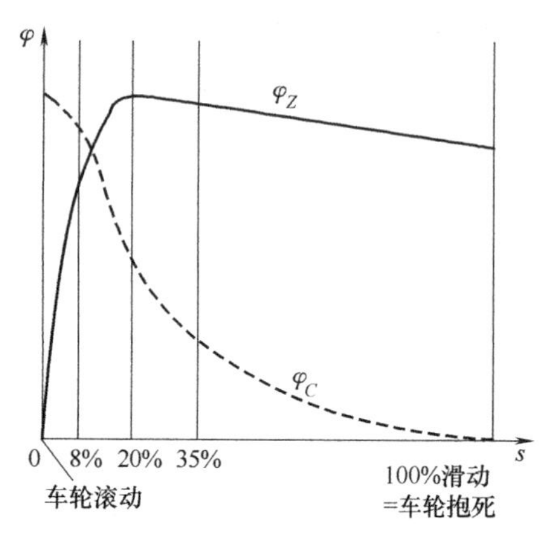

图4.4　滑动率与制动力系数、侧向力系数关系曲线

侧向力系数 φ_C 为侧向力与垂直载荷之比。滑动率越低，同一侧偏角条件下的侧向力系数越大，即轮胎保持转向、防止侧滑的能力越大，当车辆的滑动率达到100%时，车辆的侧向力系数几乎为零，此时车辆如果受到侧向的分力就会发生侧向滑动。所以制动时若能使滑动率保持在较低值（15%~35%），便可获得较大的制动力系数和侧向力系数，这样制动性能最好，侧向稳定性也很好。

在车辆制动系统设计中要尽可能避免车轮完全抱死，故汽车的制动防抱系统（ABS）应运而生。该系统通过控制制动压力来调节制动力，防止车轮抱死，使车轮的滑动率一直保持在合适范围内，提高制动时汽车的方向稳定性和转向操纵能力，缩短制动距离。

4. 制动系统的分类

制动系统根据功能和作用位置，可大致分为行车制动系统、应急制动系统、驻车制动系统和辅助制动系统。

（1）行车制动系统　不论车速高低、载荷大小，车辆上坡还是下坡，行车制动系统应能控制车辆行驶，使其安全、迅速、有效地停住。制动作用应是渐进的。应保证驾驶员在其驾驶座椅上双手不离开转向盘就能进行制动操作。

（2）应急制动系统　应急制动系统是为了保证在行车制动系统失效时，车辆仍有在适当距离内将车辆停住的能力。它的控制装置可以与行车制动的控制装置结合，也可以与驻车制动的控制装置结合。应急制动系统一般与驻车制动系统部件共用。当行车制动系统失效时（不同时发生一处以上失效），应急制动系统应能在适当的距离内将车辆停住。制动作用应是渐进可控的，应保证驾驶员在其驾驶座椅上至少有一只手握住转向盘时就能进行制动操作。

（3）驻车制动系统　驻车制动系统工作部件应靠纯机械装置锁住，即使驾驶员不在的情况下，车辆也能在上、下坡道上停住。驾驶员应能够在其驾驶座椅上进行制动操作。

（4）辅助制动系统　辅助制动装置是指辅助汽车减速的装置。增加辅助制动装置可以减轻行车制动的负担，保证行车安全，降低能耗。有些重型汽车和经常在山区行驶的汽车，如果只靠行车制动器连续工作，容易造成制动器过热，制动能力衰退，磨损严重，甚至烧坏。因此，加装辅助制动装置，可以减轻行车制动器的负担，保证安全行驶和降低油耗。辅助制动装置主要有排气制动、电动缓速器、液压缓速器和驱动电机制动能量回收四类。

4.1.2　评价指标

汽车的制动性能的优劣主要由制动效能、制动效能的恒定性和制动时方向的稳定性三方

面来评价。

1. 汽车的制动效能

制动效能即制动距离或制动时汽车的减速度。制动效能是制动性能最基本的评价指标。

制动距离是指从驾驶员开始操纵制动控制装置（制动踏板）到汽车完全停止为止所行驶过的距离，图 4.5 描述了驾驶员在接受了紧急制动信号后，制动踏板力、汽车制动减速度与制动时间的理论关系曲线，图中横坐标表示时间，用 τ 表示，纵坐标表示制动力和制动减速度，分别表示为 F_P 和 a_b。

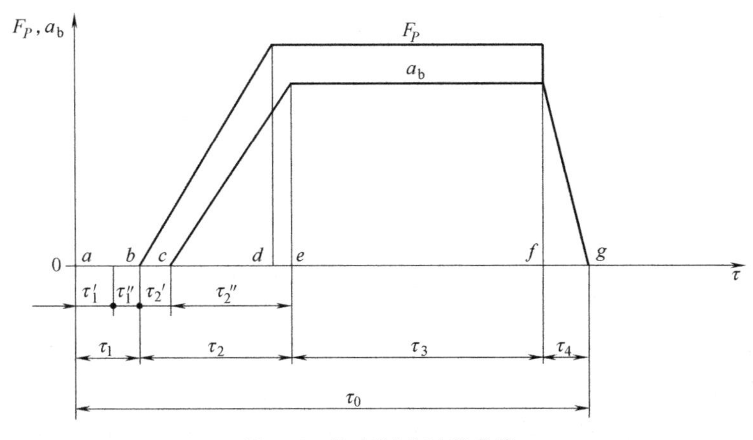

图 4.5 汽车制动过程曲线

驾驶员接到紧急停车信号时（a 点），并没有立即行动，而要经过 τ_1'后才意识到应进行紧急制动，驾驶员经过反应后大脑指挥脚从其他位置移动到制动踏板，需经过 τ_1''后驾驶员的脚才踩到制动踏板（b 点）。从 a 点到 b 点所经过的时间 $\tau_1=\tau_1'+\tau_1''$称为驾驶员的反应时间。

在 b 点以后，随着驾驶员脚踩制动踏板的动作，踏板力迅速增大，到 d 点时达到最大值。不过由于制动蹄由回位弹簧拉着，蹄片与制动鼓间存在间隙，所以要经过 τ_2'的时间，即至 c 点，地面制动力才起作用，使汽车开始产生减速。由 c 点到 e 点是制动器动力增长过程所需的时间 τ_2''。$\tau_2=\tau_2'+\tau_2''$总称为制动器的作用时间。制动器作用时间一方面取决于驾驶员踩踏板的速度，另外更重要的是制动系结构形式的影响。在试验中一般用制动协调时间或制动响应时间，来评价制动器作用的快慢。

由 e 点到 f 点为持续制动时间 τ_3，其减速度基本不变。到 f 点驾驶员松开踏板，但制动力的消除还需要一段时间 τ_4，这段时间过长会耽误随后起步行驶的时间。另外，若因车轮抱死而使汽车失去控制，驾驶员采取措施放松制动踏板时，又会使制动力不能立即释放。

从图 4.5 所描述的制动过程来看，整个制动过程包括驾驶员看到信号后做出行动反应、制动器起作用、持续制动和放松制动器四个阶段。在制动性能试验中，以从驾驶员做出行动反应到完全停车的距离，即制动器起作用时间和持续制动两个阶段汽车驶过的距离，来评价制动距离。通过在制动踏板上安装触发开关来标记制动距离计算的起始点。

在制动器起作用阶段，汽车驶过的距离 S_1（m）可由式（4.2）求得。

$$S_1=\frac{u_0}{3.6}(\tau_1+\tau_2) \tag{4.2}$$

式中 u_0——制动初速度，单位为 km/h；

τ_1——驾驶员的反应时间，单位为 s；

τ_2——制动器的作用时间，单位为 s。

在持续制动阶段，汽车驶过的距离 S_2（m）一般可用式（4.3）估算。

$$S_2=\frac{u_0^2}{25.9}\frac{m(1+\varepsilon)}{F} \tag{4.3}$$

式中 u_0——制动初速度，单位为 km/h；

m——汽车的质量，单位为 kg；

ε——汽车旋转零件的当量质量与汽车质量的比值$\frac{\Delta m}{m}$；Δm 为汽车旋转零件的当量质量，单位为 kg；

F——各轮制动力总和，单位为 N。

所以，总制动距离 S（m）可以写为

$$S=\frac{u_0}{3.6}(\tau_1+\tau_2)+\frac{u_0^2}{25.9}\frac{m(1+\varepsilon)}{F} \tag{4.4}$$

从式（4.4）中可以看出，决定汽车制动距离的主要因素是制动器起作用的时间、最大制动减速度即附着力（或最大制动器制动力）、制动初速度、整车质量等。附着力（或制动器制动力）越大，起始制动速度越低，制动距离越短。汽车制动系统应具有足够的制动力，并使前后桥制动力分配合理，以便充分利用各桥的垂直载荷，保证汽车在一定初速度下的制动距离在规定范围内。

制动减速度反映了地面制动力的大小，在整车制动性能试验中一般采用充分发出的平均减速度 MFDD（m/s^2）来表达，见式（4.5）。

$$\mathrm{MFDD}=\frac{u_b^2-u_e^2}{25.92(s_e-s_b)} \tag{4.5}$$

式中 u_b——制动初速度 u_0 的 0.8 倍车速，单位为 km/h；

u_e——制动初速度 u_0 的 0.1 倍车速，单位为 km/h；

s_b——车辆速度从 u_0 到 u_b 所经过的距离，单位为 m；

s_e——车辆速度从 u_0 到 u_e 所经过的距离，单位为 m。

2. 制动效能的恒定性

制动效能的恒定性一般指抗热衰退性能和抗水衰退性能。汽车高速行驶或下长坡连续制动时制动效能保持的程度，称为抗热衰退性能。制动过程实际上是把汽车行驶的动能通过制动器吸收转换为热能，制动器温度上升后，摩擦系数常会有显著下降，即制动器的热衰退。制动器的热衰退性能一般用一系列连续制动后制动效能的保持程度来衡量。所以要验证制动器温度升高后，能否保持住冷状态时的制动效能。

当汽车涉水时，水进入制动器，短时间内制动效能的降低称为水衰退。此时，汽车应在短时间内迅速恢复原有的制动效能。制动系统摩擦面浸水时，由于水的润滑作用，摩擦系数减小，导致制动效能下降。而且如果出现单侧车轮浸水，制动时有失去方向稳定性的危险。随制动过程中产生的热能对制动摩擦系统的干燥，制动效能逐渐恢复。汽车应在短时间内恢复原有的制动效能。

3. 制动时汽车的方向稳定性

制动时汽车的方向稳定性即制动时汽车不发生跑偏、侧滑以及失去转向能力的性能。在制动试验中可使用试验样车的中心线偏移量或是否超出规定宽度试验通道的边缘进行评价。

制动时汽车自动偏离原行驶方向的状态，称为制动跑偏。侧滑是指制动时汽车的某一轴或两轴发生横向移动。跑偏与侧滑有一定的关系，严重的跑偏有时会引起后轴侧滑，易于发生侧滑的汽车也有加剧跑偏的趋势。

（1）制动跑偏　制动时汽车的跑偏主要原因有两个方面：一是汽车左、右车轮，特别是前轴负责转向的车轮制动器的制动力不相等；二是制动时悬架导向杆系与转向系拉杆在运动上的不协调、相互干涉。

（2）制动侧滑　制动时发生侧滑，特别是后轴侧滑，将引起汽车剧烈的回转运动，严重时，可能会导致汽车掉头。制动时若后轴车轮比前轴车轮先抱死拖滑，就可能发生后轴侧滑。若能使前、后轴车轮同时抱死或前轴车轮先抱死，后轴车轮再抱死或不抱死，则能防止后轴侧滑。不过前轴车轮抱死后将失去转向能力。

（3）失去转向能力　失去转向能力是指弯道制动时，汽车不再按原来的弯道行驶，而是沿弯道切线方向驶出，及直线制动时转动转向盘汽车仍按直线方向行驶的现象。

从保证汽车方向稳定性的角度出发，首先不能出现只有后轴车轮抱死或后轴车轮比前轴车轮先抱死的情况，以防止危险的后轴侧滑；其次，尽量少出现只有前轴车轮抱死或前、后车轮都抱死的情况，以维持汽车的转向能力。最理想的情况就是防止任何车轮抱死，前、后车轮都处于滚动状态，这样就可以确保制动时的方向稳定性。

现阶段电动汽车的渗透率逐步提高，再生制动系统的能量回收功能使其在经济性和能量利用率方面较传统的燃油汽车有很大的优势。再生制动系统在车辆减速或制动过程中，使电机工作于发电状态，将制动过程中原本会变成热能损耗的机械能转化为电能，并通过逆变器存储到储能元件中。但是电机的再生制动力矩改变了原有车辆的前后轮制动力分配，会对车辆制动稳定性造成影响。制动时根据车轮的纵向滑移率判断车辆状态，当车轮有抱死的趋势时或 ABS 启动，再生制动就退出。再生制动力矩在减小的过程中，机械制动力矩不一定可以精确地补上，此时可能引起车辆的制动减速度突变。ABS 在车轮上起作用后，相应车轮的再生制动力矩减小，行车制动系统来补充再生制动卸载的力矩。这种控制策略可有效地改善车辆制动的稳定性。

4.2　汽车制动性能试验常用设备

如图 4.6 所示，常规制动性能试验中使用数采主机、GPS 天线、制动触发器、踏板力计即可完成测试。如需进行 ABS 试验，可安装轮速传感器测量车轮转速；进行踏板感知试验时，可安装踏板力计测量制动踏板力，加装拉线位移传感器测量踏板行程，加装压力传感器测量制动管路的压力，加装温度传感器测量制动摩擦片的温度。各制动试验项目可根据采集需求选择合适的传感器进行测试。

4.2.1　制动试验数采主机

主机使用综合数采主机，可集成采集模拟信号、数字信号和 GPS 的数据。主机软件直

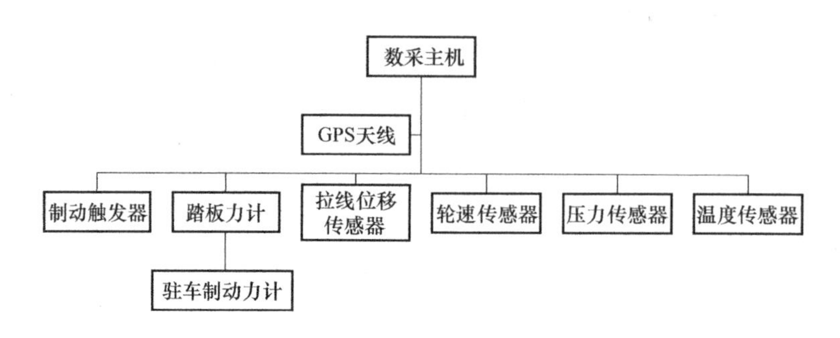

图 4.6　制动试验设备

接读取速度、制动距离、操作力、踏板行程、制动管路压力、车轮转速、制动摩擦片温度等数据结果。

4.2.2　制动触发设备

制动踏板触发器（图 4.7）在制动试验中，作为开始测量制动距离的触发器，可以精确地记录驾驶员脚踩上制动踏板的时间点。

进行制动试验时，将触发器粘贴或固定在制动踏板上，固定方式不应太紧，以免触发器直接触发激活。当驾驶员的脚踩上制动踏板时，触发器上的触发开关被闭合，与采集设备形成回路。带有准确触发时间的信号被高采样频率的试验设备记录。

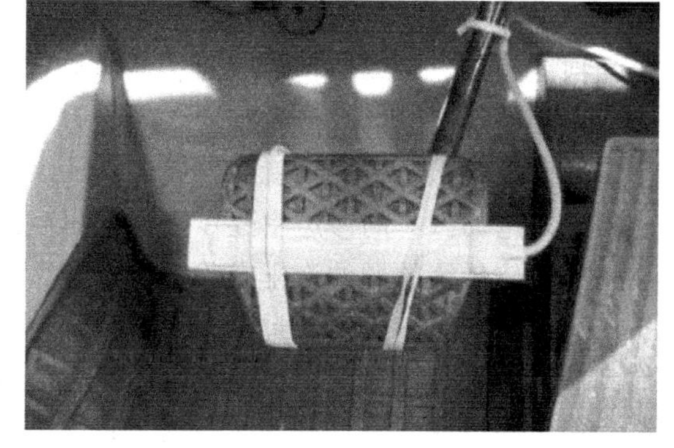

图 4.7　制动踏板触发器

通过计算从踩上制动踏板时间点到车辆完全停止时间点的车辆驶过的距离，即可得出试验的制动距离。

4.2.3　踏板力计和驻车制动力计

制动试验中踏板力计及驻车制动力计用于测量作用在脚踏板或手驻车控制器上的力，试验时将其固定在制动踏板或驻车手柄上，如图 4.8 和图 4.9 所示。

图 4.8　踏板力计

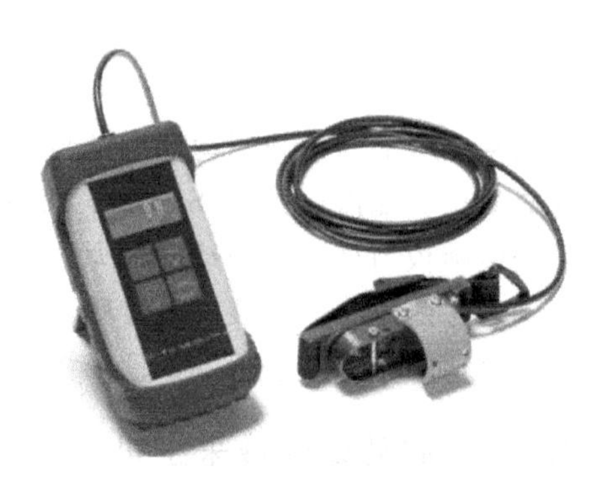

图 4.9　驻车制动力计

测量前在无接触的状态下，将作用力置零。试验时通过显示器或将模拟信号传输到数据采集设备上，读取试验时的作用力。

4.2.4　拉线位移传感器

拉线位移传感器（图 4.10）的功能是把机械运动转换成可以计量、记录或传送的电信号，用于测量踏板行程。拉线位移传感器由可拉伸的不锈钢绳绕在一个有螺纹的轮毂上，此轮毂与一个精密旋转感应器连接在一起。

图 4.10　拉线位移传感器

操作上，拉线位移传感器安装在固定位置上，拉线缚在移动物体上。拉线直线运动和移动物体运动轴线对准。运动发生时，拉线伸展和收缩。一个内部弹簧保证拉线的张紧度不变。带螺纹的轮毂带动精密旋转感应器旋转，输出一个与拉线移动距离成比例的电信号，测量输出信号可以得出运动物体的位移、方向或速率。

在测量踏板行程时，可以将拉线固定在移动的踏板上，将传感器主体固定在上方仪表台，尽量保证拉线的伸展角度与驾驶员踩下踏板的移动角度一致。

4.2.5　轮速传感器

轮速传感器用于测量单个车轮的转速。通过工装夹具安装在车轮的固定螺栓或螺母上，上方数据线（杆）可通过强磁吸附在车身上。轮速传感器的挡泥板随车轮一起转动，测得的速度即为车轮的轮速。

轮速传感器及其安装如图 4.11 和图 4.12 所示，轮速传感器一般分为两大部分，即传感器和齿圈，其中传感器头是静止部件，齿圈随着车轮一起转动。车轮旋转时，轮速传感器计算移动过的齿数，在车轮转速传感器中就会形成一个电压脉冲信号，并且频率与车轮的转速成正比，车轮转速越高，传感器形成脉冲信号的频率也就越高，收到这个脉冲信号以及感应出其频率后，就能随时计算出车轮的转动速度、加速度以及减速度、车轮滑移率等信号。

图 4.11　轮速传感器

图 4.12　轮速传感器固定

4.2.6 液压压力传感器

液压压力传感器可以用来测量制动过程中制动管路压力变化的情况。液压压力传感器里面有一个压阻式陶瓷压力传感器，化学封装，具备非常快的响应速度，外壳由不锈钢封装。在制动管路中串联一个三通，然后将压力传感器安装在三通上，压力传感器测得的压力信号通过电缆传送给测试设备。

4.2.7 气压压力传感器

气压压力传感器检测气压制动管路压力值，通过测试设备测量电压信号，根据传感器的灵敏度即可得出压力值。气压制动的车辆上一般设置有气压检测口，可以直接连接进行测量。

4.2.8 热电偶

热电偶测温的基本原理是两种不同成分的材质导体组成闭合回路，当两端存在温度梯度时，回路中就会有电流通过，此时两端之间就存在电动势——热电动势。两种不同成分的均质导体为热电极，温度较高的一端为工作端，温度较低的一端为自由端，自由端通常处于某个恒定的温度下。根据热电动势与温度的函数关系，制成热电偶分度表。在热电偶测温时，可接入测量设备，测得热电动势后，即可知道被测介质的温度。

4.3 汽车制动性能试验条件

4.3.1 道路条件

试验路面应具有附着系数约为0.8的高附着系数路面和附着系数小于或等于0.3的低附着系数路面。进行ABS试验时，还应具有对开路面和对接路面。制动试验道路有足够的加速、制动距离的试验车道。

在试验道路纵向任意50m长度上的坡度应小于1%。驻车试验坡度按有关条款规定。路拱坡度应小于2%。

4.3.2 环境条件

风速应小于5m/s，环境温度不应超过35℃。

4.3.3 车辆条件

1）制动试验前，应按厂家规定的磨合程序或下述要求对制动器进行磨合，使得制动摩擦片（块）与制动鼓或制动盘直接几何形状的配合和性能达到设计要求。

① M_1 类车辆制动磨合要求：车辆满载，以车辆最高车速的80%（小于或等于120km/h）作为初速度，调整踩踏制动踏板的行程以 $3m/s^2$ 的减速度开始制动，当速度降至初速度的50%时，松开制动踏板，将车速加速至初速度，重复磨合总次数达到200次。

② M_2、M_3 及N类机动车制动磨合要求：对于前/后盘式制动系统，初始车速为60km/h，

制动至约 20km/h，首先以约 $2m/s^2$ 的制动减速度进行 30 次制动，然后以约 $4m/s^2$ 的制动减速度进行 30 次制动。对于前盘式/后鼓式或前/后鼓式制动系统，初始车速为 60km/h，制动至约 20km/h；首先以约 $2m/s^2$ 的制动减速度进行 100 次制动，然后以约 $4m/s^2$ 的制动减速度进行 100 次制动。

在磨合过程中，制动盘和/或制动鼓的温度不应超过 200℃。必要时制动磨合结束后，可拆下制动鼓或制动盘，观察表面的摩擦情况，制动时贴合摩擦的面积应占理论摩擦总面积的 60%以上。

2）按照要求，车辆应该在空载和满载质量状态下分别进行制动试验。车辆满载时，轴荷分配应符合制造商规定，车辆载荷应分布均匀、固定牢靠，载荷与车辆边缘不应留有空隙。

3）试验开始前，安装规定的试验载荷加载，调整轮胎气压。使试验车辆轮胎在冷态时满足轮胎气压要求。

4）检查轮边制动器制动间隙符合设计要求，制动器不应在非制动状态下发生摩擦或黏合。

4.4 汽车制动性能试验方法及数据处理

4.4.1 行车制动性能试验

行车制动试验开始前应先进行静态检查，后进行制动试验。试验的顺序是先进行空载试验，后进行满载试验。其中 I 型热态试验应当在其他所有制动试验项目完成后进行。

1. 0 型试验

0 型试验即冷态制动试验，为了评价汽车在制动摩擦片（块）冷态时的制动效能。制动试验中的冷态并不是指绝对的冷态或等于环境温度的冷态。M_1 类车的制动盘或制动鼓摩擦表面测得的温度为 65~100℃之间时，认为制动器处于冷态；其他类型试验车辆制动盘或制动鼓摩擦表面测得的温度低于 100℃时，可认为制动器处于冷态。

（1）发动机脱开的 0 型制动试验　试验前制动器应处于冷态。如在环境温度低于 10℃时进行试验，试验开始前应当进行几次制动热车，使制动器和轮胎升温，避免试验结果低于正常水平，保证试验结果能真实反映车辆的制动性能。

试验设备使用 GPS 测试系统、制动触发器、踏板力计等常规测试设备。

车辆在制动前沿试验车道中线行驶，保持稳定。试验按照各车型规定的试验车速进行。试验车辆加速至约为试验车速+5km/h，车速稳定之后，档位切至空位或 N 位，使车辆减速滑行。当车辆减速至试验车速+2km/h 时，驾驶员准备踩下制动踏板；当车辆减速至试验车速+0.5km/h 时，迅速地踩下制动踏板。驾驶员踩下制动踏板施加的制动踏板力不应超过 500N（M_3、N_2、N_3 类汽车不应超过 700N），踩下踏板后应保持力度不变，直至车辆完全停止。

记录试验触发车速、制动距离、充分发出的平均减速度、最大踏板力、有无超出试验通道等数据。为避免试验过程中的频繁测试导致制动器升温过快，车辆应行驶一定距离后，使制动器充分散热进行第二次试验。如制动试验时环境温度大于 30℃，可在制动测试后使用红外测温设备，测量制动盘或制动鼓摩擦表面温度，如高于100℃，应当停止测试，停车或低速行驶时制动器降温，直至满足试验要求后再开始测试。

重复进行2~3次测试（最多6次），观察试验结果一致性，是否有明显偏差。例如制动距离差异大于5m或充分发出的平均减速度差异大于1m/s^{2}时，应分析原因并再次验证。如结果无明显偏差，可结束试验。选择符合试验条件的试验数据，以制动距离和充分发出的平均减速度较好的结果作为试验结果。

某燃油轻型货车空载状态发动机脱开的0型制动试验结果如图4.13和表4.1所示。制动触发速度和制动踏板的操作力均满足试验条件要求，制动距离和MFDD的差值不大，第一组结果更能体现其充分的制动性能，可选择第一组制动试验结果输出。

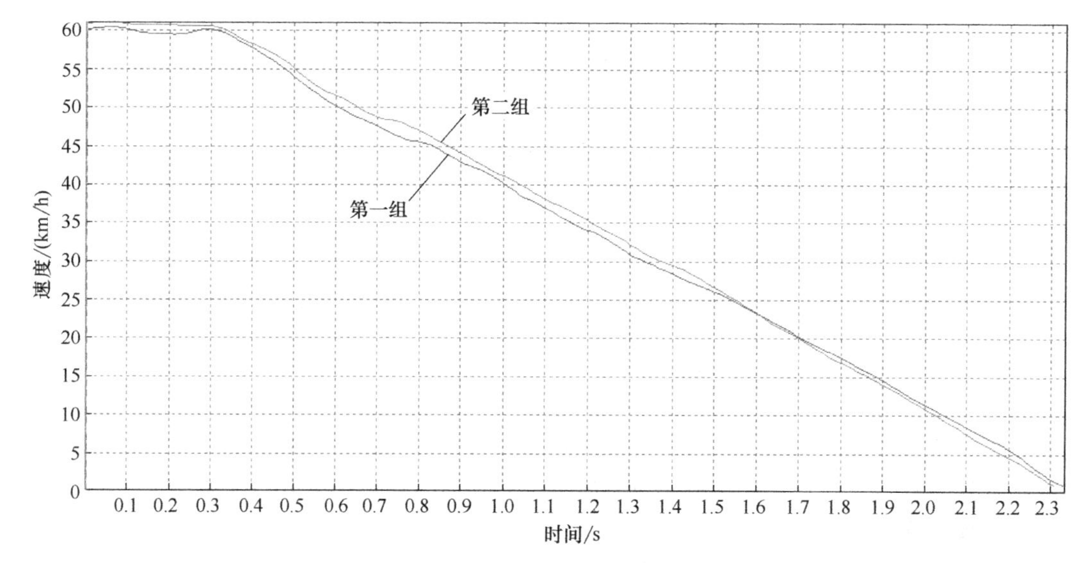

图4.13　0型制动试验速度曲线

表4.1　发动机脱开的0型制动试验

试验序号	制动触发速度/(km/h)	制动时间/s	制动距离/m	MFDD/(m/s^2)	制动踏板力/N	是否超出试验通道
1	60.97	2.31	22.04	7.82	525	否
2	60.19	2.33	22.29	7.59	480	否

（2）发动机接合的0型制动试验　内燃机汽车发动机接合状态下，传动系统和发动机连接，发动机会提供一部分牵引力和制动力，对制动结果产生影响。而装备了电力再生式制动系统的电动汽车，在前进位的模式下制动减速，可以在减速过程中将车辆的动能转化为电能，提供了一部分的制动力。

发动机接合的0型制动试验目的就是为了验证发动机接合状态（或电动汽车前进位有能量回收）下，发动机（或驱动电机）对制动效能产生的影响。

在试验车辆发动机接合状态（车辆档位为前进位）下进行冷态制动试验，试验方法参照发动机脱开的0型试验。

按照各车型规定的试验车速进行。试验车辆加速至约为试验车速+5km/h，采用对应该车速的最高档位，松开加速踏板但保持行驶档位不变，在车速下降至试验规定车速时进行行车制动。制动过程中，不得踩下离合踏板，应使离合一直处于接合状态，可能会导致发动机熄火。

2. I型试验

I型试验即热衰退试验，为了评价制动摩擦片（块）在经过连续制动后，温度较高时的制动效能。对比0型试验结果，看制动效能有无明显的衰退。热态制动试验一般在冷态试验结束后进行。

（1）加热过程　车辆应以满载状态，按照表4.2中所列的条件对行车制动系统连续进行“制动-解除制动”的循环动作，使制动器加热。

表4.2　重复制动试验条件

车辆类别	试验条件			
	v_1	v_2	制动循环周期/s	制动次数
M_1	$80\% v_{max}$ 且≤120km/h	$\frac{1}{2}v_1$	45	15
M_2	$80\% v_{max}$ 且≤100km/h	$\frac{1}{2}v_1$	55	15
N_1	$80\% v_{max}$ 且≤120km/h	$\frac{1}{2}v_1$	55	15
M_3、N_2、N_3	$80\% v_{max}$ 且≤60km/h	$\frac{1}{2}v_1$	60	20

注：v_1 为制动开始时的初始车速；v_2 为制动结束时的车速；v_{max} 为车辆的最高设计车速。

如因车辆特性无法满足规定的制动循环周期，可增大制动循环周期。在任何情况下，除车辆制动和加速所需时间外，每个循环应留有10s的时间来稳定车速 v_1。

在重复制动试验中，应调整控制力以确保首次制动时充分发出的平均减速度为 $3m/s^2$，在此后的各次制动中，该控制力应保持恒定。

在重复制动试验中，手动变速器的车辆应一直处于最高档（超速档除外），自动变速器或电动汽车按照车速变化要求进行；从车速 v_1 开始制动，车速下降至 v_2 时解除制动。进行一次制动之后，选择最有利的档位，以能够实现的最大加速度来恢复车速 v_1，在最高档维持该车速至少10s，然后再次进行制动。两次制动的时间间隔应满足制动循环周期时间要求。重复制动循环，直至制动总次数达到要求。

（2）热态性能　在重复制动试验的最后一次制动结束后，在最短的时间（不应超过1min）内加速至0型制动试验车速，进行发动机脱开的0型试验，测试行车制动系统的热态制动性能。

进行热态性能制动试验所使用的踏板平均控制力，不应超过满载0型制动试验中实际使用的控制力，确认车辆在未发生车轮抱死的情况下，对比满载0型试验实际制动性能和0型试验规定性能。若热态制动试验结果不满足要求，则可采用更高的控制力进一步试验，但不得超过最大控制力（M_1 类车辆为500N，其他类型车辆为700N）。两次试验结果均应记录。

（3）恢复过程　热态性能试验结束后，立即在最短的时间内加速至50km/h，采用与车速适应的最高档，以 $3m/s^2$ 的平均减速度进行行车制动。制动结束后立即在最短的时间内加速至 50km/h 并保持该车速，在距离上次制动起点 1.5km 的位置再次以 $3m/s^2$ 的减速度进行制动。重复该过程，直至总制动次数达到 4 次。此过程模拟在正常驾驶工况中，制动系统在行驶中利用风冷散热。

（4）恢复性能　在上述恢复过程的最后一次制动试验结束后，立即在最短的时间内加速至 0 型制动试验车速，进行发动机脱开的 0 型制动试验。本试验不受制动器温度要求限制，试验中所使用的踏板平均控制力，不应超过满载 0 型制动试验中实际使用的控制力。

验证制动器在连续制动、高温热态之后正常行驶，能否快速地恢复原有制动性能。

（5）冷态检查　使制动器冷却到环境温度，确认制动器是否发生黏合，检查车轮是否能自由转动。

3. Ⅱ型试验（下坡工况试验）

Ⅱ型试验主要针对装有辅助制动系统的车辆，验证其辅助制动系统的性能。

对装有缓速系统的车辆，试验时应确保车辆满载试验时的能量输入等于在相同的时间内、满载车辆采用适当的档位并利用辅助制动系统、以 30km/h 的平均车速在 6%或 7%（允许接入挂车的 N_3 类车和 M_3 类公路客车，坡度为 7%；其他车辆坡度为 6%）的坡道上，下坡行驶 6km 时所记录的能量。对装有排气制动系统的车辆，允许平均车速有 ±5km/h 的偏差，保证车辆在设定的坡道上、以最接近 30km/h 的稳定车速下坡行驶。若通过测量减速度来确定发动机单独制动时的制动性能，只要所测得的平均减速度不小于 $0.5m/s^2$ 即可。

试验结束后，在空位或 N 位的条件下参照 0 型试验测试方法，测量行车制动系统的热态制动性能。

4.4.2　应急制动性能试验

1. 应急制动试验

行车制动失效的应急制动性能试验在发动机脱开的情况下进行，以对应车型的试验车速进行 0 型试验。无论是以手控装置控制还是脚控装置控制，制动失效试验控制力应满足试验要求。

（1）单回路失效试验　模拟行车制动系统的一条回路失效，使失效回路的管路压力在整个试验过程中保持为零，模拟行车制动系统的单制动管路泄漏或者破裂状态下的制动性能，验证车辆依靠剩余回路能否满足规定的应急制动性能。

试验前确认试验车辆制动管路布置形式，一般为 H 形布置或 X 形布置双回路。

H 形布置，试验车辆有前轴制动回路和后轴制动回路。可以从制动控制模块或轮边制动器断开前轴制动管路。在发动机脱开的情况下进行，以规定的试验车速进行 0 型试验。在前轴制动回路失效制动试验完成后，恢复试验车辆，以相同试验方法进行后轴制动回路失效制动试验。

X 形布置，试验车辆有左前-右后制动回路和右前-左后制动回路。可以从制动控制模块或轮边制动器断开左前-右后制动管路。在发动机脱开的情况下进行，以规定的试验车速进行 0 型试验。在左前-右后制动回路失效制动试验完成后，恢复试验车辆，以相同试验方法进行右前-左后制动回路制动试验。

进行单回路制动失效试验时，试验结束后应立即恢复车辆正常状态，避免车辆以制动失效的状态长时间行驶。

（2）助力失效试验　通过消耗助力装置所存储的能量模拟助力装置失效，验证车辆在助力失效的状态下，能否达到规定的应急制动性能。

通过消耗助力装置所存储能量依次模拟助力装置失效，然后在车辆静止状态下对行车制动系统进行连续多次全行程促动，至制动踏板感觉明显偏硬。在能量消耗完毕的同时将助力器从能源上断开，在发动机脱开的情况下进行，以规定的试验车速进行0型试验。

助力失效试验会导致作用在行车制动上的控制装置控制力较大，不得超过规定要求。

2. ABS失效试验

断开ABS，使防抱制动系统不工作，确认车辆ABS失效状态下的制动性能。

模拟行车制动系统的ABS失效状态下的制动性能，依次断开电源、传感器和控制的电力，使防抱制动系统不工作。实际试验中可断开ABS熔丝或ABS泵电源线，使ABS失效。

在发动机脱开的情况下进行，以规定的试验车速进行0型试验。

ABS失效时，制动车轮容易抱死拖滑，对轮胎磨损较大，此项试验次数不宜过多，该试验最好安排在其他试验后进行。为避免影响后续试验结果，在测得试验结果无明显偏差时，即可结束此试验项目。

4.4.3 驻车制动性能试验

1. 坡道驻车试验

按照试验要求的载荷状态进行测试，将载荷固定牢靠，保证车辆在上、下坡的测试过程中，载荷不会滑移。选择试验要求的坡道，行驶至坡道中间位置时，踩下行车制动踏板，使试验车辆停在坡道上。拉起驻车制动控制装置（或以车辆的实际设计形式），松开行车制动。作用在驻车制动控制装置上的控制力不应超过规定要求。手操纵时，乘用车应小于或等于400N，其他机动车应小于或等于600N；脚操纵时，商用车应小于或等于500N，其他机动车应小于或等于700N。观察驻车制动系统能否使车辆在上、下坡道上保持静止一段时间。

2. 驻车制动动态试验

试验车辆满载状态，以30km/h的初始车速用驻车制动进行发动机脱开的0型试验。驻车制动作用期间充分发出的平均减速度和车辆停止前的瞬时减速度都不应小于1.5m/s^2。试验时作用在制动控制装置上的控制力不应超过规定值。

4.4.4 防抱死制动性能试验

1. 试验道路

高附着系数路面，附着系数约为0.8，在试验场可选用干燥柏油铺装路面或干燥水泥路面；低附着系数路面，附着系数小于0.3，在试验场可选用洒水玄武岩路面、洒水瓷砖路面或冰雪路面；对接路面，高附着系数路面附着系数大于或等于0.5，低附着系数路面附着系数小于0.3，且高、低附着系数路面附着系数比值大于或等于2，应能包含高附路面行驶至低附路面和低附路面行驶至高附路面两种形式；对开路面，高附着系数路面附着系数大于或等于 0.5，低附着系数路面附着系数小于 0.3，且高、低附着系数路面附着系数比值大于或等于 2，应能包含左侧高附-右侧低附和左侧低附-右侧高附两种形式。

2. 附着系数利用率

附着系数利用率 ε 的定义为防抱系统工作时的最大制动强度（z_{AL}）和附着系数（k_M）的商。

应当以车辆空载、满载状态，在高附着系数路面和低附着系数路面上分别测得附着系数利用率。

附着系数利用率越高，利用的附着系数越接近制动强度，地面的附着条件发挥得越充分，汽车制动力分配的合理程度越高。

附着系数利用率的试验过程，先进行高附着系数路面试验，后进行低附着系数路面试验。同一路面状态下，先测定最大制动强度（z_{AL}），再测定附着系数（k_M），最后计算得出附着系数利用率。

高附着系数路面的附着系数利用率试验：如果急促全力制动时不能使防抱死系统全循环，则控制力可增加到 1000N，如果超过 1000N 还不足以使系统循环，则省略高附路面附着系数利用率的测定。

试验开始前，需完成样车质量参数（前轴质量 m_1、后轴质量 m_2、总质量 P）、质心高度 h、轴距 E 的测量。

试验时制动器温度应处于冷态，表面温度低于 100℃，可在制动器上安装温度传感器或使用红外测温枪测量，实时监控制动器温度的变化。

（1）最大制动强度的测定　接通防抱系统，踩下制动踏板，确认每个制动器都正常工作。以 55km/h 的初速度制动，测定速度从 45km/h 下降至 15km/h 时的时间 t，制动过程中，确保防抱系统全循环。以逐次增加管路压力（踏板力控制）的方法进行多次试验来确定车辆的最大制动强度。每次试验时，应保持脚踏板力不变。

从 t 的最小测量值 t_{min} 开始，在 t_{min} 和 $1.05t_{min}$ 最小值之间选择 3 个 t 值，计算得出其算术平均值 t_m。根据 3 次试验的平均值 t_m（s），按式（4.6）计算最大制动强度（g）。

$$z_{AL} = 0.849/t_m \tag{4.6}$$

（2）附着系数的测定　附着系数 k 是在车轮无抱死的前提下，由最大制动力除以被制动车轴的相应动态载荷的商来确定。

1）前轴制动强度的测定。使试验车辆防抱死系统脱开或不工作（可断开 ABS 控制器模块或拔掉 ABS 模块熔丝），并断开试验车辆后轴制动器，只对试验车辆前轴进行制动。

试验初速度为 50km/h。以逐次增加管路压力（踏板力控制）的方法进行多次试验来确定车辆前轴的最大制动强度。每次试验时，应保持脚踏板力不变。制动强度 z（g）根据试验车辆车速从 40km/h 降到 20km/h 所经历的时间 t（s），利用式（4.7）计算。

$$z = 0.566/t \tag{4.7}$$

试验过程中，可将车速数据和轮速数据显示至试验设备显示器。观察轮速是否明显低于车速，来判断制动轮是否将要抱死或已经抱死。根据制动轮的抱死状态，选择合适的制动踏板力。车速低于 20km/h 时，车轮允许抱死。

根据制动试验结果，找到符合试验要求数据。从 t 的最小测量值 t_{min} 开始，在 t_{min} 和 $1.05t_{min}$ 最小值之间选择 3 个 t 值，计算得出其算术平均值 t_m（s）。然后计算得出前轴制动强度（g）

$$z_{mf}=0.566/t_m \tag{4.8}$$

若多次试验，都不能得到上述的 3 个 t 值，则可以采用最短时间 t_{min} 进行计算。

2）后轴制动强度的测定。使试验车辆防抱系统脱开或不工作，并断开试验车辆前轴制动器，只对试验车辆后轴进行制动。以上述同样的方式测得后轴制动强度 z_{mr}。

（3）制动力和动态轴荷　制动力和动态轴荷应根据测得的制动强度和未制动车轮的滚动阻力来计算，驱动桥和非驱动桥的滚动阻力分别为静态轴荷的 0.015 和 0.010 倍。

以后轴驱动的两轴车为例，计算单轴附着系数。

前轴制动时，前轴制动力按下式计算

$$F_f=z_{mf}Pg-0.015F_2 \tag{4.9}$$

式中　F_2——路面对后轴的法向静态反力，它的值等于后轴质量 m_2 与重力加速度 g 的乘积；

z_{mf}——防抱死系统脱开，前轴制动时的制动强度；

P——整车质量，单位为 kg；

g——重力加速度，取 9.81m/s^2。

前轴动态轴荷按下式计算

$$F_{fdyn}=F_1+\frac{h}{E}z_{mf}Pg \tag{4.10}$$

式中　F_1——路面对前轴的静态法向反力；

h——试验载荷状态的质心高度，单位为 mm；

E——整车轴距，单位为 mm。

后轴制动时，后轴制动力按下式计算

$$F_r=z_{mr}Pg-0.010F_1 \tag{4.11}$$

式中　z_{mr}——防抱死系统脱开时后轴制动强度。

后轴动态轴荷按下式计算

$$F_{rdyn}=F_2-\frac{h}{E}z_{mr}Pg \tag{4.12}$$

前轴附着系数按下式计算

$$k_f=\frac{F_f}{F_{fdyn}}=\frac{z_{mf}Pg-0.015F_2}{F_1+\frac{h}{E}z_{mf}Pg} \tag{4.13}$$

后轴附着系数按下式计算

$$k_r=\frac{F_r}{F_{rdyn}}=\frac{z_{mr}Pg-0.010F_1}{F_2-\frac{h}{E}z_{mr}Pg} \tag{4.14}$$

整车附着系数计算时，使用防抱制动系统工作时车辆的最大制动强度 z_{AL} 计算动态轴荷。

前轴动态轴荷按下式计算

$$F_{\mathrm{fdyn}}=F_1+\frac{h}{E}z_{\mathrm{AL}}Pg \tag{4.15}$$

后轴动态轴荷按下式计算

$$F_{\mathrm{rdyn}}=F_2-\frac{h}{E}z_{\mathrm{AL}}Pg \tag{4.16}$$

整车附着系数按下式计算

$$k_{\mathrm{M}}=\frac{k_{\mathrm{f}}F_{\mathrm{fdyn}}+k_{\mathrm{r}}F_{\mathrm{rdyn}}}{Pg} \tag{4.17}$$

（4）附着系数利用率的确定　通过试验和计算得出最大制动强度（z_{AL}）和附着系数（k_{M}）后，计算附着系数利用率 ε，见式（4.18）。

$$\varepsilon=z_{\mathrm{AL}}/k_{\mathrm{M}} \tag{4.18}$$

如果最终测得的附着系数利用率 $\varepsilon>1.00$，则应该重新测量附着系数。允许的误差为10%。

对于3轴机动车辆，只用与双联桥组不相连的那根轴确定车辆的附着系数值（如6×4牵引车，后面两轴为双联桥组，只需测定前轴的附着系数）；对于轴距小于3.8m和 $h/E\geqslant0.25$ 的 N_2 和 N_3 类车辆，将省略对后轴附着系数的测定。上述两种情况，可以直接由式（4.18）计算整车的附着系数利用率。

下面以一辆前轮驱动的乘用车为例，展示该试验样车在低附路面上附着系数利用率的测试和计算结果，见表4.3～表4.8。

表4.3　试验前测量计算样车的质量、轴距、质心高度等参数

总质量/kg	轴距/mm	质心高度/mm	前轴荷/kg	后轴荷/kg	前轴静态反力/N	后轴静态反力/N
3512	2690	670	1171	1341	11488	13155

表4.4　ABS工作状态下最大制动强度

试验项目	45km/h至15km/h制动时间/s				最大制动强度/g
	t_1	t_2	t_3	平均值 t_m	
试验结果	4.37	4.52	4.50	4.46	0.1903

表4.5　ABS不工作、只用前轴制动状态下前轴制动强度

试验项目	40km/h至20km/h制动时间/s				前轴制动强度/g
	t_1	t_2	t_3	平均值 t_m	
试验结果	4.30	4.37	4.33	4.33	0.1306

表4.6　ABS不工作、只用后轴制动状态下后轴制动强度

试验项目	40km/h至20km/h制动时间/s				后轴制动强度/g
	t_1	t_2	t_3	平均值 t_m	
试验结果	5.16	5.20	5.01	5.12	0.1105

表 4.7　ABS 不工作时前、后轴附着系数

前轴制动力/N	前轴动态载荷/N	前轴附着系数
3088	12289	0.251
后轴制动力/N	后轴动态载荷/N	后轴附着系数
2551	12477	0.204

表 4.8　ABS 工作状态下整车附着系数及附着系数利用率

前轴制动力/N	前轴动态载荷/N	整车附着系数	附着系数利用率
12656	11987	0.229	83.28%

3. 附加检查

试验在发动机脱开（空档），车辆满载和空载两种状态下进行。选择合适的试验路面（高附着系数路面或低附着系数路面）以规定的试验车速，急促全力制动。如果防抱系统未工作，可采用更大的力。注意在低附路面上进行试验时，不可直接将制动踏板踩到底，盲目操作，应当循序渐进。低附路面防抱死系统比较容易进入工作状态，直接将制动踏板踩到底可能导致车辆失控。

防抱死系统附加检查大致可分为三种工况，单一路面（高附路面、低附路面）、对接路面和对开路面。在进行附加检查试验时，车辆不应驶出试验通道，车轮允许短暂抱死；当车速低于 15km/h 时，车轮也允许抱死；间接控制车轮在任何车速下都允许抱死，但不应影响车辆的行驶稳定性和转向能力。

车轮抱死状态，可通过观察车轮的转动或使用轮速传感器采集车轮轮速数据，看轮速数据在车速高于 15km/h 时有无变为 0 的情况出现。

（1）单一路面试验　单一路面试验可分为单一高附着系数路面和单一低附着系数路面附加检查，以规定的试验车速，急促全力制动时，由防抱死系统直接控制的车轮不应抱死。低速试验车速为 40km/h，最高试验车速按照表 4.9 要求确定。

表 4.9　单一路面附加检查车速要求

试验路面	车辆类别	最高试验车速
高附着系数路面	除满载的 N_2、N_3 类车辆外的所有车辆	$80\%v_{max}$ 且 ≤120km/h
	满载的 N_2、N_3 类车辆	$80\%v_{max}$ 且 ≤80km/h
低附着系数路面	M_1、N_1 类车辆	$80\%v_{max}$ 且 ≤120km/h
	M_2、M_3 及除半挂牵引车外的 N_2 类车辆	$80\%v_{max}$ 且 ≤80km/h
	N_2 类半挂牵引车和 N_3 类车辆	$80\%v_{max}$ 且 ≤70km/h

图 4.14 为某轻型货车单一低附着系数路面、40km/h 车速附加检查车速和轮速变化曲线，可以看出该车在低附路面制动时，在防抱制动系统的作用下，四个车轮轮速一直在变化调整，但未出现抱死现象，满足试验要求。

（2）对接路面试验　当车辆从高附着系数路面驶向低附着系数路面时，急促全力制动，防抱死系统能在高附着系数路面上全循环，并保证车辆以规定的车速从高附着系数路面驶入低附着系数路面，防抱死系统直接控制的车轮不应抱死；试验车速为 40km/h 和表 4.9 规定的最高试验车速。

当车辆从低附着系数路面驶向高附着系数路面时，急促全力制动，行驶车速和制动应使

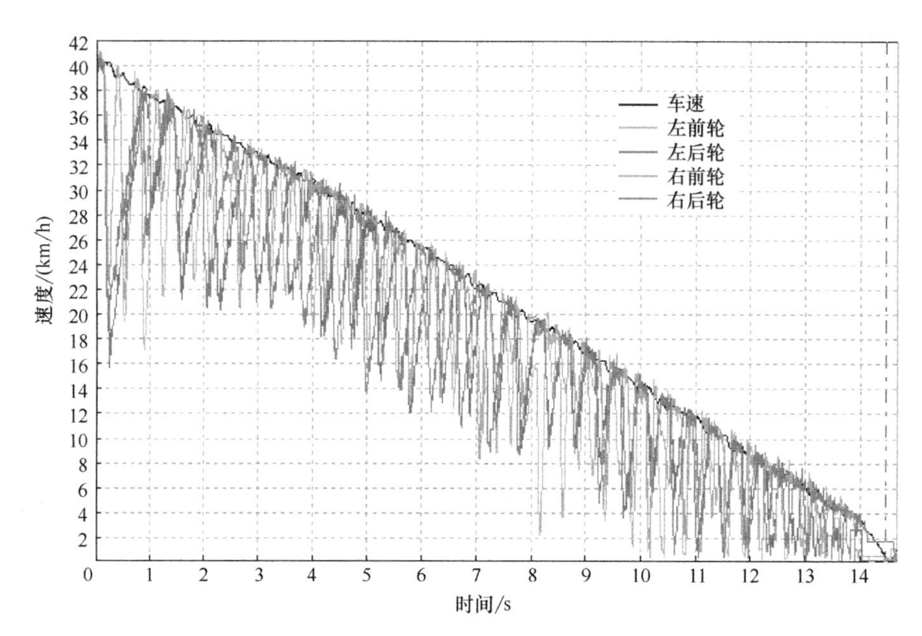

图 4.14　低附着系数路面、40km/h 车速附加检查（见彩插）

防抱死系统能在低附着系数路面上全循环，并保证车辆以约 50km/h 车速从低附着系数路面驶入高附着系数路面。车辆的减速度应有明显的增加，同时车辆不应偏离原来的行驶路线。

图 4.15 为某轻型货车高附着系数路面驶向低附着系数路面、72km/h 车速附加检查车速和轮速变化曲线，可以看出该车由高附过渡到低附路面制动时，轮速发生较大变化，两前轮轮速均降至约 0km/h，但无长时间抱死现象；当试验样车完全行驶至低附路面上时，样车轮速正常调整，车轮未出现抱死，满足标准要求。

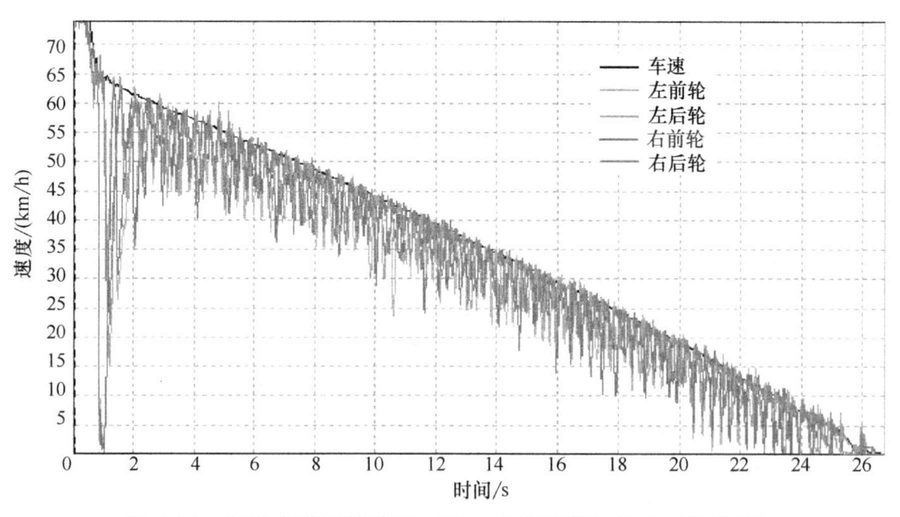

图 4.15　高附-低附对接路面、72km/h 车速附加检查（见彩插）

（3）对开路面试验　车辆左右两侧车轮分别位于高附着系数路面和低附着系数路面，以 50km/h 的试验车速急促全力制动，检查直接控制车轮未抱死。制动前应当做好车辆制动时向高附路面一侧跑偏的心理准备。制动时如车辆跑偏明显，可利用转向来修正行驶方向，

转向盘的转角在最初的2s内不应超过120°，总转角不应超过240°；此外，制动期间，轮胎的任何部分均不应越过高附和低附路面的交接线。

图4.16为某轻型货车对开路面附加检查车速和轮速变化曲线，在防抱制动系统的作用下，该车四个车轮均未出现抱死现象。制动过程中车辆无明显跑偏，可通过不大于90°的转向盘转角修正方向，保证车轮不超过路面交接线。

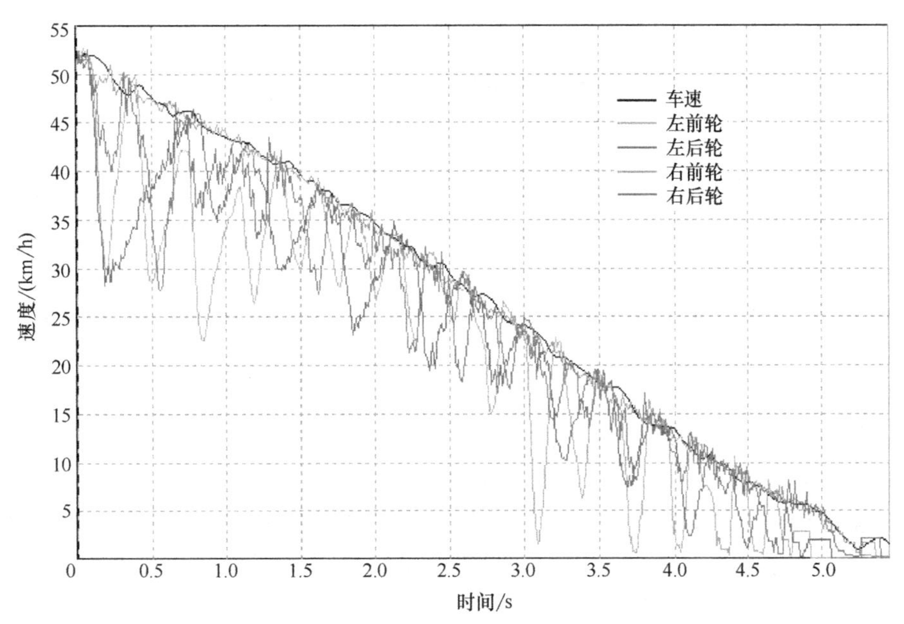

图4.16　对开路面附加检查（见彩插）

（4）能量消耗试验　在行车制动进行了长时间全行程制动后，装备了防抱系统的机动车辆应当保证有足够的能量保持其制动性能，保证车辆在规定距离内停车。

储能装置的初始能量水平应符合制造厂的规定，其能量的大小应至少保证车辆满载时达到行车制动规定的效能。

踩下制动踏板，确认汽车的每个制动器工作正常，断开气压辅助装置的储能装置。

在低附着系数路面上，使满载车辆以不低于50km/h的初速度全行程制动，制动时间为t。制动过程中，车辆状态为发动机脱开（空档）状态，且所有直接控制的车轮应处于防抱制动系统的控制下。

制动时间t由式（4.19）确定（不得小于15s）。

$$t=v_{max}/7 \tag{4.19}$$

式中　t——制动时间，单位为s；

v_{max}——最高设计车速，单位为km/h，上限为160km/h。

若以50km/h初速度的制动时间达不到t值，可分阶段制动，但最多为4次。如果试验分阶段进行，则各次制动之间不补充能量。从第二阶段起，为弥补开始制动的能量消耗，可从下文规定的全行程促动减去一次。

达到制动时间t之后，在车辆静止状态下，应保证储能装置的能量水平与t秒制动结束后相同。或在制动时间确定前，使储能装置的初始能量水平达到厂定要求，直接切断对储能装置的供能。

在 t 秒制动结束后能量水平下，再对行车制动连续进行 4 次全行程促动。当进行第 5 次制动时，车辆要至少能够达到规定的应急制动效能。可以通过在高附着系数路面上动态检查，也可以通过测定第 5 次促动时的制动管路压力判定。

如 ts 制动结束后能量水平不易控制，可以在储能装置的初始能量水平满足要求时，直接断开供能装置，在低附路面进行 ts 制动，然后连续进行 4 次全行程促动，然后在高附路面进行一次应急制动，本次试验结果即为能量消耗试验结果。

4.4.5 制动系统时间响应特性试验

1. 制动响应时间

对行车制动系统完全或部分依靠驾驶员体力以外的其他能源的车辆，紧急制动时，从开始促动控制装置至最不利的车轴上的制动力达到相应的规定制动效能所经历的时间即为制动响应时间。

在制动踏板或制动手柄上安装制动触发器，用于标记制动触发的开始时间；在质心位置安装惯性导航系统，用于记录制动减速度的实时数据；在制动管路安装管路压力传感器，在试验时如果不能确定最不利的车轴，则在各个车轴的制动管路分别安装管路压力传感器。

（1）气制动系统　行车制动系统的响应时间应在静止车辆上、位置最不利的制动器的制动气室进气口处进行压力测量。试验前，调整各车轴的制动气室行程，应符合设计要求。

每次试验开始时，储能装置的压力应为制造商规定压力的 90%。响应时间随促动时间变化关系应通过一系列全行程制动确定，以最短的促动时间开始制动并增加至大约 0.4s。得出制动促动时间和响应时间的线性关系。

以当促动时间为 0.2s 时，从开始促动制动系统控制装置至制动气室的压力达到稳态最大压力值的 75%时所经历的时间作为气制动系统响应时间。

（2）液压制动系统　装备液压制动系统的车辆进行紧急制动时，以从操纵控制装置至最不利的制动轮缸内的压力达到规定值时所经历的时间作为制动响应时间。试验方法可参照气压制动系统制动响应时间的测量。

进行紧急制动时，也可以从操纵控制装置至制动效能达到规定值时所经历的时间作为制动响应时间。试验方法可参照制动协调时间的测量。

2. 制动释放时间

从松开制动踏板到制动消除所需要的时间为制动释放时间。

在制动踏板安装制动触发器，用于标记制动触发器从触发状态到结束触发的时间点；在制动管路安装管路压力传感器，用于记录制动管路压力的变化。

每次试验开始时储能装置的压力不低于制造商规定压力的 90%。车辆静止状态下全行程踩下制动踏板，保持不动，至制动管路压力保持稳定。然后在 0.1s 的时间内快速抬起脚，停止对制动踏板的作用。以从停止操纵控制装置至管理压力下降至规定值（或压力值较小且无明显下降）时所经历的时间作为制动释放时间。

3. 制动协调时间

制动协调时间是指在急踩制动时，从脚接触制动踏板（或手触动制动手柄）时起至机动车减速度达到规定的充分发出的平均减速度的 75%时所需的时间。

在制动踏板或制动手柄上安装制动触发器，用于标记制动触发的开始时间；在质心位置安装惯性导航系统，用于记录制动减速度的实时数据。

试验时以规定的制动初速度进行全行程急踩制动，制动控制力符合要求，试验车辆不超出试验通道。试验后处理试验数据，从制动触发开始至减速度达到规定的充分发出的平均减速度的75%结束，经过的时间即为制动协调时间。

4.4.6 气压制动系统专项试验

1. 供能装置

机动车辆的供能装置以测量储能装置的升压时间作为评价指标。

使用压力传感器测量车辆储能装置的压力，如不确定最不利的储能装置，则需要测量各个储能装置的压力，以升压时间最长的储能装置试验结果，作为最终试验结果。

进行升压试验前，在车辆静止熄火状态下，断开辅助设备的储能装置，并将制动系统的储能装置压力释放为零。

起动车辆使供能装置开始工作，给储能装置补充能量。起动时刻，可使用触发器记录开始的时间点。升压过程中，空压机转速应当与发动机最大功率转速相对应。等到储能装置达到制造商规定的压力并保持稳定后，停止试验。

处理试验数据，截取相对压力从0上升至制造商规定的压力所需的时间和相对压力从0上升至制造商规定压力的65%所需的时间，作为升压时间的评价指标。

2. 储能装置

（1）储能装置剩余制动性能　机动车辆的储能装置（储气筒）应确保对行车制动系统控制装置进行八次全行程促动后，储能装置中的剩余压力不低于达到规定的应急制动性能所需的压力。

试验开始前，储能装置的初始能量水平应符合制造商的规定，并能确保达到规定的行车制动性能。

然后断开供能装置，不给储能装置补充能量，且应断开辅助设备的储能装置。

进行八次全行程促动，加速至规定的试验车速进行发动机脱开的0型制动试验。试验结果作为储能装置的试验结果。

（2）储能装置的密封性　起动车辆，供能装置给储能装置补充能量，使储能装置达到制造商规定的压力。在储能装置端安装压力传感器，测量此时的压力。车辆熄火静置8h，再次测量储能装置剩余压力。验证储能装置静置8h后的压降是否符合要求。

4.4.7 制动踏板感知试验

车辆安装踏板力传感器、踏板拉线位移传感器、管路压力传感器、真空度传感器、惯性导航系统等。

1. 静态制动踏板感知

车辆静止状态，发动机怠速（电动汽车READY状态），保证储能装置达到制造商规定的压力状态。以10~20mm/s的速度匀速踩下制动踏板，至踏板全行程状态。记录时间、踏板力、踏板行程、管路压力、真空度等数据，得出对应关系曲线。

2. 动态制动踏板感知

试验车辆满载状态，试验开始前，车辆以80~100km/h的车速行驶约20km，对试验车辆进行预热，使轮胎升温，同时将制动摩擦片的温度控制在100℃左右。

选择制动踏板感知试验车速为100km/h，可根据实际测试需求以20km/h增减。将车辆加速至试验车速+5km/h，将变速器切至空档（电动汽车N位），进行减速滑行，待车速下降至100km/h时，以10~20mm/s的速度踩下制动踏板，直至车辆静止，制动过程中制动减速度持续增加。如制动减速度较快到达峰值并保持稳定，则应以较慢的速度踩下制动踏板，尽量保证车辆的制动减速度能够达到最大值，且达到最大值时制动踏板为全行程状态。

重复进行几次试验，记录时间、制动减速度、制动踏板力、制动踏板行程、制动管路压力、制动摩擦片温度等数据。处理数据得出试验车辆在$1m/s^2$、$2m/s^2$、$3m/s^2$、$4m/s^2$、$5m/s^2$、$6m/s^2$、$7m/s^2$、$8m/s^2$、$9m/s^2$、$10m/s^2$等减速度时对应的制动踏板力、制动踏板行程、各个轮边制动管路压力、制动摩擦片温度等。

4.4.8 再生制动系统制动稳定性试验

再生制动系统制动稳定性试验是为了验证再生制动系统（RBS）和防抱制动系统（ABS）集成控制系统对目标车辆的匹配性。为了尽量对更多车辆制动状态进行试验验证，根据制动强度等典型特征将制动状态划分为3种：RBS常规制动、RBS-ABS过渡制动和ABS紧急制动。

1. RBS常规制动

制动强度较小，多数制动情况均处于此状态，此时车轮运行平稳且不发生抱死拖滑，验证RBS工作时电机与液压协调制动状态。选择高附路面，进行初速度60km/h、制动减速度0.3g和初速度80km/h、制动减速度0.5g的制动试验，观察车辆制动减速度是否平稳，有无明显横向位移。

2. RBS-ABS过渡制动

控制制动强度由小到大渐进变化，直至车轮抱死拖滑，ABS开始工作，验证由RBS至ABS过渡时制动状态。选择高附路面，进行初速度80km/h的缓踩制动试验，以10~20mm/s的速度踩下制动踏板，使制动减速度由0~0.8g逐步增加。过渡制动时，随着制动强度逐渐提高，ABS触发可能性越来越大，ABS触发前电机的再生制动系统退出，由车辆行车制动系统进行补偿，直至ABS开始工作。观察车辆制动减速度在过渡过程中有无突变，或导致车辆跑偏、甩尾等现象。

3. ABS紧急制动

迅速踩下制动踏板，使车轮迅速抱死，ABS工作，常用于验证ABS工作时系统制动状态。选择高附路面和低附路面分别进行单一路面的附加检查。在紧急制动的情况下，车辆应制动平稳，无车轮抱死，车辆无明显横向位移。

4.5 制动性能数据分析案例

4.5.1 制动问题

某牵引车进行制动性能测试时，其制动结果指标充分发出的平均减速度（MFDD）满足设计要求，但制动距离不满足设计要求，见表4.10。

表 4.10 某牵引车制动试验结果

评价指标	设计要求	试验结果	符合性判定
制动距离/m	≤30	32.65	不符合
MFDD/(m/s^2)	≥5.5	5.66	符合
制动踏板力/N	≤700	650	符合
是否超出试验通道	不超出	否	符合

4.5.2 原因分析

上文提到影响汽车制动距离的主要因素是制动器起作用的时间、制动减速度、制动初速度、整车质量等。在相同的试验条件下进行制动测试，其制动初速度和试验质量保持不变。MFDD满足设计要求，但MFDD只计算80%初速度至10%初速度区间内的减速度，仅代表其在制动完全起作用阶段的制动减速度足够，该车辆的制动性能可使车辆正常制动刹停。

结合分析，初步判断应当是制动器起作用的时间较长，导致车辆在开始阶段无明显的速度降低，如图4.17所示。此阶段内车速较高，对制动距离的影响较大。

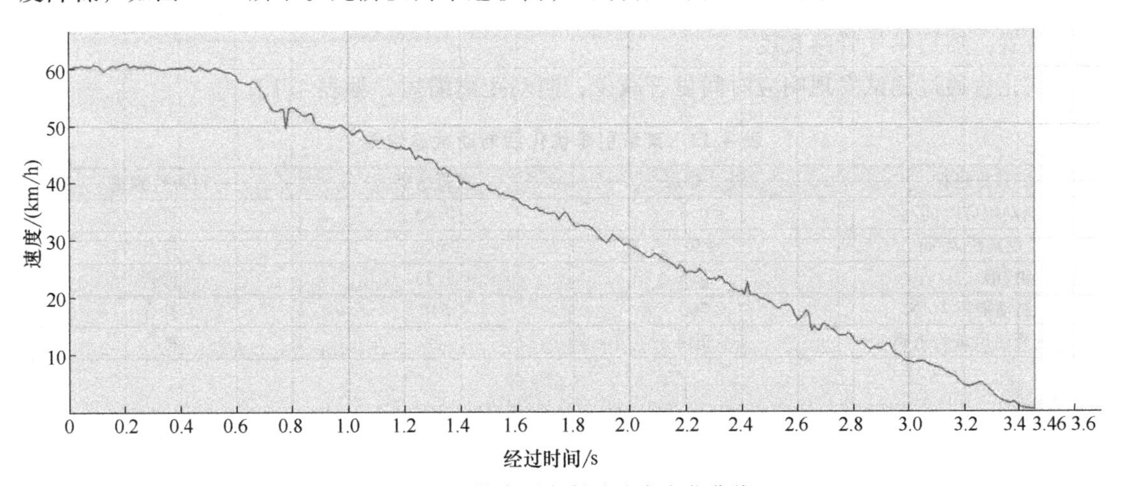

图 4.17 某牵引车制动速度变化曲线

分析试验数据，该制动过程从驾驶员脚踩上制动踏板到制动速度明显下降时间间隔约有0.5s，行驶距离8.54m。为进一步确认制动距离过长的问题，对样车制动系统进行制动响应时间的测试，见表4.11。

表 4.11 某牵引车制动响应时间结果

促动时间/s	稳态压力/MPa	稳态压力的75%/MPa	制动响应时间/s
0.12	0.9746	0.7459	0.58
0.19	0.9257	0.6942	0.62
0.21	0.8491	0.6368	0.60
0.29	0.9173	0.6879	0.69
0.38	0.9424	0.7068	0.73

根据试验结果拟合得出，当促动时间为0.2s时，该制动系统响应时间为0.62s。测试结果时间较长，为该车辆制动距离过长的根本原因。

同时，根据理论计算60km/h初速度不同的响应时间对车辆制动距离的影响程度，见表

4.12。缩短响应时间，可以降低对制动的影响，缩短制动距离。

表 4.12　不同的响应时间对车辆制动距离的影响程度

制动响应时间/s	延长的制动距离/m	影响程度(%)
0.9	15.0	40.9
0.7	11.7	31.8
0.5	8.3	22.7
0.3	5.0	13.6

4.5.3　整改方案和效果验证

针对该样车的气压制动系统，影响制动气路响应时间的因素主要包括管径大小、管径长短、管路连接头形式、气压容积分配、管路布局等。其中管径大小的选择影响响应时间 80~250ms，管路布局影响响应时间 200~500ms，这两个因素为主要影响部分。

优化气管管径大小，控制信号管选择内径 6mm，双桥供能管选择内径 15mm，单桥供能管选择内径 12mm，容腔连接管选择内径 9mm。优化管路布置，改变气路连接布局；调整储气筒位置，缩短供气管路长度。

优化后通过测试发现响应时间显著减少，制动距离缩短，见表 4.13。

表 4.13　某牵引车优化后制动试验结果

评价指标	设计要求	试验结果	符合性判定
制动响应时间/s	≤0.6	0.43	符合
制动距离/m	≤30	26.32	符合
MFDD/(m/s^2)	≥5.5	5.73	符合
制动踏板力/N	≤700	540	符合
是否超出试验通道	不超出	否	符合

第5章 汽车操纵稳定性试验

汽车的操纵稳定性是指在驾驶员不感到过分紧张、疲劳的条件下，汽车能遵循驾驶员通过转向系及转向车轮给定的方向行驶，且当遭遇外界干扰时，汽车能抵抗干扰而保持稳定行驶的能力。汽车的操纵稳定性是汽车主动安全性的重要评价指标。

操纵稳定性可分为操纵性和稳定性两个方面，操纵性是指汽车能准确及时响应驾驶员操作动作的能力，而稳定性是指汽车受到外界干扰恢复原来运动状态的能力。两者相互影响，密不可分。

5.1 汽车操纵稳定性评价指标

5.1.1 基本理论

1. 车辆坐标系

当车辆在水平路面上处于静止状态下，x 轴平行于地面指向前方，z 轴通过质心指向上方，y 轴指向驾驶员左侧，坐标系的原点 O 常与车辆质心位置重合，如图 5.1 所示。

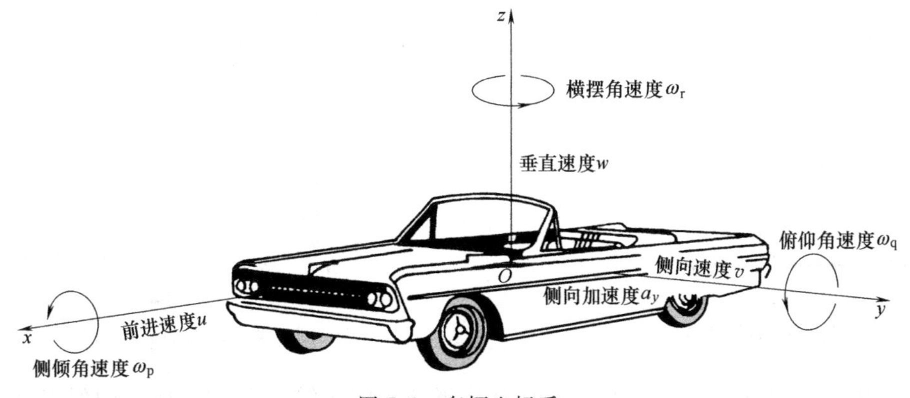

图 5.1 车辆坐标系

与操纵稳定性有关的主要运动参量为：汽车质心速度在 y 轴上的分量，即侧向速度 v；质心加速度在 y 轴上的分量，即侧向加速度 a_y；车厢角速度在 z 轴上的分量，即横摆角速度 ω_r；汽车 y 轴与水平路面平面形成的夹角，即车身侧倾角 Φ_r。

2. 轮胎的侧偏特性

侧偏特性主要指侧偏力、回正力矩与侧偏角之间的关系，它是研究汽车操纵稳定性的基础。

汽车在行驶过程中，由于路面的侧向倾斜、侧向风或曲线行驶时的离心力等的作用，车轮中心沿 y 轴方向将有侧向力 F_y，如图 5.2 所示。相应地，在地面上产生地面侧向反作用力 F_Y，F_Y 也称为侧偏力，如图 5.3 所示。

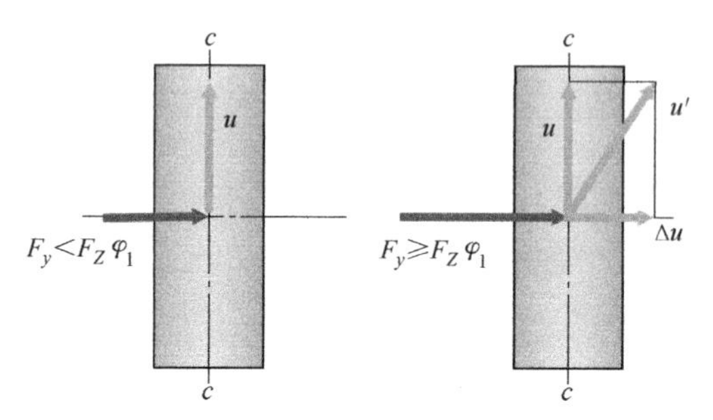

图 5.2　有侧向力时刚性车轮的滚动

当有地面侧向反作用力时，如果车轮是刚性的，则可以发生两种情况：当地面侧向反作用力 F_Y 未超过车轮与地面的附着极限时，车轮与地面间没有滑动，车轮仍在其自身平面内运动；当地面侧向反作用力 F_Y 达到车轮与地面的附着极限时，车轮发生侧向滑动，偏离车轮平面。

当车轮有侧向弹性时，即使 F_Y 没有达到附着极限，车轮行驶方向也会偏离车轮平面，这就是轮胎的侧偏现象。由于车轮有侧向弹性，轮胎发生侧向变形，轮胎胎面接地行驶方向与车轮平面不重合。轮胎朝前方向与行驶方向之间的夹角，即为侧偏角 α。

3. 侧偏力与侧偏角

如图 5.4 所示，当侧偏角较小时，侧偏角和侧偏力呈线性关系。在 $\alpha=0°$处的斜率称为侧偏刚度 k。侧偏刚度是决定汽车操纵稳定性的重要轮胎参数。轮胎应有高的侧偏刚度，以保证汽车良好的操纵稳定性。

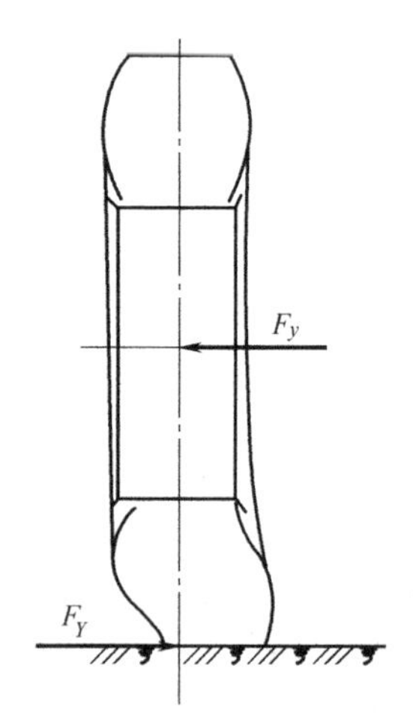

图 5.3　轮胎的侧偏现象

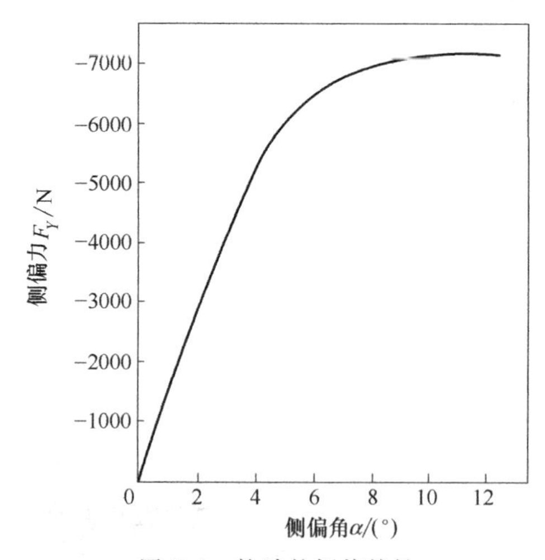

图 5.4　轮胎的侧偏特性

在较大的侧偏力时，侧偏角以较大的速率增长，即侧偏力-侧偏角曲线的斜率逐渐变小，这时轮胎在接地面处已发生部分侧滑。最后侧偏力达到附着极限时，整个轮胎侧滑。显然，轮胎的最大侧偏力取决于附着条件，即垂直载荷，轮胎胎面花纹、材料、结构、充气压力，路面的材料、结构、潮湿程度以及车轮的外倾角等。一般而言，轮胎的最大侧偏力越大，汽车的极限性能越好。

4. 回正力矩与侧偏角

当轮胎发生侧偏时，会产生作用于轮胎的力矩 T_Z。该力矩是车辆圆周行驶时使转向车轮恢复到直线行驶的主要恢复力矩，称为回正力矩。

轮胎侧偏行驶时，轮胎胎面接地印迹行驶方向与车轮平面不重合，错开了一定的距离，相对转动了 α 角。印迹前端离车轮平面近，侧向变形小；印迹后端离车轮平面远，侧向变形大。地面侧向反作用力的分布与轮胎的变形成正比，分布力的合力就是侧偏力 F_Y，其作用点相对于车轮中心，偏移一定距离 e，如图 5.5 所示。e 称为轮胎拖距，而回正力矩 $T_Z = F_Y e$。

侧偏力 F_Y 增大到一定程度时，接地印迹后部分达到附着极限。随着侧偏力 F_Y 进一步增大，轮胎更多的接地部分达到附着极限，直至整个接地印迹发生侧滑，而轮胎拖距 e 会随着侧偏力的增加而逐渐减小。

如图 5.6 所示，开始时随侧偏角的增加，回正力矩逐步增大，达到最大值；侧偏角再增大，回正力矩下降，直至变为 0；侧偏角如继续增大，回正力矩成为负值。

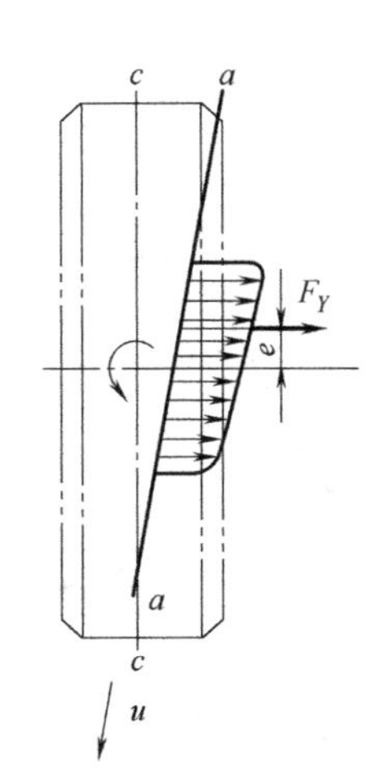

图 5.5 轮胎侧偏力和回正力矩

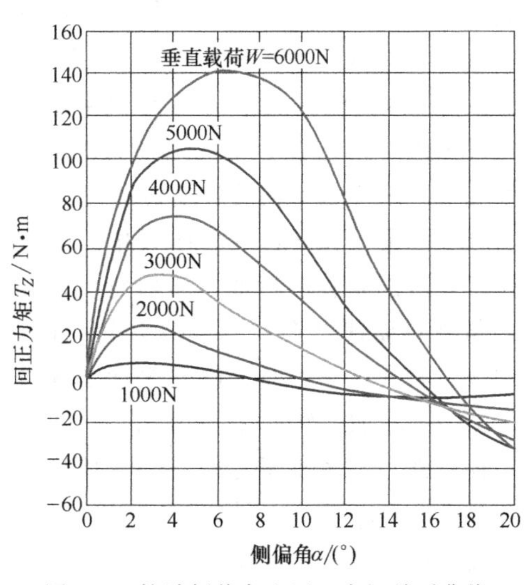

图 5.6 轮胎侧偏角和回正力矩关系曲线

5.1.2 评价指标

1. 等速圆周行驶的稳态响应特性

汽车在等速行驶时，转向轮在角阶跃输入下进入的稳态响应，称为汽车的稳态转向特性。汽车的稳态转向特性分为三种类型：不足转向、中性转向和过度转向，如图 5.7 所示。

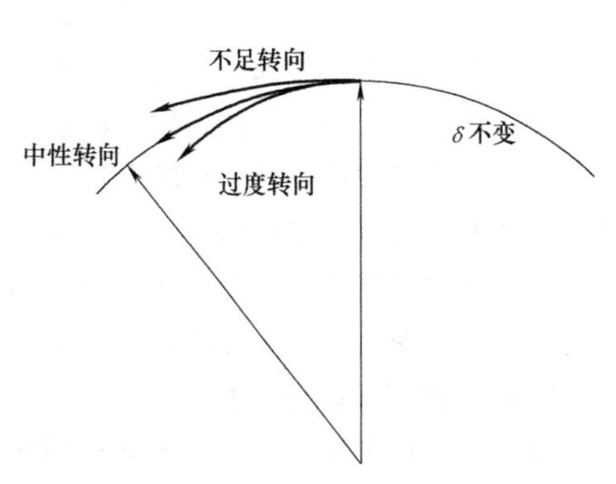

图 5.7 汽车的三种稳态转向特性

三种不同的转向特性的汽车具有以下行驶特点：在转向盘转角保持固定不变的情况下，随着车速的增加，不足转向汽车的转向半径变大；中性转向汽车的转向半径维持不变；而过度转向汽车的转向半径越来越小。操纵稳定性良好的汽车

应具有适度的不足转向特性。评价汽车稳态响应的指标如下：

（1）中性转向点的侧向加速度和不足转向度　为了测定汽车的稳态响应，常输入一个固定的转向盘转角，让汽车以不同的速度做圆周行驶，测出汽车的前、后轮侧偏角的绝对值，并以 $\alpha_1-\alpha_2$ 与侧向加速度 a_y 的关系曲线来评价汽车的稳态响应。若把前轮转角 δ 作为输入，转向半径 R 作为输出，则 R 可表示为

$$R=\frac{L}{\delta-(\alpha_1-\alpha_2)} \tag{5.1}$$

式中　L——车辆的轴距，单位为 mm。

输入一定的前轮转角 δ，若令车速极低、侧偏角可以忽略不计时的转向半径为 R_0，可表示为

$$R_0=\frac{L}{\delta} \tag{5.2}$$

车速提高后，前、后轮有侧偏角。若 $\alpha_1-\alpha_2$ 为正值，则 $R>R_0$，即汽车的转向效果受到抑制。由于 $\alpha_1-\alpha_2$ 随车辆侧向加速度 a_y 的提高而加大，因此这种抑制作用随侧向加速度的增大而增加，这就导致车辆产生不足转向特性，如图 5.8 所示。反之，若 $\alpha_1-\alpha_2$ 为负值，行驶圆的半径 $R<R_0$，汽车的转向效果增强，而且这种加强作用是随着车辆侧向加速度的增大而增加的。这就是车辆的过度转向特性。

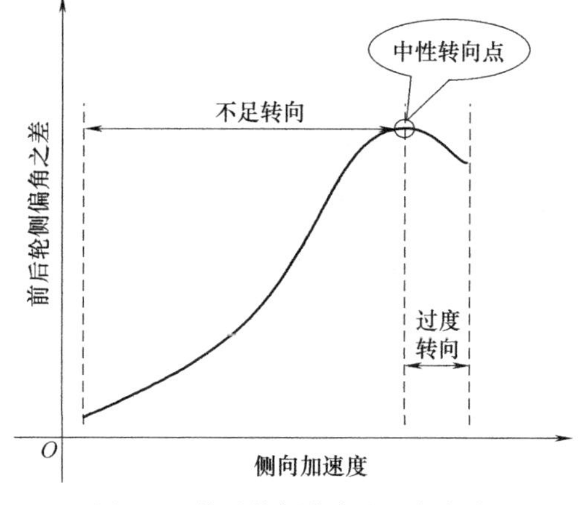

图 5.8　前后轮侧偏角之差与侧向加速度关系曲线

在实际的 $(\alpha_1-\alpha_2)$-a_y 曲线中，应以曲线的斜率来区别其转向特性，前后轮侧偏角绝对值差与侧向加速度在 $0.2g$ 时的斜率称为不足转向度。斜率大于零时，随着侧向加速度的增加，$\alpha_1-\alpha_2$ 增加，转向半径增加，汽车具有不足转向特性；斜率小于零时，随着侧向加速度的增加，$\alpha_1-\alpha_2$ 减小，转向半径减小，汽车具有过度转向特性；斜率等于零时，汽车为中性转向。

中性转向点的侧向加速度物理意义是在加速过程中由不足转向变为过度转向时（即中性转向点）对应的加速度值。值越大，说明转向过程中汽车的操纵及安全稳定性越好，转向翻车的可能性越小；值越小，说明汽车会过快地出现过度转向而导致翻车。稳态回转试验中的中性转向点侧向加速度值为操纵稳定性试验中具有“否决权”的指标。

汽车都应具有适度的不足转向特性。不足转向度是对汽车不足转向量大小的评价。不足转向量越大，转向稳定性越好，但转向的侧向力减弱，对操纵性不利。

（2）车身侧倾度　车身侧倾度反映了车辆在转向行驶时车辆姿态的侧倾角变化梯度，较小的侧倾度变化，车辆的状态会更稳定。过大的侧倾角会使驾驶员感到不稳定和不安全。

2. 转向回正性能评价指标

回正残留转向盘转角是指车辆在回正工况下，经过一段时间后（一般选用 3s 后），车辆转向盘残留转角，该指标表征车辆的回正性能，指标越小，车辆回正越彻底，回正性能越

好。回正残留横摆角速度是指车辆在回正工况下，经过一段时间历程后（一般选用3s后），车辆横摆角速度的残留值，该指标表征意义与残留转向盘转角类似。回正横摆角速度总方差是指车辆在回正工况下横摆角速度的累计执行误差。

在转向回正的试验中，常用残留横摆角速度和横摆角速度总方差这两个指标来评价车辆的转向性能。

3. 转向轻便性试验评价指标

转向轻便性的评价指标为试验车辆绕双纽线行驶时转向盘最大操舵力和转向盘平均操舵力。转向盘平均操舵力和转向盘最大操舵力代表汽车在转向行驶时，驾驶员操纵转向盘的轻便程度，操舵力越小，转向时操纵越轻便。

4. 转向盘转角阶跃输入试验评价指标

汽车的瞬态响应特性常用转向盘转角阶跃输入下的瞬态响应来表示。汽车等速行驶，然后驾驶员急速转动转向盘至某一角度并维持此转角不变，以汽车横摆角速度的变化描述汽车的响应。汽车以转向盘角阶跃输入后，汽车进入等速圆周行驶，汽车横摆角速度经过一段过渡过程后达到稳态横摆角速度，此过渡过程即汽车的瞬态响应。

在阶跃响应试验中，从转向盘转角达到终值的50%时刻起，到横摆角速度过渡到新的稳态值的90%时刻止的一段时间间隔，即为响应时间。横摆角速度响应时间评价的是汽车转向灵敏度和整车随转向盘的随动性，响应时间越小，说明转向灵敏度及整车随动性越好。

5. 转向盘转角脉冲输入试验评价指标

一个线性系统，如输入为一正弦函数，达到稳定状态时的输出亦为具有相同频率的正弦函数，但两者幅值不同，相位也发生变化。输出、输入的幅值比是频率f的函数，记为$A(f)$，称为幅频特性；相位差也是f的函数，记为$\varPhi(f)$，称为相频特性；两者统称为频率特性。

在汽车的操纵稳定性中，常以转向盘转角δ_{sw}为输入，汽车横摆角速度ω_r为输出的汽车横摆角速度频率响应特性来表征汽车的动特性。

实际汽车的横摆角速度频率特性是通过转向盘转角脉冲输入瞬态响应试验求得的。幅频特性反映了驾驶员以不同频率输入指令时，汽车执行驾驶员指令失真的程度。幅频特性曲线在低频区接近于一条水平线，随着频率的增高，幅值比增加，至某一频率f_r时幅值比达到最大值，此时系统处于共振状态。频率再增高，幅值比逐渐减小。相频特性反映了汽车横摆角速度ω_r滞后于转向盘转角的失真程度。从操纵稳定性出发，希望幅频特性曲线能平些，共振频率高一点，通频带宽些，以保证不同工况下失真度较小，都有满意的操纵性能；同时希望相位差小些，以保证汽车有快速灵活的反应。

在实际的转向盘转角脉冲输入试验中，常用以下三个指标对试验结果进行评价。

1）谐振频率就是转向盘输入下引起汽车共振的频率。谐振频率越高，转向盘转角能够以此频率输入的可能性越小，引起共振的概率越低。

2）谐振峰水平表示在共振频率下，引起共振程度的大小。谐振峰水平越小，引起共振时汽车自身响应越小，抗干扰能力越强，汽车越稳定。

3）相位滞后角为汽车响应的相位与操纵输入的相位之差，它代表了驾驶员操纵转向盘输入时，汽车响应的快慢。相位滞后角值小，则响应快，表示汽车能够迅速地对驾驶员的操纵做出反应。输入频率为1Hz（或0.5Hz）时的相位滞后角，代表了正常转动转向盘时汽车响应的快慢。

6. 蛇行试验评价指标

蛇行试验评价指标为基准车速下的平均横摆角速度峰值与平均转向盘转角峰值。蛇行试验更趋向于对汽车操纵稳定性的综合评价考核，反映了汽车在连续变道、避障等工况下，车辆的稳定状态和驾驶的操控性能。蛇行试验的平均横摆角速度峰值越小，说明汽车越稳定；平均转向盘转角峰值越小，说明汽车越好操控。

7. 转向盘中心区操纵稳定性试验

汽车在高速公路上行驶是一种常见且重要的工况，它具有以力输入为主和转向盘力（反作用）作为重要数据的特点。转向盘中心区操纵稳定性试验用来评价汽车高速行驶时的操纵稳定性，它的主要评价指标如下：

1）平均转向灵敏度。该指标是指在中心区操纵稳定性试验工况下，车辆中心区侧向加速度关于转向盘转角梯度的平均值。该指标表征车辆在高速、小转角条件下侧向运动响应灵敏度，其取值应适度。

2）中间位置横摆角速度增益。该指标指车辆中心区横摆角速度变化率，即横摆角速度增益。该指标也和中心区灵敏度相关。

3）中间位置转向盘力矩梯度。该指标是指中心区操纵稳定性试验工况下，转向盘中间位置处转向盘力矩关于侧向加速度的变化率。该指标主要反映汽车中心区的“路感”，取值应适当。

4）平均转向刚度。该指标是指汽车在中心区范围内转向力矩的平均斜率。该指标表征汽车中心区转向力矩的平均灵敏度。该指标不宜过大也不宜过小，平均转向刚度过小，代表车辆转向助力介入过快，驾驶员“路感”反馈不好；平均转向刚度过大，代表车辆转向助力介入过慢，影响驾驶平稳性。

5）侧向加速度迟滞时间。该指标是指车辆在转向盘中间位置的侧向加速度值。该指标主要反映侧向加速度随着车辆转向输入的跟随性，其中影响侧向加速度迟滞的重要因素是转向传动比的非线性。

6）0.1g 处转向盘力矩梯度。该指标是指车辆在中心区操纵稳定性试验的工况下，当侧向加速度为 0.1g 时，转向盘力矩关于侧向加速度的变化率，也反映车辆中心区范围“路感”，应有适当的取值。

7）转向盘转角为 0 时的瞬时转向刚度。该指标是指车辆在中心区操纵稳定性的试验工况下，在转向盘转角为 0 处的转向力矩的变化率。

8）横摆角速度滞后时间。该指标主要表征汽车中心区转向响应的滞后性，反映车辆横摆角速度响应相对于转向输入的滞后程度。该指标不宜过大也不宜过小，指标过小，则转向响应过快，驾驶员“危险感”强烈；指标过大，则转向响应过慢，影响车辆操纵性。

5.2 汽车操纵稳定性试验常用设备

进行汽车操纵稳定性道路试验时所用到的试验测试传感设备主要有数据采集系统、测力转向盘、惯性导航系统（含 GNSS 定位）、驾驶机器人等。

在 GB/T 6323—2014《汽车操纵稳定性试验方法》标准中对设备的测量范围及最大误差

要求，见表5.1。

表5.1 操纵稳定性试验设备精度要求

测量设备	测量变量	测量范围	测量最大误差
测力转向盘	转向盘转角	±1080°	±0.1°(转向盘转角±50°内) ±2°(转向盘转角±180°内) ±4°(转向盘转角±360°内) ±10°(转向盘转角±1080°内)
	转向盘力矩	±150N·m	±0.1N·m(转向盘力矩±10N·m) ±1N·m(转向盘力矩±50N·m) ±3N·m(转向盘力矩±150N·m)
	转向盘角速度	±360°/s	±1°/s(转向盘角速度±100°/s内) ±2°/s(转向盘角速度±360°/s内)
惯性导航系统	横摆角速度	±50°/s	±0.1°/s(横摆角速度±10°/s内) ±0.5°/s(横摆角速度±50°/s内)
	车身侧倾角	±15°	±0.15°
	侧向加速度	±9.8m/s^2	±0.15m/s^2
	汽车前进速度	0~50m/s	±0.5m/s

5.2.1 测力转向盘

测力转向盘（图5.9）测量试验过程中转向盘的作用力矩、转动角度、转动角速度。

可通过固定卡爪固定在原车转向盘上或者代替原车转向盘直接安装在转向管柱上，进行测试时驾驶员使用测力转向盘操纵车辆，使用前先驾驶车辆直线行驶，将转动角度和力矩置零。

图5.9 测力转向盘

5.2.2 惯性导航系统

惯性导航系统（INS）可准确地测量侧向加速度、横摆角速度和车身侧倾角等数据。图5.10为OxTS公司生产的RT 3000惯性导航系统，在操纵稳定性试验中使用较为普遍。它的速度精度为0.05km/h，加速度精度为5μg，横摆角速度精度为0.01°/s，侧倾角精度为0.03°。

惯性导航系统由全球导航卫星系统（GNSS）和惯性测量模块（IMU）两部分组成。通过集成和融合这两部分的输出，提供高精度、高可靠性定位信息和姿态信息。GNSS高度依赖卫星信号质量，在信号受影响的环境下定位误差大；在无卫星的地方，无法输出位置；速度测量值输出不平顺；定位输出频率较低。而IMU误差会随时间累积而不可逆地增大，需要不断进行校正，同时缺少绝对的定位信息。

图5.10 RT 3000惯性导航系统

惯性导航系统结合先进的融合滤波算法，对两者取长补短，实现对更多测试场景、更恶劣测试工况的覆盖。通过惯性导航系统可以实现厘米级别精度的定位。

5.2.3 驾驶机器人

驾驶机器人可以代替驾驶员进行重复性、危险性和精度要求比较高的道路试验。在操纵稳定性试验中用到的驾驶机器人一般分为两大类，即转向机器人和踏板机器人，分别如图 5.11 和图 5.12 所示。转向机器人主要实现对转向盘的控制，如转向盘转角的阶跃输入、脉冲输入、正弦输入等。在操纵稳定性试验中，驾驶员操作转向盘控制精度较差，而转向机器人可以根据设定的角度实现转向盘转角 0.01°的控制。踏板机器人主要实现对车速的控制，控制车辆匀速行驶或匀加速行驶。驾驶员控制车速会有±2km/h 的误差，而踏板机器人可以根据输入的车速信号，实现对车辆车速 0.01km/h 精度的控制。

图 5.11 转向机器人

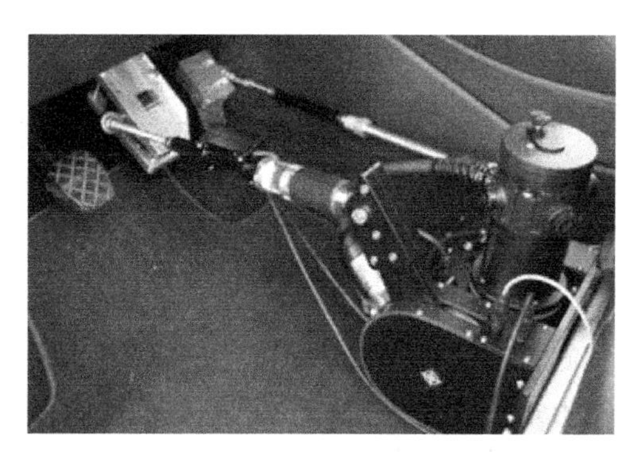

图 5.12 踏板机器人

5.3 汽车操纵稳定性试验条件

5.3.1 道路条件

试验场地应为干燥、平坦而清洁的，用水泥混凝土或沥青铺装的路面，任意方向的坡度不应大于 2%。对于转向盘中心区操纵稳定性试验，坡度不应大于 1%。

5.3.2 环境条件

试验时环境大气温度应在 0~40℃ 范围内，风速应不大于 5m/s，雨、雪、大雾天气不得进行试验。

5.3.3 车辆条件

1）试验前，完成车辆四轮定位调整。对转向系、悬架系进行检查、调整和紧固，按规定进行润滑。只有试验汽车已符合厂方规定的技术条件，方可进行试验。

2）采用新轮胎试验，试验前至少应经过 200km 正常行驶的磨合；若用旧轮胎，试验终了时残留轮胎胎冠花纹深度不小于 1.6mm。轮胎气压按照轮胎标准气压进行调整。

3）蛇行试验时，汽车载荷状态为汽车最大设计总质量；转向瞬态响应试验（转向盘转角阶跃输入、转向盘转角脉冲输入）、转向回正试验、转向轻便性试验、稳态回转试验及转向盘中心区操纵稳定性试验时，汽车载荷状态为最大设计总质量和轻载两种状态。轻载状态是指汽车整备质量状态，即除驾驶员、试验员及仪器外，没有其他加载物的状态。N类车辆的装载物均匀分布于货箱内；M类车辆的装载物分布于座椅和地板上。

4）牵引车和挂车在汽车列车状态（图5.13）下进行操纵稳定性试验时，为保证试验安全，应当安装防侧翻支架（图5.14）。在极限测试工况下，车辆侧倾比较大时，防侧翻支架可起到一定的支撑保护作用。

图5.13 汽车列车操纵稳定性试验

图5.14 防侧翻支架

5）设备安装要求。车速测量设备应安装于汽车纵向对称面上；测试转向盘安装和试验车辆转向盘对正，保证同心，如图5.15所示；汽车操纵稳定性测试设备（惯性导航系统）应尽量接近整车质心位置，如图5.16所示。

图5.15 测试转向盘的安装

图5.16 惯性导航系统的安装

5.4 汽车操纵稳定性试验方法及数据处理

5.4.1 稳态回转试验

稳态回转试验使用固定转向盘转角的方法进行试验，具体试验方法如下：

1）在专用试验场地上，画出半径 15m 的圆周，或通过车速和横摆角速度计算转弯半径。

2）车辆预热，并使轮胎升温；接通仪器设备电源，使之预热到正常工作温度。

3）车辆低速直线行驶，将转向盘角度置零，操纵汽车以最低稳定速度沿所画圆周行驶，待安装于汽车纵向对称面上的车速传感器在半圈内都能对准地面所画圆周时，固定转向盘不动，记录当前转向盘角度。

4）车辆静止，将车身侧倾角置零，开始记录数据。按照选取角度固定转向盘不动（驾驶员可用手肘依靠车门，或者使用胶带等在当前位置做标记），然后车辆起步，缓慢而均匀地加速，直至汽车的侧向加速度达到 6.5m/s^2（或能达到的最大侧向加速度，或汽车出现不稳定状态）为止，记录整个过程。

5）车辆绕圆周大致行驶 3 圈，到达最大侧向加速度即可减速，不必维持最大侧向加速度，如侧向加速度达到 6.5m/s^2，一个完整加速周期约为 40s，不宜过快或过慢。按向左转和向右转两个方向进行，每个方向至少采集 6 组数据，根据试验设备记录的横摆角速度及汽车的前进速度，各点的转弯半径按式（5.3）确定。

$$R_k = \frac{57.3u_k}{\omega_k} \tag{5.3}$$

式中 R_k——第 k 点的转弯半径，单位为 m；

u_k——第 k 点的车速瞬时值，单位为 m/s；

ω_k——第 k 点的横摆角度瞬时值，单位为（°）/s。

当车辆静止或刚刚起步转向行驶时，因横摆角速度较小，趋近于零，此时的转弯半径计算值 R_k 通常会很大，即车辆可视为直线行驶或沿着一个非常大的圆行驶。所以在处理试验数据时，可将侧向加速度较小时的试验数据截取掉，不参与试验数据的处理和计算，通常将侧向加速度小于 0.5m/s^2 的数据截取。

6）根据计算出的各点转弯半径 R_k，按式（5.4）计算出汽车的前后轴侧偏角绝对值差 $\alpha_1-\alpha_2$。

$$\alpha_1-\alpha_2 = 57.3L\left(\frac{1}{R_0}-\frac{1}{R_k}\right) \tag{5.4}$$

式中 α_1——前轴侧偏角，单位为°；

α_2——后轴侧偏角，单位为°；

L——试验样车轴距，单位为 m；

R_0——初始转弯半径，单位为 m。

分别绘出转弯半径、前后轴侧偏角之差、车身侧倾角与侧向加速度的关系曲线，如图 5.17~图 5.19 所示。

找出中性转向点的侧向加速度 a_n，即图中前后轴侧偏角之差与侧向加速度关系曲线上斜率为零处的侧向加速度。

找出不足转向度 U，即图中前后轴侧偏角之差与侧向加速度关系曲线上侧向加速度值为 2m/s^2 处的平均斜率，以 1.5~2.5m/s^2 侧向加速度范围内，前后轴侧偏角之差的差值除以侧向加速度的差值计算。

找出车身侧倾度 K_Φ，即图中车身侧倾角与侧向加速度关系曲线上侧向加速度值为

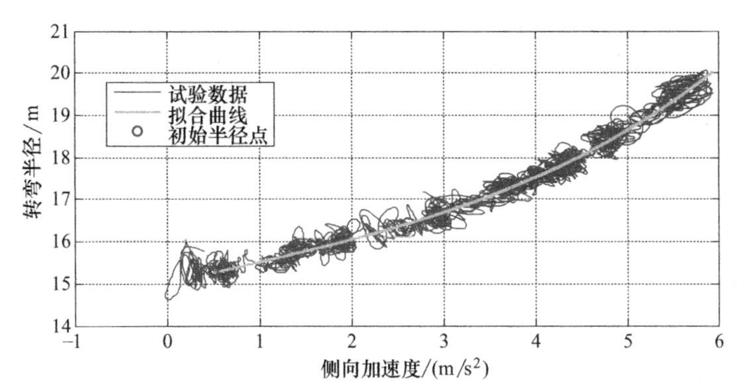

图 5.17 转弯半径与侧向加速度关系曲线（见彩插）

注：初始半径为 15.2626m；初始半径与目标半径差异为 0.2626m。

$2m/s^2$ 处的平均斜率，以 $1.5\sim2.5m/s^2$ 侧向加速度范围内，车身侧倾角的差值除以侧向加速度的差值计算。

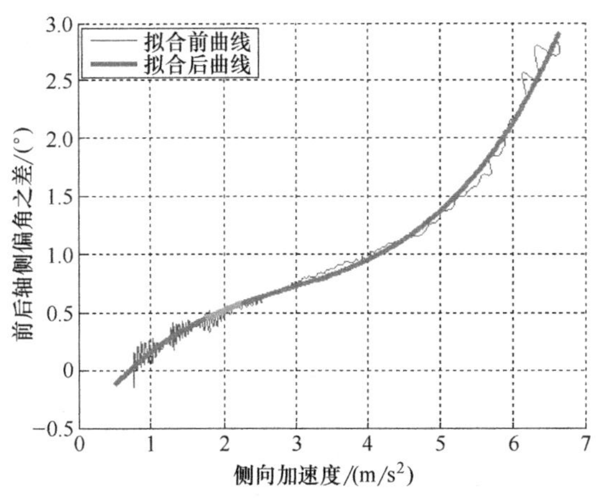

图 5.18 前后轴侧偏角之差与侧向加速度关系曲线

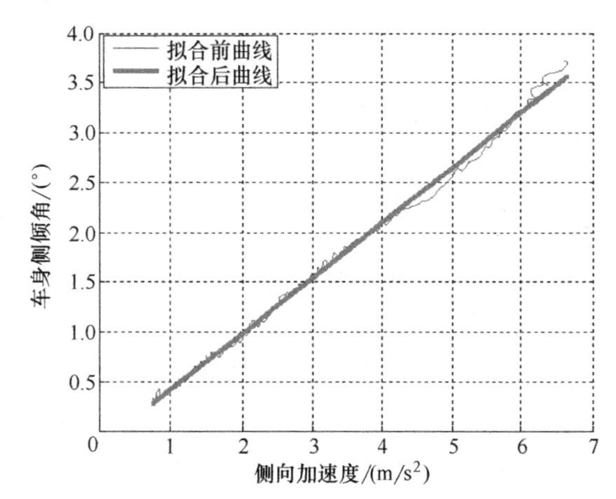

图 5.19 车身侧倾角与侧向加速度关系曲线

某乘用车稳态回转左转试验结果见表 5.2。

表 5.2 稳态回转左转试验

侧向加速度/(m/s^2)	前后轴侧偏角之差/(°)	不足转向度/[°/(m/s^2)]	车身侧倾角/(°)	车身侧倾度/[°/(m/s^2)]
1.5	0.195	0.16	0.879	0.61
2.5	0.351		1.490	

5.4.2 转向回正试验

1. 低速转向回正试验

1）在专用试验场地上，画出半径 15m 的圆周。

2）车辆预热，并使轮胎升温；接通仪器设备电源，使之预热到正常工作温度，试验开始前使车辆低速直线行驶，调整转向盘转角，将转向盘转角置零。然后调整转向盘转角，使汽车沿半径为 15m 的圆周行驶，调整车速，使侧向加速度达到约 $4m/s^2$，固定转向盘转角

（可参照稳态回转试验选取转向盘角度），稳定车速，并开始记录。

3）待稳定 3s 后，迅速松开转向盘（可以使用触发器对松开转向盘时刻进行记录），至少记录松手后 5s 内的车辆运动过程。

4）数据记录时间内，加速踏板位置保持不变，车速会稍有增加。对于侧向加速度达不到 $4m/s^2$ 的汽车，按照试验汽车所能达到的最大侧向加速度进行试验。

2. 高速转向回正试验

1）最高车速超过 100km/h 的汽车应进行高速转向回正试验。试验车速取被试车辆最高车速的 70%，并四舍五入为 10 的整数倍。

2）试验前使试验车辆和试验设备预热。试验车辆沿试验路段以试验车速直线行驶，调整转向盘转角，将转向盘转角置零，随后转动转向盘使侧向加速度达到（2±0.2）m/s^2，待车辆状态稳定后开始记录数据。

3）迅速松开转向盘（可以使用触发器对松开转向盘时刻进行记录），至少记录松手后 4s 内的车辆运动过程。数据记录时间内，加速踏板位置保持不变。

4）该试验按向左转和向右转两个方向进行，每个方向至少采集 5 组数据，数据处理时可以选择输入转角和侧向加速度符合试验条件要求，且输出的残留横摆角速度和横摆角速度总方差结果一致性较好的数据。

作出横摆角速度的时间历程曲线，如图 5.20 所示。

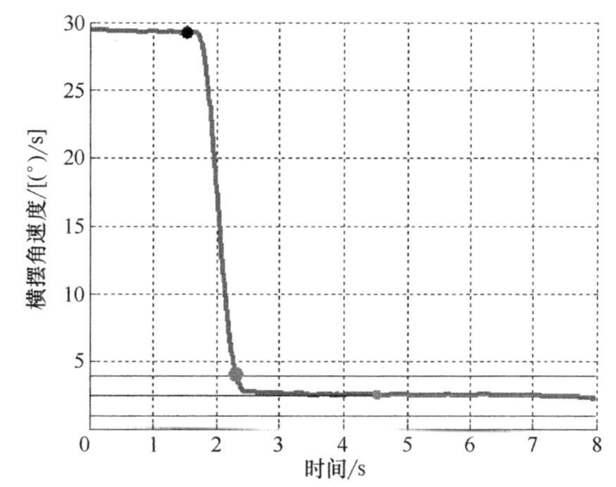

图 5.20　横摆角速度的时间历程曲线

残留横摆角速度定义为在横摆角速度时间历程曲线上，松开转向盘 3s 时的横摆角速度值。计算得出 3 次试验残留横摆角速度的平均值作为试验结果。

横摆角速度总方差，按式（5.5）计算确定。

$$E_\omega = \left[\sum_{k=0}^{n}\left(\frac{\omega_k}{\omega_0}\right)^2 - 0.5\right]\Delta t \tag{5.5}$$

式中　E_ω——试验横摆角速度的总方差；

ω_k——横摆角速度响应时间历程曲线的瞬时值，单位为（°）/s；

ω_0——横摆角速度响应初始值，单位为（°）/s；

n——采样点数，按 $n\Delta t = 3s$ 选取；

Δt——采样时间间隔，单位为 s，一般不大于 0.2s。

计算得出 3 次试验横摆角速度总方差的平均值作为试验结果。某皮卡车型的低速转向回正试验结果见表 5.3。

表 5.3　低速转向回正试验结果

转向	评价指标	单位	第一次	第二次	第三次	平均值
左转	松手 3s 后残留横摆角速度	（°）/s	0.32	0.50	0.38	0.40
	横摆角速度总方差		0.47	0.44	0.44	0.45

（续）

转向	评价指标	单位	第一次	第二次	第三次	平均值
右转	松手 3s 后残留横摆角速度	(°)/s	1.41	1.38	1.14	1.31
	横摆角速度总方差		0.46	0.45	0.47	0.46

5.4.3 转向轻便性试验

转向轻便性试验进行前，先完成试验车辆最小转弯直径测量和转向盘直径测量，用于确定双纽线路径和试验数据处理。

双纽线轨迹的极坐标方程见式（5.6）。

$$l=d\sqrt{\cos(2\psi)} \tag{5.6}$$

式中 d——长度，为 3.3 倍最小转弯半径。

通过对角度 ψ 赋值，得出 l 的数值。双纽线横坐标值为 $l\cos\psi$，双纽线纵坐标值为 $l\sin\psi$。作出双纽线路径示意图，如图 5.21 所示，得出双纽线最宽处、顶点和中点的坐标。

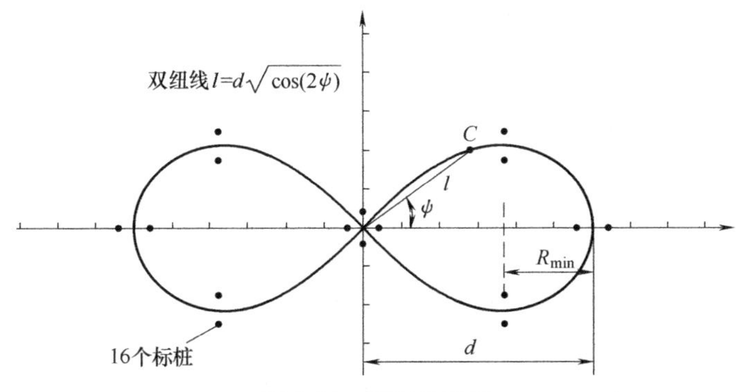

图 5.21 双纽线路径

转向轻便性试验具体试验方法如下：

1）在试验场地上，以醒目的颜色画出双纽线路径或在场地上按图 5.21 所示黑色点放置标桩。摆放标桩时，应当保证在双纽线最宽处、顶点和中点的路径两侧各放置两个标桩，共计放置 16 个标桩。标桩与试验路径中心线的距离为车宽的一半加 50cm。

2）试验前要接通设备、仪器电源，使之预热到正常工作温度。驾驶员可操纵汽车沿双纽线路径行驶若干周，以熟悉路径和响应操作。随后使汽车沿双纽线中点处的切线方向做直线滑行，并停车于中点处，停车后确认车轮处于直行位置。双手松开转向盘，将转向盘转角和转向盘作用力矩置零，准备试验正式开始。

3）试验时，驾驶员操纵转向盘，使汽车以（10±2）km/h 的速度沿双纽线行驶；待车速稳定后，开始记录试验数据。在测量记录的过程中，应保持车速稳定，平稳地、不停顿地连续转动转向盘；不应同时松开双手或来回转动转向盘修正行驶方向，也不应撞倒标桩。

4）连续记录试验数据，保证采集数据不少于 5 组。截取试验数据时，保证每组试验数据至少包括两个波峰或两个波谷，根据记录的转向盘转角和作用力矩（图 5.22），按每一周双纽线路径整理成转向作用力矩 M_{sw} 和转向盘转角 δ_{sw} 的关系曲线，确定出汽车转向轻便性的各项参数。

转向盘最大作用力矩 M_{swmax} 以三次试验最大转向力矩绝对值的算术平均值计算得出。

转向盘最大作用力 F_{max} 按式（5.7）计算得出。

$$F_{max}=\frac{2M_{swmax}}{D} \tag{5.7}$$

式中 D——样车转向盘直径。

转向盘的每一周作用功按式（5.8）确定，计算三周的转向盘作用功的算术平均值，作为试验结果。

$$W=\frac{1}{57.3}\sum_{j=1}^{n-1}M_{swj}(\delta_{sw(j+1)}-\delta_{swj}) \tag{5.8}$$

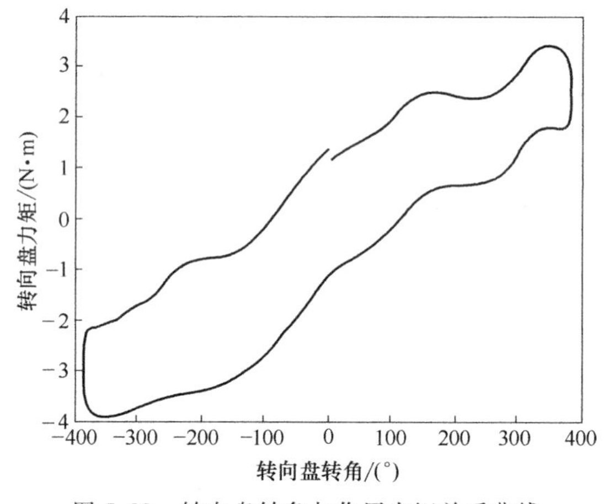

图 5.22　转向盘转角与作用力矩关系曲线

式中 W——样车绕双纽线路径一周的转向盘作用功，单位为 J；

M_{swj}——样车绕双纽线路径的第 j（$j=1$，…，$n-1$）个采样点处转向盘作用力矩，单位为 N · m；

n——样车绕双纽线路径采样点数；

$\delta_{sw(j+1)}$——样车绕双纽线路径的第 $j+1$（$j=1$，…，$n-1$）个采样点处的转向盘转角，单位为°；

δ_{swj}——样车绕双纽线路径的第 j（$j=1$，…，$n-1$）个采样点处的转向盘转角，单位为°；

转向盘平均摩擦力矩按式（5.9）确定，计算三周的转向盘平均摩擦力矩的算术平均值，作为试验结果。

$$M_{swf}=\frac{57.3W}{2(|-\delta_{swmax}|+|+\delta_{swmax}|)} \tag{5.9}$$

式中 M_{swf}——样车绕双纽线路径一周的转向盘平均作用摩擦力矩，单位为 N · m；

W——样车绕双纽线路径一周的转向盘作用功，单位为 J；

$-\delta_{swmax}$——样车绕双纽线路径行驶，转向盘左转最大转角，单位为°；

$+\delta_{swmax}$——样车绕双纽线路径行驶，转向盘右转最大转角，单位为°。

转向盘平均摩擦力按式（5.10）确定，计算三周的转向盘平均摩擦力的算术平均值，作为试验结果。

$$F_{swf}=\frac{2M_{swf}}{D} \tag{5.10}$$

式中 F_{swf}——样车绕双纽线路径一周的转向盘平均摩擦力，单位为 N；

M_{swf}——样车绕双纽线路径一周的转向盘平均作用摩擦力矩，单位为 N · m；

D——样车转向盘直径，单位为 m。

某重型货车转向轻便性试验结果见表 5.4。

表 5.4 转向轻便性试验结果

评价指标	单位	第一周	第二周	第三周	平均值
转向盘最大作用力矩	N·m	4.83	4.71	4.62	4.72
转向盘最大作用力	N	21.45	20.94	20.53	20.97
转向作用功	J	63.25	67.37	62.92	64.51
平均摩擦力矩	N·m	1.15	1.22	1.14	1.17
平均摩擦力	N	5.12	5.41	5.07	5.20

5.4.4 转向盘转角阶跃输入试验

试验前车辆和设备预热，试验数据开始记录前转向盘转角调零，具体试验方法如下：

1）试验车速应为试验汽车最高设计车速的 70%并四舍五入为 10km/h 的整数倍，最高试验车速不超过 120km/h。按照稳态侧向加速度值为 $1m/s^2$、$1.5m/s^2$、$2m/s^2$、$2.5m/s^2$、$3m/s^2$ 预选转向盘输入角，记录所选转角，试验过程中根据转角对应产生的侧向加速度，适当调整转角的输入。试验结果主要评价侧向加速度值为 $2m/s^2$ 时的试验结果。

2）汽车以试验车速直线行驶，以尽可能快的速度［起跃时间不大于 0.2s 或起跃速度不低于 200（°）/s］转动转向盘，使其转角达到预先选好的位置并固定数秒（到新的稳态值），停止记录。记录过程中保持车速不变。试验按向左转与向右转两个方向进行，每个侧向加速度单向采集数据不少于 6 组。

3）各测量变量的稳态值采用进入稳态后的均值。若试验样车前进速度的变化率大于5%或转向盘转角的变化超过平均值的 10%，则判定本次试验无效，挑选其他试验数据进行处理。

作出转向盘转角、侧向加速度、横摆角速度的时间历程曲线，如图 5.23~图 5.25 所示，确定侧向加速度和横摆角速度响应时间。

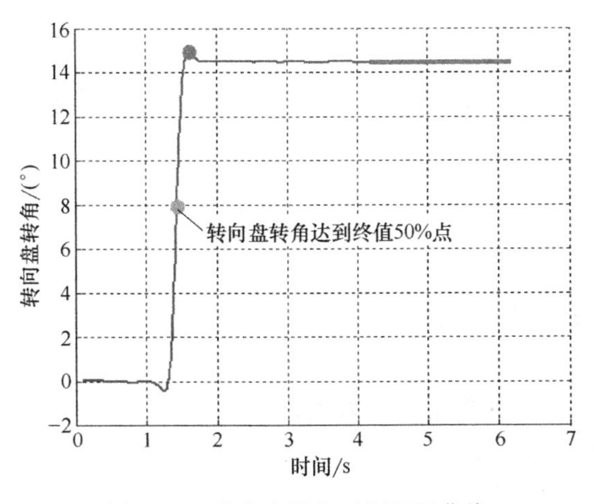

图 5.23 转向盘转角时间历程曲线

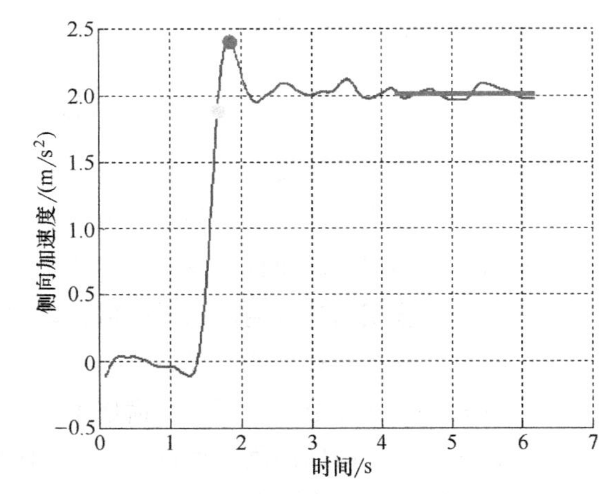

图 5.24 侧向加速度时间历程曲线

在阶跃响应试验中，从转向盘转角达到终值的 50%时刻起，到横摆角速度过渡到新的稳态值的 90%时刻止的一段时间间隔，即为响应时间 t_{ω}，如图 5.26 所示。

横摆角速度峰值响应时间 $t_{\omega p}$ 为转向盘转角达到终值的50%时刻起，到横摆角速度达到峰值时刻止的时间间隔。

横摆角速度超调量，按式（5.11）进行计算。

$$\sigma = \frac{\omega_{max} - \omega_0}{\omega_0} \times 100\% \tag{5.11}$$

式中 σ——横摆角速度超调量（%）；

ω_0——横摆角速度响应稳态值，单位为（°）/s；

ω_{max}——横摆角速度响应峰值，单位为（°）/s。

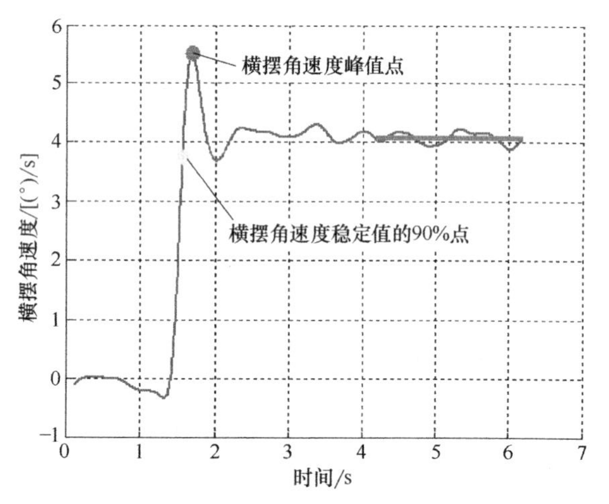

图 5.25　横摆角速度时间历程曲线

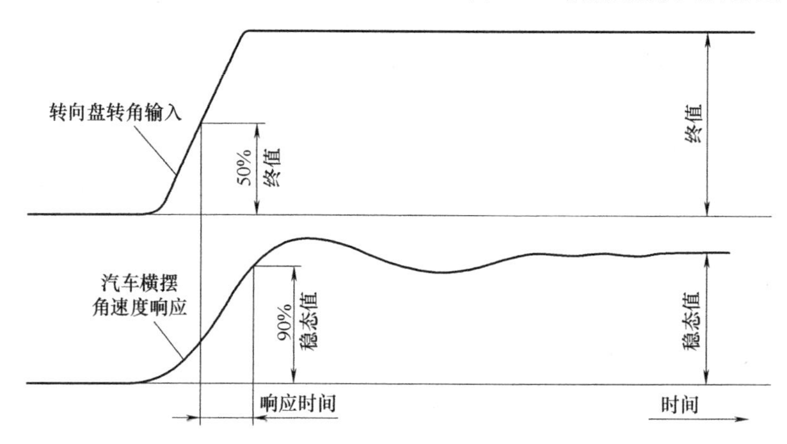

图 5.26　横摆角速度响应时间

横摆角速度总方差按式（5.12）确定。

$$E_{\omega} = \sum_{k=0}^{n} \left(\frac{\delta_{swk}}{\delta_{sw0}} - \frac{\omega_k}{\omega_0} \right)^2 \Delta t \tag{5.12}$$

式中 E_{ω}——横摆角速度总方差，单位为 s；

δ_{swk}——转向盘转角输入的瞬时值，单位为（°）；

δ_{sw0}——转向盘转角输入终值，单位为（°）；

ω_k——横摆角速度响应的瞬时值，单位为（°）/s；

ω_0——横摆角速度响应稳态值，单位为（°）/s；

n——采样点数，取至汽车横摆角速度响应达到新稳态值为止；

Δt——采样时间间隔，单位为 s，一般不大于 0.2s。

侧向加速度总方差按式（5.13）确定。

$$E_{ay} = \sum_{k=0}^{n} \left(\frac{\delta_{swk}}{\delta_{sw0}} - \frac{a_{yk}}{a_{y0}} \right)^2 \Delta t \tag{5.13}$$

式中 E_{ay}——侧向加速度总方差，单位为 s；

a_{yk}——侧向加速度响应的瞬时值，单位为 m/s^2；

a_{y0}——侧向加速度响应的稳态值，单位为 m/s^2。

5.4.5 转向盘转角脉冲输入试验

转向盘转角脉冲输入试验方法如下：

1）试验车速应为汽车最高设计车速的70%并四舍五入为10km/h的整数倍。试验前车辆和设备预热，试验数据开始记录前直线行驶，转向盘转角置零。以试验车速直线行驶，然后给转向盘一个三角脉冲转角输入。转向盘三角脉冲转角输入示意图如图5.27所示。

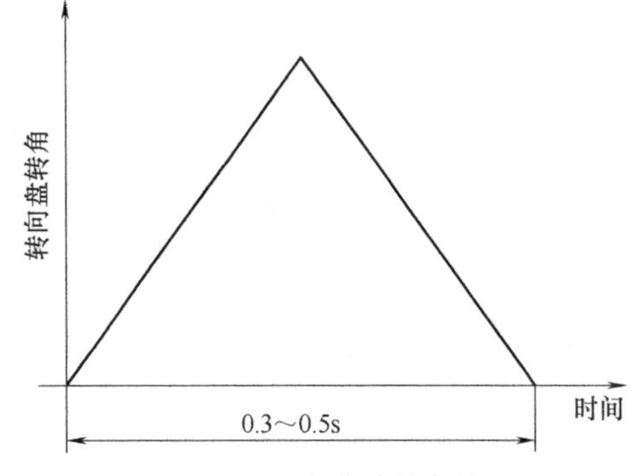

图5.27 三角脉冲转角输入

2）试验时向左（向右）转动转向盘，并迅速转回原处保持不动，直至汽车恢复到直线行驶状态，记录全部过程。转向盘转角输入脉宽为0.3~0.5s，商用车可适当增大脉冲带宽，要求转向时快打快回。转向盘最大转角应使最大侧向加速度为 $3.92m/s^2$，确定转向盘角度后，可对该转角做标记。下个试验时，按照选定的角度进行试验。转动转向盘试验应尽量使其转角的超调量达到最小，不大于转向盘转角最大值的±10%。数据记录时间内，保持加速踏板位置不变。实际车速变化不应超过规定车速的±5%。左、右方向转动转向盘不少于6次。如果连续进行，每次输入的时间间隔不得少于5s。

3）处理试验数据，分析转向盘转角脉冲输入和横摆角速度相应的幅频特性和相频特性，见式（5.14）。

$$G(jk\omega_0 t)=\frac{\int_0^T \omega(t)\cos(k\omega_0 t)\,dt-j\int_0^T \omega(t)\sin(k\omega_0 t)\,dt}{\int_0^T \delta_{sw}(t)\cos(k\omega_0 t)\,dt-j\int_0^T \delta_{sw}(t)\sin(k\omega_0 t)\,dt} \tag{5.14}$$

式中 $\omega(t)$——横摆角速度的时间历程；

$\delta_{sw}(t)$——转向盘转角的时间历程；

ω_0——计算时选用的最小圆频率，一般取为 0.2π；

k——取1，2，3，4，5，…，n，其中 $n\omega_0/(2\pi)=3Hz$。

根据试验数据处理结果的平均值，按向左向右转动转向盘，绘制出汽车的幅频和相频特性曲线图，分别如图5.28和图5.29所示。

谐振频率 f_P 为幅频特性谐振峰水平对应的频率。当不存在明显的谐振峰时，可以按照70%横摆角速度增益的通频带除以 $\sqrt{2}$ 计算 f_P 的值。

谐振峰水平 D 按式（5.15）计算。

$$D=20\lg\frac{A_P}{A_0} \tag{5.15}$$

式中 D——谐振峰水平，单位为dB；

A_P——谐振频率 f_P 处的横摆角速度增益，单位为1/s；

A_0——频率为 0 处的横摆角速度增益，单位为 1/s。

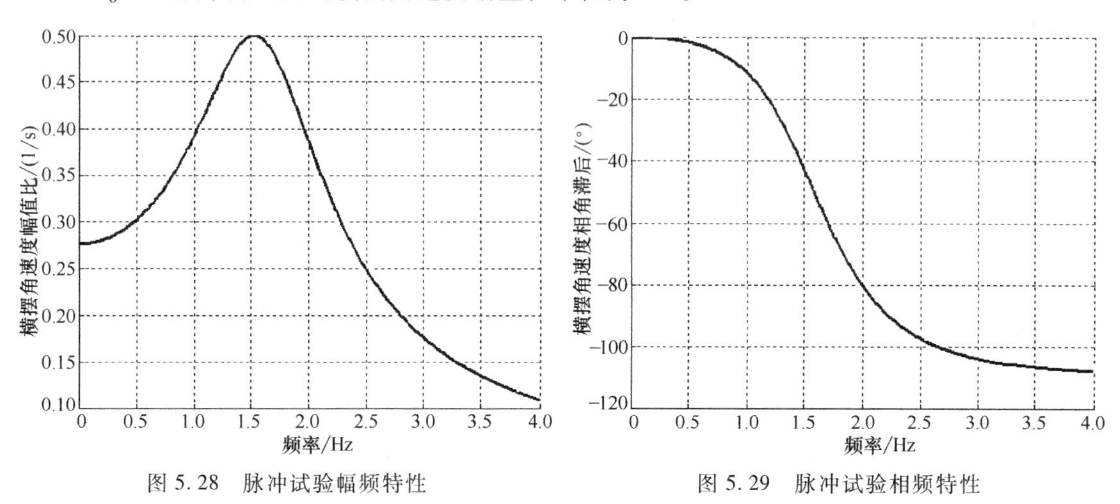

图 5.28 脉冲试验幅频特性

图 5.29 脉冲试验相频特性

相位滞后角 α 为响应频率下相位滞后角的试验值。对于最大设计总质量小于或等于 6t 的汽车，选用频率 1Hz 处的相位滞后角；大于 6t 的汽车，选用频率 0.5Hz 处的相位滞后角。

5.4.6 蛇行试验

蛇行试验具体试验方法如下：

1）准备 10 个标桩，按照要求在专业试验场地上布置，如图 5.30 所示。

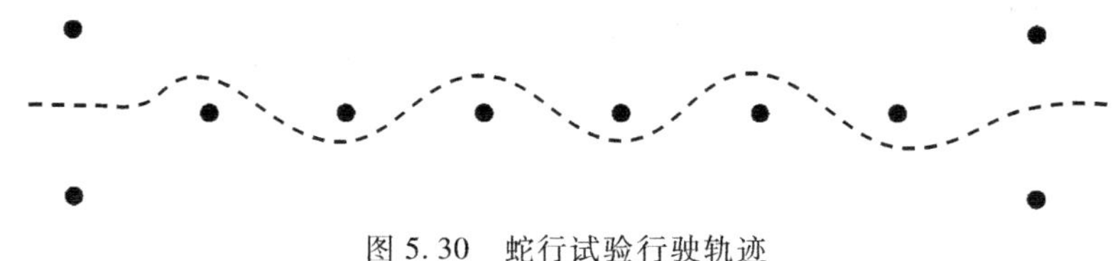

图 5.30 蛇行试验行驶轨迹

试验车速及标桩间距按照表 5.5 选取。

表 5.5 标桩间距及基准车速

<table>
<tr><th>汽车类型</th><th>标桩间距 L/m</th><th>基准车速/(km/h)</th></tr>
<tr><td>M₁ 类、N₁ 类车辆</td><td rowspan="2">30</td><td>65</td></tr>
<tr><td>M₂ 类、N₂ 类车辆</td><td>50</td></tr>
<tr><td>M₃ 类及总质量小于或等于 15t 的车辆</td><td rowspan="2">50</td><td>60</td></tr>
<tr><td>M₃ 类及总质量大于 15t 的车辆</td><td>50</td></tr>
</table>

2）试验样车热车，接通试验设备电源，使之预热到正常工作温度。驾驶员驾驶试验样车绕标桩行驶几个往返，一般要求低速至高速的试验工况都能包含。试验数据开始记录前，将转向盘转角和车身侧倾角置零。首次试验时，试验车速为基准车速的二分之一并四舍五入为 10km/h 的整数倍，以该车速稳定直线行驶。然后按规定路线蛇行通过试验路段，记录试验数据。绕标桩时，尽可能使车身贴近标桩行驶，正式试验后，尽量不要影响和修正驾驶员的驾驶习惯。同一个车速的试验，转向盘转角尽量保持一致，以较小的转向盘转角完成绕柱。单个试验车速采集数据不少于 5 组。试验中撞倒标桩的不计在内。逐步提高车速（车速间隔一般为 5km/h），最高车速不超过 80km/h（或车辆出现不稳定状态）。

3）单次试验数据分别作出转向盘转角、横摆角速度、车身侧倾角、侧向加速度的时间历程曲线。在时间历程曲线上读取有效峰值，对试验结果的有效峰值绝对值进行算术平均，得出平均转向盘转角峰值、平均横摆角速度峰值、平均车身侧倾角峰值、平均侧向加速度峰值。

4）计算得出在相同车速下，几次试验参数峰值的算术平均值。拟合画出平均横摆角速度峰值与车速、平均转向盘转角峰值与车速、平均侧向加速度峰值与车速、平均车身侧倾角峰值与车速的关系曲线。图 5.31～图 5.34 为某乘用车型的蛇行试验结果。

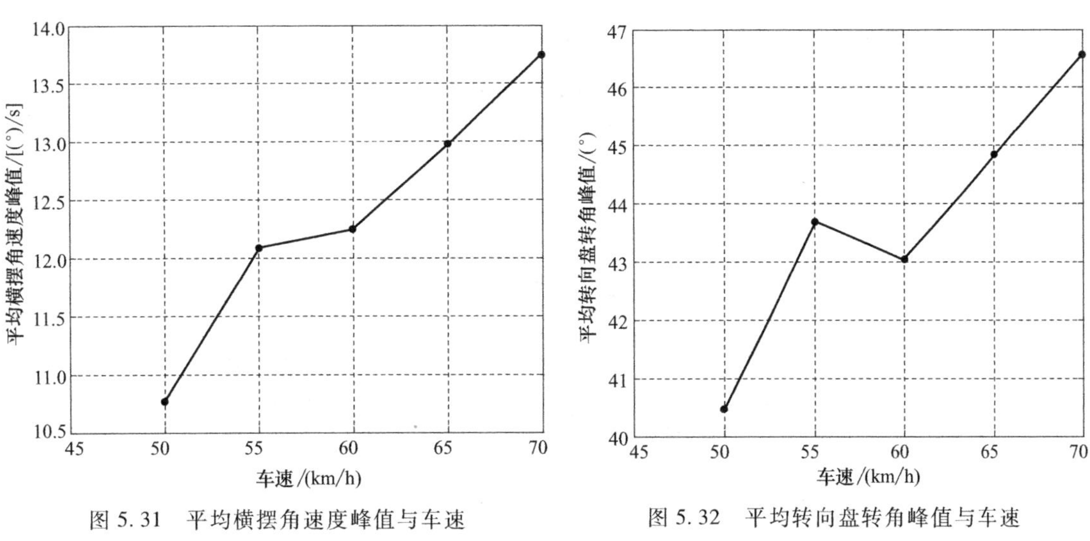

图 5.31　平均横摆角速度峰值与车速

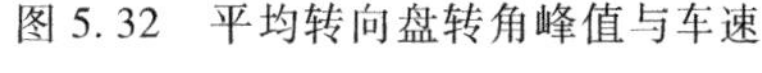

图 5.32　平均转向盘转角峰值与车速

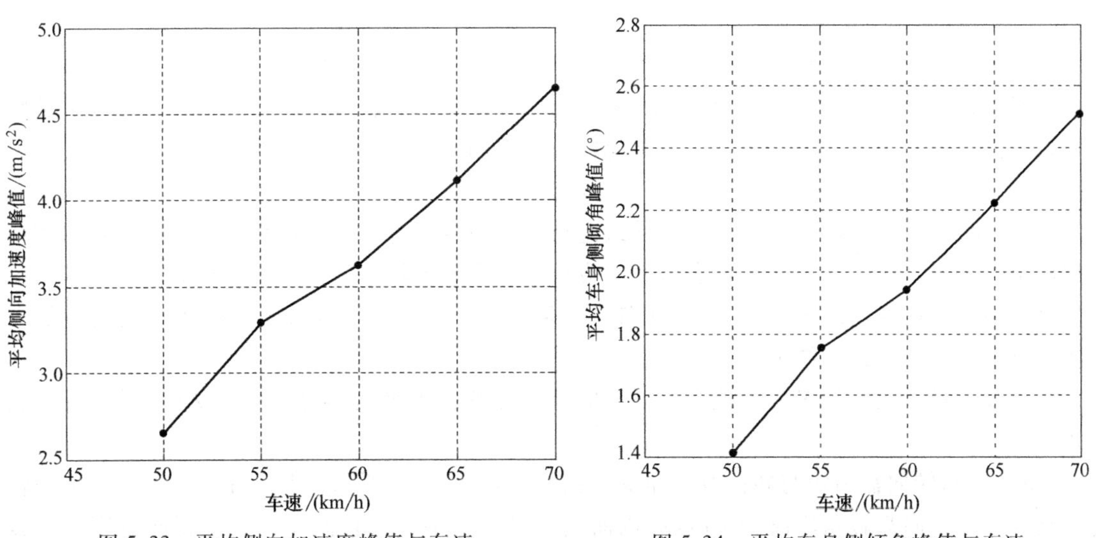

图 5.33　平均侧向加速度峰值与车速

图 5.34　平均车身侧倾角峰值与车速

5.4.7　转向盘中心区操纵稳定性试验

转向盘中心区操纵稳定性试验方法如下：

1）试验前车辆和设备预热，试验数据开始记录前转向盘转角调零。试验标准车速为

100km/h，也可根据实际情况提高或降低车速（车速间隔 20km/h）。试验时转向盘输入，首选输入形式为正弦波。转向盘输入频率的基准值为 0.2Hz，即周期为 5s。由驾驶员人工进行操作时，可先在原地或者低速行驶转动方向，感受 5s 的转向周期；由转向机器人操作时，直接设定正弦波转角输入程序。车辆以试验车速匀速行驶，输入转角的幅值应足以使侧向加速度峰值达到基准值 0.2g。整个试验过程中，转向盘转角幅值和通过中心区时的角速度应尽量保持一致。车速变动量不应超过试验车速的±3%。标准要求当采用人工输入转向信号时，试验应当至少持续 40s，以保证至少获取 8 个输入周期的数据。或根据试验场地情况，尽可能多地采集连续数据。

2）对转向盘转角、转向盘角速度、车辆纵向速度和侧向加速度的时间历程数据进行分析，至少应选出四个控制指标良好的周期用于数据分析，按要求将挑选的数据绘制于直角坐标系中，图形为多条迟滞回线叠加形成的回线组，回线的数量等同于挑选出的循环数，如图 5.35 所示。

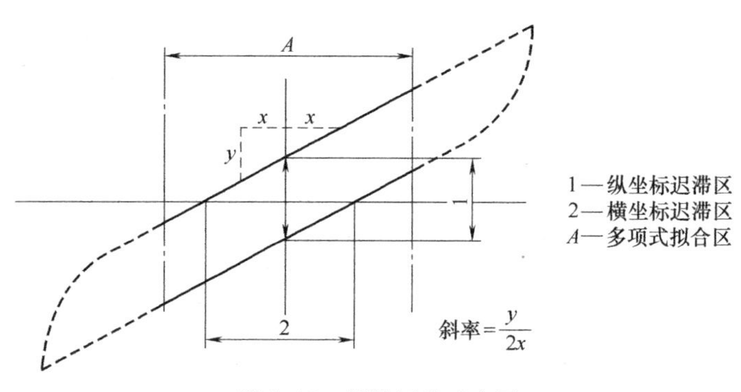

图 5.35　迟滞回线示意图

在所示区间 A 内的试验曲线上下部分进行多项式拟合，拟合阶次值为 3。数据处理时，首先确定数据横坐标区间，在该区间内按一定比例选取区间 A，选取时应确保区间 A 足够大，以覆盖所关心的数据区域，但应避免两端的滞回效应的影响，其所占横坐标区间的比例推荐值为 50%～70%。

在关心的数据区域对所述拟合多项式进行线性拟合以进行斜率估计。其中，平均斜率应按规定的区域进行拟合，对于瞬态斜率，应在关注点附近较小的区域内进行。典型的区域值为对应侧向加速度变化±0.1m/s^2 的范围。每条迟滞回线可以单独分析，将各回线的特征参数进行平均以获取最终结果。

通过迟滞回线组的多项式拟合，可获取以下参数：①纵坐标迟滞区；②横坐标迟滞区；③斜率。

3）绘制转向盘力矩与转向盘转角关系曲线，如图 5.36 所示，获取如下参数：①平均转向刚度，为转向盘转角峰值±10%区间内曲线的平均斜率；②转向盘中心区转向刚度，为转向盘转角为零处的斜率；③转向摩擦力矩，为转向盘转角为零处的纵坐标迟滞区；转向盘转角迟滞，为转向盘力矩为零处的横坐标迟滞区。

4）绘制横摆角速度与转向盘转角关系曲线，如图 5.37 所示，获取如下参数：①横摆角速度增益，为转向盘转角峰值±20%区间内曲线的平均斜率；②横摆角速度响应滞后时间，为时域曲线中横摆角速度响应相对于转向盘输入的滞后时间。

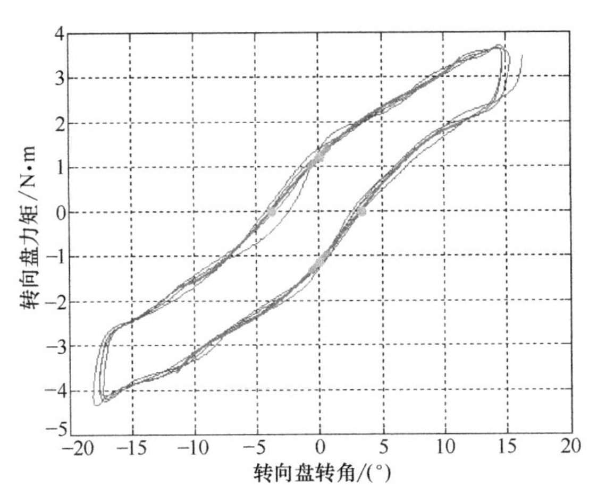

图 5.36 转向盘力矩与转向盘转角关系曲线

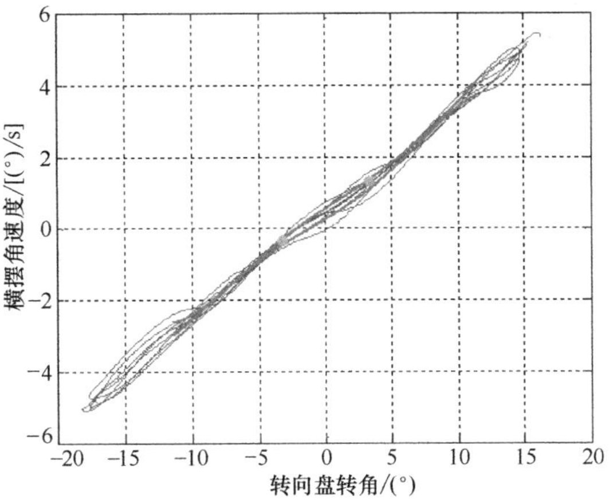

图 5.37 横摆角速度与转向盘转角关系曲线

5）绘制横摆角速度与转向盘力矩关系曲线，如图 5.38 所示，获取横摆角速度响应迟滞，即纵坐标迟滞区。

6）绘制侧向加速度与转向盘转角关系曲线，如图 5.39 所示，获取如下参数：平均转向灵敏度，为转向盘转角峰值±20%区间内曲线的平均斜率；最小转向灵敏度，为侧向加速度±1m/s^2 区间内曲线的最小斜率；转向灵敏度，为侧向加速度为±1m/s^2 处曲线斜率；侧向加速度迟滞，为纵坐标迟滞区；转向盘转角迟滞，为横坐标迟滞区；转向迟滞，为侧向加速度±1m/s^2 区间内回线面积除以 2m/s^2。

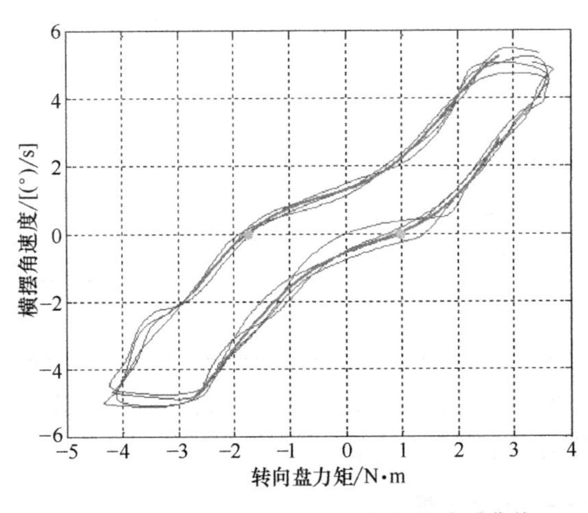

图 5.38 横摆角速度与转向盘力矩关系曲线

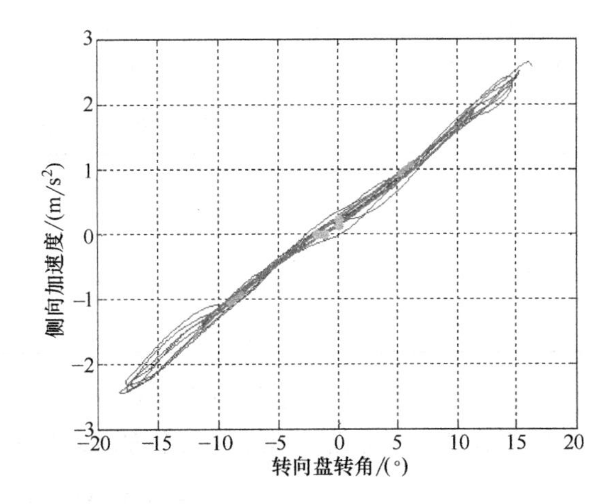

图 5.39 侧向加速度与转向盘转角关系曲线

7）绘制转向盘力矩与侧向加速度关系曲线，如图 5.40 所示，获取如下参数：侧向加速度为 0 时的转向盘力矩，为侧向加速度为 0 处正负转向盘力矩；侧向加速度为±1m/s^2 时的转向盘力矩，为转向盘转离中心位置方向侧向加速度为±1m/s^2 处正负转向盘力矩；转向盘力矩为 0 时的侧向加速度，为转向盘力矩为 0 处正负侧向加速度；侧向加速度为 0 时的转向盘力矩梯度，为侧向加速度为 0 处曲线斜率；侧向加速度为±1m/s^2 时的转向盘力矩梯度，为转向盘转离中心位置方向侧向加速度为±1m/s^2 处曲线斜率；转向盘力矩迟滞，为纵坐标迟滞区；侧向加速度迟滞，为横坐标迟滞区。

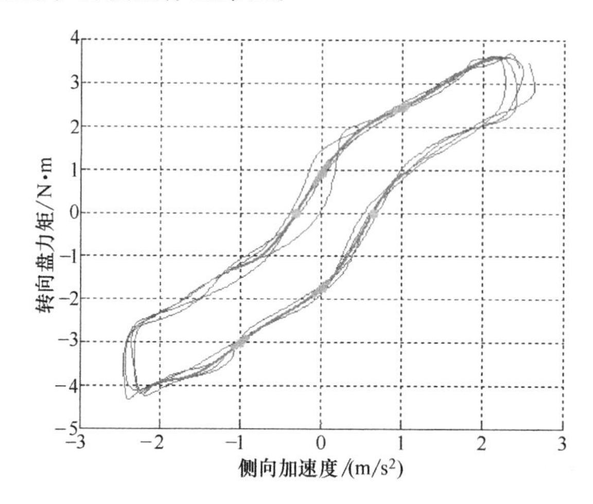

图 5.40　转向盘力矩与侧向加速度关系曲线

5.5　汽车操纵稳定性数据分析案例

5.5.1　转向不回正问题数据分析

某载货车按照汽车操纵稳定性试验标准 GB/T 6323 进行转向回正性试验，其松手后 3s 残留横摆角速度和横摆角速度总方差值较大，见表 5.6；试验过程中，主观评价转向盘回正慢，回正角度小，必须时刻操纵转向盘，属于不能接受范围。

表 5.6　转向回正试验结果

转向	评价指标	单位	第一次	第二次	第三次	平均值
左转	松手 3s 后残留横摆角速度	(°)/s	4.24	4.33	4.58	4.38
	横摆角速度总方差		1.12	1.09	1.03	1.08
右转	松手 3s 后残留横摆角速度	(°)/s	3.76	3.54	3.49	3.60
	横摆角速度总方差		1.02	1.26	1.17	1.15

转向回正性差的可能原因主要有轮端回正力矩不足、转向传动机构阻力大、前后轴载荷分配不合理三个方面。围绕这三个方面，分析转向回正性差的原因，见表 5.7。

表 5.7　转向回正性差的原因分析

问题现象	原因分析	
转向回正性差	轮端回正力矩不足	主销后倾角偏小
		主销内倾角偏小
	传动机构内阻过大	管柱转动阻力过大
		转向直拉杆球销转动阻力大
		前桥轮端转动阻力大
		转向机构干涉
	前后轴载荷分配不合理	前轴质量较小

影响转向回正性的前轮定位参数主要有主销后倾角和主销内倾角。根据设计基准与理论计算，本台车理论主销后倾角为2.5°。前桥内倾角目前国内主要有3°、6°、7°三种设计，内倾角增大，有利于提升回正性。测量该样车四轮定位参数，其主销内倾角与理论值偏差很小，满足设计要求；而主销后倾角实际值偏小，与理论值偏差较大，是影响回正性的重要因素。

转向管柱转动力矩偏大，车轮回正的阻力就会偏大，设计标准要求转向管柱空载转动力矩≤0.3N·m，起动力矩≤0.6N·m。通过断开转向管柱，对该车管柱一些主要性能参数进行单独测试，测得数据满足要求，因此不是转向管柱转动力矩偏大影响了该车回正性能。

直拉杆球销摆动和转动力矩越小，拉杆的摆动阻力越小；但是力矩小，球销与球座的间隙会越大，导致转向间隙大，会加快直拉杆的松旷和损坏。使用推拉力计测量球销的力，计算得出其摆动力矩为5.2N·m，满足设计要求。

前桥轮端转动阻力是整个转向机构中阻力较大的部分，目前对前桥轮端的转动阻力大小没有明确的标准要求，前桥轮端阻力越大，对前桥回正影响越大。通过使用千斤顶顶起前轴，断开转向拉杆的方式，用推拉力计测量该车桥的前桥转动时的起动力。同时对比市面上的主流竞品车，该车的前桥起动力是偏大的。

设计要求运动部件无干涉、运动平稳、无卡滞，直拉杆与轮胎间隙、与减振器间隙、垂臂与转向器支架等存在足够的间隙余量。通过总布置对比和运动仿真，转向机构不存在干涉问题，同时观察实车转向机构无干涉、磨损现象。

车辆的载荷越大，整车转向回正性能应越好。该样车加载货箱内载荷均匀分布。测量试验质量，前后轴载荷分布满足设计要求。

通过上述诸多因素的分析，最终确定前桥阻滞力矩大、主销后倾角小是导致转向回正性差的主要因素。

减小轮端阻力就是减小各个活动件的摩擦力，起动力目标控制在120N以下，通过以下三个方面提升：

1）增加转向节调整垫片的间隙，在前桥装配时进行工艺调整，由0.2mm改为0.25mm。

2）推力轴承承受着前桥的载荷，受力较大。本车前桥采用阻尼式推力轴承，摩擦系数较大，改为圆锥滚子轴承，有效降低转动的阻力。

3）本车前桥转向节主销衬套为铜合金，转动的时候与主销之间是滑动摩擦，摩擦系数大。将转向节与主销之间改用滚针轴承配合。

增加主销后倾角，主要有减小前板簧吊耳长度、增加后吊耳长度、增加斜垫铁三种方式。修改板簧吊耳长度，角度可增加的范围大，但整改周期较长，且成本较高。增加斜垫铁角度不能过大，但整改周期短，投入成本也小，所以选择增加1°斜垫铁的方式。

整改后进行四轮定位参数复测和前桥转动力矩复测，测量结果满足设计要求且改善明显。重新进行转向回正试验，试验结果显示改善效果较好，满足了标准要求，转向回正效果达到了较好的水平。

5.5.2 稳态回转过度转向问题数据分析

某轻型货车按照汽车操纵稳定性试验标准GB/T 6323进行满载状态下定转角连续加速

的稳态回转试验。该样车在左转的测试中，出现中性转向点，如图 5.41 所示，中性转向点的侧向加速度为 4.22m/s^2，右转测试未出现中性转向点，无转向过度的现象。试验结果见表 5.8。

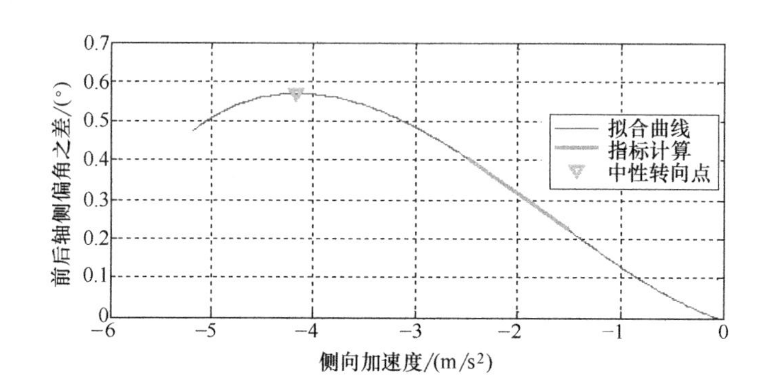

图 5.41 稳态回转左转出现中性转向点

注：中性转向点的侧向加速度为-4.1581m/s^2；不足转向度为-0.1859 (°)/(m/s^2)。

表 5.8 稳态回转试验结果

转向	评价指标	单位	第一次	第二次	第三次	平均值
左转	中性转向点侧向加速度	m/s^2	4.16	4.24	4.27	4.22
	0.2g 时的不足转向度	(°)/(m/s^2)	0.19	0.19	0.19	0.19
	0.2g 时的车身侧倾度	(°)/(m/s^2)	1.13	1.10	1.10	1.11
右转	中性转向点侧向加速度	m/s^2	未出现中性转向点			
	0.2g 时的不足转向度	(°)/(m/s^2)	0.30	0.33	0.35	0.32
	0.2g 时的车身侧倾度	(°)/(m/s^2)	0.86	0.90	1.00	0.92

测量该样车四轮定位参数，样车主销内倾角、主销外倾角、前轮外倾、前轮前束定位测量结果均在设计范围内。试验时前后轴荷均满足设计要求。测试时轮胎气压为基准值，试验前正常热车使轮胎升温，轮胎温度正常。排除这些因素的影响，讨论分析得出应为悬架和转向运动干涉导致。

保持转向拉杆和前轴转向轮的原有设计状态，在此基础上增加转向垂臂的旋转半径。通过改变转向垂臂的旋转半径，进一步减小悬架系统与转向系统之间的运动干涉，减小运动干涉轨迹偏差造成的车辆在转向行驶中的运动不协调，从而达到优化过度转向的问题。

优化整改后进行试验验证，该样车在左转、右转状态下均未出现过度转向的现象，如图 5.42 所示。

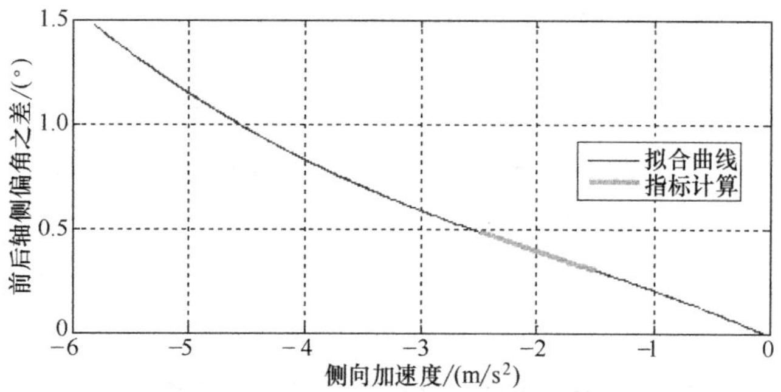

图 5.42 稳态回转未出现中性转向点

注：不足转向度为-0.1872 (°)/(m/s^2)。

第6章 汽车可靠性试验

美国通用公司最先开展车辆可靠性工作，在汽车设计中提出了可靠性的指标。1924 年，通用公司修建汽车试验场对轿车进行成批的可靠性试验；福特公司于 1996 年建立了可靠性试验中心，对汽车进行大规模可靠性试验；国内于 1983 至 1984 年，逐渐开始进行汽车可靠性试验。中国汽车工程学会于 1984 年成立了汽车可靠性专业委员会。与此同时，国家也制定了系列标准，1990 年颁布了《汽车可靠性行驶试验方法》，指导汽车产品进行更好的试验工作；1997 年颁布了《汽车整车产品质量检验评定方法》，对汽车产品质量评定方法进行了修正和补充，进一步完善国内汽车可靠性评价标准体系。

本章重点介绍整车可靠性试验的策划、数据处理及评价。

6.1 汽车可靠性评价指标

6.1.1 基本理论

1. 汽车可靠性基本定义

汽车可靠性是指汽车规定的使用条件下，在规定里程或者使用年限内，完成运输和行驶功能的能力。理解汽车可靠性定义要抓住“三个规定”：

1）规定使用条件：指汽车在使用过程中的各种约束条件，如路况、温度、天气、海拔、配载、驾驶习惯、保养条件；汽车在水泥路和砂石路行驶同样的里程，显然在后一种情况下汽车发生故障的可能性要大于前一种情况，使用条件越恶劣，产品可靠性水平越低。

2）规定时间：指某一特征使用时间，比如新车上市一年、质保时长、质保里程、报废里程。一辆汽车行驶 10000km 发生故障的可能性肯定比相同条件下行驶 1000km 时发生故障的可能性大。

3）规定功能：指汽车设定的性能、功能指标，比如动力性、经济性、排放、载重等，它也是用于判断汽车是否发生故障的标准。

2. 可靠性统计函数

汽车可靠性统计及评价需要了解三个基本数学函数：

1）可靠度与故障分布函数。可靠度函数就是产品可靠性的一个主要指标，属于一种概率度量，用 $R(t)$ 表示，在数学上定义如下

$$R(t)=P\{X>t_1\}=\int_{t_1}^{+\infty}f(t)\mathrm{d}t \tag{6.1}$$

可靠度取值范围为$0\leqslant R(t)\leqslant 1$。

故障分布函数能够体现产品丧失既定功能的概率，刚好和可靠度相反，又称不可靠度，在数学上用 $F(t)$ 表示。不可靠度取值范围为$0\leqslant F(t)\leqslant 1$。

不可靠度与可靠度关系为

$$R(t)+F(t)=1 \tag{6.2}$$

2）故障概率密度。故障概率密度函数能够体现故障概率密度，一般指的是单位里程内的，用来描述故障分布的形态。如果故障分布函数是连续可导的，那么故障概率密度函数和故障分布函数之间的关系为

$$f(t)=\frac{\mathrm{d}F(t)}{\mathrm{d}t} \tag{6.3}$$

3）故障率。常用的故障率一般分为两种，一种是瞬时故障率，一种是平均故障率。瞬时故障率是直至某个时刻，产品都没有产生故障，在某个时刻之后，单位时间内产生故障的概率。平均故障率是到某个时间点，产品都没有产生故障，在某个时间点之后，经过的一段时间内的单位时间产生故障的概率。瞬时故障率一般是概率密度函数和可靠度函数相除得到的，它们的关系为

$$\lambda(t)=\frac{f(t)}{R(t)} \tag{6.4}$$

汽车可靠性中常用统计模型有正态分布、指数分布和威布尔分布，这些分布的故障概率密度函数、可靠度函数和故障率函数见表 6.1。

表 6.1　常用连续型统计模型

分布形式	故障概率密度函数	可靠度函数	故障率函数
正态分布	$\frac{1}{\sigma\sqrt{2\pi}}\mathrm{e}^{-\frac{(x-\mu)^2}{2\sigma^2}}$	$\frac{1}{\sigma\sqrt{2\pi}}\int_{\mathrm{e}}^{\infty}\mathrm{e}^{-\frac{(t-\mu)^2}{2\sigma^2}}\mathrm{d}t$	$\frac{\mathrm{e}^{-\frac{(x-\mu)^2}{2\sigma^2}}}{\int_{x}^{\infty}\mathrm{e}^{-\frac{(t-\mu)^2}{2\sigma^2}}\mathrm{d}t}$
指数分布	$\lambda\mathrm{e}^{-\lambda x}$	$\mathrm{e}^{-\lambda x}$	λ
威布尔分布	$\frac{m}{\eta}\left(\frac{x}{\eta}\right)^{m-1}\mathrm{e}^{-\left(\frac{x}{\eta}\right)^{m}}$	$\mathrm{e}^{-\left(\frac{x}{\eta}\right)^{m}}$	$\frac{m}{\eta}\left(\frac{x}{\eta}\right)^{m-1}$

3. 可靠性试验分类

广义汽车可靠性试验按照试验条件和试验目的不同，分为耐久性试验、常规可靠性试验和环境可靠性试验三大类，详见表 6.2，本章主要围绕狭义的可靠性试验（即常规可靠性试验）进行详细介绍，耐久性试验和环境可靠性试验详见后续章节。

表 6.2 中常规可靠性试验提及了可靠性增长试验，它在国内汽车行业应用很普遍，下面重点介绍可靠性增长试验的一些基本概念。可靠性增长试验是指有计划地激发故障、分析故障原因和改进设计，并证明改进措施有效而进行的试验。它是实现可靠性增长的一个正规途径，可靠性增长试验的目的就是通过试验-分析-改进再试验，解决设计缺陷，提高可靠性。

表 6.2　广义汽车可靠性试验分类

试验类型		试验目的	加速系数	试验地点	推荐试验里程/万 km
耐久性试验	结构耐久性试验	考核底盘、车身结构寿命	强	试验场	≤1
	动力耐久性试验	考核动力系统寿命	一般		5~10
	三电专项耐久性试验	考核电动汽车三电系统（电机、电池、电控）	一般		3~5
	综合耐久性试验	同时对结构和动力系统耐久性进行考核	强		3~5
常规可靠性试验	可靠性增长试验	模拟用户使用环境，边试验边改进，确保可靠性增长到预期目标	小	社会道路	20~100
	可靠性验收试验	考核样车故障率水平，而且带有验收目的	小		5~20
	量产可靠性试验	考核量产阶段样车可靠性，一般由质量主管部门实施	小		5~20
环境可靠性试验	高温试验	考核车辆在极高温环境下可靠性表现	一般	吐鲁番	一般以时间为考核周期，一个月到一年不等
	高寒试验	考核车辆在极低温环境下可靠性表现	一般	吉林、内蒙古、新疆	
	高湿试验	考核车辆在极潮湿环境下可靠性表现	一般	海南	
	高原试验	考核车辆在高海拔环境下可靠性表现	一般	格尔木	
	大气暴露试验	考核车辆在自然大气环境下车辆可靠性表现	小	海南	
	强化腐蚀试验	考核车辆在极端腐蚀环境下车辆可靠性表现	强	试验场	

4. 可靠性增长试验

可靠性增长试验具有如下两大特点：

1）可靠性增长试验可降低产品故障率，提高产品竞争力。任何产品在设计初期，都存在某些设计缺陷，大量实践经验和统计结果表明，设计研制出来的整机，一开始的平均故障间隔里程（MTBF）通常只有预计值的10%~30%，可靠性增长的最主要的作用，就是通过排除系统性故障的原因，或减小其他故障发生的概率，来提高产品的可靠性水平。

2）成功的可靠性增长试验可以代替可靠性验收试验，从而减少可靠性验证轮次，缩短汽车产品验证周期和验证费用。

可靠性增长试验要想获得成功，至少应满足如下条件：

1）可靠性增长试验载荷和应力水平与可靠性验收试验载荷水平保持一致，即不能使用强化加速手段。

2）可靠性增长试验过程严格管控，故障记录完整、有效。

3）有完善的故障分析报告和改进措施，对改进过程有严格的质量管理。

4）可靠性增长试验最终结果的评估是可信的，即评估采用的方法恰当，置信水平选取符合要求，产品可靠性评估结果高于或等于计划可靠性增长目标。

成功进行可靠性增长试验，必须进行充分策划、严格管理，其实施过程分为以下几个步骤：

1）进行可靠性增长规划，确定增长目标。汽车可靠性增长目标，应根据工程需要与现实可能性，经过全面权衡来确定，应考虑汽车产品行业水平、产品固有可靠件水平、可靠性增长潜力。

2）制订可靠性增长计划，细化增长要求，分析以往同类汽车产品的可靠性状况及可靠性增长情况，掌握它们的可靠性水平、主要故障及其原因和频率、增长规律、增长起点及增长率等信息。选择切合实际的增长模型，绘制可靠性增长的理想曲线和计划曲线。

3）实施可靠性增长试验，实施增长评估。只有严格受控的可靠性增长试验才能使用可靠性增长模型进行评估，当控制不得力时，就不要建立评估模型，以免得到错误的结果。

6.1.2 评价指标

为了能够综合、准确评价汽车的可靠性，需要使用适合于汽车的可靠性指标，来评价汽车能否在规定的行程内并且在规定的条件下完成规定的功能。汽车属于可修复的复杂系统，不适合直接用可靠性工程里面的可靠度来评价，而是用故障间隔相关指标和故障率相关指标来评价。

1）首次故障里程：指汽车出厂后无须维修而能够持续行驶的里程，针对多个样车情形，可以用平均首次故障里程（MTTFF）进行评价，此指标主要在研发试验中使用。

2）故障间隔里程：两次相邻的故障间隔的里程被称为故障间隔里程。针对多个样车、多次发生故障的情形，一般用平均故障间隔里程（MTBF）来衡量，它是汽车可靠性水平一个综合的评价指标，其度量方法为，在规定的条件下和规定的里程内汽车总行驶里程与故障次数之比，此指标主要在研发试验中使用。

3）百车故障率（PPH）：指一定的使用周期内，一般新车行驶 1 年内或者 3~5 年内，平均每 100 辆车出现的总故障次数，此指标在市场测评中经常使用。百车故障率一般分为 4 个标准线，100 以下属于优秀，100~150 属于中等，150~200 属于较差，200 以上属于很差。

4）当月千车故障率：指质保期内的车辆，当月平均每 1000 辆车出现的总故障次数，此指标主要用于售后市场分析和监控，而且每个月都需要统计一次，该指标一旦出现明显波动，代表汽车产品市场上可靠性存在异常，需要立即施加改进措施。

5）每百万的缺陷数（PPM）：指汽车零部件在一定使用周期内，平均每 100 万个样件中不合格数量，此指标主要用于售后零部件可靠性控制。一般来说，20 以下为良好，超过 50 代表需要改进。

6.2 汽车可靠性试验方法

6.2.1 试验计划制订

要想制订准确的可靠性试验计划，需要确定可靠性试验所用的模型，一般采用可靠性增长试验模型。汽车产品属于可修复产品，应该使用连续型可靠性增长模型，行业内使用 Duane 模型最为广泛。

依据 Duane 模型进行策划，在产品研制过程中，只要对暴露的系统性故障不断地进行改进，使之不再发生故障，那么累积故障率与累积试验里程的关系，可以用双对数坐标系中的一条直线来近似描述，如图 6.1 所示。该曲线由两部分组成，以第一个试验段的累积试验里程 T_0 为界，$(0,\ T_0)$ 计划增长曲线为一段水平线，表示第一个试验段的平均可靠性水平，也就是可靠性增长的初始水平，即增长的基点。T_0 之后是稳定增长部分，可直接用 Duane 模型描述，该模型理论公式为

$$\theta_c=\theta_0\left(\frac{T}{T_0}\right)^{\alpha} \tag{6.5}$$

在试验完成时刻，瞬时 MTBF 为

$$\theta_i=\frac{\theta_c}{1-\alpha}=\frac{\theta_0\left(\frac{T}{T_0}\right)^{\alpha}}{1-\alpha} \tag{6.6}$$

式中　θ_0——试验开始时的累积 MTBF，为初始故障率 λ_0 的倒数；

θ_c——试验时间内累积 MTBF；

α——MTBF 增长的斜率，即可靠性增长速率；

T——计划试验里程，也为车队试验行驶总里程；

T_0——可靠性增长起点。

上式中已知 θ_0、T_0、α、θ_i，就能计算出试验里程 T，但是可靠性目标达成是存在一定概率的，为了保证实际目标达成，工程应用更关心 θ_i 下限估计值，汽车的可靠性增长试验通常采用小样本的试验，结论只针对样本试验结果做出，试验的样本量越少，置信区间越大，试验结果越不确定或者结果的可信度越低。然而我们却想要全体样本结论，因此，为了做到真实有效，引入置信度，参考指数分布定时截尾寿命试验场合，给定置信水平 β，其单侧下限估计为

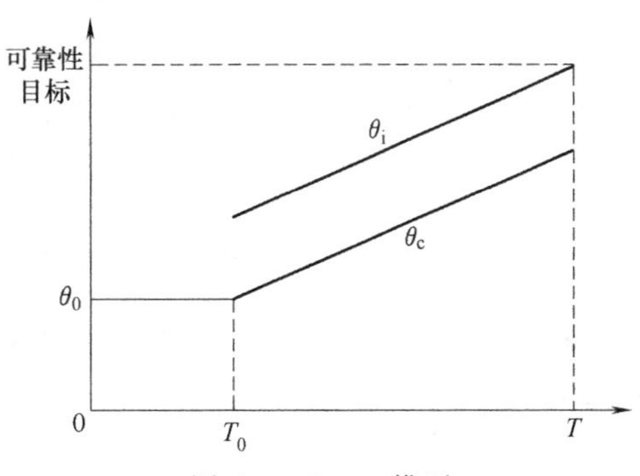

图 6.1　Duane 模型

$$\theta_c\geqslant\frac{2T}{x^2_{(1-\beta)}(2N+2)} \tag{6.7}$$

式中　T——累计试验里程；

N——试验过程中累计发生的故障数量；

β——置信度，通常取 0.9；

$x^2_{(1-\beta)}(2N+2)$——自由度 $2N+2$、置信度 β 的 x^2 的分布。

由 Duane 模型推导出，试验过程期望发生的故障数量满足下式

$$\theta_c=\frac{T}{N}=\theta_0\left(\frac{T}{T_0}\right)^{\alpha} \tag{6.8}$$

得出

$$N=\frac{T^{1-\alpha}T_0^{\alpha}}{\theta_0} \tag{6.9}$$

上式再代入下限估计的公式，得出

$$\theta_i \geqslant \frac{1}{1-\alpha} \frac{2T}{x^2_{(1-\beta)}\left(\frac{2T^{1-\alpha}T_0^{\alpha}}{\theta_0}+2\right)} \tag{6.10}$$

由上式可知，若已知可靠性增长速率、初始累积 MTBF、可靠性增长起点里程，就可以通过试探法确定不同可靠性 MTBF 目标对应的试验行驶里程 T。对于全新开发的产品，可根据上一代产品的市场故障数据，计算出初始 MTBF。对于 T_0，要考虑至少观测到一个故障时间之后才能对产品进行改进，可根据试验里程区间（0，T_0）内观测到一次故障概率来确定 T_0 的下限。假定故障的发生服从齐次泊松分布，则

$$T_0 = \lambda_0^{-1}\ln(1-p)^{-1} \tag{6.11}$$

式中 T_0——故障间隔里程增长起点；

λ_0——上一代产品的故障率水平；

p——观测一次故障的概率，一般取 0.9。

对于全新开发的产品，可靠性增长速率 α 可参照以下原则选取：

1）0.4~0.6：有很好的排除故障的措施计划，对所有的故障进行预防管理。

2）0.3~0.4：有较好的排除故障的措施计划，对重要的故障采取措施。

3）0.2~0.3：对可靠性改进活动有日常的检查，只对重要的故障采取措施。

4）0~0.2：不太重视可靠性改进活动。

最终用 $1-\frac{\lambda_i-\lambda}{\lambda}$ 来预测可靠性指标完成率，其中 λ 为项目设定的目标故障率，即目标间隔故障里程的倒数，λ_i 为试验结束预测故障率，即试验结束时瞬时间隔故障里程下限估计值的倒数。

6.2.2 试验实施

可靠性增长试验工况和里程按照计划执行，试验条件应与用户实际使用条件保持一致，实施过程中应重点注意车辆配载、保养、过程检查。

车辆配载应模拟用户真实使用条件，装载物应固定牢固，试验过程中不得晃动；不允许因振动、潮湿、散失等原因而导致载荷质量和分布发生变化。严格按照用户手册要求进行保养，包括各类油液、滤芯、润滑脂。螺栓紧固间隔里程按照用户手册要求执行，不得缩短间隔里程、扩大螺栓复紧范围。

每日至少进行一次停车全面检查，包括车身、车架、动力系统、传动系统、转向系统、制动系统、内饰件、新能源车辆三电系统等部件和油液刻度，查看是否有松动、开裂、脱落、龟裂、变形、老化、缺失等异常现象。

针对配有发动机的车型，每天起动之前应检查机油尺及冷却液，严格记录机油及冷却液加注量，并计算机油及冷却液消耗速率。

每行驶 2 万 km，测量一次花纹深度，周向选取 A、B、C、D 四个点，轴向选取内、中、外三个点，如图 6.2 所示，并进行记录。

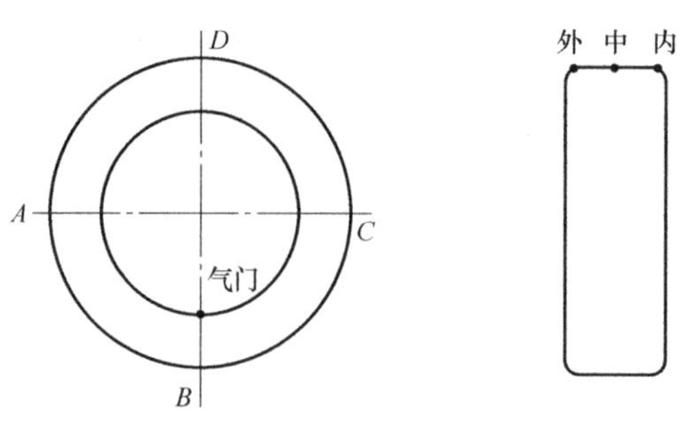

图 6.2 轮胎磨损量测量示意图

试验车辆每个轮胎均需测量。

试验前和试验后应对试验车辆电子电气功能进行逐一检查，包括灯光、车窗、刮水器、多媒体、辅助驾驶等功能。如有必要，应进行性能复测，主要包括经济性、动力性、制动性能、平顺性，因为随着试验进行，动力系统、制动系统、悬架等会出现性能衰退，导致车辆性能变差。试验全部结束后，应根据验证对象范围，对样车进行拆解检查，包括驾驶室、发动机、电机、变速器、离合器、主减速器等。

6.3　汽车可靠性试验数据处理

6.3.1　故障统计原则

可靠性试验过程中不同类型的故障，有不同的应对措施，同时也会影响可靠性指标计算和可靠性目标的达成。根据故障与可靠性的关系，分为关联故障和非关联故障，非关联故障是指不是可靠性本身原因导致的故障，包括以下几类：

1）从属故障：由于一个零部件故障，直接或间接引起其他零部件故障。

2）误用故障：对汽车施加了超过其规定能力的载荷而造成的故障。试验期间误用故障可能是由非故意的试验条件造成的，比如试验路况极其恶劣，超过了车辆所承受的范围，又比如维修人员违规操作，导致零件损坏，或者试验人员保养不当，造成车辆损坏。

3）间隙故障：产品发生故障后，不经修理而自行恢复功能的故障。比如新能源汽车的偶发掉高压故障，此类故障第一次出现，属于关联故障，在此之后重复出现，均属于非关联故障。

4）重复故障：同一里程不同零件发生故障属于关联故障，同一零件出现不同模式故障也属于关联故障，如果同一零件发生几处模式相同的故障，第一次算关联故障，其他为非关联故障。

5）可接受寿命之后的故障：在规定最小寿命之后，产品的衰退性故障，可以认为是非关联故障，比如轮胎是易损件，其设计寿命里程是 10 万 km，超过此里程之后，均属于非关联故障，又例如空气滤清器是消耗件，其保养间隔里程是 2 万 km，超过 2 万 km 之后，均属于非关联故障。

6）磨合阶段的故障属于非关联故障。

在可靠性计算统计时，应将非关联故障剔除，只统计关联故障。严格意义上，所有关联故障，无论故障等级严重程度如何，都应该参与故障统计分析，但是实际汽车产品开发中，如果产品开发可靠性指标定义仅针对严重故障和一般性故障，那么轻微故障也可以不纳入故障统计，此时应对故障严重程度进行严格区分，形成统一标准，才能更准确地评估汽车可靠性水平。参考 QC/T 900《汽车整车产品质量检验评定方法》，推荐将故障分为 4 个等级，详见表 6.3。

表 6.3　故障等级分类原则

故障类别		分类原则
1	致命故障	涉及人身安全，可能导致人身伤亡；引起主要总成报废，造成重大经济损失；不符合制动、排放、噪声等法规要求

（续）

故障类别		分类原则
2	严重故障	导致整车主要性能显著下降；造成主要零部件损坏，且不能用随车工具和易损备件在短时间（约 30min）内修复
3	一般故障	造成停驶，但不会导致主要零部件损坏，并可能用随车工具和易损备件或价值很低的零件在短时间（约 30min）内修复，虽未造成停驶，但已影响正常使用，需调整和修复
4	轻微故障	不会导致停驶，尚不影响正常使用，亦不需要更换零部件，可用随车工具在短时间（约 5min）内轻易排除

6.3.2 数据处理方法

根据可靠性试验样品数量、改进措施情况，可靠性指标计算方法分为传统法、概率分布法、可靠性增长拟合法，统计量都是首次故障里程和故障间隔里程。

1. 传统法

传统法主要用于可靠性指标验收，试验过程中未采取大规模改进措施。适用于多轮次试验，每轮次试验样车数量不多的情况（一般少于 5 台），一般取最后一轮次试验结果作为产品可靠性指标验收数据。

平均首次故障里程按照下式预估

$$\mathrm{MTTFF}=\frac{S'}{n'} \tag{6.12}$$

$$S'=\sum_{j=1}^{n'}S'_j+(n-n')S_e \tag{6.13}$$

式中 MTTFF——平均首次故障里程点估计值，单位为 km；

n'——发生首次故障车辆数；

S'——无故障行驶里程，单位为 km；

S'_j——第 j 辆车首次故障里程，单位为 km；

n——试验车辆数；

S_e——定时截尾里程数，单位为 km。

例如，有 4 辆样车同时进行可靠性试验，第 1 台于 1 万千米发生首次故障，第 2 台于 2 万千米发生首次故障，剩余 2 台行驶至 5 万千米（试验结束）未发生故障，那么无故障行驶里程为（1+2+5+5）万千米=13 万千米，发生首次故障车辆数为 2，平均首次故障里程为 6.5 万千米。

平均故障间隔里程按照下式预估

$$\mathrm{MTBF}=\frac{S}{r} \tag{6.14}$$

$$S=\sum_{i=1}^{k}S_i+(n-k)S_e \tag{6.15}$$

式中 MTBF——平均故障间隔里程点估计值，单位为 km；

r——S 里程内发生的故障总数；

S——总试验里程，单位为 km；

k——中止试验车辆数；

S_i——第 i 辆车中止试验里程，单位为 km。

2. 可靠性增长拟合法

可靠性增长拟合法适用于可靠性增长试验，即单轮样车台数少（一般不超过 3 台），单轮试验里程长，试验过程改进措施有力、措施有效。利用 Duane 模型进行拟合计算，其过程与可靠性试验计划制订方法类似，在试验完成时刻，自然对数坐标下平均累积 MTBF 和瞬时 MTBF 分别为

$$\ln\theta_{\mathrm{c}}=\alpha\ln T+(\ln\theta_0-\alpha\ln T_0) \tag{6.16}$$

$$\ln\theta_{\mathrm{i}}=\ln\theta_{\mathrm{c}}+\ln\frac{1}{1-\alpha} \tag{6.17}$$

式中 θ_0——试验开始时的累积 MTBF，为初始故障率 λ_0 的倒数；

θ_{c}——试验时间内累积 MTBF；

θ_{i}——试验结束时瞬时 MTBF；

α——MTBF 增长的斜率，即可靠性增长速率；

T——实际总试验里程；

T_0——可靠性增长起点。

在双自然对数坐标上，描绘出累积间隔故障里程分布点，描点间隔 10000～20000km，进行一次函数拟合，得到累积间隔故障里程直线函数，如图 6.3 所示，直线的斜率就是增长率，然后外推得出间隔故障里程瞬时值函数。

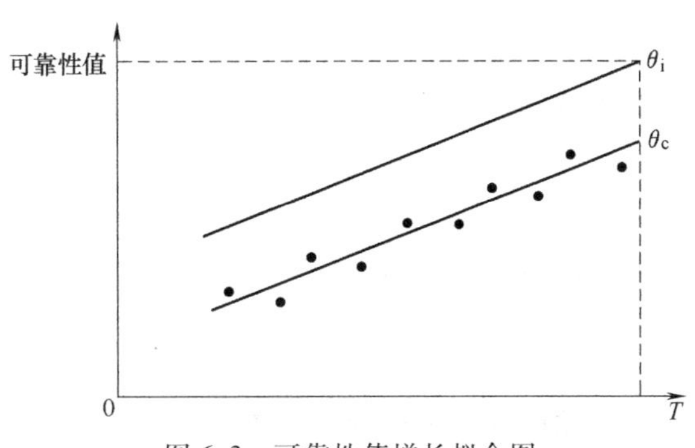

图 6.3 可靠性值增长拟合图

3. 概率分布法

概率分布法与传统法类似，传统法用间隔故障里程的平均值进行评价，概率分布法用间隔故障里程的统计值进行评价。

概率分布法是对间隔故障里程进行统计，得出间隔故障里程分布函数，然后推导出概率密度函数、故障率函数、可靠度函数，间隔故障里程采用何种分布函数，取决于故障分布曲线形状，一般常用分布函数包括威布尔分布、指数分布、对数正态分布。此方法适用于多样本情况（一般一轮试验超过 5 台车辆），试验过程中未采取大规模改进措施，可用数学模型精确描述间隔故障指标水平。

以某车辆可靠性试验故障间隔里程数据为例进行统计，以故障间隔里程为横坐标，各组概率密度为纵坐标，作故障间隔里程概率密度分布图，详见图 6.4。以故障间隔里程为横坐标，各组累积概率密度为纵坐标，作故障间隔里程累积概率密度分布图，详见图 6.5。

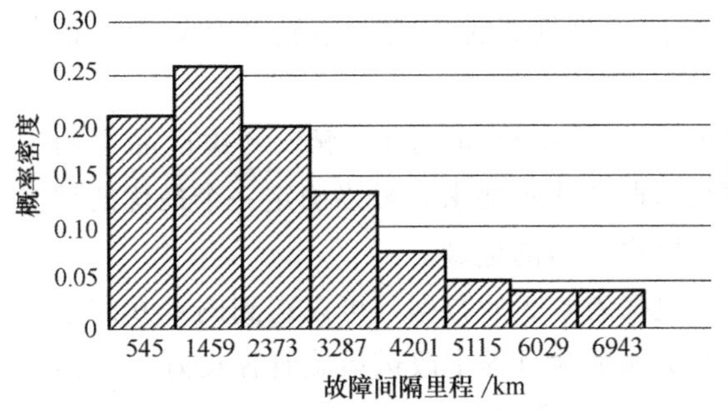

图 6.4 故障间隔里程概率密度直方图

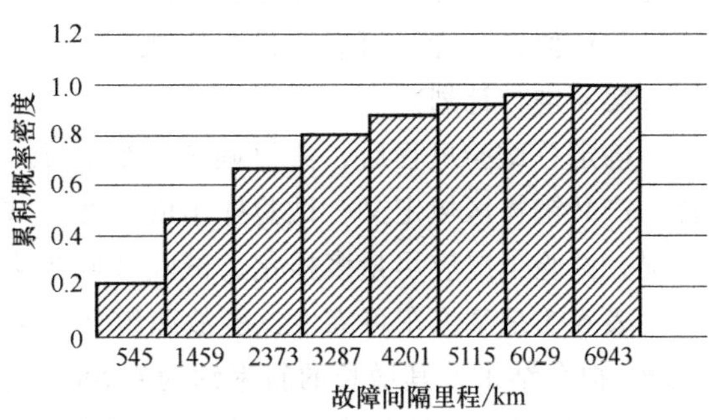

图 6.5 故障间隔里程累积概率密度分布图

将故障间隔里程累积概率密度分布图和常见分布类型的故障分布曲线进行对比，从图中能够发现累积概率密度分布虽然是保持单调上升，但是斜率是减小的，这个分布规律不符合正态分布的累积分布函数规律，因此选择威布尔分布进行拟合。用最小二乘法进行回归分析，设

$$F(t_i)=1-\exp\left[-\left(\frac{t_i}{a}\right)^b\right] \tag{6.18}$$

求 a、b 值使得下式最小：

$$\sum_{i=1}^{8}\left[F(t_i)-F_i\right]^2 \tag{6.19}$$

式中　$F(t_i)$——累积分布函数；

F_i——实际累积概率；

t_i——第 i 次失效的故障间隔；

a、b——分布函数的变量。

得到该车辆故障分布函数为

$$F(t)=1-\exp\left[-\left(\frac{t}{2851}\right)^{1.43}\right] \tag{6.20}$$

根据威布尔分布公式，得到故障率函数

$$\lambda(t)=\frac{1.43}{2851}\left(\frac{t}{2851}\right)^{0.43} \tag{6.21}$$

并得到可靠度函数

$$f(t)=\exp\left[-\left(\frac{t}{2851}\right)^{1.43}\right] \tag{6.22}$$

根据故障间隔里程分布函数，可得到可靠度 0.9 对应的故障间隔里程为 591km，故障间隔里程中位值为 2207km，若直接用点估计值，平均故障间隔里程为 2637km，故对于此例子，用故障间隔里程中位值来评价更苛刻。

6.4 汽车可靠性试验数据分析案例

以某汽车研发产品为例，对可靠性增长试验总里程进行计划，详见表 6.4。某产品初始间隔故障里程为 1 万 km，数据来源于售后市场，根据式（6.11）可以计算出增长起点 T_0 为 2.3 万 km。试验中只对重大故障进行改进，增长系数 α 取 0.25，根据产品开发定义，间隔故障里程增长目标为 2.5 万 km，置信度 β 取 0.9，根据式（6.10）计算瞬时间隔故障里程下限估计值，并计算可靠性目标完成率，为了保证可靠性指标完成率达到 90% 以上，推荐用方案 4 进行计划。

确定总试验里程后，需要确定试验台数、单车试验里程和试验工况。考虑产品主销配置、产品销售区域定义、试验样车成熟度、试验周期和成本要求，最终确定一个最优的试验工况，试验工况应尽量多样化，试验区域要覆盖用户典型的地域。

表 6.5 是某汽车可靠性试验故障统计结果。根据表 6.5 的数据，可以得到图 6.6 的累积 MTBF 拟合结果，其增长的斜率约为 0.58，代表实际试验过程中改进措施管控良好。根据式（6.6），将累积 MTBF 外推得到瞬时 MTBF 值，如图 6.7 所示。

表 6.4 某汽车产品可靠性增长试验计划里程

指标	取值			
初始间隔故障里程	1 万 km			
增长起点	2.3 万 km			
增长系数	0.25			
目标间隔故障里程	2.5 万 km			
置信度	0.9			
方案编号	1	2	3	4
计划总试验里程	40 万 km	50 万 km	60 万 km	70 万 km
瞬时间隔故障里程下限估计值	19313km	20738km	22173km	23341km
可靠性指标完成率	70.6%	79.4%	87.3%	92.9%

表 6.5 累积故障数统计表

序号	累积试验里程/km	累积故障数
1	10000	11
2	20000	13
3	30000	14
4	40000	18
5	50000	18
6	60000	20
7	70000	20
8	80000	26
9	90000	26
10	100000	26
11	110000	29

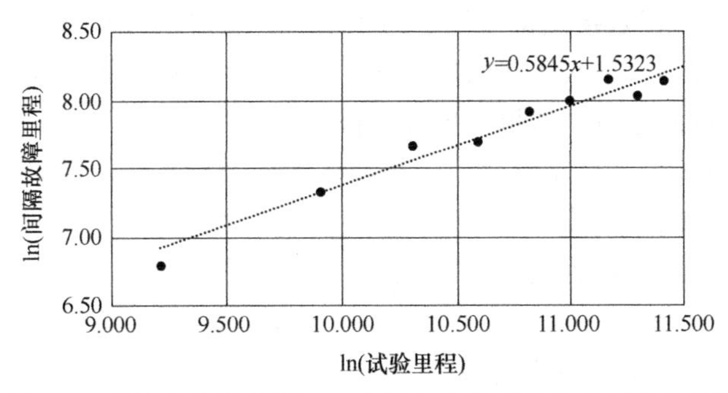

图 6.6 某汽车产品累积 MTBF 拟合曲线（双自然对数坐标）

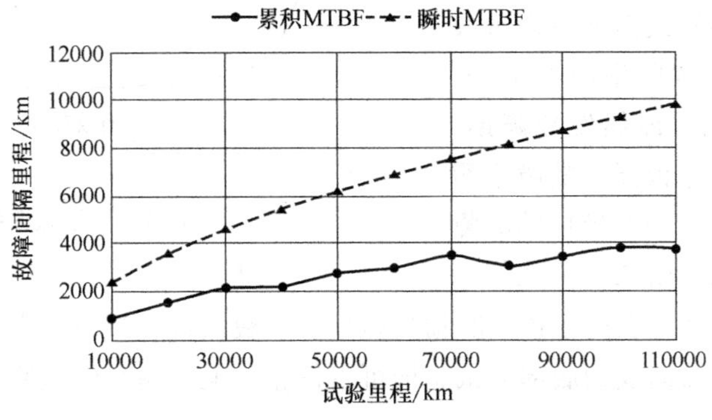

图 6.7 累积 MTBF 与瞬时 MTBF（外推）

第7章 汽车耐久性试验

汽车的耐久性是指汽车在规定的使用和维修条件下，能够达到预定的初次大修里程而又不发生耐久性损坏的概率。一般汽车企业对整车耐久性要求是整车寿命要达到多少年或多少万千米。汽车耐久性是汽车产品最关键的质量指标之一。

7.1 汽车耐久性评价指标

7.1.1 基本理论

为充分理解汽车耐久性含义，有必要对可靠、耐久两个概念进行区分，这两个概念工程上容易混淆。广义的可靠性是包含耐久性的，而耐久性是可靠性的一种特殊情况，其区别如下：

1）定义。汽车可靠性是指汽车在规定的使用条件、时间或里程下，完成规定功能（驾乘、运输、行驶）的能力，代表不出故障的能力；汽车耐久性是指汽车在规定的使用和维修条件下，主要总成件的寿命，即报废里程或报废时间。

2）评价指标。汽车可靠性用首次故障里程、间隔故障里程、故障率来评价；汽车耐久性用报废里程和报废年限来评价。

3）浴盆曲线模型。大多数汽车产品故障率分布服从浴盆曲线，如图7.1所示。曲线的形状呈两头高，中间低，具有明显的阶段性，一般分为三个阶段：早期故障期、偶然故障期、严重故障期。早期故障期的故障率明显下降，然后进入一个稳定期，即偶发故障期，随着产品接近耐久寿命极限，故障率明显增加。可靠性关注的是纵坐标的故障率，即故障率的高低，耐久性关注的是横坐标的使用时间，即什么时候进入磨损故障期。一般来说，汽车可靠性试验，只需要一定的试验里程，达到浴盆曲线的底部，试验即可以停止。但是耐久性试验，则需要达到耐久寿命里程或者寿命时间。

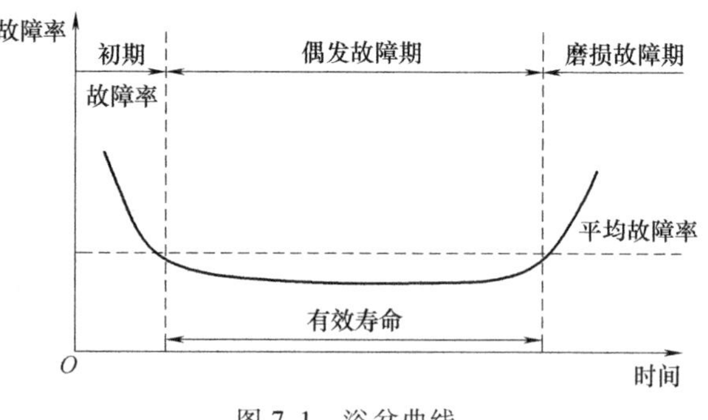

图7.1 浴盆曲线

4）加速系数。加速系数在可靠性试验中是有严格要求的，如果验证目的仅仅是为了激发故障，对产品进行改进，是允许强化加速的；如果需要验证可靠性指标是否达标，则不允许强化加速，因为一旦施加加速应力，其故障模式、故障分布会与产品实际工作条件下的表现存在显著差异，而且加速是不均匀的，只能对一些结构件施加加速应力，所以不能用加速条件下的产品故障分布数据来表征产品实际可靠性水平。在实际工程应用中，若将试验场耐久性试验数据进行统计处理，然后乘以一个强化系数，最后推导出产品市场上的可靠性水平，此种方法存在很大局限性，其结果不能真实反映汽车在市场上的可靠性水平。这也是可靠性与耐久性的区别之一。

在耐久领域还有一个重要概念就是疲劳，疲劳是指结构失效的一种机理，是汽车耐久性失效一个重要原因。结构所受应力是低于其材料的屈服应力的，结构在低于屈服应力作用下，通常不会发生塑性变形，更不会发生断裂。但是在应力重复作用下，即使所受应力低于屈服强度，结构也可能发生断裂，这种现象就称为疲劳。结构疲劳试验是验证汽车耐久性能的重要手段，是汽车产品开发的重中之重。早在 19 世纪，德国的一个铁路工程师——Wöhler，就对火车车轴的失效进行了研究，当时 Wöhler 设计了一个著名的试验，对车轴试棒进行低于其强度极限的周期性加载，在重复足够的载荷次数后，试件发生破坏，这种现象就被称为疲劳（fatigue）。Wöhler 把名义应力与导致失效的周期数的关系绘制成图，也就是后来的 S-N 曲线，这条曲线现在仍被称为 Wöhler 线。S-N 法在今天仍然是使用最广泛的方法。与 Wöhler 试验中相似的疲劳试验装置在目前仍然被广泛使用。得益于科学技术和试验设备技术的进步，汽车结构疲劳试验也发展迅猛，从用户载荷模型建立、载荷谱采集、用户道路耐久、试验场整车耐久到台架道路模拟试验、零部件疲劳试验，技术均较为成熟，各主流整车企业已建立了比较完善的方法，并已融入汽车产品开发流程中。Wöhler 疲劳试验机如图 7.2 所示。

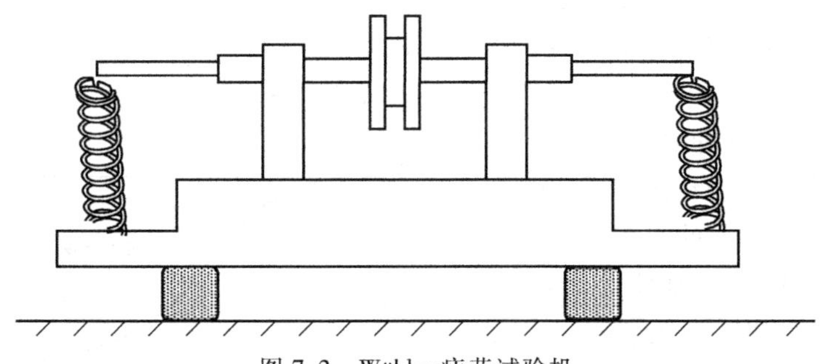

图 7.2　Wöhler 疲劳试验机

将疲劳寿命与载荷的特征量建立数学关系，就能得到疲劳公式，疲劳公式是寿命预测、结构疲劳数据处理以及整车耐久性试验理论基础。

1）应变疲劳公式。所谓应变疲劳是指金属材料在高循环应变条件下，包含塑性应变的作用下发生的疲劳失效。由于高循环应变作用下，结构所能承受的应变循环数很少，故应变疲劳又称为低周疲劳。

根据莫洛于 1965 年提出的方程，应变疲劳公式见式（7.1）。

$$\varepsilon_a=\varepsilon_a^e+\varepsilon_a^p=\frac{\sigma_f'}{E}N_f^b+\varepsilon_f'N_f^c \tag{7.1}$$

式中 ε_a——总应变幅值，即应变载荷水平；

ε_a^e——总应变幅值中的弹性应变部分；

ε_a^p——总应变幅值中的塑性应变部分；

σ_f'——疲劳强度系数，金属材料一般在-0.04~-0.15之间；

b——疲劳强度指数；

E——弹性模量；

N_f——疲劳寿命循环次数；

ε_f'——疲劳韧度系数；

c——疲劳韧度指数。

莫洛应变疲劳公式表明，总应变由塑性应变和弹性应变叠加而成，塑性应变和弹性应变都有自己的循环寿命曲线，用双对数坐标绘制应变寿命曲线，塑性部分和弹性部分都变成直线，如图7.3所示。在实际工程应用中，可用最小二乘法进行拟合得到，但不是直接对总应变寿命曲线进行拟合，而是对塑性应变和弹性应变分别拟合，弹性应变由应力和弹性模量计算得到，塑性应变等于总应变减去弹性应变。应变疲劳公式在低周疲劳中应用较广泛。

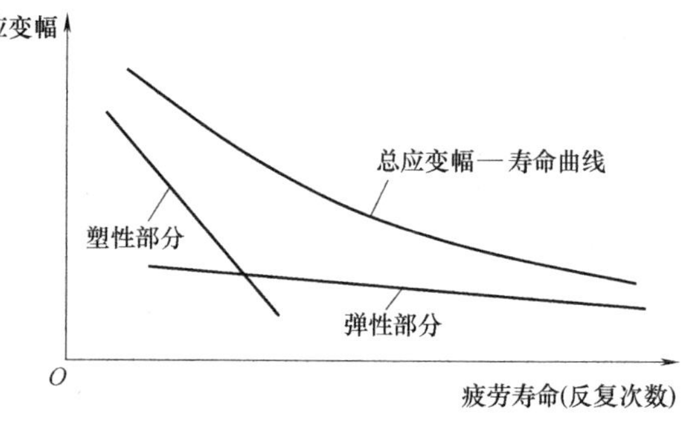

图7.3　总应变与寿命曲线

2）应力疲劳公式。所谓应力疲劳，实际上是金属材料在弹性范围内发生的疲劳失效。严格地说，应力疲劳曲线，又称S-N曲线，是用小尺寸的光滑试件或切口试件，在循环最大应力不超过弹性极限或者屈服强度的条件下，测定的疲劳寿命曲线。

完整的应力疲劳寿命曲线可以分为三个区，如图7.4所示。

① 低循环疲劳区（即短寿命区），在很高的应力下，很少的循环次数后，试件发生断裂，并且有较明显的塑性变形。

② 高循环疲劳区（即长寿命区），循环应力低于弹性极限，疲劳寿命长，且随循环应力降低而大大延长，试件在最终断裂前，整体上无可测的塑性变形，因而在宏观上表现为脆性断裂。无论在低循环疲劳区或高循环疲劳区，试件的疲劳寿命总是有限的，故将上述两个区合称有限寿命区。

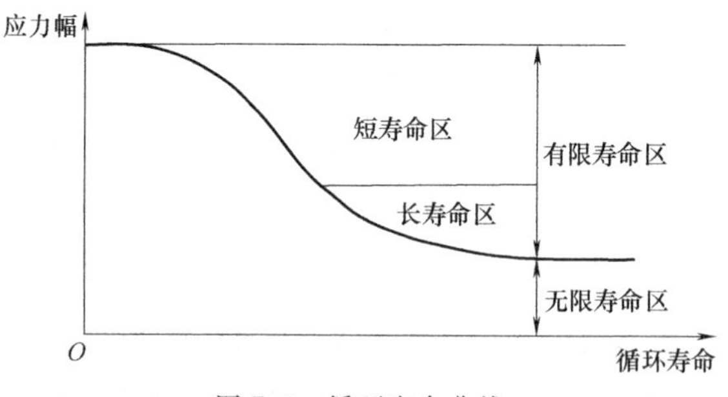

图7.4　循环寿命曲线

③ 无限寿命区，是指试件在低于某一临界应力幅，可以经受无数次应力循环而不断裂，疲劳寿命趋于无限。

常见应力疲劳公式见式（7.2）。

$$S_a N_f^{\beta} = C_f \tag{7.2}$$

式中 S_a——应力幅值；

N_f——循环次数；

C_f——常数；

β——S-N 曲线斜率，一般取-0.1～-0.3，其对应倒数取值范围为-3～-10，对于焊接结构取值为-3，如果是高强度弹簧钢取-7～-10。

疲劳破坏是一个损伤累积的过程。在等幅交变应力作用下，可用材料或构件的 S-N 曲线得到不同应力水平下达到破坏时所需要的循环次数，即疲劳寿命。而在实际工程中，结构往往受到复杂的随机疲劳载荷的作用。在这种情况下，只有相应的 S-N 曲线是远远不够的。例如，在两个不同应力水平 S_1 和 S_2 下循环加载，且知道 S_1 循环 n_1 次，S_2 循环 n_2 次。用 S-N 曲线我们可以确定，仅在 S_1 作用下，至破坏时的循环数为 N_1，仅在 S_2 作用下，至破坏时的循环数为 N_2。可是我们无法直接知道，同时作用 S_1 和 S_2 时，零件的寿命到底是多少小时。因此，为了估算疲劳寿命，除了 S-N 曲线以外，还必须借助于疲劳累积损伤理论。

在循环载荷作用下，不同应力幅的循环分量都会对结构裂纹扩展做出贡献，称之为损伤，损伤累积到一定程度后，结构就会失效破坏。如何计算不同应力幅下的总损伤值，以及定义结构破坏时的临界损伤值，称之为疲劳损伤累积理论。归纳起来可以分为两类：线性疲劳累积损伤理论、非线性疲劳累积损伤理论。

线性疲劳累积损伤理论的创立可以追溯到 1924 年，Miner 在估算滚动轴承的疲劳寿命时，首次提出这样一种假设：疲劳损伤累加是线性的。1945 年，Miner 进一步将此理论公式化，这就是现如今广为人知的 Miner 线性累积损伤准则。线性疲劳累积损伤理论认为在循环载荷作用下，疲劳损伤是可以线性累加的，各个应力之间相互独立而互不相关，当累加的损伤达到某一数值时，试件或构件就发生疲劳破坏。线性累积损伤理论中典型的是 Miner 理论。Miner 理论的基本假定为：在每个载荷块内，载荷必须是对称循环，即平均应力为零；在任一给定的应力水平下，累积损伤的速度与载荷历程无关，为一常量；加载顺序不影响疲劳寿命。根据 Miner 理论，在单个常幅载荷作用下，损伤 D 定义如下

$$D=\frac{n}{N} \tag{7.3}$$

式中 n——常幅载荷的循环次数；

N——与应力水平 S 相对应的疲劳寿命。

Miner 理论认为，材料在各个应力幅下的疲劳损伤是独立的，总损伤可以线性累加，它是最简便、常用的理论。假设应力幅 σ_i 作用 n_i 次，在该应力水平下结构达到破坏的循环次数为 N_i，查询 S-N 曲线可以得到，该应力载荷历程下总损伤 D 是各级应力幅的损伤和，见式（7.4）。

$$D=\sum_{i=1}^{m}\frac{n_i}{N_i} \tag{7.4}$$

线性疲劳累积损伤理论是将损伤演化曲线用一条斜直线近似，虽然简化了计算，但计算结果与实际值有较大的偏差，而且它也没有考虑载荷次序的影响。事实上，加载次序对疲劳寿命的影响很大。国内外大量的试验表明，常规疲劳试验的试样在简单的两级疲劳加载试验中，低-高应力试验时的累计损伤值会变小，这可能是因为在低应力下材料产生低载“锻炼”效应，使裂纹的形成时间推迟。反之，高-低应力试验时的累计损伤值往往变大，这可

能是因为在高应力下裂纹易于形成，致使后继的低应力能使裂纹扩展。实际上，没有充分的理由作下面的假设：在微观裂纹的形成和扩展期内，累积损伤必定是线性的。由裂纹形成的微观机理可知，即使是较小的循环应变幅度，微观裂纹的形成过程和宏观裂纹的扩展过程也是不同的。当然，除了理论外，还有一些其他的线性疲劳累积损伤理论。由于线性疲劳累积损伤准则原理简单，计算方便，至今在实际结构疲劳分析和抗疲劳设计中仍然得到广泛应用。

雨流计数法是一个非常好的载荷统计手段，该计数法的主要功能是把实测载荷历程简化为若干个载荷循环，结合损伤累积法则，就能对任意载荷历程进行疲劳寿命计算。雨流计数法原理是基于材料的应力-应变行为，可以用图 7.5 进行说明。当材料从 a 变形至 b，遵循应力-应变曲线所描述的路径。在 b 点，载荷反向加载，卸载至 c 点。当载荷从 c 到 d 再次加载时，材料经历从 c 到 b 的循环过程；随后继续沿路径 d 到 a 继续变形，材料经历了 e-d-e、f-g-f 的循环过程，最终回到 a 点。整个过程中，材料经历和 a-d-a、b-c-b、e-d-e、f-g-f 共 4 个循环。

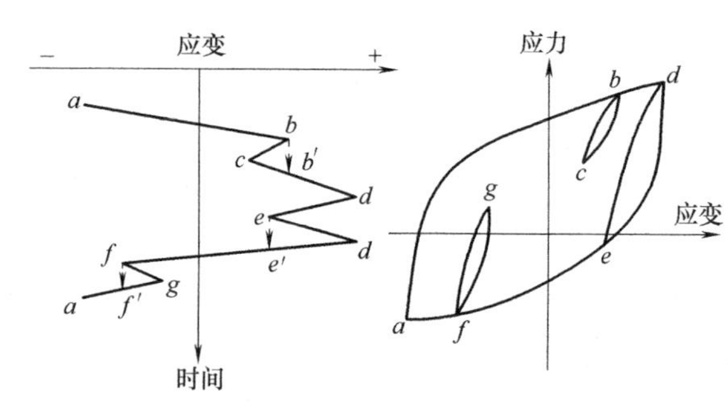

图 7.5　雨流计数与应力应变循环

上述分析过程与塔顶雨滴流程类似，故取名叫雨流计数法，雨流计数法基本规则是：

1）雨流依次从载荷时间历程的峰值位置的上侧沿着斜坡往下流。

2）雨流从某一个峰值点开始流动，当遇到比其起始峰值更大峰值的雨流时要停止流动。

3）雨流遇到上面流下的雨流时，要停止流动。

4）取出所有的全循环，记下每个循环的幅度。

依据上述雨流统计规则，对图 7.5 中的应变载荷历程数据进行雨流统计：

1）第一个雨流从 a 点沿着 a-b 线下流，落到 b'点，继续流到 d 点，然后落下，得到 a-d 半循环。

2）第二个雨流从 b 点沿着 b-c 线下流，因为 d-e 雨流峰值 d 比 b-c 雨流峰值 b 要大，所以 b-c 雨流终止于 c 点，即得到 b-c 半循环。

3）第三个雨流从 c 点沿着 c-d 线下流，在 b'点遇到上面流下的雨流时停止流动，得到 c-b' 半循环。

4）第四个雨流从 d 点沿着 d-e 线下流，落到 e'点，继续沿着 d-f 流动，落到 f'点，最后在 a 点落下，得到 d-a 半循环。

5）第五个雨流从 e 点沿着 e-d 线下流，在 d 点落下，得到 e-d 半循环。

6）第六个雨流从 d 点沿着 d-f 线下流，在 e'点遇到上面流下的雨流时停止流动，得到

d-e'半循环。

7）第七个雨流从f点沿着f-g线下流，在g点落下，得到f-g半循环。

8）第八个雨流从g点沿着g-a线下流，在f'点遇到上面流下的雨流时停止流动，得到g-f'半循环。

由于b与b'、e与e'、f与f'等效，将上述循环汇总就可以得到材料a-d-a、b-c-b、e-d-e、f-g-f共4个完整循环，该方法统计得到的结果与前面材料应力应变循环分析的结果相同。

在耐久性试验中，会接收到大量的试验数据，比如某6台车辆耐久性试验中频繁出现结构裂纹故障，而且失效里程很分散，分别为2万km、3万km、3万km、4万km、4万km、5万km，需要给出该结构寿命分布函数，并计算可靠度为90%的寿命里程。此问题就是一个典型的参数估计问题，参数估计是统计学的一个分支，其本质是根据从总体中抽取的随机样本来估计总体分布中未知参数的过程。从估计形式看，区分为点估计与区间估计；从构造估计量的方法讲，有矩估计、最小二乘估计、似然估计、贝叶斯估计等。

为了进行寿命统计，先假设它服从威布尔分布，并给出其形状参数和比例参数，而这个假设有多大概率成立，需要用到假设检验知识，又称统计假设检验，是用来判断样本与总体的差异是由抽样误差引起还是本质差别造成的统计推断方法。图7.6是上述裂纹问题威布尔分布最小二乘法参数估计结果，计算方法与汽车可靠性试验6.3.2节中威布尔分布拟合方法类似。形状参数点估计值为4.142，比例参数点估计值是3.861，P值大于0.25，即在参数估计为真的条件下出现样本的概率大于0.25，所以我们应该接受此估计结果。根据参数估计结果，就可以计算当失效分布概率为10%（B10）处的寿命里程，即为可靠度为90%的寿命里程。另外，图中两条曲线分别为置信度95%条件下区间估计上限和下限。

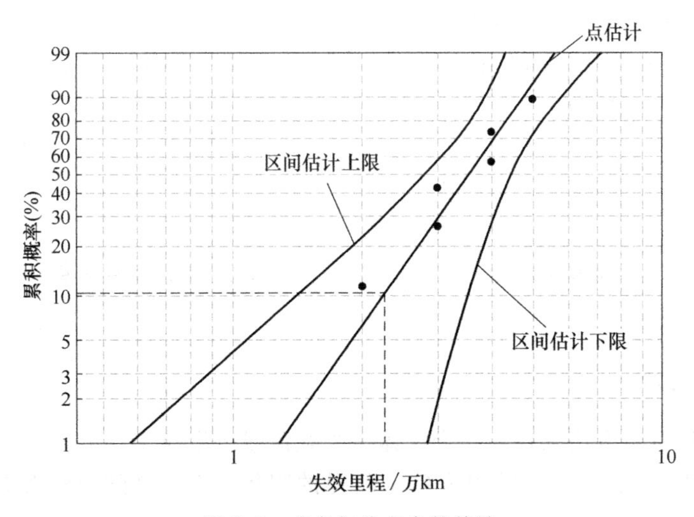

图7.6　威布尔分布参数估计

要进行准确的参数估计，耐久性试验结果要可信，耐久性试验过程必须受控，要满足如下条件：

1）试验车辆是随机抽取的。

2）耐久性试验要在一个稳定的试验条件下进行，不同车辆样品的试验条件要相同，要保证试验的一致性。

3）受试验成本和周期限制，所统计的样本不可能全部失效，一般汽车试验会使用定里程截尾，如果想要真正得到汽车的寿命数据，对于小样本至少要有一半以上产品失效，对于大样本至少有30%的产品失效，否则其寿命数据会严重失真。

4）试验过程要严格监控，失效里程要准确。

在耐久数据统计中，还会遇到一个问题：如某车辆B10寿命要求已明确给出，相关分布参数也已给出，现在需要制定详细的试验方案，预设好试验结果，以证明产品满足B10寿命要求。这就是一个典型的抽样检验问题，它是指从一批产品中随机抽取少量产品（样本）进行检验，据以判断该批产品是否合格的统计方法和理论。它与全面检验不同之处在于，后者需对整批产品逐个进行检验，把其中的不合格品拣出来，而抽样检验则根据样本中的产品的检验结果来推断整批产品的质量。如果推断结果认为该批产品符合预先规定的合格标准，就予以接收；否则就拒收。此方法在制定耐久性试验方案时需要用到，后面章节会详细介绍。

7.1.2 评价指标

耐久性试验不适合采用故障间隔里程和首次故障里程进行评价，因引入强化，其可靠性指标结果不具备参考性。综合评定推荐采用扣分方法，扣分计算公式见式（7.5）。

$$Q=(Q_1R_1+Q_2R_2+Q_3R_3+Q_4R_4)/N \tag{7.5}$$

式中 Q——综合扣分数；

N——试验样车台数；

R_1、R_2、R_3、R_4——1、2、3、4类故障数量；

Q_1、Q_2、Q_3、Q_4——各类故障扣分数据，取值为 $Q_1=10000$，$Q_2=1000$，$Q_3=100$，$Q_4=20$。

7.2 汽车耐久性试验常用设备

汽车耐久性试验在具体实施过程中无需专门的设备，但是载荷采集涉及的设备较多，下面进行重点介绍。

7.2.1 应变片

应变片是利用试验方法来评估一个物体承受载荷或产生应变的电阻装置。如图7.7和图7.8所示，在电阻传感器中，以欧姆为单位测得的阻抗（R）是随材料和几何形状变化的，在受力时其电阻变化量计算公式如下

$$\Delta R=\mathrm{GF}\cdot\varepsilon R \tag{7.6}$$

式中 GF——灵敏度系数，即在受力时，应变片电阻变化率与表面应变的比值；

ε——表面的应变值；

R——应变片的初始电阻值，一般有200Ω和500Ω。

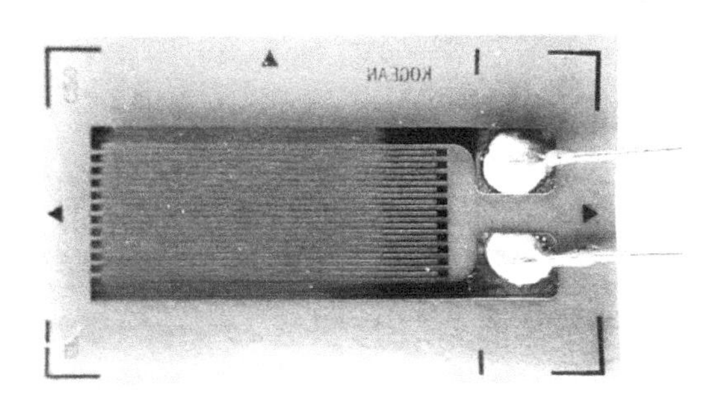

图 7.7　单向应变片

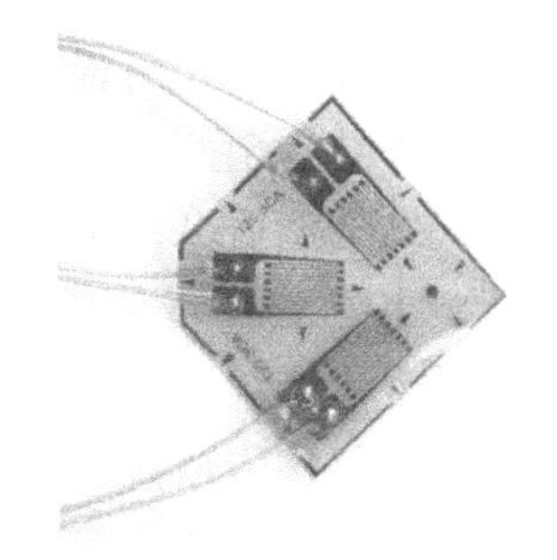

图 7.8　三向应变片

电阻值变化量需要通过专用电路进行测量，应变片电阻值变化很小，不容易测得，但是电阻值变化导致的电压变化却容易测量，常用的就是恒压惠斯通电桥，如图 7.9 所示，R_x 就是应变片，而 R_1、R_2、R_3 是电桥电阻，这是一个典型的 1/4 桥。如果将 R_1 也换成应变片，就可以组成半桥，比如二力杆上下表面就可以采用半桥方式；或者将 R_3 换成应变片，也可以组成半桥，比如在一个承受弯矩载荷的薄板上下表面可以采用此半桥。如果四个电阻全部换成应变片，就可以组成全桥，全桥应用在转矩测量领域。

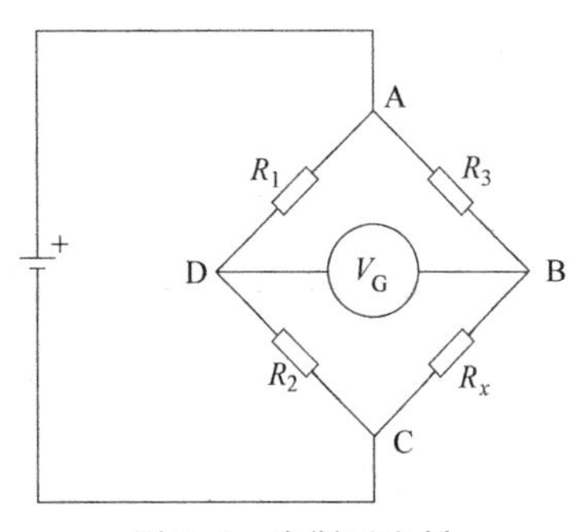

图 7.9　惠斯通电桥

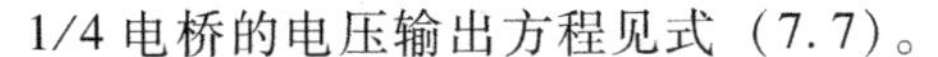

1/4 电桥的电压输出方程见式（7.7）。

$$V_G = E\frac{GF \cdot \varepsilon}{4} \tag{7.7}$$

式中　V_G——电桥输出电压；

GF——应变片灵敏度系数；

ε——应变值。

应变片的测量精度为 0.5 个微应变，一个微应变相当于 1×10^{-6} 应变，应变片量程为 20000 个微应变，若被测对象弹性模量为 2.1×10^{11}MPa，应变片量程可以达到 4200MPa。

7.2.2　加速度传感器

加速度传感器是汽车试验中使用最广泛的标准传感器，它们几乎可以安装在车辆上任何位置，其工作原理是，在加速度传感器中装有一个单自由度质量弹簧系统，当激励频率远远小于传感器的固有频率时，质量块的加速度响应与激振力成正比。载荷谱采集加速度传感器工作环境恶劣，抗冲击载荷能力更好，一般量程达到 50~100g。NVH 测试也会用到加速度传感器，但载荷谱采集用加速度传感器与 NVH 测试用加速度传感器是有明显差异的：载荷谱采集用加速度传感器低频响应更好，因为结构载荷谱主要频率段为 0~30Hz，而 NVH 测试用加速度传感器低频截止频率一般为 10Hz；载荷谱采集用加速度传感器一般为电容式或者压阻式，NVH 测试用加速度传感器一般为压电式。

7.2.3　位移传感器

位移传感器又称线性传感器，如图 7.10 所示，是一种属于金属感应的线性器件。位移的测量一般分为测量实物尺寸和机械位移两种。按被测变量变换的形式不同，位移传感器可分为模拟式和数字式两种。模拟式又可分为物性型和结构型两种。常用位移传感器以模拟式结构型居多，包括电位器式位移传感器、电感式位移传感器、自整角机、电容式位移传感器、电涡流式位移传感器、霍尔式位移传感器等。道路载荷谱采集常用的是拉线式位移传感器，它通过电位器元件将机械位移转换成与之成线性或任意函数关系的电阻或电压输出，传感器量程要求为400~1000mm，精度要求为0.1%FS（0.1%满量程）。拉线式位移传感器有个明显的缺点，即中高频（≥10Hz）响应特性差，一般在采集车轮与车身之间的相对位移时，需要进行低通滤波处理。

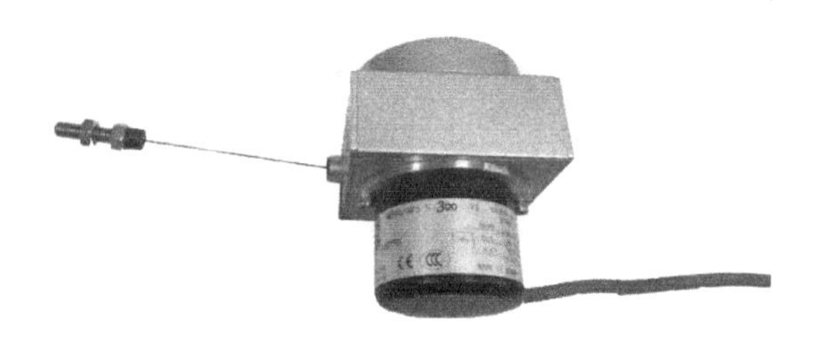

图7.10　位移传感器

7.2.4　车轮六分力传感器

六分力传感器又称六轴传感器，如图7.11所示，可用于汽车所有车轮上的力与力矩，它可以分别提供垂向、纵向、横向三向的力输出，以及侧倾力矩、转向力矩、车轮转矩输出。其采集的数据可以作为多体分析载荷分解的输入信号（直接作为多体模型输入），也可以为试验提供全面的路谱信号，支持轴耦合试验台迭代。另外，在整车载荷强度对比分析时，用六分力的数据更直接、更准确。

图7.11　车轮六分力传感器

六分力传感器基本原理是，在轮毂上有6个独立的受力单元，车轮受力后，受力单元就会有力的变化，通过矩阵换算就能得到车轮的六个力值。矩阵是通过标定然后求逆得到的，见式（7.8）。

$$\underbrace{\begin{bmatrix} k_{11} & k_{12} & k_{13} & k_{14} & k_{15} & k_{16} \\ k_{21} & k_{22} & k_{23} & k_{24} & k_{25} & k_{26} \\ k_{31} & k_{32} & k_{33} & k_{34} & k_{35} & k_{36} \\ k_{41} & k_{42} & k_{43} & k_{44} & k_{45} & k_{46} \\ k_{51} & k_{52} & k_{53} & k_{54} & k_{55} & k_{56} \\ k_{61} & k_{62} & k_{63} & k_{64} & k_{65} & k_{66} \end{bmatrix}}_{\boldsymbol{k}} \times \underbrace{\begin{bmatrix} W_1 \\ W_2 \\ W_3 \\ W_4 \\ W_5 \\ W_6 \end{bmatrix}}_{\boldsymbol{W}} = \underbrace{\begin{bmatrix} L_1 \\ L_2 \\ L_3 \\ L_4 \\ L_5 \\ L_6 \end{bmatrix}}_{\boldsymbol{L}} \tag{7.8}$$

式中　$\boldsymbol{k}$——转换矩阵，是个6维的矩阵；

$\boldsymbol{W}$——车轮受力矩阵，包含3个方向的力和3个方向的力矩；

$\boldsymbol{L}$——6个载荷单元受力值，通过自身电路测得。

在进行标定时，车轮单个方向依次单独加载，比如先对W_1施加已知载荷，测得L_1~L_6

值，然后求出 $k_{11}\sim k_{61}$，以此类推求出全部的 k 值，然后再对矩阵求逆得到 $\boldsymbol{k}^{-1}$，最终得到

$$\boldsymbol{W}=\boldsymbol{k}^{-1}\boldsymbol{L} \tag{7.9}$$

六分力传感器的量程要依据被测车辆吨位来确定，一般轻型车量程为 30~50kN，重型车量程为 100~200kN，传感器精度一般为 0.1%FS。

7.2.5 数据记录仪

数据采集时，将传感器同信号调理器相连，通过调理器可对传感器采集的信号进行幅值放大和滤波，并最终将数据存储在数据记录仪中，目前广泛采用的是数字型数据记录仪，最高采样频率一般在 1000Hz 左右，典型数据采集仪如图 7.12 所示。

图 7.12 eDAQ 记录仪

要想从采集数据中获得有用的信息，采样频率和滤波的设定尤为关键。采样频率一定要设置为所关心信号最大频率的 10 倍，需要注意的是，这种采样频率设定不要同“香农”采样定理混淆（要求为 2 倍），如果采样频率设定为 1000Hz，分析频率的带宽为 500Hz，那么对峰值点进行有效分辨的频率最高可以达到 100Hz。

7.3 汽车道路载荷谱采集及分析方法

7.3.1 采集目的

影响结构疲劳寿命的因素有很多，其中载荷是主要因素之一，要想准确获取汽车载荷，就有必要借助道路载荷谱采集和分析手段。广义上的载荷谱包含车辆所有工作信息，比如加速度、速度、力、应变、位移、踏板开度，采集道路载荷谱目的如下：

1）为台架试验提供模拟目标信号。一般来说，主要采集试验场载荷谱数据，然后在实验室内进行准确的复现。常见的道路模拟试验台架包括轴耦合台架、轮耦合台架、六自由度振动台架，这些台架都需要模拟目标信号，然后通过迭代控制生成驱动信号。

2）试验场标准制定。通过采集用户道路载荷谱和试验场载荷谱，进行对比分析和损伤匹配优化，制定合适的试验场规范；通过采集 A 试验场和 B 试验场载荷谱，通过对比分析和雨流匹配优化，将 A 试验场规范转移到 B 试验场。

3）结构失效原因分析。不管是试验场还是用户环境，若出现结构失效问题，需要通过载荷谱采集，分析失效原因。比如某个支架断裂问题，可以通过载荷谱分析支架应力集中部位的应力是否与结构共振存在关联。

4）为计算机辅助工程（CAE）分析提供载荷谱数据。目前，虚拟疲劳载荷分解有两条路径：通过虚拟迭代，求出驱动信号，然后再进行载荷分解；通过 VPG（虚拟试验场）技术，将数字路面导入多体动力学软件，然后进行载荷分解。载荷分解是否准确，需要将虚拟分析得到的载荷信号与实际采集到的道路载荷谱进行对比。

7.3.2 数据基本检查

在完成数据采集之后，进行任何分析之前，都要对数据的完整性进行检查，剔除数据中尖刺点（图 7.13）。如果数据出现漂移，可以用巴特沃斯高通滤波器进行修正（图 7.14）。一般来说，信号是上下对称的，如果出现严重不对称（图 7.15），就要检查滑移应变片是否损坏或者粘贴不牢固，但是有些信号也不是对称的，比如汽车悬架螺旋弹簧上应变信号，弹簧压缩应变信号幅值要大于伸张信号幅值。

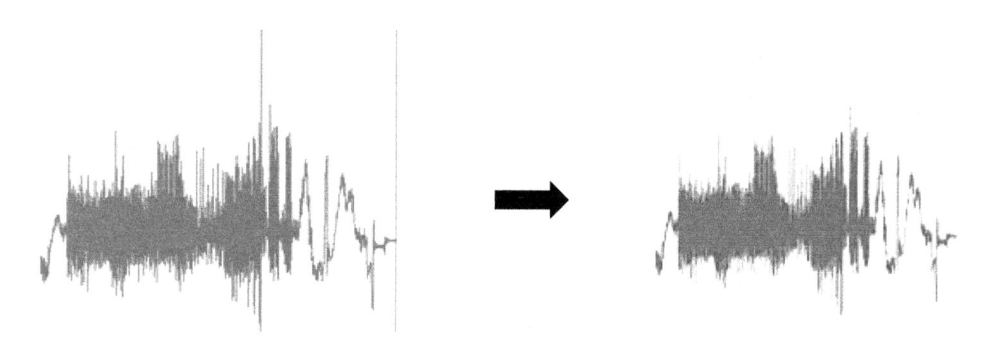

图 7.13 尖刺信号剔除

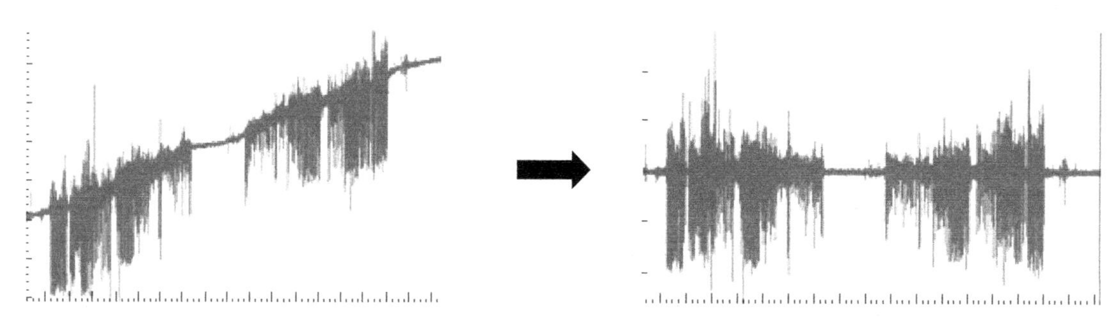

图 7.14 漂移信号滤波

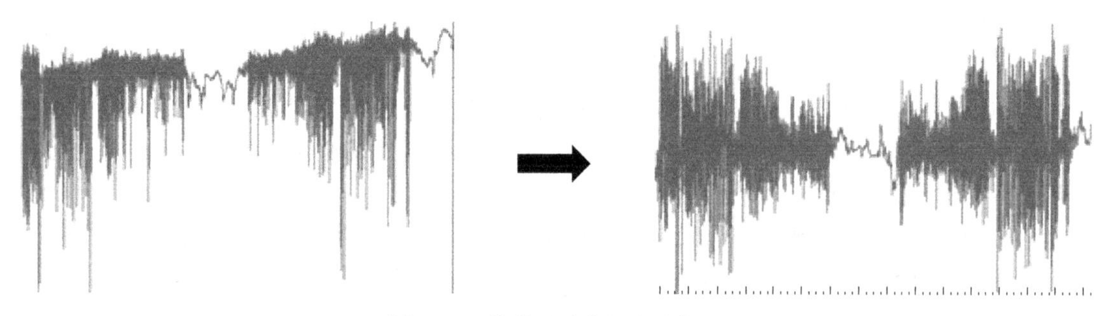

图 7.15 信号不对称的错误信号

7.3.3 时域分析

先进行简单检查，看看数据是否合理，如图 7.16 所示为车轮加速度、车轮对车身相对位移、螺旋弹簧应变信号。首先各通道均值为零，同时发现加速度信号频率是位移信号频率的 10 倍，这是由于车身位移共振频率为 1.5Hz 左右，车轮加速度共振频率为 10~12Hz。车身位移信号与弹簧应变信号看起来类似，但是相位相反，这意味着车身与车轮相对位移增大时，弹簧应变为负值，即弹簧呈拉伸状态，这说明定义弹簧压缩为正。这里充分体现了事先对各传感器的信号方向进行定义非常重要。基于以上分析，这段数据是合理的。

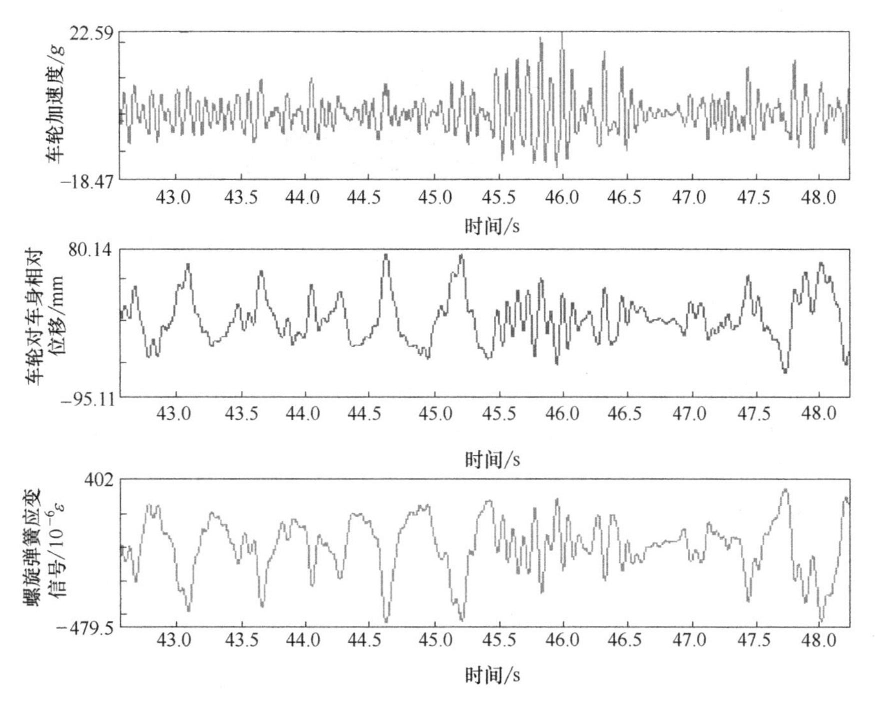

图 7.16　车轮加速度、车轮对车身相对位移、螺旋弹簧应变信号

对时域信号的分析有很多种方法，三种常用方法如下：

1）穿级分析。穿级分析是对时域信号以相同幅值进行划分，对信号中穿越各幅值的信号点数进行计数，如图 7.17 所示。穿越斜率为正的信号取正值，穿越斜率为负的信号取负值。雨流计数法之前，通常用此方法统计数据的疲劳循环。现在对加速度信号的分析经常用到此方法。对加速度信号，其穿级分析结果显示加速度沿其均值对称，而弹簧应变信号由于弹簧上行和回弹行程不同，表现为沿其均值不对称。

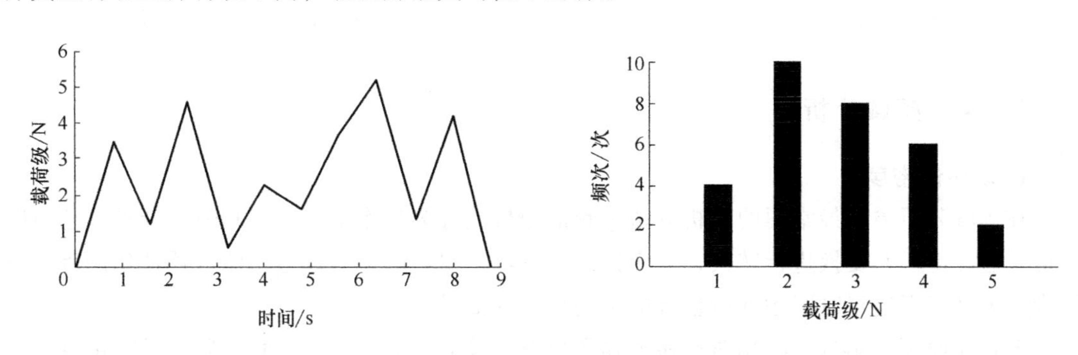

图 7.17　穿级分析示意图

2）雨流计数。雨流计数法是疲劳分析中现有的最好的载荷循环统计法，在对时域信号周期计数分析中广泛应用，本书7.1.4小节已经详细描述了其原理和过程。在实际应用中，雨流计数不仅可以应用在应变信号上，加速度、力、位移都可以进行雨流分析，再结合S-N曲线，可以对信号进行伪损伤分析。另外，在雨流分析时，需要注意刻度选择和是否考虑均值（图7.18），对两个信号雨流结果进行比较，那么刻度就要保持一致，考虑均值是为了对幅值进行修正，如果不考虑均值影响，雨流分析结果无需带入均值。

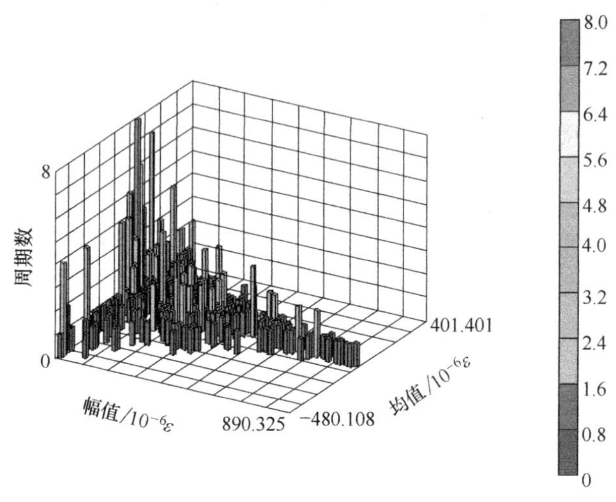

图7.18　雨流计数结果示例（见彩插）

3）联合概率密度分析。另一种有效的工具是联合概率密度分析法，运用此方法可以了解两个时域信号间的关系。车身、车轮相对位移与弹簧应变有着较强的相关性，如图7.19所示。而车轮加速度与弹簧应变相关性较差，如图7.20所示。

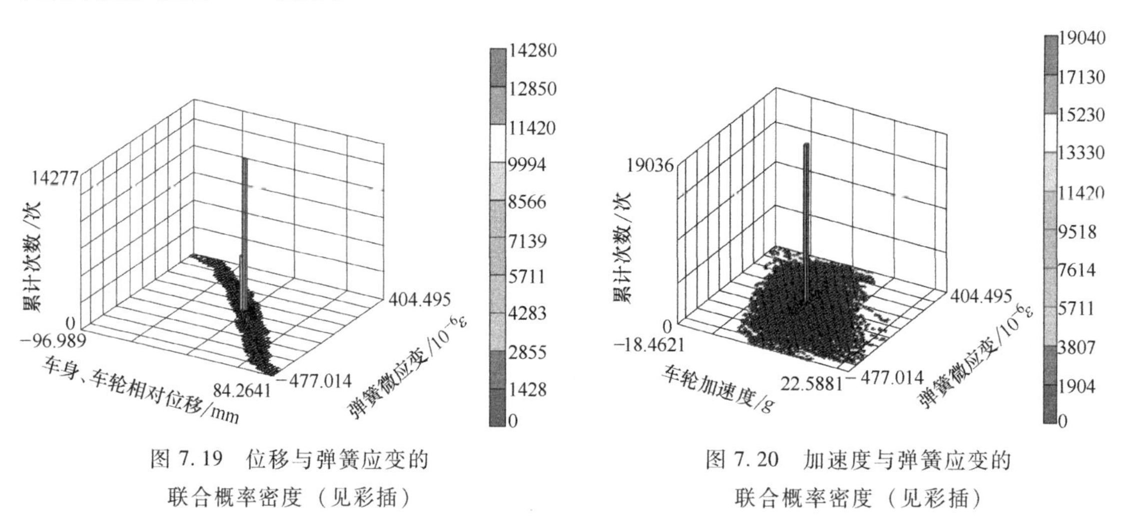

图7.19　位移与弹簧应变的联合概率密度（见彩插）

图7.20　加速度与弹簧应变的联合概率密度（见彩插）

7.3.4　频域分析

1. 功率谱密度

在频域分析中，最常用的分析方法是频谱分析或称为功率谱密度（PSD）分析。它对时域信号通过傅里叶变换进行转换，其变换过程就像一组时间序列通过由滤波器产生的等间隔频带，最终获得这组时间序列所包含的不同频率的信号组成。

车轮加速度、车身车轮相对位移和弹簧应变功率谱如图7.21所示。车身车轮相对位移和弹簧应变功率谱在1.6Hz存在峰值。这是车身跳动固有频率。该频率也有可能是车身的

俯仰频率，需要更多数据进行验证。加速度频谱在 8.8Hz 和 9.6Hz 各存在一个峰值，这是车轮跳动频率（两轮正向跳动和反向跳动）。同样，也需要更多的信息判断两频率各自对应哪种运动。

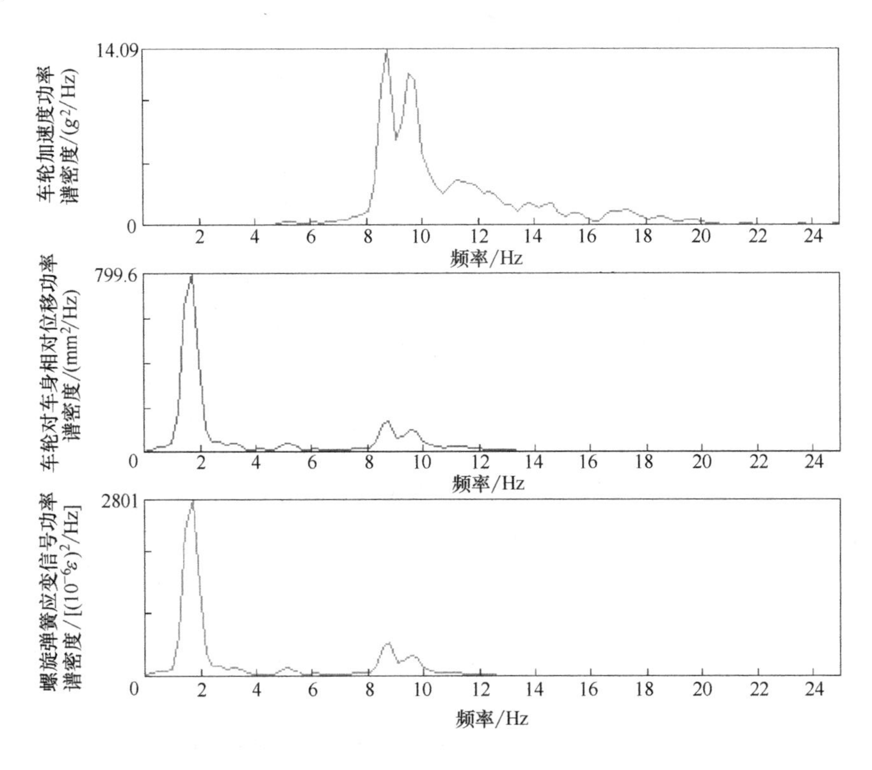

图 7.21 车轮加速度、车身车轮相对位移和弹簧应变功率谱

进行频谱分析时，带宽 B_e 的选择非常重要。模拟滤波器带宽要与分析带宽相等。带宽定义见式（7.10）。

$$B_e = \frac{F_s}{\text{Frame}_{\text{size}}} \tag{7.10}$$

式中 F_s——采样频率；

$\text{Frame}_{\text{size}}$——分析带宽；

B_e——频率分辨率。

选择的带宽 B_e 应能体现出模型的所有峰值响应，针对同一个采样频率（500Hz），如图 7.22 所示，分析频率是 512Hz，频率分辨率是 1Hz；如图 7.23 所示，分析频率是 2048Hz，频率分辨率是 0.25Hz，很明显图 7.22 的功率谱的带宽偏低，会丢失特征信息。

2. 互谱、相干性及相位

频域分析另一个常用方法是互功率谱分析。它所表现的是两信号的频域关系，它是一个复数。也可以用相关性和相位差来描述两信号的关系。相关性可理解为互谱幅值的“归一化”值。任何两组数据都可以按图 7.24 所示的参数进行互谱分析，只是在不同分析软件中显示格式有所不同。图中，前两个曲线为两信号的自功率谱，其峰值频率对应车辆结构的某一共振频率。每一种信号都是随机信号，其自身的相位关系也是随机的，但是两信号的相关性很强，也存在明显的相位关系。在前三个峰值频率下，两信号相位相反。

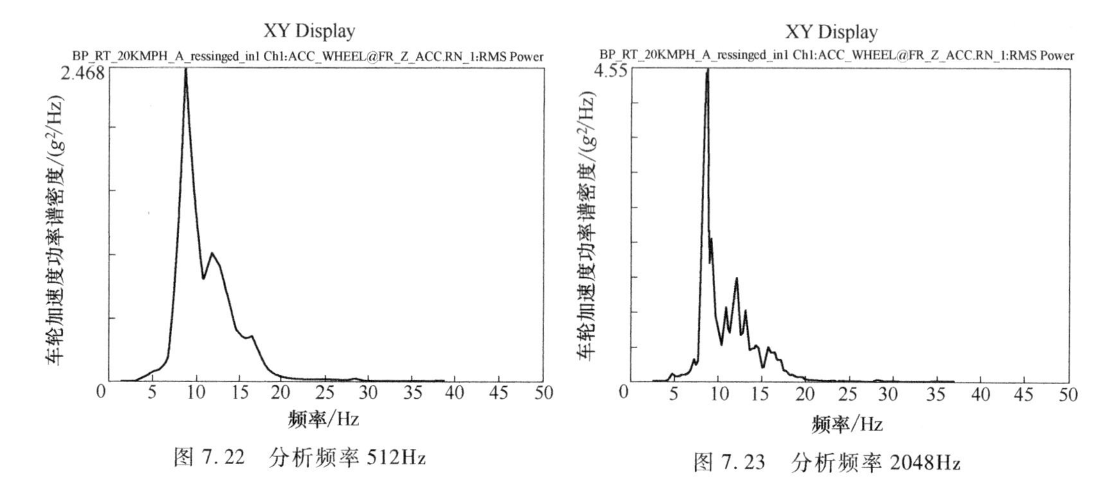

图 7.22　分析频率 512Hz

图 7.23　分析频率 2048Hz

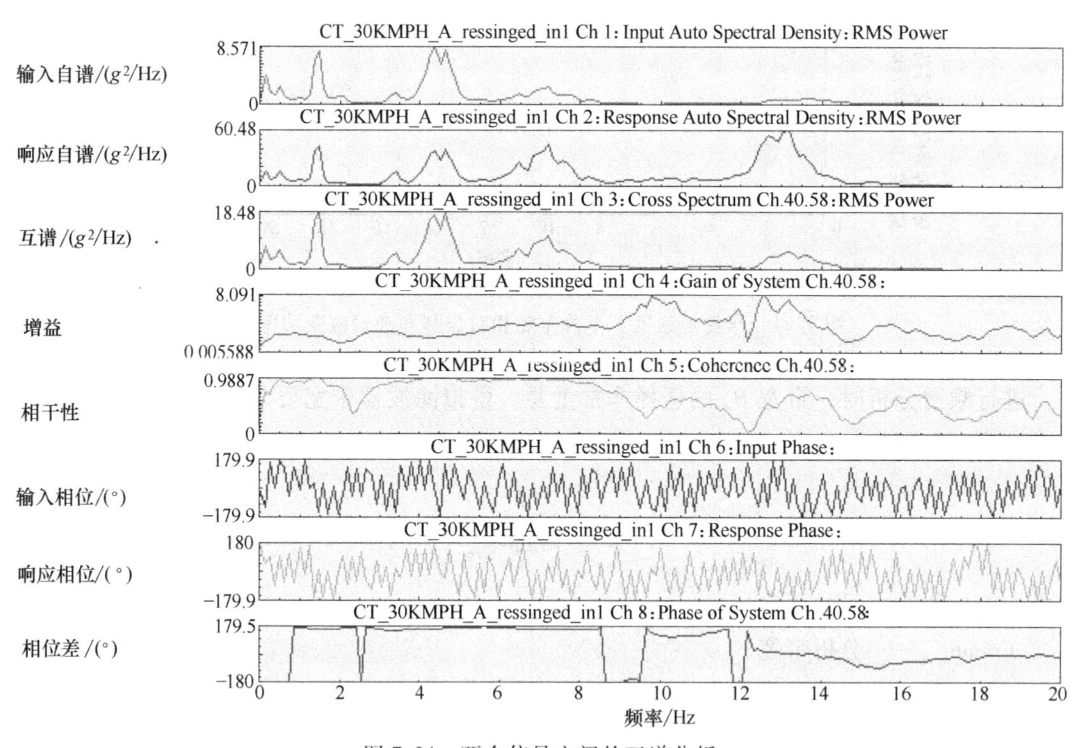

图 7.24　两个信号之间的互谱分析

7.3.5　概率分析

1. 正态分布

第一种概率分布是正态分布（或称高斯分布）。

2. 威布尔分布

第二种分布是威布尔分布。在数学上，威布尔分布在数据上更合适。对一些类型的疲劳试验数据，威布尔分布是正态分布之外的较常用的数学分布。计算方法与汽车可靠性试验6.3.2节中威布尔分布拟合方法类似。假设有10台样车搭载同一样件的寿命数据，分别为105km、200km、390km、500km、700km、950km、1200km、1500km、1750km和2500km，期望知道这个样件均值寿命。将数据分别用正态分布和威布尔分布显示，如图7.25和图7.26所示。从显示结果来看，威布尔分布更适合。这也可以从AD值来判断。两种分布的AD值都小于1，但威布尔分布的AD值更小些，意味着威布尔分布更适合此试验数据。利用威布尔分布可以获得以下信息：

1）该样机寿命特征参数或比例因子比例因子为1064。

2）对于疲劳失效数据，其概率分布斜率或形状因子在1~4之间都比较正常，如果形状因子为3，其结果与正态分布相同。该样机寿命威布尔分布形状因子为1.32。

3）从概率分布图中，可以预测零部件在任何给定里程下的失效概率。如本案例中，24%的部件在400km失效。

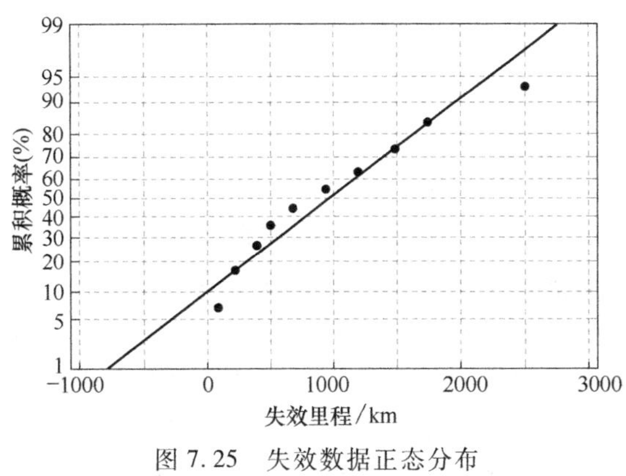

图7.25 失效数据正态分布

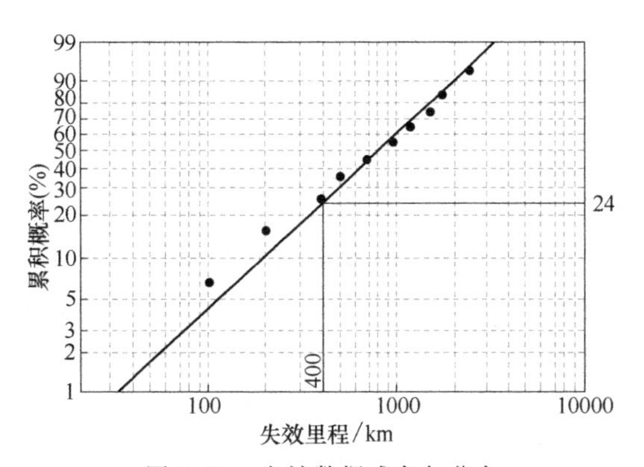

图7.26 失效数据威布尔分布

3. 极值分布

在概率分析中，另外一种有用的分布函数是极值分布。有很多种数学模型都适用于极值分布，这里主要介绍Gumbel分布，其数学定义如下

$$F(x)=P(x<X)=1-\exp[-e^{(x-\mu)/\beta}] \tag{7.11}$$

式（7.11）表明，对任意一个数值x，小于给定的极限值X的概率可以表示为参数μ和β的双指数函数。其中μ为位置参数，也就是x最有可能出现的位置；参数β为灵敏度因子或比例系数，也就是采用对数坐标时图形中直线的斜率。

假设在试验场进行了5次测试，并记录下零部件的最大应变值为$1700\times10^{-6}\varepsilon$、$1716\times10^{-6}\varepsilon$、$1787\times10^{-6}\varepsilon$、$1908\times10^{-6}\varepsilon$、$1964\times10^{-6}\varepsilon$，希望得到如果进行100次测试试件最大的应变的结果，用极值分布呈现数据，数据符合极值分布，且99%概率下对应应变为$2149\times10^{-6}\varepsilon$。这就是继续试验可能会得到的结果，如图7.27所示。

可以从另一个角度去看这个结果。如果在试验场一次测试所对应的用户实际运行里程数为1000km，那么在试验场测试100次就对应用户里程100000km。也就是说在用户运行100000km的过程中，这个最大的应变才有可能产生。

上面的实例表明，极值概率分布可以通过较少的样本预测大样本的峰值载荷，这对确定结构载荷谱有着非常重要的意义。

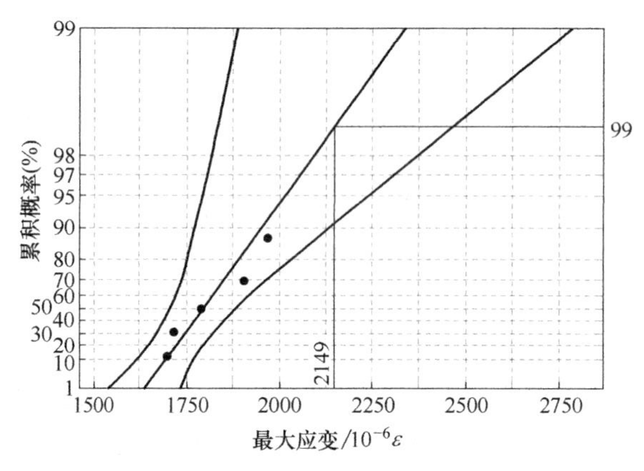

图 7.27 极值分布估计

7.4 试验场耐久性试验方法

7.4.1 试验场规范制定

试验场耐久性试验的核心是如何制定合适的试验规范，保证产品能被充分考核，又不能过验证。目前试验场试验规范制定主要是通过载荷谱转换，将用户载荷通过一定技术手段搬移到试验场，并实现加速验证。所有的耐久性试验都是以对用户载荷的理解为基础。换句话说，我们需要知道我们的客户是谁，以及他们如何使用我们的产品。这个过程包含确认典型或极端用户，采集特定的数据，进行用户路面与试验场的关联等若干步骤，从而使我们了解产品某一特定设计里程下的运行载荷。这一过程，我们通常称为用户关联。具体地说，需要将车辆安装传感器，采集一定量的数据，对数据进行分析，并通过统计学的方法对用户运行载荷进行分类。再按同样的方法获得同一车辆在试验场的运行载荷，然后对其分类。得到用户路面与试验场路面对车辆损伤的当量关系后，就可以制定合理的试验规范。

开始用户关联工作之前，需要弄清三个问题：用户是谁？车辆的使用寿命多长？车辆使用过程中的路面类型是怎样的？对不同的生产商和市场，车辆的寿命定义不同，同一车辆不同总成的寿命里程也不一样，如转向、悬架件的使用寿命要远大于车身部件。一般来说，车辆的寿命定义需要弄清楚对于95%的用户的车辆运行里程超过多少。

随着科技进步和信息化手段的丰富，现在建立用户模型有很多种方法：

1）典型路况法。以一段典型路况作为基础来构建用户模型，一般来说可以选择市场售后问题多、产品运行率高的路段来构建用户模型，长度一般从几百千米到几千千米，此方法优点是快速建模，锁定目标道路，成本低，时间短，但是缺点也很明显，就是样本量少，工况覆盖度不足，如果典型路况很恶劣，会造成试验场规范强度过大，产品过验证。

2）大数据法。新能源汽车一般具有车联网功能，可以将车辆实时运行参数上传至大数据平台，我们可以通过大数据平台进行统计。统计量包括：区域里程分布，统计产品在哪个区域、哪个城市运行，对各个区域总行驶里程进行排名，排名靠前的城市就是重点关注的地域；年行驶里程分布，先统计一年的行驶里程，然后进行分布统计，通过分布图，我们就可以知道90%的用户一年行驶里程在多少千米之内；路况分布统计，统计市区、国道、高速总里程占比，还可以统计单台车市区年行驶里程，然后进行分布统计，我们就可以知道90%用户一年市区行驶里程在多少千米之内，这个数据可以用于转向、制动工况规范制定，因为市区道路这些工况频次高；驱动转矩谱统计，转矩谱是转矩、转速以及对应转动圈数的统计，应用这个数据，我们可以制定动力系统专项耐久性试验规范。

3）问卷调查。问卷调查是一种比较传统的信息搜集方法，可以通过经销商或者第三方平台进行大量的问题调查，获取产品的客户使用信息，然后对问卷进行归类和统计。此方法相对于大数据，效率低，而且样本量不够，容易受调查人员主观的影响。

4）少量传感器采集法。为了获取用户工况和场景，可以在用户车上终生安装一些简易传感器，比如加速度传感器，通过后台获取这些数据，并对数据进行分析和提取，得到一些统计量，比如穿极、伪损伤等。然后再从中挑选一些典型的路段，以这些路段为基础，进行组合，让组合后的统计量与用户全生命周期的统计量一样，这样就可以用小样本替代用户大样本，为后续多通道大量数据采集确定工况和路线。

确定用户模型之后，就可以进行用户道路和试验场数据采集工作。车辆寿命由众多部件的疲劳寿命决定，单独某一部件决定不了整车的用户关联关系。需要综合考虑如悬架、车身或车架、动力总成及其悬置系统等各部分的差别。在获取各总成或部件的受力时，可选择合适的传感器采集相应的数据，再对其进行标定。

一般情况下，道路数据采集会经历较长时间。如试验场数据采集会涵盖10~15种路面类型和特定工况，并经历至少2~3种载重条件。

道路载荷可分为两种类型，如下所述。

1）来自连续行驶时的路面激励。对这一类的数据，路面类型、车辆载重和车速非常重要。这类数据可用路面类型进行分类（如城市路面、乡村路面、高速路面、山路等）。其特点是，在某一特定条件下，它们可视为一个稳态随机过程，并且可根据较长的时间样本预测极端载荷。

2）来自人为操作或特殊输入（如坑洼、坑道、缓速带、铁轨、紧急转向、紧急制动、撞路缘、车架大位移扭曲等）。在这类数据中，车辆载重非常重要。在分析数据时，需要这些工况进行确认，并统计它们每千米出现的次数。比如某长途行驶的信号中，每1000km有1次过铁轨的工况，而在城市内部每50km过一次铁轨。

由于时间、成本及各种其他情况的限制，实际道路载荷谱采集的载荷样本数据是有限的，为了能够准确预测零部件整个寿命周期，需要寻找一种方法可以通过有限的载荷样本推断出零部件在全寿命周期内可能出现的载荷的大小以及对应的频次，这就是所谓的载荷谱外推。外推的结果是要保证载荷的真实性，考虑用户是否真的会遇到这样的载荷，所以基于这一点，外推的应用一定要慎重，下面介绍几种常用的雨流载荷外推方法。

1）参数雨流外推。假设测试载荷-时间历程具有各态历经性，对雨流矩阵均值、幅值分别作服从正态分布和威布尔分布的假设，从而通过求两变量之间的联合分布来实现载荷的雨流外推。如果雨流域载荷均值和幅值是弱相关或者不相关，则可以认为这两个变量相互独立，载荷分布的联合概率密度函数容易求得；当均值、幅值之间具有相关性时，通过均值、幅值的边缘分布来确定二者的联合分布就比较困难。

2）极限雨流外推。极限雨流外推方法并不是将雨流矩阵中的载荷循环进行统一外推，而是将大载荷循环与中、小载荷循环分别进行处理。基于近似极值理论，对大载荷循环进行穿级水平强度外推，同时对中、小载荷循环进行圆润处理。准确地从所有的载荷循环中筛选出大载荷循环，是极限雨流外推的关键。这是通过确定穿级水平谱的上、下阈值来实现的。合适的阈值可以保证穿级水平较好地服从极值分布，从而对穿级水平进行合理外推。

3）非参数雨流外推。非参数雨流外推是通过对载荷概率密度进行非参数估计来实现外推的。现有的非参数外推算法中，只引入了一个带宽参数，且对初始带宽的求取方法没有严格要求，只是通过求取自适应因子来修正带宽参数可能导致的核密度估计误差。与此同时，用两个威布尔分布分别对大载荷循环和中、小载荷循环对应的测试幅值-累积频次曲线段进行拟合，从而确定预期外推载荷总频次下的极值载荷。在此过程中，对威布尔分布各个参数的准确估计是极值载荷确定是否合理的关键。由于大载荷循环样本量较少，在大载荷循环对应的幅值-累积频次曲线段，必须考虑样本量是否满足参数估计的要求。

确定用户载荷后，利用现有的商用软件可对庞大的道路载荷数据进行验证和分析，得到需要的数据结果。比如，进行载荷分析时常用到雨流计数（rainflow counting）或穿级分析（level crossing）。数据分析完成后，就可以进行用户数据和试验场数据的对比。例如有 6 个传感器，对应 6 个雨流矩阵 $\boldsymbol{R}_1 \sim \boldsymbol{R}_6$，表示悬架系统的载荷。相应地，试验场 10 种不同路面的载荷雨流矩阵为 $\boldsymbol{T}_1 \sim \boldsymbol{T}_{10}$。由此，用户路面载荷与试验场载荷的关系如下

$$A\boldsymbol{T}_1+B\boldsymbol{T}_2+C\boldsymbol{T}_3+\cdots+J\boldsymbol{T}_{10}=\boldsymbol{Y} \tag{7.12}$$

式中 $\boldsymbol{T}_i$——6 个载荷通道 $\boldsymbol{R}_1 \sim \boldsymbol{R}_6$ 在试验场的矩阵；

$\boldsymbol{Y}$——6 个载荷通道 $\boldsymbol{R}_1 \sim \boldsymbol{R}_6$ 在用户路面的矩阵；

$A \sim J$——常数。

通过数学方法算出式（7.12）中的 $A \sim J$，就可以得到这 6 个悬架载荷在试验场和用户路面的对应关系。

7.4.2 试验台数及里程要求

本书 7.1.1 节提及了抽样检验理论，该理论用于指导耐久性试验台数及里程的确定。假设试验车辆结构寿命服从二参数威布尔分布，其分布函数和可靠度函数分别见式（7.13）和式（7.14）。

$$F(t)=1-\mathrm{e}^{-\left(\frac{t}{\eta}\right)^m} \tag{7.13}$$

$$R(t)=\mathrm{e}^{-\left(\frac{t}{\eta}\right)^m} \tag{7.14}$$

其中，$m>0$ 是形状参数，$\eta>0$ 是特征寿命。一般关注可靠度为 90% 的可靠性寿命 $t_{0.9}$，下面根据抽样检验理论制定整车耐久性试验台数和里程要求。

从一批次抽取 n 个产品进行定里程截尾耐久性试验，到事先规定的里程 t 停止试验，设在 $[0,t]$ 内失效 r 个，又规定一个合格判定数 c，并按如下规则做出判断：若 $r \leqslant c$，则接收这批产品；若 $r>c$，则拒收这批产品。

这就形成一个抽样检验方案 (n,c)，由上述假设可知，一个产品在 $[0,t]$ 内失效概率为 $F(t)$，未失效的概率为 $R(t)$，故 n 个产品在 $[0,t]$ 内失效数 r，服从二项分布，从而接受概率如下

$$L(\eta) = P(r \leqslant c) = \sum_{r=0}^{c} \binom{n}{r} [F(t)]^{r} [R(t)]^{n-r} \tag{7.15}$$

若记 $R = \exp\left[\left(-\frac{t_R}{\eta}\right)^m\right]$，则有 $R(t) = \mathrm{e}^{-\left(\frac{t}{\eta}\right)^m} = R^{\left(\frac{t}{t_R}\right)^m}$，代入式（7.15），得到式（7.16）。

$$L(t_R) = \sum_{r=0}^{c} \binom{n}{r} \left[1 - R^{\left(\frac{t}{t_R}\right)^m}\right]^r \left[R^{\left(\frac{t}{t_R}\right)^m}\right]^{n-r} \tag{7.16}$$

式中，t_R 是可靠度为 R 时对应的设计寿命。为了证明样车符合设计寿命要求，所需的试验里程与设计寿命之比，简称试验里程倍数，用 t/t_R 表示。式（7.16）表明，当确定接受度及置信度（一般取 0.8~0.9）、允许的失效数量、可靠寿命后，就可以得到样品数 n 与 t/t_R 的关系。

不允许失效条件下，形状参数 1.6（焊接结构）威布尔分布抽样倍数 t/t_R 要求见表 7.1。

表 7.1　不允许失效条件下抽样表

样品数量	考核 $t_{0.9}$，置信度 90%	考核 $t_{0.9}$，置信度 80%	考核 $t_{0.8}$，置信度 90%	考核 $t_{0.8}$，置信度 80%	考核 $t_{0.5}$，置信度 90%	考核 $t_{0.5}$，置信度 80%
1	4.46	3.56	2.79	2.23	1.37	1.10
2	3.46	2.77	2.16	1.73	1.07	0.85
3	2.89	2.31	1.81	1.45	0.89	0.71
4	2.51	2.01	1.57	1.26	0.77	0.62
5	2.24	1.79	1.40	1.12	0.69	0.55

由表 7.1 可知，抽样试验有如下几个特点：

1）考核可靠寿命选取的可靠度要求越高，其试验里程倍数就越高。

2）置信度要求越高，其试验里程倍数就越高。

3）样品数越多，其试验里程倍数就越低。

表 7.1 是不允许失效条件下的抽样表，如果一旦允许失效，为了证明总样本符合要求，需要显著增加样车数量和试验里程，这种验证成本和周期在汽车产品研发方面是不可接受的。

7.4.3　耐久性试验实施

1. 试验条件

试验必须保证安全，如有影响到安全行驶的故障或隐患，应立即停止试验。新能源试验车须安装 CAN 数据记录仪，应保证固定牢靠，防护良好。试验前应对车辆里程表进行校准，可将试验场特征路面或者 GPS 记录里程作为基准值进行校准，里程表误差应控制在 5%以内。

装载质量应均匀分布，加载质心高度应尽量模拟用户使用条件，装载物应固定牢靠，试验过程中不得晃动；不允许因振动、潮湿、散失等原因而导致载荷质量和分布发生变化。强化路每间隔一段里程应重新称重一次，保证前后轴荷分配满足设计要求。

仪器必须在有效检定期内，精度应符合要求，常用仪器包括扭力扳手、点温计、轮胎气压表、卷尺。

进行耐久性试验的车辆必须是经过设计方检验合格的车辆，设计方应明确考核件清单。进行耐久性试验前，需对车辆进行检查，包括螺栓打紧标记，确保车辆的完整性及功能齐全，检查试验样车各总成、零部件、附件、附属装置及随车工具的装备完整性，以及外部紧固件的紧固程度、各总成润滑油（脂）及各润滑部位的润滑状况及密封状况，并使其符合该车技术条件要求。对车辆外饰件缝隙处进行划线或者贴纸标记，用来观察试验中是否存在位移或松动等问题。

进行耐久性行驶前，样车应进行必要的磨合，磨合里程为1000km，车辆空载行驶。磨合车速控制在最高车速的80%以内；驾驶员应慢起步、慢加速、慢制动，行驶中应适时换档，避免长时间使用高档；磨合期间每天进行至少一次车辆检查，做好记录。磨合结束后按照关键力矩要求，对螺栓重新打紧，并对螺栓点漆。

2. 过程检查

耐久性试验过程中每日至少进行一次停车全面检查，包括车身、车架、动力系统、传动系统、转向系统、制动系统、内饰件、新能源车辆三电系统等部件，查看是否有螺栓松动、开裂、脱落、龟裂、变形、老化、缺失等异常现象。每天应对刮水器、灯光、娱乐等电子电器功能进行检查。

强化路每隔一定里程对悬架螺栓进行复紧、点漆，悬架螺栓包括推力杆固定螺栓、U形螺栓、板簧销轴螺栓等，若条件允许，复紧前还应测量力矩衰减值；其他螺栓在磨合结束时打紧、点漆，后续不再复紧。

新能源车耐久性试验每隔一定里程进行一次模拟淋雨和模拟洗车，检查车辆是否出现绝缘、密封故障。车辆保养应按照车辆设计要求执行。

3. 试验工况

耐久性试验工况应结合场地条件、产品定义和用户关联结果。某车型试验场强化耐久性试验工况分配见表7.2；某车型试验场综合耐久性试验工况分配见表7.3。

表7.2 某车型试验场强化耐久性试验工况分配表

工况	试验设施	循环次数	工况	试验设施	循环次数
工况1	卵石路	1000	工况11	比利时路	250
工况2	振动路	625	工况12	路缘冲击石	125
工况3	振动路	625	工况13	铁轨交叉	250
工况4	振动路	625	工况14	正弦波冲击	500
工况5	扭曲路	1000	工况15	住宅路入口	1000
工况6	坑洼1	1000	工况16	城市广场8字区	500
工况7	坑洼2	1000	工况17	砂石路	250
工况8	颠簸路	500	工况18	起动互锁检查区	500
工况9	沟渠路	500	工况19	转向检查区	1000
工况10	破损混凝土	500			

表7.3 某车型试验场综合耐久性试验工况分配表

工况	试验设施	总里程/km	比例
工况1	强化耐久路	8850	32.16%
工况2	倒车工况	31	0.11%
工况3	评价路	550	2.00%
工况4	山区路	295	1.07%
工况5	灰尘路	125	0.45%
工况6	砂石路	525	1.91%
工况7	操稳路	1100	4.00%
工况8	高环1	5890	21.4%
工况9	高环2	7913	28.76%

（续）

工况	试验设施	总里程/km	比例
工况 10	盐水池	5	0.02%
工况 11	泥浆池	5	0.02%
工况 12	连接路面	2228	8.10%

4. 试验故障处理、故障记录与故障统计

试验过程中出现异响、异味、异常振动、异常路感、仪表盘报错、高温、加速无力、制动失灵等异常现象时，应立即停车检查。

耐久性试验中，每日每班填写试验记录单，包括试验时间、试验驾驶员、试验工程师、试验道路、充电加油情况、起止试验里程、车辆状况、故障情况、故障类别及处理措施。试验过程中所有故障都应记录，包括充电故障。故障记录要真实、详尽，并记录发生故障时间、里程、故障发生的现象、故障原因、故障照片及故障排除措施等，以备试验员能够将故障清楚真实地反映在试验报告上。

故障统计只考虑本质故障，误用故障不计入故障数。未排除故障，只统计一次；同一原因的偶发故障只统计一次。同一里程不同零件发生故障应分别统计，同一零件出现不同模式故障也应分别统计，如果同一零件发生几处模式相同的故障，则只统计一次，故障类别按最严重的划分。

7.5 用户关联数据分析案例

7.5.1 载荷谱采集

本书 7.4 节讲述了耐久性试验标准的制定方法，下面以某汽车用户关联为例，详细进行分析，最终推导出整车耐久性试验工况及行驶规则。其数据分析的核心是将试验场道路载荷谱与用户道路载荷谱进行对比，对试验场工况进行重新组合，保证试验场道路关键通道损伤与用户道路损伤相当。

表 7.4 某汽车用户关联载荷谱采集通道定义

测试类型	测点数量	通道数量	测点明细
加速度	28	84	左右轴头/车架/驾驶室悬置/驾驶室顶/油箱
CAN	1	6	油耗/车速/转速/转矩/加速踏板开度/制动踏板开度
位移	10	10	轴/驾驶室
GPS	1	4	经纬度/车速
扭转应变片	12	12	I 形推杆/稳定杆/稳定杆连杆/板簧
45°应变花	27	81	驾驶室/车架/元宝梁/前后 X 推杆
合计	79	197	

表 7.4 是某汽车用户关联载荷谱采集通道，测点 79 个，通道共计 197 个，主要布置在车架和底盘结构件上。表 7.5 是汽车试验场采集工况，试验场进行载荷谱采集时，只要场地条件允许，应尽可能采集多种工况，包括各种车速，以便后续关联优化计算时有多种选择。

用户道路采集路线为襄阳—江浙沪—云贵川—襄阳，集中在中国中、东、西、南部区域，涉及省份包括湖北、浙江、云南、贵州等，道路类型主要为国道和高速路，用户道路载荷谱采集路线如图 7.28 所示。

表 7.5　汽车试验场采集工况

序号	工况名称	采集车速及采集数量									
		车速 1		车速 2		车速 3		车速 4		车速 5	
1	角度搓板路	50～60km/h	6 次	55km/h	3 次	60km/h	3 次	65km/h	3 次	70km/h	5 次
2	石块路(1 圈)	15km/h	3 次	20km/h	3 次	25km/h	6 次				
3	石块路(0.5 圈)					25km/h	3 次				
4	条石	20km/h	3 次	25km/h	3 次						
5	错位搓板路	55km/h	9 次	60km/h	3 次	60～70km/h	2 次	65km/h	3 次	70km/h	3 次
6	丙扭	8km/h	10 次								
7	乙扭	8km/h	9 次								
8	大卵石	15km/h	3 次	20km/h	9 次	25km/h	3 次				
9	长波	35km/h	4 次	40km/h	3 次	45km/h	3 次				
10	坑洼路	10km/h	1 次	5km/h	4 次						
11	短波路	15km/h	3 次	20km/h	3 次	25km/h	3 次				
12	二号环线	60km/h	3 次								

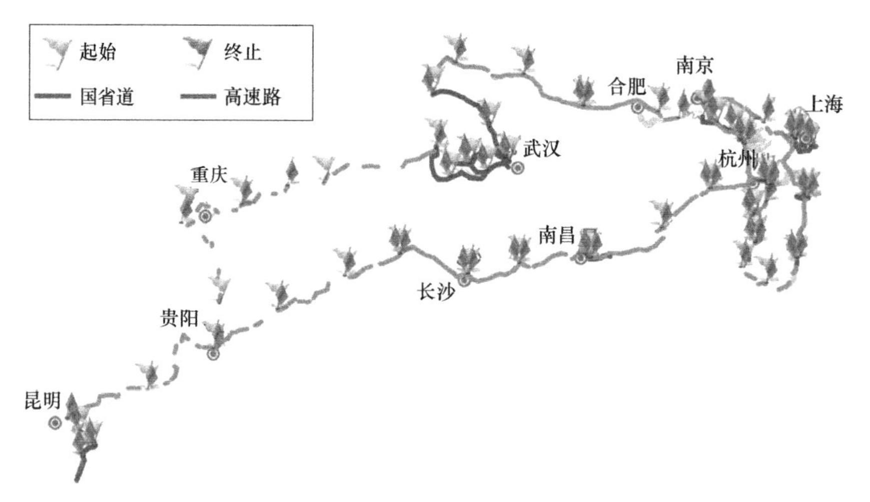

图 7.28　用户道路载荷谱采集路线

7.5.2　载荷谱数据基础处理

载荷谱数据基础处理是为了确认数据正确无误，为关联分析提供正确的载荷谱数据。首先检查车速信号，对比车辆 CAN 与 GPS 信号，如图 7.29 所示，在 90km/h 车速范围内，CAN 与 GPS 车速误差不超过 10%，GPS 与 CAN 信号之间具有较好的一致性。

一般载荷谱数据左、右侧的信号是具有对称性的，对称性检查可以确定数据是否出现异常，表 7.6 是数据对称性检查结果。

表 7.6　加速度通道对称性检查结果（石块路，20km/h）

采集通道	最大	最小	RMS
后轴左加速度(车架侧)_X/g	0.54	-0.48	0.09
后轴右加速度(车架侧)_X/g	0.51	-0.49	0.08
X 向差异(LR/RR)(%)	1.07	0.98	1.15
后轴左加速度(车架侧)_Y/g	1.83	-1.61	0.31
后轴右加速度(车架侧)_Y/g	1.82	-1.71	0.31

（续）

采集通道	最大	最小	RMS
Y 向差异(LR/RR)(%)	1.00	0.94	0.99
后轴左加速度(车架侧)_Z/g	1.52	-1.51	0.28
后轴右加速度(车架侧)_Z/g	1.66	-1.50	0.28
Z 向差异(LR/RR)(%)	0.92	1.01	1

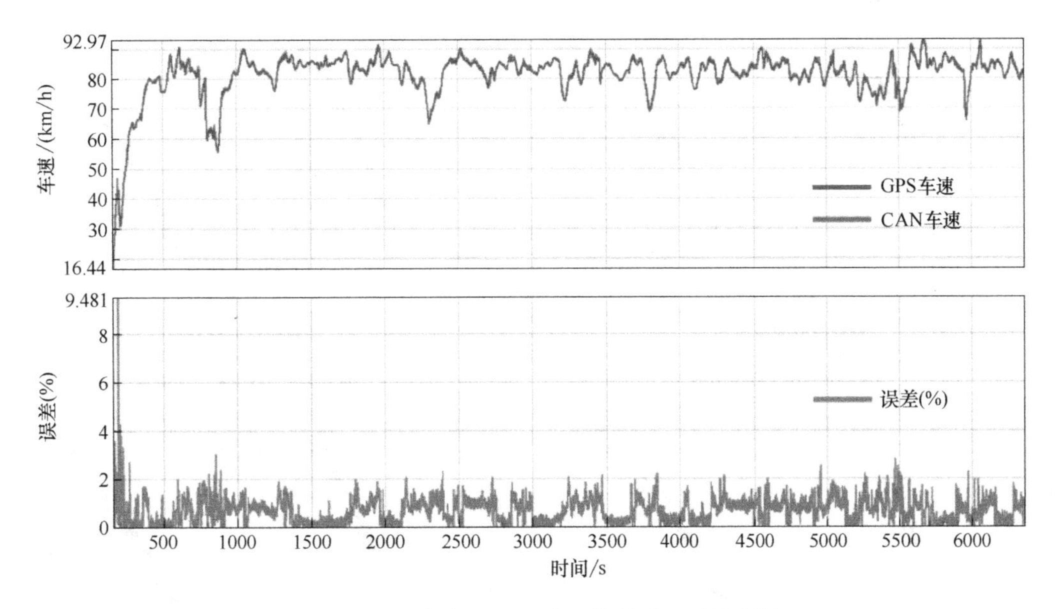

图 7.29　GPS 车速与 CAN 车速信号对比（见彩插）

通过相关性检查，可以进一步互相检查通道的正确性，测试通道中，存在较强相关性的通道有：

1）悬架位移与板簧应变。

2）左、右车轮跳动差值，与横向稳定杆应变关系。

3）稳定杆拉杆应变差值，与横向稳定杆应变关系。

4）垂向加速度积分与位移微分。

图 7.30 是加速度与位移相关性分析的结果，分布越聚焦一条直线，代表相关性越好。

7.5.3　优化匹配计算

1. 极值分析

对关联通道在用户道路及试验场工况下的极值进行分析，确保试验场关联工况的极值能够覆盖用户道路。若试验场关联工况强度显著低于用户道路，则试验场工况载荷需要加强，反之则要降低试验场关联工况的强度。提取所有用户道路应变通道的极值，采用正态分布函数对各采集样本进行拟合，并求取应变极值的 R95 值，与试验场备选优化

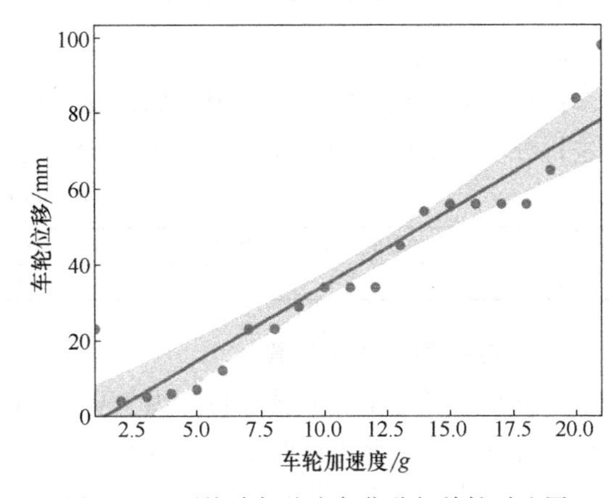

图 7.30　石块路加速度与位移相关性对比图

工况的极值进行对比，发现试验场工况能够涵盖用户 R95 目标，整体备选工况是合理的，图 7.31 是板簧应变极值分布提取结果，表 7.7 是板簧应变用户道路极值与试验场极值对比情况。

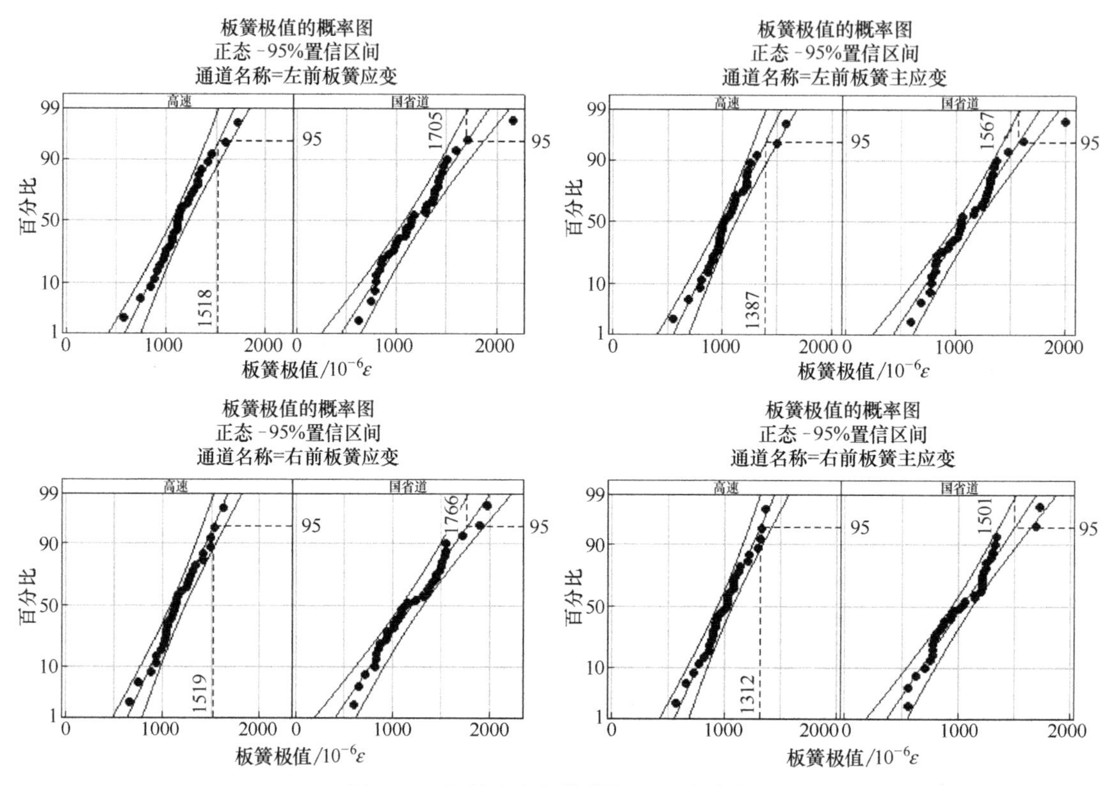

图 7.31　板簧应变极值分析（公共道路）

表 7.7　板簧应变极值对比　　（单位：$10^{-6}\varepsilon$）

通道名称	国省道 R95	高速路 R95	试验场最大
右前板簧应变	1704.69	1517.76	2191.12
左前板簧应变	1766.08	1518.92	2205.57
右后板簧应变	1566.52	1387.28	1937.95
左后板簧应变	1500.96	1312.35	1861.55

2. 频率分段

用户关联优化匹配以损伤为目标，确切地说，以频率损伤谱为优化目标，这就需要对频率进行分段。根据 PSD 计算结果，频率分布选择见表 7.8。

表 7.8　频率分段划分　　（单位：Hz）

频段属性	车辆驾驶操纵	悬架簧上跳动	簧上与簧下中间	悬架簧下跳动	搓板路	信号噪声频段
频段范围	0~1	1~4	4~9	9~15	15~30	30~40

3. 频域损伤谱优化计算

某汽车产品整车寿命设计目标为 150 万 km，故以 150 万 km 用户道路频域损伤谱为优化目标，对试验场工况进行匹配，让试验场工况的频率损伤谱与 150 万 km 用户道路频域损伤谱最接近。优化计算结果见表 7.9。

表 7.9 优化计算结果

序号	工况名称	车速要求/(km/h)	循环次数	单循环里程/km	单圈时长/s	里程合计/km	时长合计/天
1	卵石路	25	400	0.2	45	80	0.63
2	角度搓板路	55	200	0.2	17	40	0.12
3	错位搓板路	55	200	0.2	17	40	0.12
4	石块路(单圈)	25	1400	2.6	560	3640	27.22
5	扭曲路	8	400	0.06	40	24	0.56
工况合计						3824	28.65

为对比优化效果，将试验场工况损伤与用户 150 万 km 总损伤进行对比，若为 1，则该测点强度刚好覆盖 150 万 km；若小于 1，则表明该测点工况强度不足；若大于 1，则表明试验场过考核。将优化后的工况与原试验场规范损伤比值放在同一个雷达图上，如图 7.32 所示，从图上可以看出，原试验场规范存在过考核情况，优化后比值均在向 1 靠拢，优化后明显降低了过考核的风险。

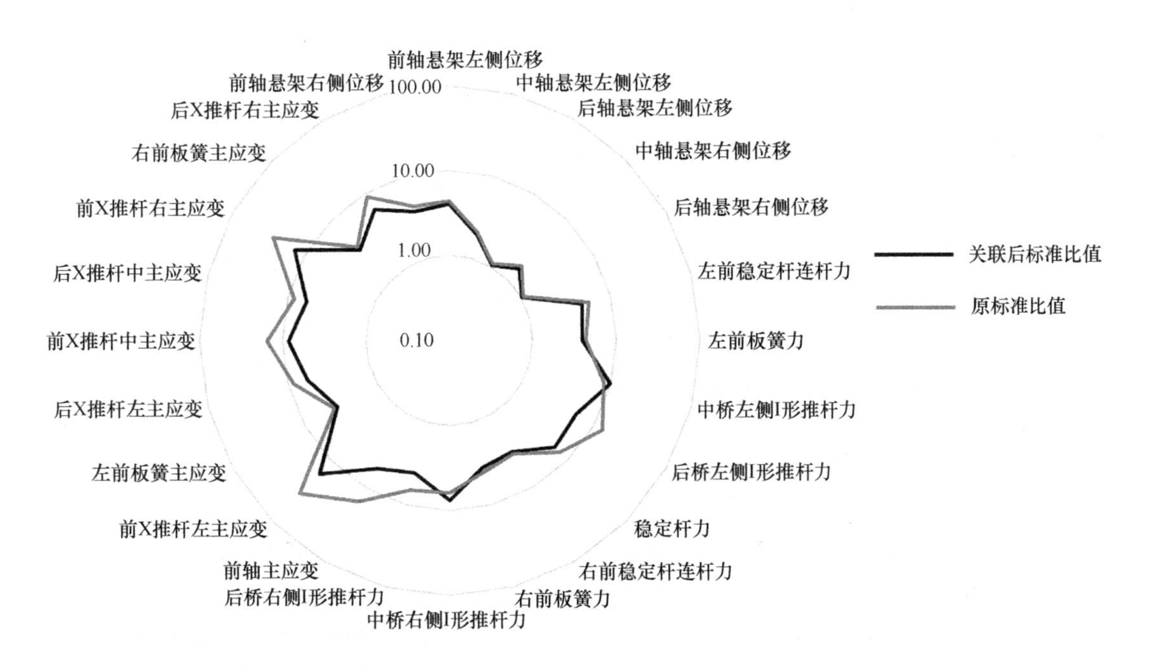

图 7.32 优化匹配效果雷达图

第8章 汽车环境适应性试验

环境试验是指汽车产品在高温、高原、高寒、强腐蚀、自然暴露环境下进行的试验，旨在验证汽车在自然界各种极限使用环境下的性能表现，是汽车研发非常重要的一项试验。

8.1 汽车环境适应性试验评价指标

8.1.1 传统汽车环境适应性评价指标

传统汽车环境适应性主要评价指标如下：

1）高温热平衡能力：指汽车在高温环境中持续爬坡，发动机处于额定转矩点和额定功率点时，发动机冷却系统的散热能力，一般用发动机出水口温度进行评价。

2）空调降温性能：指汽车在高温环境中，车辆暴晒条件下，开启空调最大制冷模式，乘员舱内的降温舒适性，包括行车工况和怠速工况的降温舒适性，一般用乘客和驾驶员位置头部温度进行评价。

3）环境可靠性：指汽车在高温、高寒、高原环境下行驶，汽车的可靠性表现，用首次故障里程和间隔故障里程进行评价。

4）高寒冷起动性能：指汽车在低温环境下，发动机机油和冷却液接近环境温度时，汽车成功点火起动的能力。

5）高寒空调性能：指汽车在低温环境下，开启空调最大制热模式，汽车采暖、除霜、除雾能力，其中采暖能力用乘员舱内的温度进行评价，包括头部温度和足部温度；除霜、除雾能力用除霜、除雾完成时间进行评价。

6）高原发动机性能：指汽车在高海拔环境下，发动机进气稀薄时，汽车发动机的动力性能表现，一般用发动机功率损失百分比进行评价。

7）耐腐蚀性能：指汽车经历强化腐蚀试验后，零部件表面的腐蚀程度，从轻到重，分为10个等级：无腐蚀、微量腐蚀、轻微腐蚀、轻度腐蚀、中等腐蚀、大面积腐蚀、全面腐蚀、严重锈蚀、非常严重的腐蚀、穿孔。

8）自然暴露抗老化性能：指汽车在某一气候类型的自然环境条件下进行暴露试验，让其经受阳光、热、水汽、雨水、氧及其他环境因素的综合作用后，汽车内外及各零部件的外观老化水平，以及各附件、电子电器件的功能保持能力。主要用失光率、色差、鲜映性变化率进行评价，评价对象包括面漆、把手、仪表台、座椅等。

8.1.2 新能源汽车环境适应性评价指标

传统汽车评价指标中的空调降温性能、高寒空调性能、耐腐蚀性能、自然暴露抗老化性能、环境可靠性也同样适用于新能源汽车，但是新能源汽车的动力电池在极限环境条件下，性能会有衰退，所以部分评价指标与传统汽车有很大差异。

1）高温充电性能：指动力电池电芯温度在高温条件下的充电性能，主要用充电时间来评价，是非常重要的评价指标。水冷电池由于有强制冷却效果，一般此项性能良好，但风冷电池靠自然冷却，此项性能较差。

2）电池低温加热性能：指动力电池在低温环境条件下，由充电桩供电或者自身放电，电芯的加热能力，用加热时间来评价，即从低温加热到电池性能恢复正常水平温度的时间。

3）电池低温充电性能：指动力电池在低温条件下的充电性能，主要用充电时间来评价。此指标与电池加热性能指标是有关联的，因为锂电池在低温条件下，不能直接充电，必须将电芯温度加热到一定水平后，才能充电。

4）低温动力性：指动力电池在低温条件下整车动力性表现，一般用加速时间、最高车速和动力性恢复正常水平所需时间来评价。

8.2 汽车环境适应性试验常用设备

8.2.1 热电偶

热电偶（图 8.1）是温度测量中常用的传感器，它直接测量温度，并把温度信号转换成热电动势信号，通过数据采集系统转换成被测介质的温度。各种热电偶的外形常因需要而不同，但是它们的基本结构却大致相同，一般由热电极、绝缘套保护管和接线盒等主要部分组成。

热电偶的工作原理是将两种不同的导体或半导体连接成闭合回路，当两个接合点的温度不同时，回路中将产生电动势，这种现象称为热电效应，又称为塞贝克效应。而直接作为测量温度的一端叫作工作端，另一端叫作冷端。冷端与数据采集设备相连。

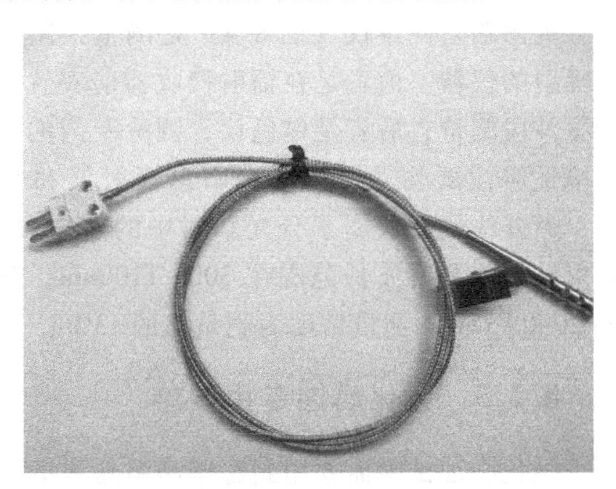

图 8.1 热电偶

环境试验通常使用 T 型和 K 型热电偶，T 型热电偶正极为纯铜、负极为铜镍合金，K 型热电偶正极为镍镉、负极为镍硅。T 型热电偶测温范围为 -200 ~ 350℃，精度为 0.5℃，低温特性更佳，适合高寒试验使用；K 型热电偶测温范围为 -200 ~ 1000℃，精度为 1℃，测温范围更广，适合高温试验使用，如发动机排气温度测量。

8.2.2 压力传感器

压力传感器（图 8.2）主要用于冷却系统、排气系统压力测量。压力传感器芯体通常选用扩散硅，其工作原理是被测压力直接作用于传感器的膜片上，使膜片产生与压力成正比的微位移，使传感器的电阻值发生变化，结合数据采集系统，转换输出一个相对应压力的标准测量信号。根据被测对象的不同，压力传感器量程差异很大，例如测量发动机排气背压的压力传感器量程为 0.1MPa 即可，测量冷却水路的压力传感器量程一般在 1MPa 左右，压力传感器精度一般控制在 0.1%FS 之内。

8.2.3 手持气象仪

手持气象仪是一种便携式气象测试设备，可测参数包括温度、相对湿度、大气压力、即时风速、海拔。图 8.3 所示是 Kestrel 系列气象仪。温度测量精度为±1℃，相对湿度和风速测量精度为±3%，海拔测量精度为±15m，气压测量精度为±100Pa。

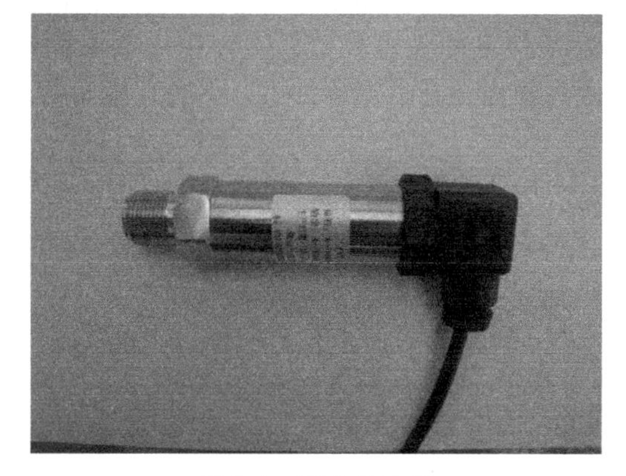

图 8.2 压力传感器

图 8.3 手持气象仪

8.2.4 太阳辐射测量仪

太阳辐射测量仪（图 8.4）是测量太阳总辐射和分光辐射的仪器。前者是在辐射接收器前安置滤光片，用于宽波段测量；后者是单色仪，测量专门的波段。汽车环境适应性试验需要使用太阳总辐射仪和紫外线辐射仪，紫外线辐射仪属于分光辐射中的宽波段测量仪器。辐射测量仪测量波长范围在 300~1100nm，测量范围是 0~2000W/m^2，测量精度为测量值的±3%。

图 8.4 太阳辐射测量仪

8.2.5 强化腐蚀专用设施

强化腐蚀试验需要用到整车高温高湿室、盐雾间、盐水路、泥浆路和碎石路等。试验场地和设施应当满足表 8.1 中的要求。

表 8.1 试验场地和设施明细

试验设施名称	技术条件
高温高湿室	温度 50℃±2℃；湿度 95%±3%
盐雾间	盐水浓度 5wt%±0.5wt% NaCl
盐水路	盐水浓度 5wt%±0.5wt% NaCl；盐水深度 40mm±10mm；长 30m
盐水搓板路	盐水浓度 2wt%±0.2wt% NaCl；长 90m

（续）

试验设施名称	技术条件
泥浆路	75%沙、25%黏土和25mm石粒；长30m；深70mm
碎石路	长300m
干燥室	温度25℃±2℃；湿度小于40%

8.3 汽车环境适应性试验方法及数据处理

8.3.1 高温试验

高温试验用于考核车辆在高温条件下的表现，一般要求气温在40℃以上，光照强度≥1000W/m^2，国内汽车高温试验一般在吐鲁番进行，试验时间是每年的6~8月。高温试验包括以下内容。

1. 热浸和热起动试验

车辆高速行驶一段时间，使得发动机完成热机，冷却液及机油温度尽可能达到最高温度后，在高温环境下将车停在十字墙内，车身与墙间距不超过1m，浸置10min以上，观察发动机冷却液是否有“开锅”现象，浸置结束后进行起动。此项试验是考核在高温暴露条件下，发动机冷却系统散热能力以及供油是否存在汽化导致无法起动问题。

2. 高温充电性能试验

此项试验主要考核新能源汽车在高温条件下充电时长。试验车辆须持续行驶，将动力电池电量持续放电至20%以下，然后立即充电，SOC达到100%时，充电结束，记录充电时间、电芯温度和充电电流数据，如果试验车配有慢充功能，也应验证高温条件下慢充充电时长。另外，充电桩的能力应能覆盖车辆充电需求。

3. 空调降温试验

试验车辆门窗全部关闭，暴晒60min以上，驾驶员区域头部温度达到50℃以上时，起动车辆，将空调设置为最大制冷模式，温度设置为最低、出风风速为最高档、内循环、吹面模式，进入实际道路行驶60min，车速应包括低速、中速和高速，最后原地怠速30min。记录试验过程中驾驶员和乘客区气温数据。

4. 热平衡试验

试验应在长坡上进行，坡道长度超过1000m，坡度宜超过8%，空调置于最大制冷模式，爬坡时加速踏板开度100%，选择合适的档位，让试验车辆发挥最佳的爬坡性能，爬坡结束后立即熄火，停车15min，记录动力系统冷却液温度数据，原则上车辆冷却液不能出现沸腾现象。

5. 高温可靠性试验

高温可靠性试验应充分利用试验天气资源，试验工况避免单一化，应尽可能覆盖多种用户场景，至少包括暴晒、长怠速、低速行驶、高速行驶、爬坡，试验里程10000km以上，如果试验条件允许，试验里程在20000~30000km时，验证更充分。

8.3.2 高原试验

高原试验用于验证高原空气稀薄条件下，发动机性能表现，所以主要针对燃油车型或者混动类车型。试验一般在格尔木市至昆仑山口一带进行，目前也可以在云南白马雪山附近进行，其海拔范围在2700~4700m之间。试验之前发动机应完成标定，确保车辆在高原条件下表现良好。高原试验包括以下内容。

1. 发动机功率损失试验

试验宜在略带坡度的直线段道路上进行，加速踏板开度100%，行驶500m以上，发动机工作应覆盖额定功率点和额定转矩点，记录发动机转矩、转速数据。发动机功率损失计算公式如下

$$k=\frac{P-(Tn/9550)}{P}\times 100\% \tag{8.1}$$

式中 P——发动机设计最大功率，单位为kW；

T——发动机实际转矩，单位为N·m；

n——发动机实际转速，单位为r/min。

试验应在不同海拔上分别进行，将结果记录在表8.2中。

表8.2 发动机功率损失记录表

发动机工作点	海拔/m	实际转速/(r/min)	实际转矩/(N·m)	实际功率/kW	设计最大功率/kW	损失百分比
额定转矩						
额定功率						

2. 高原可靠性试验

高原可靠性试验应充分利用地理资源，行驶区域应覆盖不同的海拔，一般覆盖2000~4500m，试验工况应该包括高速、国道，工况应避免单一化，试验里程5000km以上，如果条件允许，试验里程可以增加到10000km。

随着新能源汽车的普及，越来越多的用户使用纯电动汽车在高原地区行驶，纯电动汽车也有必要进行高原试验。

1）考察纯电动汽车对高原工况的适应性，特别是对长上坡、长下坡工况的适应性。

2）考察电池在高原环境下的表现，高原环境下大气压强低，动力电池承受的内外压强不一致，可能导致外壳破裂。

3）考察其他元器件在高原环境下的表现，如电子真空泵、空气悬架、座椅气囊。电子真空泵在高原气压变化时，往往无法提供和在平原地区一样高的真空度，导致制动踏板力会变大。座椅气囊在高原气压变化时，刚度会发生变化，对平顺性造成影响。

8.3.3 高寒试验

高寒试验用于验证车辆在低温条件下的性能，要求气温≤-20℃，高寒试验地点一般在黑河市、漠河市或者海拉尔区，试验时间是每年的12月到第二年的2月。高寒试验包括以下内容。

1. 冷起动试验

试验车辆蓄电池状态良好，在设计要求的环境温度下浸车8h以上，当发动机机油温度和冷却液温度与环境温度接近时，一般要求温度差≤3℃，开始进行试验。如第一次起动不成功，可以继续进行，允许连续进行3次，两次间隔时长在1min以内。为了准确模拟用户使用环境，

离合器助力能源来自发动机运转的车辆，应在离合器未脱开情况下进行起动试验，因为有部分用户长时间停车后，进行冷起动时离合器助力已暂时失效，此时发动机负载更高，冷起动更困难。试验过程中应记录机油温度、冷却液温度、蓄电池电压、冷起动时间。

2. 采暖试验

在设定的环境温度下浸车 8h 以上，一般推荐-15℃或者-25℃条件下进行此试验，当机油温度与环境温度相差小于 3℃、车内气温与环境温度相差小于 1℃时，开始试验。起动车辆，将暖风温度设置到最高，内循环、吹脚模式，行驶工况以高速为主，因为高速工况车内热量损失快，对车辆考核更为严苛，试验时长 30~40min，试验过程中记录驾驶员和乘客头部、脚部温度数据。

3. 高寒可靠性试验

高寒试验应充分利用低温气候资源，试验车辆若具备多种动力模式，应根据道路条件，灵活选择驾驶模式，以充分验证各驾驶模式下的可靠性。试验过程中应穿插一部分功能验证，比如自动驻车、自适应巡航、多媒体等。试验工况选择应多样化，包括长怠速工况、倒车工况、快慢充工况（新能源汽车），道路应包括结冰湖面、市区、郊区、国道和高速，试验里程 10000km 以上，如果条件允许，可以提高到 20000~30000km。

4. 电池加热试验、低温充电试验

此试验适用于新能源汽车，电池加热试验分为两种：上电静置加热和快充加热，其中快充加热试验和低温充电试验是结合在一起进行的。试验之前需要将车辆浸车，直至电芯最低温度与环境温度一致。

上电静置加热需将车辆置于 READY 状态，静置条件下，通过报文记录电池电芯温升数据、加热电流，当车辆解除限功率状态时，试验结束。

快充加热试验时，车辆 SOC 处于低水平，一般为 20%，然后接入充电桩进行加热和充电，当 SOC 达到 100%时，试验结束。全程通过报文记录充电电量、加热电流、电芯温度、SOC 等数据，根据记录的数据，得到电池从低温加热到可充电状态时间和电池 SOC 充满的时间。

5. 低温动力性试验

此试验适用于新能源汽车，试验之前需要将车辆浸车，直至电芯最低温度与环境温度一致。低温动力性主要包括加速试验、最高车速试验，试验工况和操作要求与常温动力性试验一致，如果车辆上电后处于跛行状态，最高车速无法满足加速试验的需求，应满油门持续行驶，直至车辆达到试验条件，同时记录车辆从跛行到满足加速需求所需的时间。

8.3.4 自然暴露试验

1. 试验条件

暴露场地应选择在能代表某种气候类型的自然环境或样车实际使用的环境区域内。标准暴露场地应平坦空旷，不积水，远离建筑物和树木，周围障碍物与场地边沿的距离应不小于该障碍物高度的 3 倍；场地附近应无工厂烟囱、通风口或其他能散发大量腐蚀气体和杂质的设施；场地应保持当地的自然植被状态，植物高度不应超过 200mm。

试验样车应为下线的新车，每月或每次检测前应进行清洁。清洁时应用干净水对车辆外表面进行彻底清洗、晾干，清洁车内灰尘、内饰件及玻璃表面。清洁时应保护试验表面不受任何污染与损伤，尽可能不要破坏如粉化、渗析物、长霉、起霜等老化产物。无特殊要求，暴露期限一般不少于 1 年。

进行光泽、颜色、鲜映性和涂层厚度测量的表面及部件总成，其测量位置应选择在最显眼、接收太阳总辐射能量最多的平面上。每次测量位置、方向顺序应保持一致，可用不褪色记号笔做出永久性标记标识，以保证每次测量位置一致。部件温度测量点为在晴天阳光最强的时间段（如北京为 12~15 时之间），在部件不同部位进行多次测量的最高温度点。测量太阳总辐射量或温度校正太阳总辐射量（TNR）的部件，其测量位置应选择接收太阳总辐射量尽可能多的位置。进行划痕腐蚀、铅笔硬度和划格试验的涂层表面，其测量位置应选择在光泽、颜色、鲜映性和涂层厚度测量位置的下部。光泽、颜色、鲜映性和涂层厚度的测量点位宜尽可能靠近或重叠。

样车试验时，应在确定的测量位置划出两条均为 100mm 长的相互垂直的十字划痕，或者两条相互垂直而不交叉的划痕（X 划痕与 Y 划痕）。划痕深度需要到达钣金层，并测出划痕的宽度。所有划痕的间距应不小于 50mm，并且远离部件的边缘。垂直或接近垂直的车身板面上的 X 划痕应平行于地面；水平或接近水平的车身板面上的 X 划痕应垂直于车辆行驶方向。

应按照要求确定温度测量点，并在相应位置安装温度传感器。软表面试样的温度传感器应安装在软表层/填充物叠层的分界面处，即刺穿软表层把温度传感器插入至少 13mm 并使其平行于表面，以确保温度感应点嵌入分界面内；其他试样表面的温度传感器使用耐高温不透明黏合剂粘接，粘接面宜尽可能小。进行车内空气温度和相对湿度测量时，在确定的测量点上安装温度、湿度传感器，安装的传感器应做遮光处理，不应密封。

太阳总辐射表应安装在测量部件的测量点上，安装应牢固。黑标温度传感器应安装在测量部件的测量点上，与之配套的太阳总辐射表应安装在对应的黑标温度传感器旁。

在北半球，样车的前风窗玻璃朝正南方向；在南半球，样车的前风窗玻璃朝正北方向。如无特殊要求，室外大气跟踪太阳暴露试验应选择样车前风窗玻璃朝向太阳直射位置。

2. 测量项目

测量项目包括两大部分：气象测量、试验车辆测量。气象测量的要素至少包括气温（℃）、相对湿度（%）、降雨量（mm）、湿润时间（h）、太阳总辐射量（MJ/m^2）、太阳紫外总辐射量（MJ/m^2）以及风向、风速、大气压力等。

试验车辆测量根据试验的目的，可选择全部项目或部分项目进行检测。按表 8.3 中规定的整车外观检测内容进行各种老化现象的目测检查。检查时可采用 5~10 倍放大镜，对试样进行观察。在试样清洁前，进行预观察，再进行渗析物、长霉、起霜等老化现象的目测检查。

表 8.3 暴露试验车辆外观检测项目表

材料	检测项目																		
	光泽	颜色	粉化	裂纹	起泡	长霉	斑点	沾污	锈蚀	爆孔	变软	变硬	剥落	起霜	渗析物	细裂	变形	脆化	其他
涂层	○	○	○	○	○	○	○	○	○	○			○	○		○			○
塑料	○	○	○	○	○	○	○	○			○	○	○	○	○	○	○	○	○
人造革	○	○		○		○	○	○			○	○	○	○	○	○		○	○
纺织品	○	○				○	○	○							○			○	○
橡胶	○	○	○	○		○	○	○			○	○	○	○	○	○	○	○	○
金属件				○					○								○		○

注：标有“○”为检测项目。

3. 测量数据处理方法

1）失光率：按式（8.2）计算出在各暴露阶段的光泽损失率，即失光率（%）。

$$R_{\Delta gloss}=\frac{A_0-A_i}{A_0}\times 100\% \tag{8.2}$$

式中 $R_{\Delta gloss}$——失光率；

A_0——老化前光泽测定值，单位为光泽单位（GU）；

A_i——老化后光泽测定值，单位为光泽单位（GU）。

2）色差与鲜映性值变化率：按式（8.3）计算其在各暴露阶段的色差值，根据需要也可以按式（8.4）计算其在各暴露阶段的色相差值。

$$\Delta E_{ab}^*=[(\Delta L^*)^2+(\Delta a^*)^2+(\Delta b^*)^2]^{1/2} \tag{8.3}$$

$$\Delta H^*=[(\Delta E_{ab}^*)^2-(\Delta L^*)^2-(\Delta c^*)^2]^{1/2} \tag{8.4}$$

式中 ΔE_{ab}^*——色差；

ΔH^*——色相差（色调差）；

ΔL^*——明度差；

Δa^*、Δb^*——色度差；

Δc^*——色饱和度差（彩度差）。

3）测量点位鲜映性值在各暴露阶段的变化率（%）：按式（8.5）计算。

$$R_{\Delta DIO}=\frac{P_0-P_i}{P_0}\times 100\% \tag{8.5}$$

式中 $R_{\Delta DIO}$——鲜映性值变化率；

P_0——老化前的鲜映性值；

P_i——老化后的鲜映性值。

4）外观目测结果：对粉化、变色、失光、裂纹、长霉、沾污、斑点、生锈、泛金、脱落、起泡等外观老化现象进行等级评定。

5）划痕腐蚀检测结果：划痕涂层区域最大腐蚀宽度按式（8.6）和式（8.7）计算。

$$h_Y=y-y_0 \tag{8.6}$$

$$h_X=x-x_0 \tag{8.7}$$

式中 h_Y、h_X——垂直和水平划痕的最大腐蚀宽度，单位为mm；

y、x——垂直和水平划痕两侧涂层区域最大腐蚀点间的垂直距离，单位为mm；

y_0、x_0——垂直和水平划痕原始宽度，单位为mm。

6）橡胶、塑料、人造革纤维和纺织品等外观老化结果：光滑表面的失光率按式（8.2）计算，有纹理表面的失光率按式（8.8）计算。

$$R_{\Delta gloss}=\frac{B_0-B_i}{B_0}\times 100\% \tag{8.8}$$

式中 $R_{\Delta gloss}$——失光率；

B_0——老化前4个方向的光泽平均值，单位为光泽单位（GU）；

B_i——老化后4个方向的光泽平均值，单位为光泽单位（GU）。

7）TNR测量：根据测量的黑标温度和太阳总辐射量，按式（8.9）计算。

$$\mathrm{TNR} = \sum_{\mathrm{end}}^{\mathrm{start}} R\mathrm{e}^{\left[13.643-\left(\frac{5000}{T+273.15}\right)\right]} \tag{8.9}$$

式中　TNR——温度校正太阳总辐射量，单位为 $\mathrm{MJ/m^2}$；

R——测量点的太阳总辐射量，单位为 $\mathrm{MJ/m^2}$；

T——测量点的黑标温度，单位为℃。

4. 评价方法

根据试验结果，进行外观性能老化等级评定。试样外观老化变化分级以 0~5 的数字级别表示。“0”表示无老化，“5”表示严重老化，必要时可采用中间的半级来对所观察到的老化现象做更详细的记录。

（1）目测结果评价　评定试样外观可见的均匀老化，可用老化的程度评级，见表 8.4。

表 8.4　均匀老化程度评定表

等级	老化程度
0	无变化，即无可觉察的老化
1	很轻微，即有刚可觉察的老化
2	轻微，即有明显觉察的老化
3	明显，即有很明显觉察的老化
4	较严重，即有较大老化
5	很严重，即有很大老化

评定试样外观非连续性或局部不规则的老化现象，按试验有效面内出现老化的破坏密度程度进行评级，见表 8.5。

表 8.5　分散老化密度评定表

等级	老化密度（即相对于考核面的破坏密度）
0	无，即无可见的老化
1	很少，即刚有一些值得注意的老化
2	少，即有少量值得注意的老化
3	中等，即有中等数量的老化
4	较多，即有较多数量的老化
5	密集，即有密集型的老化

对一些有大小意义的分散老化现象，应同时以老化大小程度（即最大老化处大小）进行评级，老化大小表示的评级原则见表 8.6。

表 8.6　分散老化大小评定表

等级	老化大小
0	10 倍放大镜下无可见老化
1	很小，即刚出现值得注意的很小形状的老化
2	小，即出现可见的小形状的老化
3	较大，即出现明显可见的较大形状的老化
4	大，即出现很显著的大形状的老化
5	很大，即出现严重的很大形状的老化

（2）客观测试结果评价　客观测试结果评价见表 8.7。

表 8.7 客观测试结果评价

等级	失光率(%)	色差(ΔE)
0	≤3	≤1.5
1	4~15	1.6~3.0
2	16~30	3.1~6.0
3	31~50	6.1~9.0
4	51~80	9.1~12.0
5	>80	>12.0

8.3.5 强化腐蚀试验

强化腐蚀试验是指在试验场及试验场道路上进行的具有盐雾喷射、可靠性试验道路行驶、高温高湿停放等内容的汽车道路试验。强化腐蚀试验都是在试车场完成的，而试车场实际上就是一个大型的实验室，通过将不同的腐蚀试验工况按照一定的试验流程组合在一起，以达到对整车进行加速腐蚀的目的。

1. 试验条件

强化腐蚀综合道路一般应包括碎石路、沙土路、盐水路、泥浆路、盐水搓板路、波形路、丙种石块路、乙种搓板路，共分为 4 个车道，具体布置如图 8.5 所示。

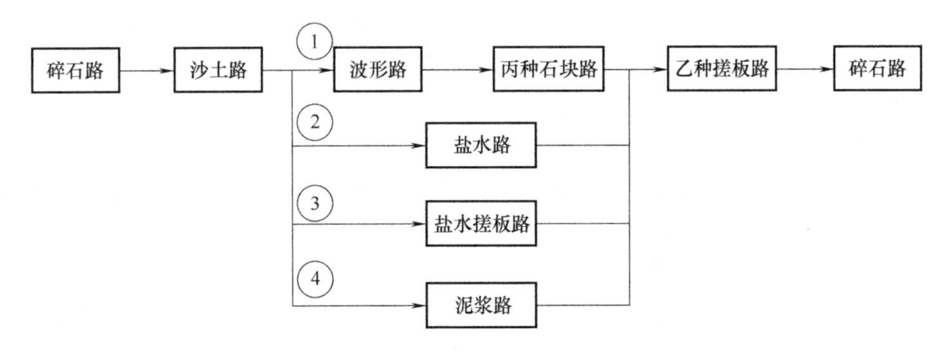

图 8.5 强化腐蚀综合道路

试验前应进行车辆磨合试验，试验车辆燃油加注量不应超过油箱容积的一半；清洗试验车辆的车身和底盘；在试验车辆发动机舱盖、顶棚、前/后翼子板、前/后车门、行李舱盖等部位测量漆膜厚度；对试验车辆上应防水的电子连接部件进行保护性防护。对试验车辆发动机舱（动力总成件及机舱内其他金属件）、底盘区域（底盘部件及车身下部的金属件）、车身（车身面板、车身底板、顶盖、发动机舱盖、行李舱盖、车门、车窗、车内金属部件等）进行检查和拍照记录。

试验车辆进行试验前预行驶，具体要求如下：

1）试验车辆在试验场强化腐蚀综合道路上行驶 500km，其中以 70km/h 的车速通过碎石路。

2）试验车辆以 115km/h 的车速在高速跑道上行驶 160km。

3）试验车辆预破坏行驶，以 70km/h 的车速跟随前车行驶通过碎石路，行驶 100km，车距 10~15m（对试验车辆前照灯及雾灯应进行保护）。

确定试验强度，在试验车辆规定部位悬挂钢板以控制试验强度；试验车辆在测试要求的规定部位进行划痕处理。

2. 试验方法

下面以海南试验场为例，详细介绍强化腐蚀试验的方法。试验车辆以 80km/h 车速在高速跑道上行驶 24km；每行驶 6km 以 $5m/s^2$ 的减速度进行一次制动停车，共进行 4 次。试验车辆经碎石路行驶到 20%坡道上驻车，停留 3~5min 后开至坡顶平面上停车，打开各车门再关上，然后在下坡中驻车 3~5min 后，再开回坡底平面上停车，再次开关各车门一次。

试验车辆以 80km/h 车速在高速跑道上行驶 24km。试验车辆驶入干燥室，打开所有的车门、窗、发动机舱盖和行李舱盖，让试验车辆自然停放 60min。并开启一次电器功能件，如各车灯、仪表、收录机、空调和玻璃升降器等。

试验车辆驶入盐雾间，切断电源，关上所有的车门、窗，关掉发动机并喷射盐雾 2min，然后保持 20min。

试验车辆在强化腐蚀综合道路上行驶 7 圈约 14km，其中以 70km/h 车速通过碎石路。第 1 圈行驶②车道（以 15km/h 的车速通过盐水路）；第 2 圈行驶③车道（以 50km/h 的车速通过盐水搓板路）；第 7 圈行驶④车道（以 15km/h 的车速通过泥浆路，此工况只在试验进行到第 3、7、13、17、23、27、33、37……试验循环时进行，直至试验结束）；其余圈数行驶①车道。

试验车辆进入可靠性试验道路行驶 5km，然后以 70km/h 车速在平坦的水泥路段上行驶并以 $4.5m/s^2$ 减速度进行制动，将车速降至 8km/h。

试验车辆驶入高温高湿室，切断电源，关闭所有的车门、窗、发动机舱盖和行李舱盖，使汽车在温度为 50℃±2℃、相对湿度为 95%±3%的环境中停放 5.5h。

试验车辆驶出高温高湿室，以 80km/h 车速在高速跑道上行驶 30km，每行驶 6km 后以 $5m/s^2$ 的减速度进行一次制动停车，共进行 5 次，然后试验车辆以 50km/h 车速在平坦的水泥路段上进行一次紧急制动停车。

将试验车辆驶入干燥室，打开所有的车门、窗、发动机舱盖和行李舱盖，让汽车自然停放 3.5h。

试验车辆在强化腐蚀综合道路①车道上行驶 7 圈约 14km，其中以 70km/h 车速通过碎石路，偶数循环清洗试验车辆外表面（不要冲洗底部）。

将试验车辆驶入高温高湿室，切断电源，关闭所有的车门、窗、发动机舱盖和行李舱盖，使汽车在温度为 50℃±2℃、相对湿度为 95%±3%的环境中停放 10.5h。

试验车辆完成上述各项试验为一个试验循环结束（约 24h 完成一个循环）。除非试验车辆出现故障或因其他原因（如气候等）不能进行试验，每一个试验循环应连续进行。在完成前 5 个试验循环后，在高温高湿室里停放 2 天，以后每完成 5 个试验循环后在高温高湿室里停放一次，停放时间的长短可根据车辆状态适当调整。每 10 个循环，执行一次在地毯下洒入 250mL 2wt% NaCl 盐水的操作。

3. 试验测量

每个试验循环完成后，按常规检查试验车辆各部位及功能件腐蚀情况。每 10 个试验循环后对试验车辆进行全面清洗（包括底部），对车身划痕进行检查及测量，并进行漆膜厚度测量，详细记录钢板挂样、车身划痕、腐蚀等级、漆膜厚度、腐蚀情况（拍照记录）等结果。

试验达到设定的循环数时试验结束，推荐 60 个和 100 个试验循环。当试验车辆出现主要总成或重点考核总成损坏、功能衰退严重，或者严重锈蚀导致试验无法继续进行，可提前终止试验。

4. 整车腐蚀程度评价

整车腐蚀程度等级评定见表 8.8，对应的腐蚀程度照片如图 8.6 所示。

表 8.8　腐蚀等级评定

等级	腐蚀程度	腐蚀情况描述	等级	腐蚀程度	腐蚀情况描述
0	无腐蚀	无任何腐蚀现象，见图 8.6a	5	大面积腐蚀	大面积的锈蚀区域或大量大尺寸的锈点；60%≤锈蚀面积占部件总面积<100%，见图 8.6f
1	微量腐蚀	1~5 个小的锈点，见图 8.6b	6	全面积腐蚀	锈蚀面积占部件总面积的 100%，见图 8.6g
2	轻微腐蚀	较多小的锈点；锈蚀面积占部件总面积<10%，见图 8.6c	7	严重腐蚀	有少量锈垢堆积，不易脱落，见图 8.6h
3	轻度腐蚀	一些中等尺寸的锈点；10%≤锈蚀面积占部件总面积<40%，见图 8.6d	8	非常严重腐蚀	有大量锈垢堆积、开裂或呈片状脱落，见图 8.6i
4	中等腐蚀	很多中等尺寸的锈点或较大面积的锈蚀区域；40%≤锈蚀面积占部件总面积<60%，见图 8.6e	9	穿孔	穿孔、断裂、扩展延伸孔，见图 8.6j

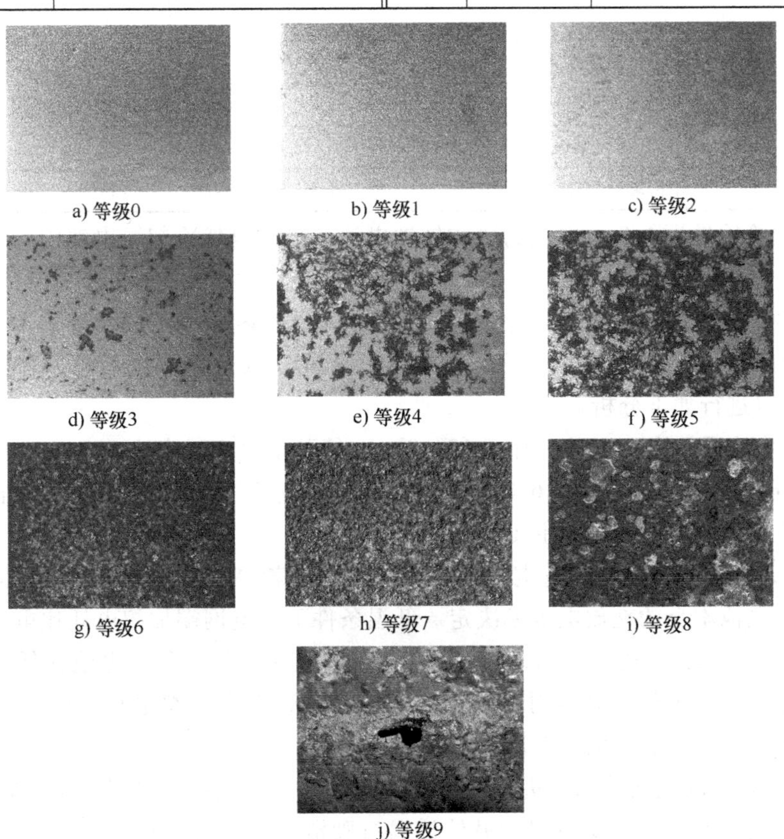

图 8.6　腐蚀等级示意图（见彩插）

8.4 汽车环境适应性数据分析案例

纯电动汽车在低温环境下能耗会变高，续驶里程会变短，该特点在我国北方地区很明显，低温会严重影响纯电动汽车性能。下面对某纯电动汽车低温环境能耗数据与常温能耗数据进行对比分析，详细数据见表 8.9。

表 8.9 某纯电动汽车低温与常温能耗数据对比

序号	数据项	单位	25℃数据	-7℃数据
1	滑行阻力曲线	N	—	比常温高 10%
2	CLTC 工况电池对外放电	kW·h	3.28	5.03
3	CLTC 工况电池能量回收	kW·h	0.52	0.46
4	CLTC 工况电机能耗	kW·h	3.18	3.75
5	CLTC 工况电机能量回收	kW·h	0.53	0.66
6	CLTC 工况 DC/DC 电耗	kW·h	0.04	0.12
7	CLTC 工况空调电耗	kW·h	0	1.11
8	SOC 至 20%，电池对外放电	kW·h	43.95	39.74
9	SOC 至 20%，电池总能量回收	kW·h	2.42	2.02
10	SOC 至 20%，电池对外总放电	kW·h	41.53	37.72
11	电网充电量	kW·h	43.97	42.23
12	电池端加权电耗	(kW·h)/100km	16.8	28.0
13	计算续驶里程	km	247.8	134.9
14	电网端加权电耗	(kW·h)/100km	17.8	31.3

该汽车试验质量为 1.9t，电池为磷酸铁锂电池，采用自然冷却，电池内部有加热膜，温度低于 5℃时会开启加热。试验是在带底盘测功机的环境舱里面进行的，低温试验前需要浸车，将电芯最低温度降至-7℃，试验过程中开启空调加热采暖，试验采用的是 CLTC-C 工况，试验采用缩短法，表 8.9 中 CLTC 工况是电池 SOC 低于 90%以后的循环数据。根据表 8.9 数据，可以进行如下分析：

1）低温续驶里程从 247.8km 降至 134.9km，续驶里程衰减率达 46%。

2）低温电池端加权电耗从 16.8kW·h/100km 升高至 28kW·h/100km，电耗率增加了 66%，这是导致续驶里程衰减的主要原因。

3）常温条件下，电网端加权电耗比电池端加权电耗高 1kW·h/100km，主要由充电桩自身的效率、电池本身的充放电效率决定。低温条件下，电网端加权电耗比电池端加权电耗高 3.3kW·h/100km，相比于常温，这个数据更高，其根本原因是，电池在低温对外放电同时，内部加热膜也在工作，导致对外放出的电量变少，即电网端电耗与电池端电耗差异明显，这是导致续驶里程衰减的次要原因。

4）对 CLTC 工况电池端电耗进行分解，其中空调采暖电耗增加了 1.11kW·h，这是导致低温电池端电耗增加的主要原因，另外低温行驶滑行阻力设定增加了 10%，导致电机能耗由 3.18kW·h 变为 3.75kW·h，这是导致低温电池端电耗增加的次要原因。

根据上述分析，把影响低温续驶各因素的贡献比例进行量化，结果如图 8.7 所示。

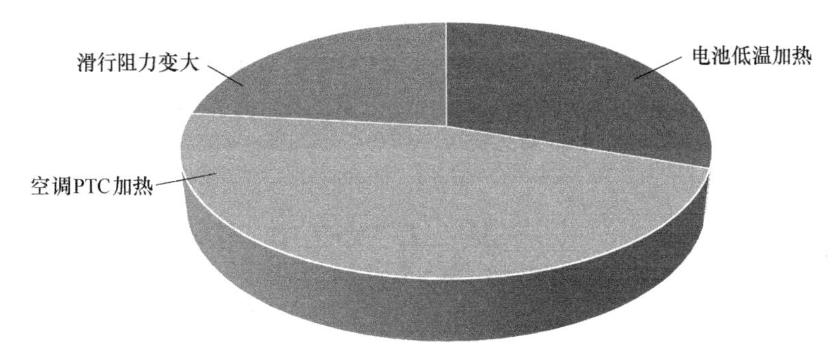

图 8.7 某纯电动汽车-7℃续驶里程衰减贡献占比

第9章 汽车整车噪声试验

众所周知，汽车噪声对人体是有害的，其损害主要表现在两个方面。首先是心理方面的影响，人体长时间暴露在噪声环境中容易引起心情烦躁、注意力下降、反应迟钝、疲劳等症状，因此噪声在一定程度上也会影响交通安全；另外，当驾驶员或乘客长时间暴露在噪声环境中，容易引起耳聋等生理性的病变。道路交通噪声已逐渐成为城市环境噪声的主要污染源和环境噪声控制的难点，西方发达国家早在20世纪60年代就开始了汽车噪声的防治和研究。我国在20世纪70年代也颁布了机动车辆噪声和试验方法的国家标准GB 1495—1979《机动车辆允许噪声》和GB/T 1496—1979《机动车辆噪声测量方法》。2002年，国家对汽车噪声标准进行了升级，现行有效的噪声标准为GB 1495—2002《汽车加速行驶车外噪声限值及测量方法》。随着电动汽车的发展，因汽车的最大噪声源发动机被取代，车辆车外噪声显著下降，尤其是汽车低速行驶时，行人很难提前识别出身边的电动汽车，这也容易引发交通事故，这就要求汽车必须安装噪声发生装置，即车辆声学警告系统（AVAS），也称电动汽车低速行驶提示音系统。该系统会在车速低于20km/h时启动并发出声音，向周围行人和道路使用者提示电动汽车的存在，防止行人被电动汽车撞到。因此，车辆噪声测试是汽车测试工作中必不可少的测量项目。

9.1 汽车整车噪声评价指标

声音是我们日常生活中经常遇到的一种自然现象，当物体振动时就会扰动周围的空气发生振动，因为空气是一种弹性体，压缩后会扩张，然后又会被压缩，由于这种不断的扰动，空气就形成了一定的压力，从而产生了声波。空气在单位时间内产生的振动次数称为声音的频率，单位是赫兹（Hz），振动一次所消耗的时间称为周期，单位为秒（s），两者之间的关系见式（9.1）。

$$f=\frac{1}{T} \tag{9.1}$$

式中 T——一个波的周期，单位为s；

f——一个波的频率，单位为Hz。

声音的频率处于20~20000Hz时，人耳可以听到，低于20Hz的声波称为次声波，高于20000Hz的声波称为超声波。

两个相邻的同相位质点之间的距离称为波长，单位为米（m）。声音在空气中传播的速度，称为声速，单位是米每秒（m/s），其传播速度主要与流体的特性和气体的热力学温度有关，空气中的声速在 1 个标准大气压和 15℃的条件下约为 340m/s。声速 c 和频率 f（或周期 T）及波长 λ 之间的关系见式（9.2）。

$$\lambda = cT = \frac{c}{f} \tag{9.2}$$

声波的频率是由声源的振动频率所决定的，与介质的运动无关。

噪声的评价指标大致分为客观评价指标和主观评价指标。客观评价量是对噪声强弱的物理量度，主要包括声压和声压级、声功率和声功率级、声强和声强级，语言清晰度等。而主观评价量则表征了人耳对噪声频率和强弱的综合感受，一般称为声品质。

9.1.1 声压与声压级

当声波在弹性介质中运动时，使介质中的压力在稳定压力附近增大或者减小，这个压力的变化称为声压，它表示某一声波作用在单位面积上压力的大小。声压（p）的单位为牛顿每平方米（N/m^2），也称为帕斯卡（Pa），声压一般在 2×10^{-5}~20Pa 的范围之内。正常情况下，人耳在声波频率为 1000Hz 时能够感受到的最小声压为 2×10^{-5}Pa，此声压称为基准声压 p_0，也称为听阈声压。当声压达到 20Pa 时，人耳将产生疼痛，称为疼阈声压。声压的大小可以量度声音的强弱，声压越大，则声音越强，反之则声音越弱。介质中任何一点的声压都是随时间变化的，每一时刻声压 p（瞬时声压）总是以静压强为平衡点正负反复变化。某段时间 T 内瞬时声压的均方根值称为有效声压 p_e，见式（9.3）。

$$p_e = \sqrt{\frac{1}{T}\int_0^T p^2(t)\,dt} \tag{9.3}$$

如上所述，人耳能够承受的声压范围广，因此用声压来表示不同声音的大小非常不方便。另外大量的试验表明，人们对于声音强弱变化的感觉，并不是与声压绝对值有关，而是与声压相对值的对数有直接关系，因此常用声压绝对值的对数来表示声音的大小，称为声压级 L_p，常用单位是 dB，见式（9.4）。

$$L_p = 20\lg\frac{p_e}{p_{ref}} \tag{9.4}$$

式中 p_{ref}——参考声压，取值为 2×10^{-5}Pa。

声压的变化范围为 2×10^{-5}~20Pa，故对应的声压级的变化范围为 0~120dB。我们经常在科技文献中看到声压级的单位是 dB（A），其中的 A 代表 A 计权，是一种用于音频测量的标准权重曲线，用于反映人耳对噪声频率的响应特性，因为人耳对不同频率声音的感受不同。在用仪器测量声压时，必须使测量仪器具有和听觉一样的频率响应特性。在声学测量设备中，通常根据等响度曲线设定一定的频率计权点网络，使接收的声音按照不同程度进行频率滤波，以模拟人耳的响度感觉特性。一般设置 A、B 和 C 三种计权网络，其中 A 计权网络是模拟人耳对 40phon 纯音的响度，用 dB（A）表示。A 加权是车辆道路噪声评价中最为常用的评价指标。

9.1.2 声功率和声功率级

在噪声测量中，声功率是指声源在单位时间内向外辐射的声能。单位是瓦（W），声能量是以声速 c 传播的，因此平均声能量流或平均声功率应等于声场中以 S 为底面、高度为 c 的柱体内所包含的平均声能量，见式（9.5）。

$$\overline{W}=\overline{\omega}cS \tag{9.5}$$

式中 c——声速，单位为 m/s；

S——声波的作用面积，单位为 m^2；

$\overline{\omega}$——自由声场中声能密度，单位为 J/m^3，定义见式（9.6）。

$$\overline{\omega}=\frac{p_e^2}{\rho_0 c^2} \tag{9.6}$$

式中 p_e——有效声压，单位为 Pa；

ρ_0——静态时的空气密度，单位为 kg/m^3。

与声压级相同，声功率与基准声功率之比的以 10 为底的对数乘以 10 为声功率级 L_w，见式（9.7）。

$$L_w=10\lg\frac{W}{W_0} \tag{9.7}$$

式中 W_0——参考声功率，取值为 10^{-12}W。

必须指出，声压级与声功率级不同，声压级是表示声场中某点的声学性质，取决于距离、声源的位置和环境，即有无底面的反射，是否在房间内部，还有房间的体积和声音残留的时间。所以测试一个风扇的声压级，在室内和室外测试的结果是不同的，在室外，更多声音的能量发射到大气中去了；同理，如果这个风扇是在墙角，墙面会反射声波，凝聚能量；如果风扇在房间地板的中心，那它将发射更多的半球面波，声压级会有所不同。远离声源会降低声压级，在室外尤其明显。而声功率级则表示声源向周围空间辐射功率的大小，它不依赖于距离、位置或者环境，因为它是一个理论值，也是一个绝对值，它不能直接测得，噪声源无论放在何处，都具有相同的声功率。在车辆噪声测试中，通常利用声功率的指标评价噪声源的噪声大小，例如发动机的噪声大小、驱动电机的噪声大小等。

9.1.3 声强与声强级

声场中某点处，与质点速度方向垂直的单位面积上单位时间内通过的声能量称为瞬时声强，它是一个矢量。对于稳定声场，声强是指瞬时声强在一定的时间 T 内的平均值，即单位时间内通过垂直于声波传播方向上单位面积的平均声能量，单位为 W/m^2，见式（9.8）。

$$I=\frac{\overline{W}}{S}=\overline{\omega}c=\frac{p_e^2}{\rho_0 c} \tag{9.8}$$

声音的声强级 L_I 为声强 I 与参考声强 I_0 之比的常用对数，见式（9.9）。

$$L_I=10\lg\frac{I}{I_0} \tag{9.9}$$

式中 I_0——参考声强，取值为 $10^{-12}W/m^2$。

因为声强包含用于描述声能幅值和流速的必要信息，因此在车辆声学测量中常利用声强这个物理量来确定和量化主要噪声源和其传递路径，确定结构的声传递损失等。例如工程中经常使用声强方法在一个混响室和一个消声室来测量汽车前围板等部件的声传递损失。轮胎噪声仪也是基于声强的噪声测量仪器。

9.1.4 语言清晰度

语言清晰度是汽车噪声测量中常用的评价指标。在汽车 NVH 领域，语言清晰度主要应用于评价车内噪声环境对驾乘人员的语言信息交流的影响，反映车内噪声的频率分布和能量分布的特征。该指标描述了在噪声环境下说话的清晰程度，常用百分数来表述，100%表示说话完全听得清楚，0%表示说话完全听不清楚。人类说话的声音有其自身的频谱特性，频率基本上处于 200~6000Hz 范围内，声压级基本上处于 30~60dB。当背景噪声超过说话时，说话的声音就听不清楚了，当噪声超过一定声级时，说话声音就完全听不见了，此时的背景噪声定义为上限噪声。同理，当说话声音超出背景噪声一定声级时，说话完全听得清楚，此时的背景噪声定义为下限噪声。但当背景噪声处于上、下限噪声之间时，语言清晰度与背景噪声的频率特性和信噪比两个参数都有关系。

语言清晰度指数的计算方法在美国标准 ANSI S3.5 和我国国家标准 GB/T 15485（参照 ANSI S3.5 编制）中作了详细的规定。根据标准中规定的方法，需要先测试或者估算出语音的频谱以及测点处的噪声的有效掩蔽谱，进行语言清晰度指数的计算。在汽车 NVH 领域，通过规定一个标准的语音频谱（普通人群的综合平均值），只要测量车内的噪声频谱，就可以直接计算获得清晰度指数。

标准的语言清晰度可以通过下式计算

$$\mathrm{AI} = \sum_{i=1}^{n} (\mathrm{S/N})_i W_i \tag{9.10}$$

式中 S/N——信噪比；

W_i——第 i 个频带的清晰度权重因子。

AI 的计算频谱见表 9.1，在下限声级上加 30dB 得到上限声级。当噪声级超过上限声级，则 AI 值为 0%；当噪声级低于下限声级，则 AI 值为 100%；当噪声级处于上、下限声级之间时，AI 值取 0~1 之间的线性插值。噪声级越低，则 AI 值越高。

表 9.1 AI 的声级范围（A 计权）和计权因子

频率/Hz	下限声级/dB(A)	上限声级/dB(A)	计权因子 W
200	23.1	53.1	1
250	30.4	60.4	2
315	34.4	64.4	3.25
400	38.2	68.2	4.25
500	41.8	71.8	4.5
630	43.1	73.1	5.25
800	44.2	74.2	6.5
1000	44	74	7.25
1250	42.6	72.6	8.5
1600	41	71	11.5
2000	38.2	68.2	11

（续）

频率/Hz	下限声级/dB(A)	上限声级/dB(A)	计权因子 W
2500	36.3	66.3	9.5
3150	34.2	64.2	9
4000	31	61	7.75
5000	26.5	56.5	6.25
6300	20.9	50.9	2.5

将 1/3 倍频程噪声级评估得到的 AI 值（AI 原始值）乘以对应的计权因子，就可以得到 AI 的计权值，再将 200～6300Hz 的所有 1/3 倍频程的 AI 计权值相加后得到最终 AI 的百分值。

9.2 汽车噪声试验常用设备

描述声波最重要的指标是声压级，它同时也是测量声强、声功率等声学指标的基础，在工程实践中测量声压比测量质点的振动速度和位移更加简单和直接。噪声测试的设备通常包括传声器、电压放大器、信号采集仪和信号后处理系统，如图 9.1 和图 9.2 所示。另外汽车道路噪声测试过程中也经常用到声级计、声强探头和声源定位系统等，如图 9.3～图 9.5 所示。

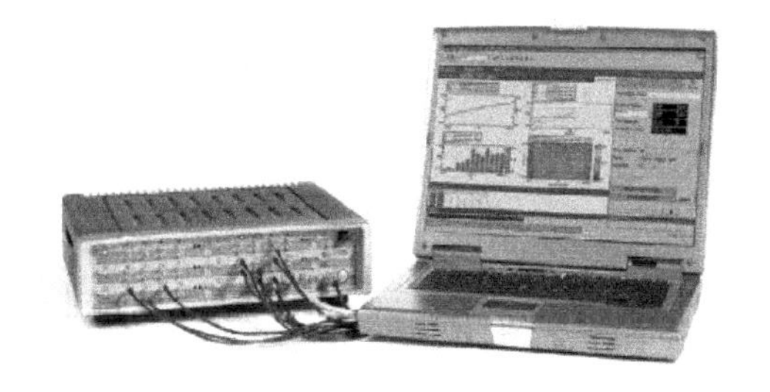

图 9.1　LMS 多通道数据采集系统

图 9.2　声望 MA231 型传声器

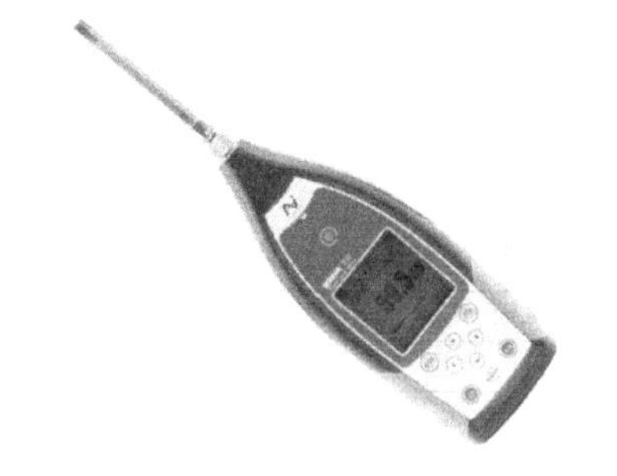

图 9.3　声级计

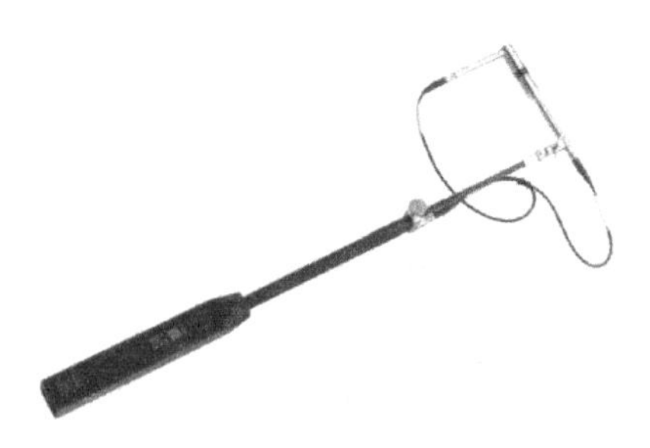

图 9.4　声强探头

9.2.1　声级计

声级计是噪声测量中最为常用的便携式仪器，可以直接测量声压级并可以选择不同的计权方式。它与其他仪器配合还可以进行频谱分析，常用在车外通过噪声测试和简单的车内噪声测试中。声级计按精度可分为精密声级计和普通声级计。精密声级计的测量误差为±1dB，普通声级计为±3dB。汽车道路试验过程中常用的声级计是精密级声级计，它由电容式传声器、前置放大器、衰减器、放大器、频率计权网络以及有效值指示表头等组成。声级计的工作原理是：由传声器将声音转换成电信号，再由前置放大器变换阻抗，使传声器与衰减器匹配；放大器将输出信号加到计权网络，对信号进行频率计权（或外接滤波器），然后再经衰减器及放大器将信号放大到一定的幅值，送到有效值检波器（或外接电平记录仪），在指示表头上给出噪声声级的数值。

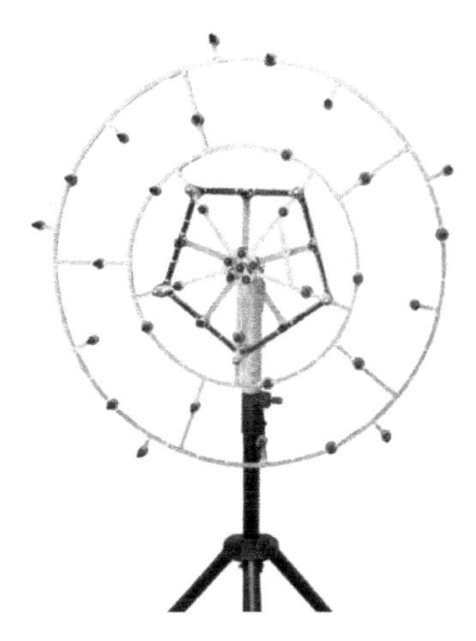

图 9.5 声望 SPS980 型声源定位系统

声级计中的频率计权网络有 A、B、C 三种标准计权网络。根据不同的目的和噪声特性，可以选用其中的一个或者几个进行噪声测量，在汽车道路试验中一般选择 A 计权网络。

测量噪声的声级计，按照表头响应灵敏度可以分成四种：

1）“快”测量档位：表头时间常数为 125ms，一般用于测量波动较大的不稳态噪声和交通运输噪声等。快档接近人耳对声音的反应，测得的声压级为有效值，即均方根值。

2）“慢”测量档位：表头时间常数为 1000ms，一般用于测量稳态噪声，测得的声压级为有效值，即均方根值。

3）“脉冲或脉冲保持”：表针上升时间为 35ms，用于测量持续时间较长的脉冲噪声，如冲床、摆锤等，测得的是声压最大有效值。

4）“峰值保持”：表针上升时间小于 20ms，用于测量持续时间很短的脉冲声，如枪、炮和爆炸声，测得的数值是峰值，即最大值。

9.2.2 传声器

传声器是声学测量中最常用、最基本的测量传感器，俗称为麦克风。传声器的作用是把声音信号转换成交流电信号。因为电容式传声器具有性能稳定（其灵敏度随温度、湿度、气压和时间等环境条件的变化很小）、动态范围宽、频率响应曲线平直和体积小等特点，故当今测量声压普遍使用电容式传声器，因此，在这里主要介绍电容式传声器。

传声器由非常薄的振动膜片和紧靠膜片的背板组成，膜片和背板相互绝缘，构成了以空气为介质的电容器的两个电极，如图 9.6 所示。两个电极上加有电压（极化电压 200V 或 28V），电容器充电，并存有电荷，当声波作用在膜片上时，膜片发生振动，使膜片与后背板之间的距离发生变化，电容随之发生变化，因此就产生了一个随着声波成比例变化的交变电压信号。

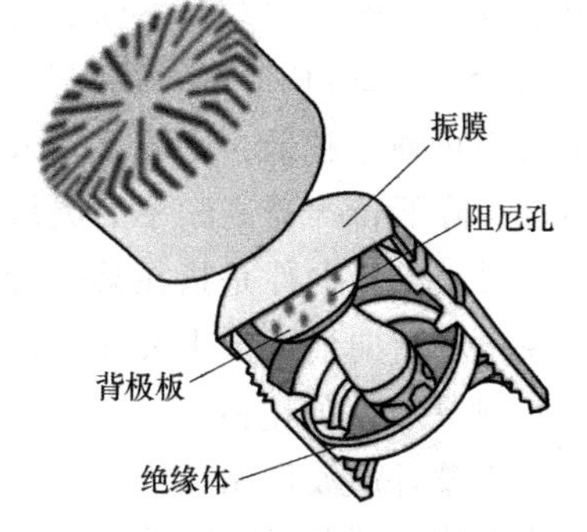

图 9.6 电容式传声器结构图

当膜片受到压力作用时，振动的位移是非常小的，因而输出电容也非常小。另一方面，如果没有声波作用到传声器，由于周围空气压力的起伏和传声器电路的热敏噪声等原因都会导致传声器存在杂散电容。为了提高传声器的

灵敏度，应减少杂散电容，因此，传声器极头常和第一级前置放大器靠得非常近。一个完整的传声器由极头和前置放大器组成，如图 9.7 所示。由于电容式传声器的电容量很小，故需要一个高阻抗负载以保证其具有低的下限截止频率。

图 9.7　传声器组成

对于传声器的直径，我国汽车行业采用英制尺寸系列，如 1in、1/2in、1/4in 和 1/8in，也有些国家采用毫米单位，对应的尺寸为 24mm、12mm、6mm 和 3mm，最常用的为 1/2in 传声器。

通常传声器直径尺寸大，则灵敏度高，频率范围窄，可测的声压级下限低；直径尺寸小，则灵敏度低，频率范围宽，可测的声压级下限高。

传声器的性能指标主要包括灵敏度、灵敏度频率响应、灵敏度指向性、输出阻抗、等效噪声级和动态范围等。

电容式传声器的灵敏度有三种：自由场灵敏度、声压灵敏度和扩散场灵敏度。自由场是指声场中只有直达声，没有反射声。扩散场是声波在一封闭空间内多次漫反射而引起的，它满足以下条件：空间各点的声能密度均匀；从各个方向到达声场中某一点的声能流的概率相同；声场中各方向到某点的声波相位是无规则的。传声器自由场灵敏度是传声器输出电压与传声器放入前该点自由场有效声压之比。传声器声压灵敏度是指传声器输出端的开路电压与作用在传声器膜片上的声压的比值。传声器扩散场灵敏度是传声器输出端的开路电压与传声器未放入前该点扩散场声压的比值。传声器灵敏度的单位是 V/Pa（或者 mV/Pa），例如 1in 电容式传声器标称灵敏度为 50mV/Pa。

传声器置于指定条件下，并在恒压声场中和给定入射角的声波作用下，其灵敏度和频率的关系称为灵敏度频率响应。按照声场关系可以分为声压灵敏度频率响应和自由场灵敏度频率响应等。图 9.8 为某款 1/2in 传声器的频率响应曲线图，图中上面曲线为 0°入射的自由场灵敏度频率响应曲线，下面曲线为声压灵敏度频率响应曲线。这款预极化传声器频率响应范围为 15Hz~20kHz。传声器的频率响应下限截止频率通常由前置放大器的输入电阻值决定，下限截止频率越低，则要求输入电阻值越大。在高频段，灵敏度反比于总电容，任何附加电容都会降低传声器高频率的灵敏度。

灵敏度指向性是指在某一特定频率下，传声器灵敏度随声波入射方向变化的特性。通常用灵敏度指向性函数来表征，该函数为声波以 θ 角入射时传声器的灵敏度和轴向入射（$\theta=0°$）时灵敏度的比值。

当没有声波作用在传声器上时，由于周围空气压力的起伏和传声器电路的热敏噪声，会造成在传声器前置放大器端还有一定的噪声电压输出，称为固有噪声。固有噪声的大小决定

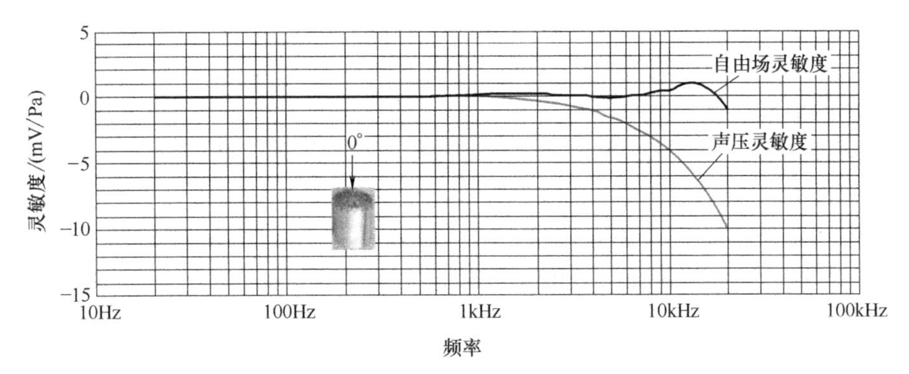

图 9.8 某款 1/2in 传声器频率响应曲线图

了传声器所能测量的最低声压级，也就是动态范围的下限。声波作用在传声器上，它所产生的输出电压的有效值与该传声器输出的固有噪声电压相等时，该声波的声压级就等于传声器的等效噪声级。如某款 1/2in 传声器的动态范围为 17~138dB，则 17dB 就是该传声器的最低声压级，也就是等效噪声级。等效噪声级与灵敏度有关，在固有噪声电压相同的条件下，灵敏度越高，等效噪声级越小。

在强声波作用下，传声器的输出会出现非线性畸变，当非线性畸变达到 3%时的声压级称为能测的最高声压级。因此，最高声压级减去等效噪声级就是传声器的动态范围，如某款 1/2in 传声器的动态范围为 17~138dB。因此，动态范围的上限受非线性畸变限制，下限受固有噪声限制。另外，动态范围很大程度上直接与传声器的灵敏度相关。通常，高灵敏度传声器能测量到非常低的声压，但不能测量太高的声压；而低灵敏度的传声器能测量高声压，但不能测量太低的声压。这就说明了为什么高灵敏度的传声器动态下限低，上限也低，而低灵敏度传声器的下限高，上限也高。图 9.9 为 GRAS 常见型号传声器的动态范围。

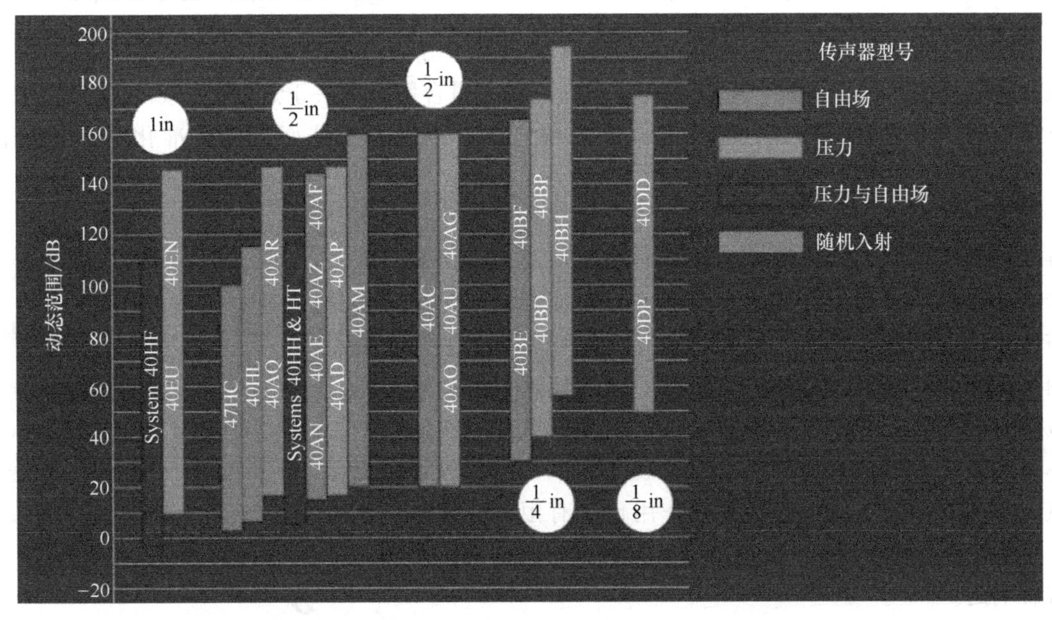

图 9.9 GRAS 常见型号传声器动态范围（见彩插）

稳定性是指温度、湿度、气压等大气条件的变化会影响传声器的灵敏度，其中温度影响比较严重。极化电容式传声器稳定性较好，工作的温度范围较宽（-50～+150℃），但预极化电容式传声器稳定性较差，通常只能在-30～+70℃下工作。另外，传声器的灵敏度还会随着时间的变化而变化，以及受测量环境中电场和磁场的影响，这就是为什么通常传声器在每次使用前均应该校准。

每一种传声器都有自己特有的声场应用类型，如自由场、压力场和随机场。通常，传声器型号中会注明声场的应用类型。自由场是最常用的声场类型，当声源位于传声器前方，且测量环境较为开阔时，宜选用自由场传声器。或者，声场本身就是自由场时，如在消声室测量，则应选用自由场传声器，如图 9.10 所示。

压力场传声器用于测量膜片前端表面的声压，典型的应用是测量封闭耦合器中的声压。图 9.11 所示为测量墙体或管壁边界的声压，此时传声器成为墙体或管壁边界的一部分。

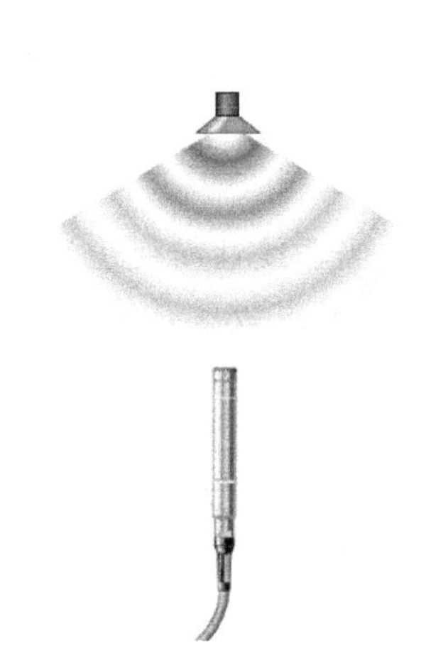

图 9.10　自由场传声器使用场景

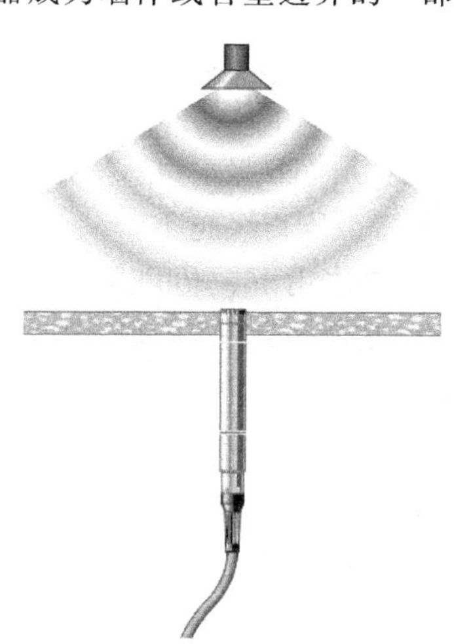

图 9.11　压力场传声器使用场景

随机场传声器用于测量声场，其中声音来自多个方向，如图 9.12 所示，例如在混响室或其他高反射环境中测量。来自所有方向的声波的组合影响取决于这些声波如何分布在各个方向上。对于这种传声器，基于统计考虑确定了标准分布，从而产生标准化的随机场传声器。

在声场中进行声压测量时，会受到测量环境的影响，如有风、雨等环境。风速较大时，会增加空气动力噪声对测量带来的影响，因此，应减小测量环境带来的影响。常用的传声器附件有风球、鼻锥、防风罩、三脚架和驱鸟套装等，如图 9.13 所示。当风速大于 5m/s 时，建议使用风球，它可以减小空气动力噪声，还可以防尘土和雨滴。风球可有效地减小风速带来的影响。在传声器上安装防风罩，通常可以降低风噪声 10～12dB，但是防风罩的作用也是有限的，如果测试环境的风速超过 20km/h，它对不太高的声压级测量结果也是有影响的。

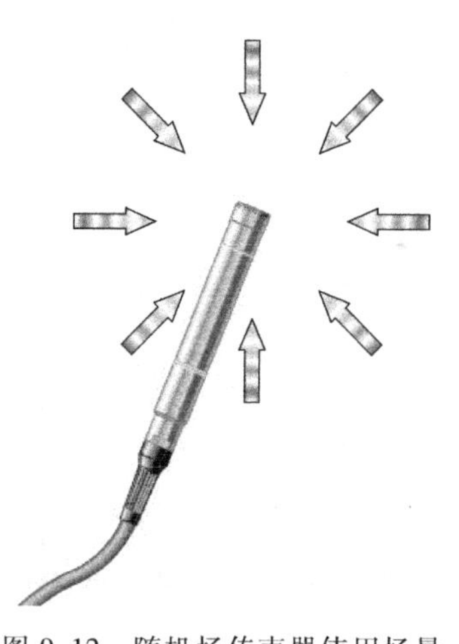

图 9.12　随机场传声器使用场景

声学试验时，选择传声器应该遵循以下原则：

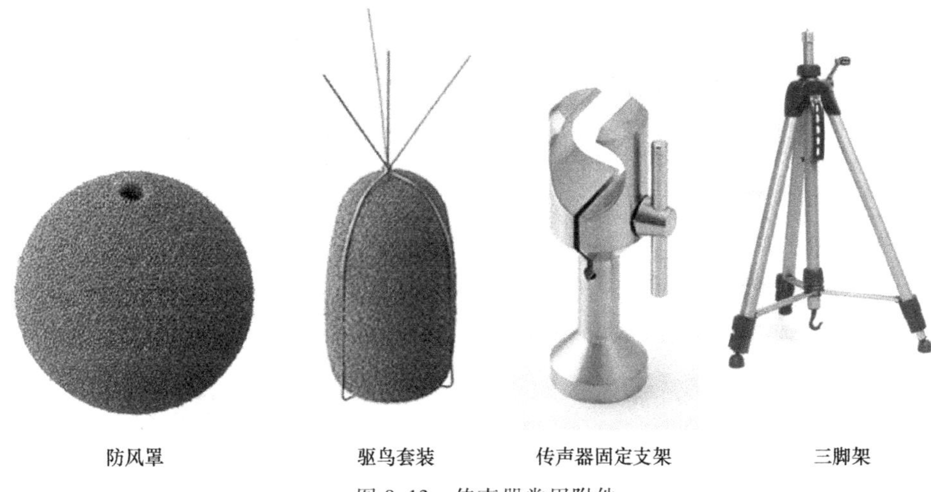

图 9.13 传声器常用附件

1）根据测量的声场类型来选择传声器。

2）根据测量的声压级上下限来选择动态范围合适的传声器。

3）根据关心的频率范围来选择合适的传声器。

4）对于低声压级测量，应选择高灵敏度的传声器，如测量冰箱噪声。

5）对于高声压级测量，应选择低灵敏度的传声器，如爆破测量。

6）根据测量环境来选择传声器附件，如风球、鼻锥等。

7）还需要考虑温度的影响，如果测量的环境温度太高，宜选用极化的电容式传声器。

9.2.3 传声器校准器

为保证测量的准确性，声级计和传声器在使用时要进行标定。声校准器是一种能在一个或几个频率点上产生一个或者几个恒定声压的声源，通常使用活塞发声器、声级计校准器或者其他声压校准仪器对声级计进行校准。

活塞发声器是在传声器的膜片上产生一个恒定的声压级，其工作频率一般为 250Hz，所以活塞发声器只能校准声级计，在校准时，频率计权必须放在“线性”档或者“C”档，不能在“A”档校准。使用活塞发声器进行校准时，要注意大气压对它的修正，特别是在海拔较高地区进行校准时不能忽略此影响。图 9.14 为 GRAS 42AA 型活塞发声器。

大部分标准声源的声压级为 94dB 或 124dB，94dB 标准声压级更接近于一般噪声测量的场合，有利于提高校准后声级计的测量准确度；采用 124dB 校准声压级时，由于声压级较高，即使在较高的背景噪声环境中也能准确校准，例如图 9.15 所示的 GRAS 42AG 多功能标定器。在常用的两种声级校准设备中，活塞发声器适合于精密声级计和其他要求较高的声级测量仪器的声级校准，而声级校准则适合于普通声级计和其他要求不高的声级测量仪器的校准。

9.2.4 声强探头

通过测量声压来确定物体的声功率，存在实际困难。尽管声功率可能与声压有关，但只有在经过仔细控制的条件下，才能对声场做出特殊假设，特殊构造的房间（如消声室或混响室）可以满足这些要求。传统上，为了测量声功率，必须将噪声源放置在这些房间中。但是，我们可以在任何声场中测量声强，无需做任何假设，这使得所有测量可以直接在现场进行。即使在所有其他机器或组件都在辐射噪声的情况下，也可以在单个机器或单个组件上进行测量，因为稳定的背景噪声对基于声强的声功率测量没有任何影响。

图 9.14　GRAS 42AA 型活塞发声器

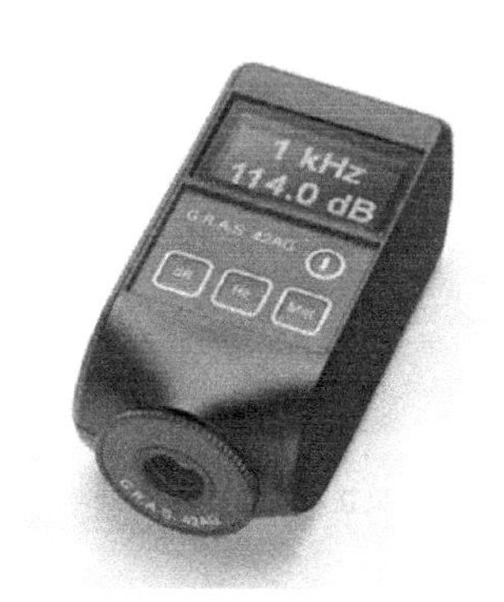

图 9.15　GRAS 42AG 多功能标定器

声强定义为声场中某点处，与质点速度方向垂直的单位面积上单位时间内通过的声能。它是该点处声压与质点振动速度的乘积，即 $I=pu$，方向与振动速度相同，因此声强是一个矢量。实际应用中，经常是瞬时声强的时间均值，见式（9.11）。

$$I_r = \frac{1}{T}\int_o^T p(t)u_r(t)\mathrm{d}t \tag{9.11}$$

式中　$u_r(t)$——声场中某点的瞬时质点速度在声传播 r 方向上的分量；

$p(t)$——声场中某点 t 时刻的瞬时声压；

T——声波周期的整数倍。

声压可以使用传声器进行测量，质点速度的测量相对较为困难，目前普遍采用的方法是选取两个性能一致的声学传声器，相距为 Δr，根据声波方程中质点速度与声压间的关系可以推导得到，见式（9.12）。

$$u_r \approx -\frac{p_B - p_A}{\rho_0 \Delta r} \tag{9.12}$$

式中　ρ_0——空气密度；

p_A、p_B——A、B 两点的声压级。

以上就是目前广泛使用的双传声器声强探头的基本原理，为了保证测量的精度。对于不同的测量频段的噪声要选用不同直径的传声器和不同的传声器间距 Δr，各种选配适用的频段推荐见表 9.2。

表 9.2　声强探头使用频段

间距 Δr	1/4in 传声器对	1/2in 传声器对
6mm	250Hz～10kHz	—
12mm	125Hz～5kHz	125Hz～5kHz
50mm	—	31.5Hz～1.25kHz

因为声强测量不需要特殊的声学环境，可在近场进行测量，测量既方便又迅速，因此在汽车噪声测试分析中得到了广泛的应用，可以用来鉴别声源和判定它的方位，可以画出声源

附件声能流动路线，可以测定吸声材料的吸声系数和隔声材料的隔声量，甚至在现场强背景噪声的情况下，可以通过测量包围声源的封闭包络面上各面元的声强矢量求出声源的声功率。

9.2.5　声阵列

声阵列又名声学照相机（仪），是利用传声器阵列测量一定范围内的声场分布的专用设备，可用于测量物体的位置和辐射的状态，并用云图方式显示出直观的图像，即声成像测量。将声像图与阵列上配装的摄像师所拍的视频图像以透明的方式叠合在一起，就可直观分析被测物产声状态。这种利用声学、电子学和信息处理等技术，将声变换成人肉眼可见的图像的技术可以帮助人们直观地认识声场、声波、声源，便捷地了解机器设备产声的部位和原因，物体（机器设备）的声像反映了其所处的状态。图 9.16 是丹麦 B&K 公司所推出的 PULSE Reflex 声学照相机。图 9.17 是 GFaI 公司推出的用于车内测量的球形传声器阵列系统。

声成像的研究开始于 20 世纪 20 年代末期。最早使用的方法是液面形变法。随后，很多种声成像方法相继出现，至 70 年代已形成一些较为成熟的方法，并有了大量的商品化产品。声成像方法可分为主动声成像、扫描声成像和声全息。

图 9.16　B&K PULSE Reflex 声学照相机

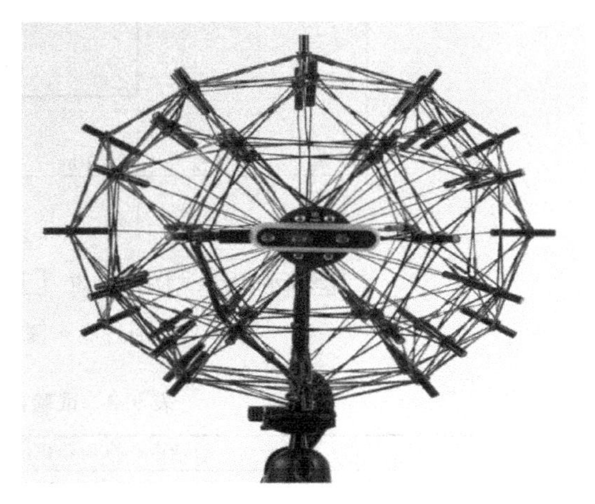

图 9.17　GFaI Sphere 48/120 球形传声器阵列系统

声成像质量的主要指标有图像的分辨率、信噪比、畸变和虚像等。声成像的质量不仅与所用的仪器设备有关，而且在很大程度上还与声波在介质中传播的特性（如反射、折射和波形转换）有关。

9.2.6　噪声数据采集仪

噪声数据采集仪的常用技术指标可以见本书 9.2.1 节的分析，由于噪声与振动的特殊关系，一般企事业单位在购买噪声数据采集仪的同时兼顾振动数据的采集，选择数据采集仪时尽可能地匹配好采样频率、动态范围、A/D 转化位数等要求。

9.3　汽车整车噪声测试方法及数据处理

对于汽车整车道路噪声试验而言，目前有关的国家标准或行业标准有《汽车加速行驶

车外噪声限值及测量方法》《轻型汽车多工况行驶车外噪声测量方法》《声学　机动车辆定置噪声声压级测量方法》《声学　市区行驶条件下轿车噪声的测量》《声学　汽车车内噪声测量方法》《客车车内噪声限值及测量方法》《矿用自卸汽车驾驶室噪声　测量方法及限值》。

9.3.1　加速行驶车外噪声测试方法

1. 测试条件

本项试验有明确的国标规定，其中场地要求如图 9.18 所示，另外表 9.3 规定了试验道路延伸段的长度。

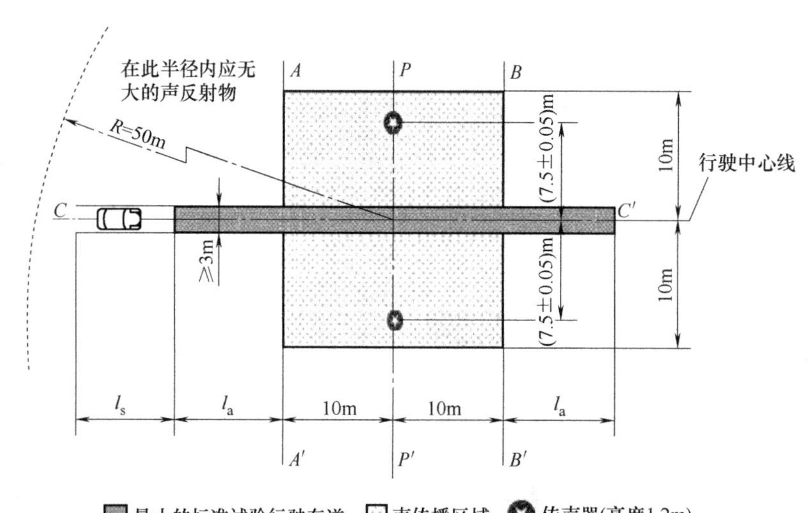

图 9.18　通过噪声测试场地及传声器布置位置

表 9.3　试验道路延伸段的长度

延伸段	参考点到前轴中心纵向距离超过 10m 的后置发动机汽车	其他汽车
l_a	20m①	10m①
l_s	60m②	

① 只对测量场地 BB′端出口方向的 l_a 长度做具体要求。

② 为了保持汽车通过测试场地时的稳定性，建议至少预留 60m 的平稳加速连接段。

如图 9.18 所示，噪声测试应符合下列条件：

1）以场地中心为基点，半径 $R=50$m 的范围内没有大的声反射物，例如高大的建筑物、围栏、岩石等；试验路面和其余场地表面应该干净，没有积雪、高草、松土或炉渣之类的吸声材料。

2）传声器的布置：如图 9.18 所示，传声器应该使用三脚架固定在距离地面 1.2m±0.02m 的空间内，距离中心线 CC′ 7.5m±0.05m 处。传声器应该水平指向 CC′线所在的垂直平面，风速如果大于 3m/s，应该配装风球；气象参数的测量仪器应该置于测量场地附近，高度应该为 1.2m/s。

3）加速行驶车外噪声的测试场地应该满足 ISO 10844:2014 的要求。如图 9.18 所示，AA′线是加速起始线，BB′线为加速终点线，加速段的长度为 20m。测量场地应基本上水平、坚实、平整，并且试验路面不应产生过大的轮胎噪声；测量场地应该达到的声场条件为：在该场地的中心放置一个无指向的小声源时，半球面上各方向的声压级偏差不超过±1dB。

4）测试应该在良好的天气下进行。测量时环境温度应该在5~40℃范围内。测量时传声器高度的风速不应该超过5m/s。必须注意测量结果不受阵风的影响，可采用合适的风罩，但应考虑到它对传声器灵敏度和方向性的影响。

5）整个通过噪声测试前后，应各持续测量10s背景噪声并记录其最大“A”计权声压级，将最大值作为背景噪声。测量时刻背景噪声应该比测量汽车的噪声至少低10dB以上。当背景噪声与被测量噪声相差在10~15dB时应该按照表9.4对试验结果进行相应的修正。

表9.4 背景噪声修正值 （单位：dB）

背景噪声与测量噪声的差值	10	11	12	13	14	≥15
试验结果需要减去的值	0.5	0.4	0.3	0.2	0.1	0

6）被测量汽车应空载，不带挂车或者半挂车；被测汽车安装的轮胎应该由汽车制造商选定，必须为该车型指定选用的形式之一，不得使用任一部分花纹深度低于1.6mm的轮胎。必须将轮胎充至厂定的空载状态气压；在开始测量之前，被测汽车的技术状态应符合汽车制造厂规定的技术条件，特别是该汽车的加速性能。如果汽车有两个或者更多的驱动轴，测量时应采用道路上行驶常用的驱动方式；如果汽车装有带自动驱动机构的风扇，在测量期间应保持其自动工作状态。如果该车装有诸如水泥搅拌器、空气压缩机等设备，测量期间不能起动，汽车测试质量为整备质量加上75kg。

2. 汽车加速行驶车外噪声的测量方法

（1）对于M_1、M_2（GVM≤3500kg），N_1类汽车　从汽车接近AA'线到汽车后部通过BB'线的整个测量过程中，汽车行驶中心线应尽可能地接近CC'线。汽车参考点通过PP'线时的车速应该在50km/h±1km/h的范围内。

汽车参考点的定义如下：

① 发动机（驱动电机）前置汽车：汽车最前端。

② 发动机（驱动电机）中置汽车：汽车前后方向中心点。

③ 发动机（驱动电机）后置汽车：汽车最后端。

加速行驶时应控制汽车的加速度。参考加速度$a_{\text{wot-ref}}$（m/s^2）是在试验过程中期望获得的汽车加速度，是汽车功率与质量比（PMR）的函数，由式（9.13）确定。

$$\begin{cases} a_{\text{wot-ref}} = 1.59\times\lg(\text{PMR}) - 1.41, \text{当 PMR} \geqslant 25 \text{ 时} \\ a_{\text{wot-ref}} = 0.63\times\lg(\text{PMR}) - 0.09, \text{当 PMR} < 25 \text{ 时} \end{cases} \tag{9.13}$$

其中

$$\text{PMR} = \frac{P_n}{m_t}\times 1000$$

式中　P_n——发动机额定功率，单位为kW；

m_t——汽车测试质量，单位为kg。

试验过程中加速度上限$a_{\text{wot-max}}$不能超过参考加速度加0.5m/s^2，并且试验加速度上限必须满足式（9.14）规定的值。

$$1.7\text{m/s}^2 \leqslant a_{\text{wot-max}} \leqslant 2.2\text{m/s}^2 \tag{9.14}$$

汽车生产企业应该确定参考点接近 AA'线之前踩下加速踏板的预加速位置点。测量时当汽车参考点通过汽车生产企业确定的预加速位置点时，应尽可能迅速地将加速踏板踩到底，并保持不变，直到汽车最后端通过 BB'线时再尽快松开踏板。

标准还要求测量匀速行驶车外噪声，测量场地和传声器位置等保持不变。匀速噪声测量时，采用加速噪声测量时相同的档位，并且在 AA'线和 BB'线之间稳定住加速踏板，以 50km/h±1km/h 的速度匀速行驶。如果加速噪声测量时锁定了传动比，则也应锁定相同的传动比进行匀速噪声测量。对于功率质量比系数 PMR<25 的汽车，则无需进行均速噪声测量。

① 对于能够锁定传动比的汽车，试验加速度 $a_{\text{wot-test},i,j}$（m/s^2）采用汽车各试验档位加速噪声试验时汽车参考点通过 AA'线的车速 $v_{AA'}$（km/h）和汽车最后段通过 BB'线的车速 $v_{BB'}$（km/h）进行计算，根据式（9.15）及式（9.16）确定。

$$a_{\text{wot-test},i,j}=\frac{(v_{BB'}/3.6)^2-(v_{AA'}/3.6)^2}{2\times(20+1)} \tag{9.15}$$

式中 i——变速器档位；

j——试验次数。

将 4 次试验的加速度平均，即获得在 i 档位的试验加速度 $a_{\text{wot-test},i}$

$$a_{\text{wot-test},i}=\frac{1}{4}\sum_{j=1}^{4}a_{\text{wot-test},i,j} \tag{9.16}$$

试验档位的选择，应保证试验时第 i 档位对应的试验加速度 $a_{\text{wot-test},i}$ 不超过规定的加速度上限，并且与对应的参考加速度差值在±5%的范围内。如果其他档位的测量加速度也满足以上要求，则选择更接近参考加速度 $a_{\text{wot-ref}}$ 的档位进行测量。如果没有档位满足要求，则选择一个大于 $a_{\text{wot-ref}}$ 的档位 i 和一个小于 $a_{\text{wot-ref}}$ 的档位 $i+1$。如果 $a_{\text{wot-test},i}$ 不超过 $a_{\text{wot-max}}$，则采用这两个档位进行测量，如果 $a_{\text{wot-test},i}$ 超过 $a_{\text{wot-max}}$，则选择 $i+1$ 档位。在汽车采用档位 i 进行测量的过程中，车辆通过 BB'线时，如果发动机转速超过最大净功率转速，则仅采用档位 $i+1$ 进行测量。

② 对于不能够锁定传动比的汽车，试验加速度 $a_{\text{wot-test},D,j}$ 采用汽车加速噪声试验时汽车参考点每次通过 PP'线的车速 $v_{PP'}$（km/h）和汽车最后段通过 BB'线的车速 $v_{BB'}$（km/h）进行计算。其试验加速度 $a_{\text{wot-test},D}$（m/s^2）可由式（9.17）及式（9.18）计算得到。

$$a_{\text{wot-test},D,j}=\frac{(v_{BB'}/3.6)^2-(v_{PP'}/3.6)^2}{2\times(20+1)} \tag{9.17}$$

$$a_{\text{wot-test},D}=\frac{1}{4}\sum_{j=1}^{4}a_{\text{wot-test},D,j} \tag{9.18}$$

需要注意的是，4 次有效试验的加速度值与加速度均值的差值应该控制在±10%之内。

（2）对于 M_2（GVM>3500kg）、M_3、N_2 和 N_3 类汽车　从汽车接近 AA'线到汽车后端通过 BB'线的整个测量过程中，汽车行驶中心线应尽可能接近 CC'线。M 类汽车试验载荷为整备质量加上 75kg，对于 N_2 和 N_3 类汽车，汽车总质量 m_t 需满足式（9.19）的要求。

$$m_t=(50\text{kg/kW})\cdot P_n \tag{9.19}$$

式中 P_n——汽车发动机最大净功率，单位为 kW。

电动汽车的总功率是所有驱动电机功率之和；混合动力汽车总功率是指发动机最大静功率和驱动电机峰值功率之和；燃料电池汽车总功率是驱动电机峰值功率。

需要特别注意的是，如果加载质量和整备状态下后轴组轴荷之和超过对应最大设计总轴荷的75%，则应该降低加载质量使其控制在设计轴荷的75%之内。对于牵引车而言，试验时不带挂车，应该用模拟货箱进行加载。如果汽车装备有混凝土搅拌机、压缩机等设备，试验期间不应该起动这些设备。

M_2（GVM>3500kg）、N_2类汽车的目标条件：当汽车参考点通过*BB'*线时，发动机转速应该保持在最大静功率转速的70%~74%之间，车速应该在35km/h±5km/h范围内。汽车在*AA'*线和*BB'*线之间能够稳定加速。

M_3和N_3类汽车的目标条件：当汽车参考点通过*BB'*线时，发动机转速应该保持在最大静功率转速的85%~89%之间，车速应该在35km/h±5km/h范围内。汽车在*AA'*线和*BB'*线之间能够稳定加速。试验档位的发动机转速和试验车速应该以4次加速噪声测量时的转速均值和车速均值来最终确定。

1）对于能够锁定传动比进行测量的汽车而言，在确保满足发动机目标转速条件的情况下，如果仅有一个档位i满足目标车速条件，则采用此档位进行测量。如果有另外一个档位也满足目标车速条件，则选择车速最接近35km/h的一个档位进行测量，如果两个档位都满足目标车速条件且与35km/h车速的差值都相同，此两个档位都应该进行测量；在确保满足发动机目标转速的条件下，如果没有档位满足目标车速要求，则采用两个档位进行测量：一个高于且最接近40km/h的档位$i+1$和一个低于且最接近30km/h的档位i。

需要特别注意以下几种特殊情况：

采用车速低于30km/h的档位i进行试验时，如果入线车速降至该档位最低稳定车速，出线转速仍然高于70%~74%发动机最大静功率转速（M_2、N_2类汽车）或者85%~89%发动机最大静功率转速（M_3、N_3类汽车），则舍弃该档位，仅采用高于40km/h的档位$i+1$进行试验。

采用车速高于40km/h的档位$i+1$进行测量时，如果该档位达到发动机目标转速条件时的车速高于50km/h，则以5%最大静功率转速逐步降低其发动机目标转速条件，直至该档位车速不高于50km/h。

如果汽车只有一个档位i，且无法满足发动机目标转速条件和目标车速条件，则采用该档位优先满足发动机转速条件，并确保车速不高于50km/h进行测量；如果无法满足发动机转速条件，尤其对于电动汽车而言，则可以仅仅满足试验车速在目标车速条件35km/h±5km/h范围内进行测量。

当采用档位i进行测量时，如果汽车发动机转速超过最大静功率转速，则舍弃该档位，采用$i+1$档位进行测量，此时如果达到发动机目标转速条件时的车速高于50km/h，则以5%最大静功率转速逐步降低其目标转速条件，直到档位$i+1$车速不高于50km/h。

2）对于不能锁定传动比的汽车，档位应该置于全自动操纵位置。测量过程中允许汽车换入更低、加速度更大的档位，但不允许换入更高、加速度更小的档位，汽车参考点通过*BB'*线后除外。允许使用电子或机械装置，放置在测量过程中汽车道路行驶不常用的低档位，如果能够满足发动机目标转速条件，则档位选择按照能锁定传动比的方法选择，如果不能满足发动机目标转速条件，则测量时仅考虑满足目标车速条件即可，即试验车速在35km/h±5km/h范围内。如果不能满足目标车速条件，则进行两种情况的测试：一种是出线速度控制在40~45km/h；另一种是试验车速控制在25~

30km/h；如果试验车速不能控制在 25～30km/h 内，则只测量 40～45km/h 一种状态，记录通过测试区域的最大声压。

当汽车参考点通过 AA'线时，应尽可能迅速地将加速踏板踩到底，并保持汽车参考点通过 BB'线后 5m，然后松开加速踏板。

3. 汽车通过噪声最终结果 L 的确定

记录汽车每次通过测量区的最大 A 计权声压级，档位 i 的加速噪声为 $L_{\text{wot-test},i,j}$，档位 i+1 的加速噪声为 $L_{\text{wot-test},i+1,j}$，档位 i 的匀速噪声为 $L_{\text{crs-test},i,j}$，档位 $i+1$ 的匀速噪声为 $L_{\text{crs-test},i+1,j}$，不能确定传动比的汽车加速噪声为 $L_{\text{wot-test,D,j}}$，匀速噪声为 $L_{\text{crs-test},D,j}$。汽车每一侧在各档位至少测量 4 次，最好左右两侧同时进行测量，如果某次测量结果与同一侧、同一档位其他测量结果差值超过 2dB 或者出现异常结果，均应该忽略并重新测量，直至满足条件。计算每一侧 4 次有效测量的算术平均值，取两侧算术平均值中较高侧的值并保留到小数点后一位，作为加速、匀速噪声中间测量结果。

对于 M_1、M_2（GVM≤3500kg）、N_1 类汽车，应记录下汽车每次加速噪声试验通过 AA'线、BB'线和 PP'线的车速，并保留到小数点后一位。计算每次加速噪声测量的试验加速度并保留到小数点后两位，对于 M_2（GVM>3500kg）、M_3、N_2、N_3 类汽车，应记录汽车每次加速噪声测量时汽车参考点通过 BB'线的发动机转速，并将记录的车速保留到小数点后一位。

对于 M_1、M_2（GVM≤3500kg）、N_1 类汽车，当采用两个档位进行加速噪声测量和匀速噪声测量时，加速噪声计算值 $L_{\text{wot-rep}}$ 和匀速噪声计算值 $L_{\text{crs-rep}}$ 分别采用式（9.20）和式（9.21）进行计算。

$$\begin{cases} L_{\text{wot-rep}} = L_{\text{wot},i+1} + k(L_{\text{wot},i} - L_{\text{wot},i+1}) \\ L_{\text{crs-rep}} = L_{\text{crs},i+1} + k(L_{\text{crs},i} - L_{\text{crs},i+1}) \end{cases} \tag{9.20}$$

其中，传动比加权系数 k 采用下式进行计算

$$k = (a_{\text{wot-ref}} - a_{\text{wot},i+1}) / (a_{\text{wot},i} - a_{\text{wot},i+1}) \tag{9.21}$$

对于仅采用一个档位或不能锁定汽车传动比的汽车，中间结果即为计算值，见式（9.22）。

$$\begin{cases} L_{\text{wot-rep}} = L_{\text{wot-test},i} \text{ 或 } L_{\text{wot-test},i+1} \text{ 或 } L_{\text{wot-test},D} \\ L_{\text{crs-rep}} = L_{\text{crs-test},i} \text{ 或 } L_{\text{crs-test},i+1} \text{ 或 } L_{\text{crs-test},D} \end{cases} \tag{9.22}$$

将加速噪声与匀速噪声计算值 $L_{\text{wot-rep}}$ 和 $L_{\text{crs-rep}}$ 加权，并保留到小数点后一位，作为最终测量结果，计算公式见式（9.23）。

$$L_{\text{urban}} = L_{\text{wot-rep}} - k_p(L_{\text{wot-rep}} - L_{\text{crs-rep}}) \tag{9.23}$$

式中

$$k_p = \begin{cases} 1-(a_{\text{urban}}/a_{\text{wot-ref}})\text{，当采用两档进行测试} \\ 1-(a_{\text{urban}}/a_{\text{wot-test}})\text{，当采用一个档位或不能锁定传动比} \end{cases} \tag{9.24}$$

对于 M_2（GVM>3500kg）、M_3、N_2、N_3 类汽车，仅采用一个档位（或速度条件）进行测量时，L_{urban} 等于中间结果 $L_{\text{wot-test},i}$、$L_{\text{wot-test},i+1}$ 或 $L_{\text{wot-test},D}$。采用两个档位进行测量时，L_{urban} 为两个中间结果 $L_{\text{wot-test},i}$ 和 $L_{\text{wot-test},i+1}$ 的算术平均值，最终结果保留到小数点后一位。

试验结果记录在表 9.5 或者表 9.6 中。

表 9.5 M₁、M₂（GVM≤3500kg）、N₁ 类汽车通过噪声测量结果

加速噪声测量结果 $L_{wot\text{-}test}$/dB(A)	$L_{wot\text{-}test,i}$(档位 i,如果适用)	
	$L_{wot\text{-}test,i+1}$(档位 i+1,如果适用)	
	$L_{wot\text{-}test,D}$(不能锁定传动比)	
匀速噪声测量结果 $L_{crs\text{-}test}$/dB(A)	$L_{wot\text{-}test,i}$(档位 i,如果适用)	
	$L_{wot\text{-}test,i+1}$(档位 i+1,如果适用)	
	$L_{wot\text{-}test,D}$(不能锁定传动比)	
部分功率系数 k_p		
传动比加权系数 k(如果适用)		
最终结果 L_{urban}/dB(A)		

表 9.6 M₂（GVM>3500kg）、M₃、N₂、N₃ 类汽车通过噪声测量结果

噪声测量结果 $L_{wot\text{-}test}$/dB(A)	$L_{wot\text{-}test,i}$(档位 i,如果适用)	
	$L_{wot\text{-}test,i+1}$(档位 i+1,如果适用)	
	$L_{wot\text{-}test,D}$(不能锁定传动比)	
最终结果 L_{urban}/dB(A)		

4. 某汽车加速通过噪声测试案例

以下是一款纯电动物流车的加速通过噪声测试情况。该车的基本参数见表 9.7。测试在专业汽车试验场通过噪声测试专用场地开展。测试时气温 18℃，风速 2m/s，背景噪声 49.5dB（A）。测试使用 Soundtrack LXT1 型声级计，其动态测试范围为 15~145dB，精度为 0.1dB，满足国家标准要求。其测试结果见表 9.8。

表 9.7 测试车辆参数表

参数	值	参数	值
长	4700mm	测试质量	1640kg
宽	1630mm	驱动电机功率	70kW
高	1980mm	电池类型和总储存量	磷酸铁锂,42kW · h
轴距	3050mm	轮胎规格	185R14LT

表 9.8 某纯电物流车加速行驶车外噪声测量结果

试验档位和次数		试验车速/(km/h)			试验结果/dB(A)		$L_{wot\text{-}test,D}$/dB(A)
档位	次数	$V_{AA'}$	$V_{PP'}$	$V_{BB'}$	左	右	
D 位	1	40.0	50.0	58.0	68.4	69.6	69.4
	2	40.5	50.5	58.5	68.1	69.9	
	3	40.0	50.5	58.0	68.6	69.0	
	4	40.5	50.5	58.5	69.0	69.1	
	均值	$a_{wot\text{-}test,D}=3.3\text{m/s}^2$			68.5	69.4	
加权系数		$k_p=0.72$					
预加速距离		4.73m					

因该车型的功率质量比（PMR）为 42.64，按照标准，需要进行匀速行驶的车外噪声测试，其测试结果见表 9.9。

表 9.9 某纯电物流车匀速行驶车外噪声测量结果

试验档位和次数		试验车速/(km/h)			试验结果/dB(A)		$L_{crs\text{-}test,D}$/dB(A)
档位	次数	$V_{AA'}$	$V_{PP'}$	$V_{BB'}$	左	右	
D 位	1	50.0	50.0	50.0	66.1	66.1	66.3
	2	50.0	50.0	50.0	66.6	66.1	
	3	50.0	50.0	50.0	66.6	65.5	
	4	50.0	50.0	50.0	66.0	65.7	
	均值				66.3	65.9	

根据式（9.22），计算可得该车最终的加速通过噪声为 $L_{urban}=67.2dB(A)$。

9.3.2 车内外特殊点噪声测试方法

在汽车开发过程中，除了进行法规要求的车外加速噪声测量外，还需要对车内驾驶员耳旁噪声、乘客耳旁噪声、进排气噪声（内燃机汽车）、发动机近场噪声、电动汽车驱动电机噪声，以及打气泵（N类气制动车辆通常安装了打气泵）、驱动桥、变速器等关键系统近场噪声进行测量，以判断其工作噪声是否满足车辆设计开发设定指标。

1. 测试条件

1）场地要求：定置状态的噪声测试需要在测试圆广场进行，圆广场半径≥50m的范围内应没有大的声反射物，例如高大的建筑物、围栏、岩石等。试验路面和其余场地表面应该干净，没有积雪、高草、松土或炉渣之类的吸声材料。

2）匀速和加速状态下噪声测试需要在平直道路上进行，纵向坡度不大于1%，沥青路面或水泥路面均可，要求路面不能有接缝、凹凸不平或类似的表面，道路周边20m范围内不能有其他噪声源干扰，道路两边不得有较大的噪声反射物，例如高于1m的墙和房屋等，道路两侧可以有树木等。测试时背景噪声应该低于被测噪声10dB（A）以上。

3）气象环境要求：测试时试验环境温度应该在-5～35℃之间，同一试验过程中环境温度变化不应该超过5℃，试验场地1.2m高度的风速应该≤5m/s，为降低试验过程中风噪对测试结果的影响，要求传声器带风罩。风速和风向相对于汽车行驶方向应该在试验报告中详细说明。

4）车辆要求：汽车技术状态需满足制造企业的出厂质量要求，研发过程中的车辆必须说明车辆技术状态，试验前必须通过设计人员评审满足试验条件再开展。另外，车辆轮胎气压必须满足整车技术要求，误差不能超过±3%，试验前轮胎最好是刚完成磨合的新轮胎，轮胎花纹应无明显的磨损，磨合过程中不得进行紧急制动，该试验前车辆不能进行任何制动和耐久等试验。如果认为车轮不平衡可能影响汽车车内外噪声，则需要对汽车车轮进行动静态平衡调校；车辆载荷根据产品开发指标确认车辆加载质量，原则上应该包括空载、满载，对于特殊使用场景的车辆，根据开发初期调研的用户需求，应该增加超载等工况的试验，车辆载荷的分布应该均匀，载荷在试验过程中不能晃动，更不能相互碰撞发生异响。试验过程中汽车空调、车窗应处于关闭状态。如果根据试验需求需要打开，应该在试验报告中注明。车内噪声测试时只允许汽车的标准装备、测试装备和必不可少的人员在车内。在轿车、货车、牵引车和类似汽车的驾驶室内，人员不得超过2人（驾驶员和测量人员）；在公交车、通勤车等座位在8座以上的汽车中，在车内的人员也不允许超过3人。

5）试验设备和数据采集要求：测试系统主要由数据采集仪前端、传声器及附件、转速传感器等组成，数据采集仪任意通道的采样频率应该≥102.4kHz，数据传输率应≥14Mbit/s。传声器的频率响应范围应在6.3～20000Hz，动态响应范围应该在15～130dB。

2. 传声器布置

通常应该在进气口、排气口、轮胎附近、发动机舱、驱动电机附近，定置情况下还需要在车辆前方进气格栅中心等布置传声器。布置传声器要注意不能直接将传声器通过扎带或胶布等与车辆零部件相接触，而应该通过制作支架将传声器布置在空间位置且传声器头部应该指向声源。

由于汽车车内噪声级别明显与测量位置有关，车内噪声测量时应该选择能够代表驾驶员和乘客耳旁的车内噪声分布的足够测点。一个位置必须选择在驾驶员座位，对于轿车而言，也应该在后排座位上追加一个测点。对于公共汽车而言，应该考虑中间和后部乘员的耳旁噪声。具体测点数量和位置应与设计人员协商确定。在布置传声器时，应使传声器距离车厢壁或座椅垫的距离大于 0.15m，传声器应以最大灵敏度的方向水平指向测量位置坐着或站立的乘客视线方向。如果不能定义这个方向，则应指向行驶方向。所有传声器在测试噪声过程中必须按一定的形式安装，以使其不会受到汽车振动的影响。图 9.19 是座位处传声器的安装示意图，传声器的垂直坐标是座椅的表面与靠背表面的交线以上 0.7m±0.05m 处，水平坐标应在座椅的中心面上，水平横坐标向右（右置转向盘的汽车向左），到座位中心面的距离为 0.2m±0.02m。

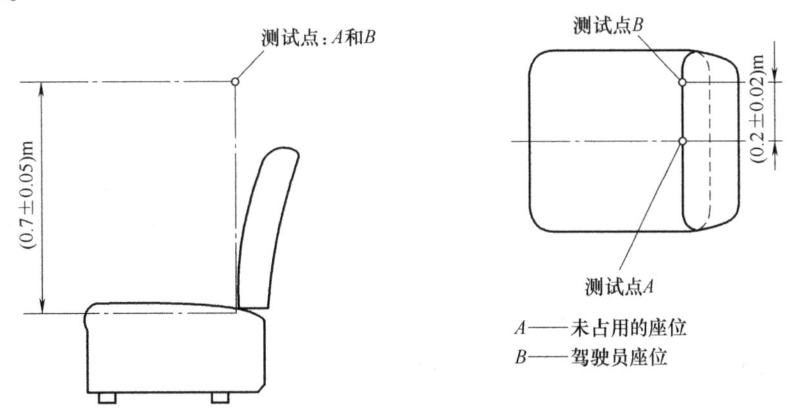

图 9.19　传声器在座椅位置的安装示意图

对于站立区的传声器应该布置在地板以上 1.6m±0.1m 处，水平坐标应该在所选测点站立的位置上。对于卧铺位置的传声器布置应该放在（无人）枕头中部以上 0.15m±0.02m 处。

图 9.20 是排气口传声器布置位置示意图。另外，传声器距离地面的高度应该大于 0.2m。

进气噪声测量传声器一般布置在距离进气口 0.1m 的位置，并且与进气口呈 45°夹角。

发动机噪声测量传声器布置在发动机前、后、左、右四个位置，传声器头与发动机平面垂直，距离发动机 0.1m 处。

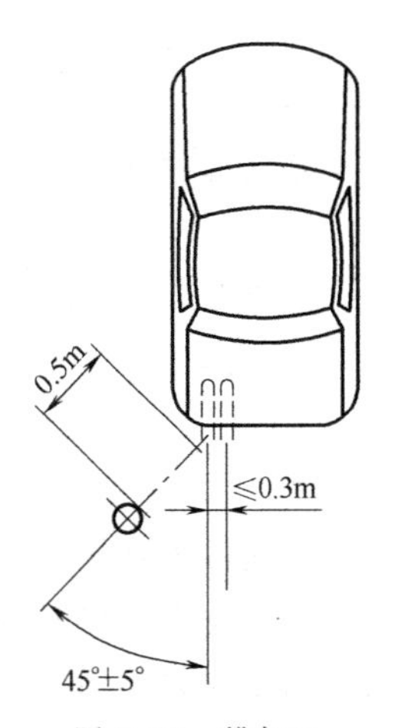

图 9.20　排气口传声器布置位置

3. 测试工况及数据处理

（1）稳态工况　车辆停留在原地不动，测量发动机怠速，或车辆匀速行驶过程中响应测点的声压级，采样频率需≥20000Hz，频率分辨率设置为 1Hz，数据处理时选择 A 计权，求得噪声信号的均值（RMS）即可。采样时间通常不少于 10s。结果记录在表 9.10 中。

以下试验是对四辆不同配置的轿车进行车内噪声的对比测试。样车一是发动机排量为 1.5L 的两厢轿车，样车二为发动机排量为 1.5L 的三厢轿车，样车三是发动机排量为 1.5L（带涡轮增压）的三厢轿车，样车四是发动机排量为 1.2L 的两厢轿车。测量四辆样车在 40km/h、50km/h、60km/h、70km/h、80km/h、90km/h 和 100km/h 速度下车内各测点的噪声。测量在空旷、周边无高大建筑且表面干燥的水泥路面上进行，测量时天气晴朗，车外1.2m高度处的风速不超过3m/s。

表9.10 稳态工况车内噪声测量结果

位置	车速				
	40km/h	50km/h	60km/h	70km/h	…
驾驶员耳旁					
乘客耳旁					
驱动电机					
打气泵					
车桥					
……					

本次试验采用噪声测试及分析系统，主要由SQLab Ⅱ多通道数据采集记录器前端、HMS Ⅲ双耳信号采集器（人工头）、声学传感器以及Artemis分析软件等组成。分别在驾驶员右耳、前排乘客左耳、前排乘客右耳、右后排乘客左耳、左后排乘客左耳、顶棚以及地板位置处进行测量，测点位置如图9.21所示。

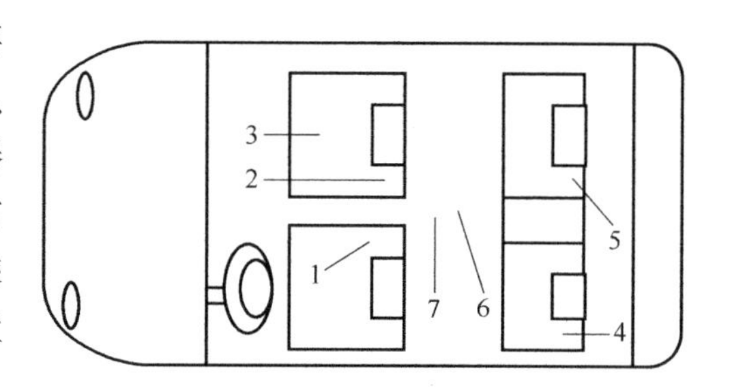

图9.21 传声器布置位置

1—驾驶员右耳 2—前排乘客左耳
3—前排乘客右耳 4—左后排乘客左耳
5—右后排乘客左耳 6—后排地板处
7—车体中央顶棚处

等车速稳定后开始测试，测量时间为10s。表9.11列出了60km/h时不同测点的测试结果。

通过数据分析得知，车内的噪声值存在从上到下逐渐减小，从前到后逐渐增大的分布规律。顶棚处噪声值最高，座椅位置处的噪声次之，地板位置的噪声相对前两者要小。对比分析前排乘客左耳和右后排乘客左耳位置处的声压级可以得到，后排座椅处的噪声值比前排座椅的噪声值整体上要高，这个规律在不同类型的车之间都存在。

表9.11 60km/h时不同测点的噪声值 [单位：dB（A）]

样车	顶棚	驾驶员右耳	右后排乘客左耳	地板
样车一	66.4	65.2	70.9	65.7
样车二	66.5	66.5	68.7	65.1
样车三	65.9	66	68.3	63.8
样车四	65.7	65.5	65.2	64.9

顶棚位置在不同车速下测试得到的噪声值如图9.22所示。

由图9.22可知，在运行状况下，车内噪声值都是随着车速的提高而增大。分析其原因，主要是随着车速的提高，发动机的负荷增大，发动机发出的噪声也随之增大，使得车内的噪声增大。且速度达到80km/h之前，随速度的升高，噪声值增加比较明显，速度每升高10km/h，噪声值增大4dB（A）左右，而当速度达到80km/h之后，噪声值的增加趋势变缓，速度每升

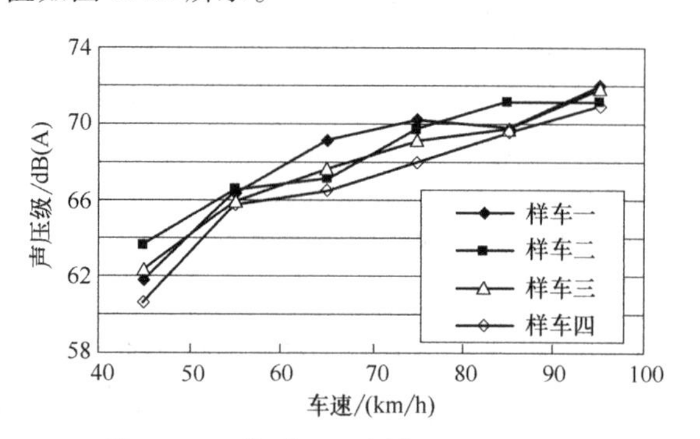

图9.22 顶棚位置不同车速下的噪声值

高 10km/h，噪声值增大 1~2dB（A）。

（2）非稳态工况　对于定置升速工况、加速行驶工况、定置减速工况等，要在数据采集时设置信号跟踪模式，如果噪声变化与转速有关，就设置为跟踪转速，转速信号可以来自车辆的 CAN 总线，也可以来自转速传感器，跟车速相关的噪声信号就应该跟踪车速，采样频率需≥20000Hz，频率分辨率设置为 1Hz，数据处理时选择 A 计权，后处理时加 Hann 窗。求得噪声信号的均值（RMS）。某汽车定置缓加速排气口噪声测试结果如图 9.23 所示。

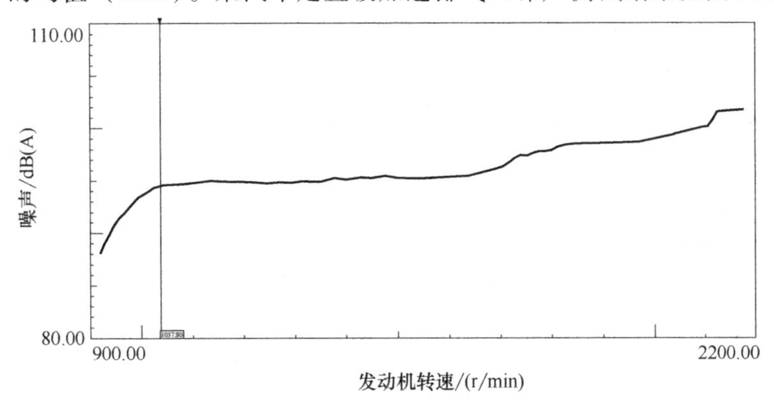

图 9.23　某汽车排气口噪声测试结果

语言清晰度也是车内噪声评价的核心指标。其测量传感器一般使用驾驶员和乘员耳旁噪声测试用的传声器。目前一般的商业噪声分析软件均可以根据声压历程数据自动化处理得到语言清晰度数据，也可以使用 MATLAB 等软件进行数据后处理得到。图 9.24 是某牵引车定置缓加速工况下的驾驶员耳旁语言清晰度曲线。

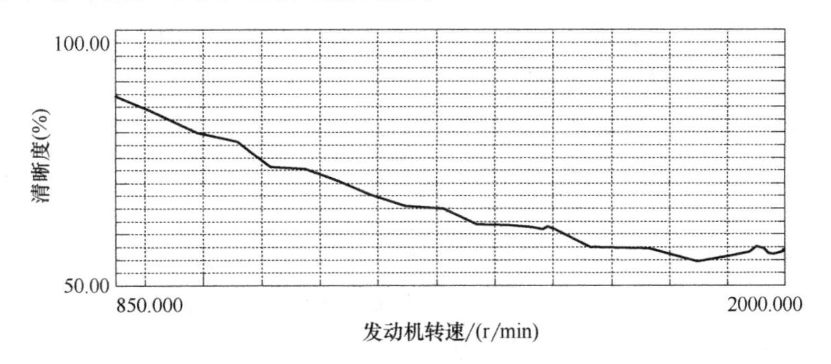

图 9.24　某牵引车驾驶员耳旁语言清晰度曲线

9.3.3　整车道路噪声源识别

测得汽车车内、车外噪声之后，若需要对汽车噪声进行控制，则噪声源识别是重要的工作内容之一，决定着噪声控制所努力的方向。所谓噪声源识别，就是对声场中的具体发声零部件进行分析，了解其产生振动和噪声的机理，确定振源、声源的部位，确定噪声源的特性（包括声源类别、频率特性、变化规律和传播通道等），确定各噪声源在总声级中所占的比重，从而确定出主要噪声源。噪声源的识别方法可大致分为以下三类。

1. 传统的噪声源识别方法

传统的噪声源识别方法主要包括运行法、表面振动速度法和铅覆盖法等。

1）运行法需先对整个研究对象进行噪声测试，然后去除其中的一部分或几个部分后，分别测得部分零部件的声压级及其在机器整体运行时总声压级中所占的比重，从而确定主要噪声源。各部件之间的噪声差别越大，估计的准确度越高。该法试验耗时费力，不能获得噪声分布的整体概念。

2）表面振动速度法是先测量出零部件表面振动速度后，再推算出噪声级。振动的测点数和位置随被测表面积大小和形状而异。表面振动法对于定性分析复杂结构的噪声源具有较高的精度，同时具有对测试环境要求低，测量方便，频率范围宽，不需要特殊设备且对薄壁结构件没有附加质量影响等优点。但缺点是只能获取结构辐射声源的识别，对空气传播噪声无法实施，且受测量位置、声辐射效率计算精度等因素的影响。

3）铅覆盖法是较可靠的方法，多用于发动机或变速器表面辐射噪声的测试，对于不能改变运行状态的情况，通常选择铅覆盖法识别噪声源。这种方法多采用隔声材料（铅板）把结构各部分分别覆盖起来以测定未覆盖部分的噪声，确定噪声源。覆盖层（隔声罩）要专门设计以保证覆盖后的噪声比覆盖前小 10dB。测量某一部位的噪声时要将其他部位覆盖起来，这样就相当于分别测取了各个独立的噪声源。将各部位测得的噪声大小进行比较即可找出主要噪声源。但是该法需要在消声室中进行，对测试环境要求高。

2. 利用信号相关性技术进行噪声源识别

利用现代信号处理技术进行噪声源识别的方法包括声强测量法、相干诊断法、小波分析法等。

1）声强测量法是噪声源识别中较为常用的一种方法。该方法不但能获得声场中某点声能量的大小，还能获得该点声能量流动的方向，而且在某一方向上不受其他声源的影响。进行声强测量时不再需要混响室、消声室等造价高昂的特殊声学环境。在普通的声学环境，甚至在有干扰噪声的情况下，通过声强的测量均可准确得到声源声功率。因此，声强测量十分有利于现场测量，尤其是测量复杂噪声源时，声强法可以把部件或系统的声功率区分开来，单独计算出声功率。该方法可获得丰富的噪声信息，对环境要求低，现场识别能力强，但测量复杂、效率低，只适合于稳态声源和静止声源的识别。例如整车状态下动力总成定置工况的噪声源识别或者稳态情况下车内噪声的识别等。

2）相干诊断法是根据相关理论，用互相关函数描述被测部件的振动信号与外界噪声信号之间的关系，根据结果判断噪声是否由该部件振动引起，从而判断出各个声源。但实际情况是噪声产生为多输入单输出过程，较难准确对声源进行判断。

3）小波分析法是通过小波变换和小波包分解，获取信号能量分布的特征向量，根据信号能量分布的相关系数，研究不同信号之间的相关性以识别不同声源信号。

3. 利用现代图像识别技术进行噪声源识别

利用现代图像识别技术进行噪声源识别的方法包括声阵列技术和声全息技术等。

1）声阵列技术是信号处理领域的一个重要分支，它是近几十年来在雷达、声呐信号的测向分析中发展起来的，现已广泛应用于通信、声呐、雷达和地质勘探等领域。声阵列即将多个传感器组成空间阵列来接收空间信号，根据需要，传感器阵列可以是十字形阵列、圆形阵列、螺旋阵列、随机阵列等，通过增强所感兴趣的有用信号，抑制无用的干扰和噪声，进行时空处理后，可获取信号源的个数和位置、信号的入射方向、信号的功率以及信号之间的相关性等信息。它具有灵活的波束控制、较高的信号增益、较强的干扰抑制能力以及很好的空间分辨能力等优点。波束形成是阵列信号时空处理的基本方法。但其对高频噪声的识别效果较好，且只能得出声源相对于测量点的相对信息。“延时累加”波束形成思想在实际中应用广泛，它基于远场平面波模型的假设。

2）声全息技术是一种利用声波的衍射和干涉原理，从声场中某个面的信息反推声源信息的逆方法。声全息技术与以往声源识别技术相比，不仅利用了声的强度信息，而且还利用了声音的相位信息，因而具有其他噪声识别技术所不具有的特点。声全息技术包括近场声全息技术和远场声全息技术。

远场声全息技术通过在远场测量声压场来重建表面声压级振速场，由此预报辐射源外任意一点的声压场、质点振速场、声强矢量场。由于远场声全息记录不到具有高空间特性的倏逝波成分，故重建场的分辨率受到声波波长的限值，不适合进行高分辨率场合的测试，因此远场声全息的研究也逐渐变少，而对于远场声源识别、定位、重建的研究更多采用声阵列技术。

近场声全息技术由于受到声场消逝波的限制，对高频的声场，由于该种波在很短的距离内就几乎完全衰减，在实际的测量中已经很难获取，故对高频声场的重建效果较差，分辨率很低，而声阵列技术恰好可弥补声全息的这一缺点，故将声全息与声阵列技术相结合，将大大提高噪声源识别与重建的效率。

4. 实际测试案例

以下是利用传声器阵列对一辆加速通过噪声超标的自卸车进行车外加速噪声的声全息分析测试，在车外布置了一套120通道的声阵列，如图9.25所示。

图9.25　声阵列布置图

通过声阵列对噪声最大工况下的声源进行定位，如图9.26所示。

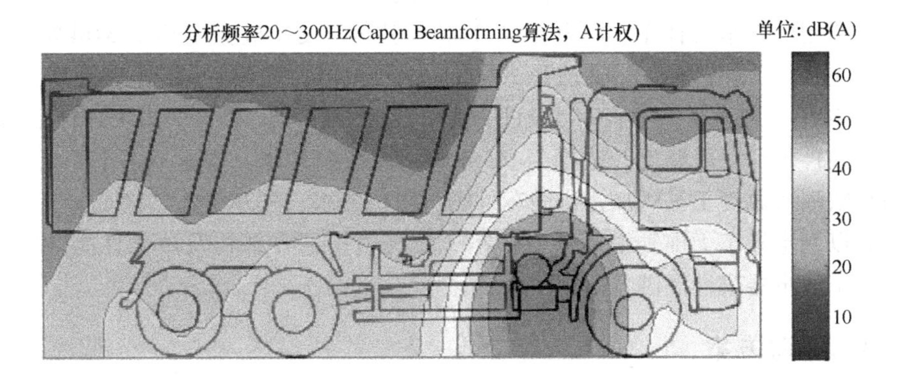

图9.26　声源定位测量结果图（见彩插）

通过图9.26可以明显得到对通过噪声最大的贡献是发动机排气噪声，因此需要对发动机排气系统进行改进。

9.3.4 新能源汽车道路噪声测试

目前国内的新能源汽车大致分为纯电动汽车、混合动力汽车（含增程式汽车）和氢燃料电动汽车。这些新能源汽车的共性大致是用电力驱动系统代替或部分代替了传统动力总成，这给车辆噪声控制带来新的问题。大部分新能源汽车虽然在噪声量级大小上小于传统动力汽车，但是相比于传统动力汽车，声音成分主要分布在中低频，电动汽车因为电机的介入使整车高频噪声有较大分布，所以新能源汽车的声音听起来更尖锐刺耳，影响舒适性。另外对于车内噪声而言，由于整体声压下降，原来车内被发动机噪声掩盖的轮胎与路面接触发生的噪声和风噪等更加凸显出来。对于车外而言，因为车外噪声声压的下降，交通参与者无法通过汽车声音判定汽车的速度和具体位置，因而引起很多交通事故，所以国家制定了针对新能源汽车的低速提示音的法规要求。因此新能源汽车噪声控制是其开发的重点关注技术性能。

新能源汽车车内外噪声的测试方法可以参照本书 9.3.1 节~9.3.3 节进行。在测试方法和数据处理方法上与传统汽车基本上无差别。但是测试时对于测试工况的制定一定要在充分掌握车辆控制策略的基础上开展。以某款增程式汽车为例，其增程器的工作功率（对应一定的发动机转速）点与车载能源装置的剩余电量、驱动电机的需求功率相关，即在车载能源装置低电量状态下，上陡坡行驶时，即使车速很低，增程器也会高功率发电，在车辆车内外噪声测试时一定要覆盖到这种状态，而不能与传统动力汽车的测试一样，只关心发动机转速和车速。针对新能源汽车的低速提示音的测试方法在 GB/T 37153—2018 中已经有明确的说明，在此不再赘述。

9.4 汽车噪声超标整改分析案例

排气消声器是影响重型汽车加速行驶车外噪声的重要因素之一，本案例重点通过试验的方法研究排气消声器对加速行驶车外噪声的影响，目的是确定排气消声器的声学性能指标。本次试验选择一辆国产重型汽车及一辆同类型的进口汽车为研究对象，通过对比试验达到研究目的。试验用国产车（样车 1）为 6×4 重型牵引车，发动机额定功率 316kW，额定转速 1900r/min，进口车（样车 2）驱动形式与样车 1 相同，发动机功率 309kW，额定转速 1800r/min。试验前样车 1、样车 2 均经过一定里程的磨合与保养，车辆状态符合测试要求，试验时气象条件为：自然温度，范围为 0~30℃，标准大气压，风速不大于 5m/s。经确认，样车 2 满足欧洲法规对于车辆加速行驶车外噪声限值要求，样车 1 无法满足此要求，为此设计对比试验以判定样车 1 排气消声器与样车 2 排气消声器在结构及声学性能方面存在的差距，给样车 1 消声器改进提供方向。

9.4.1 试验方案

1. 定置排气口噪声测试

试验时分别采集怠速及发动机自怠速缓慢加速至额定转速时排气口声压及发动机转速。试验状态分两种，一种是车辆原始状态及带排气消声器，第二种为拆除了车辆排气消声器，使用等径金属管代替，并保证排气口位置不变，测点位置参照 GB/T 14365—2017《声学机动车辆定置噪声声压级测量方法》，传声器离尾管处 0.5m，与尾管轴线方向成 45°，如图 9.27 所示。

图 9.27 声学传感器布置位置

2. 车外加速噪声测试

试验方法按照 ECE R51.02《关于在噪声方面汽车（四轮及四轮以上）型式认证的统一规定》中 A 试验方法，试验状态与上述试验状态相同。

9.4.2 试验结果和分析

根据上述试验方案，得到了样车 1、样车 2 在各工况下的噪声特性，见表 9.12。

表 9.12 定置噪声与车外加速噪声测试结果 [单位：dB（A）]

车辆		怠速	定置噪声	车外加速噪声
样车 1	空管	87.02	见图 9.28	99
	带消声器	76.71	见图 9.28	85.3
样车 2	空管	93.8	见图 9.29	101.3
	带消声器	77.2	见图 9.29	80.2

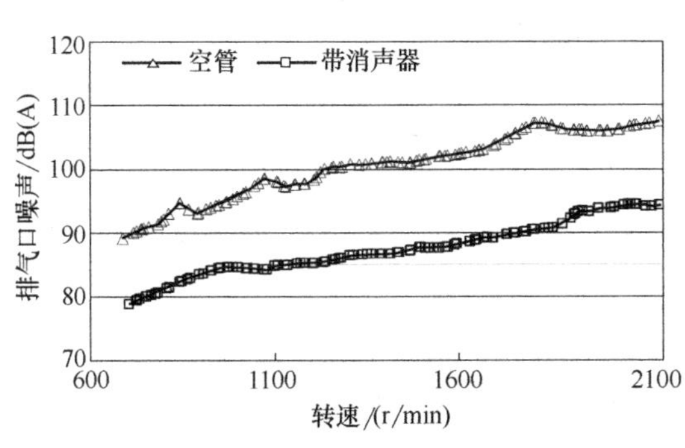

图 9.28 样车 1 排气口噪声随转速变化曲线

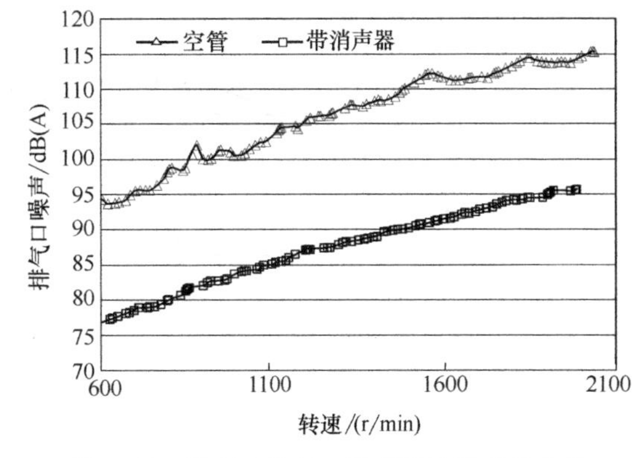

图 9.29 样车 2 排气口噪声随转速变化曲线

对比分析表 9.12 中样车 1、2 测试结果可知：

1）怠速工况下，空管测试结果样车 2 排气口噪声为 93.8dB（A），样车 1 排气口噪声为 87.02dB（A），证明样车 2 发动机排气噪声大于样车 1。带消声器测试结果样车 2［77.2dB（A）］同样大于样车 1［76.71dB（A）］，但在该工况下样车 2 排气消声器插入损失为 16.6dB（A），比样车 1 大 6.29dB（A）。

2）定置缓加速状态下，样车 2 在空管状态其排气口噪声在各转速下均大于样车 1，带消声器状态下，发动机转速超过 1000r/min 时，样车 2 排气口噪声大于样车 1 排气口噪声，1000r/min 以下，样车 2 排气口噪声小于样车 1 排气口噪声。对比分析图 9.28、图 9.29 可知，在 600~2000r/min 转速范围内，样车 1、样车 2 排气口噪声均呈现均匀增加趋势，样车 1 在空管与带消声器两种状态下平均插入损失为 13.49dB（A），样车 2 平均插入损失为 19.02dB（A），可见定置缓加速工况下，样车 2 排气消声器的消声性能远远大于样车 1 排气消声器的消声性能。

3）对于车外行驶加速噪声而言，样车 1 在两种状态下的插入损失为 13.7dB（A），样

车 2 在两种状态下的插入损失为 21.1dB（A），通过对比发现，两辆样车在定置缓加速与加速行驶车外噪声两种测试工况下插入损失非常接近，可见在定置缓加速工况下排气消声器的插入损失在一定程度上可完全反映排气消声器对车辆车外加速噪声的贡献量。

9.4.3 消声器改进和效果验证

通过有限元仿真分析，对样车 1 的消声器的声学传递损失参数进行了优化，为验证改进后消声器对车辆排气噪声与通过噪声的影响，试制了一个改进后的消声器并搭载在样车 1 上进行了相同工况的噪声测试，改进前后对比结果见表 9.13。改进后怠速状态下排气口噪声降低了 0.61dB（A），定置缓加速排气口噪声有明显的改善，平均降低了 2.5dB（A），车辆加速行驶车外噪声从 85.3dB（A）降低至 82.0dB（A）。

表 9.13 改进前后定置噪声与车外加速噪声测试结果 ［单位：dB（A）］

消声器状态	怠速	定置缓加速	车外加速噪声
改进前	76.71	见图 9.30	85.3
改进后	76.10	见图 9.30	82.0

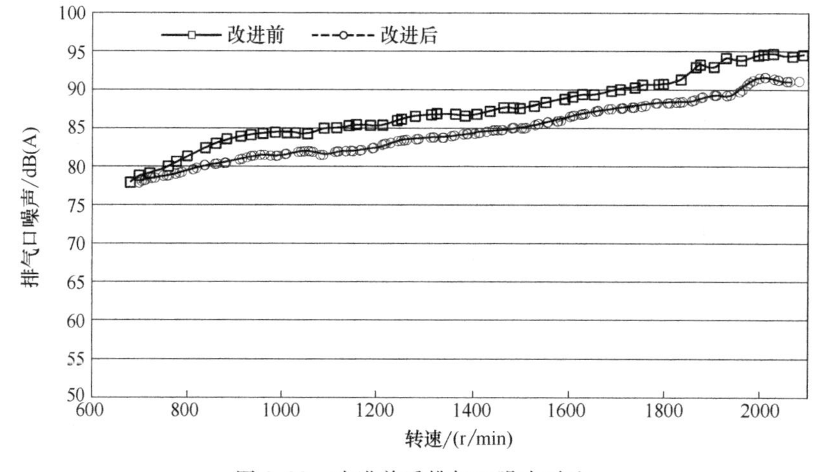

图 9.30 改进前后排气口噪声对比

9.4.4 试验研究结论

试验结果表明，如满足车辆加速行驶车外噪声限值 80dB（A）要求，整车状态下排气消声器插入损失需大于 20dB（A），国产重型汽车排气系统插入损失不满足要求。

第10章 汽车整车振动试验

振动是普遍存在的物理现象，是物体或系统围绕其平衡位置的往复机械运动，通常可以用位移、速度和加速度等随着时间变化的函数来表征振动的时间历程。大部分机械振动对人体和货物是有害的。汽车的振动现象涉及范围较广，有弹簧质量的几赫兹的低频振动到几百赫兹的传动系统的旋转振动甚至到几千赫兹的齿轮啮合的高频振动。振动的形态也是多种多样，这些振动通过悬置和车身及座椅等传递到人体，使驾驶员和乘客包括货物接收到机械振动，有些振动还会引起噪声，对人体和社会造成一定的噪声危害。

汽车一个非常复杂的振动系统，几乎每一个系统和部件都会涉及振动问题，其振动属于无限自由度的连续体振动，振源主要有来自路面的不平度激励、发动机振动激励、其他旋转部件的惯性力及其不平衡量引起的振动。产生的振动可以通过传动系统和悬置等部件传递至车身，因此为控制振动，应该准确地把握振源特性，研究传递路径，明确振动传递的特性，搞清楚振动体的振动特征，这些工作大部分情况下都伴随着振动的测量。振动的测量主要是位移、速度和加速度，但也经常利用如全息摄影等技术，把大范围的振幅分布特性在短时间内测得。还有通过 FFT（快速傅里叶变换）测量传递特性，利用此结果以动画形式显示振型等。

10.1 汽车振动性能评价指标

10.1.1 振动信号的基本评价指标

汽车整车振动测试中经常会用到振动幅值来判断被测车辆振动特性是否满足设计指标要求。振动幅值也是机械振动严重程度的一个重要指标，机器运转状态的好坏绝大多数情况是根据振动幅值的大小来判别的。其中最常用的振动幅值指标有峰值、峰峰值、平均值、有效值等，不同的指标代表的含义不同。

1. 峰值

峰值指的是振动波形的单峰最大值，见式（10.1）。一般客观反映被测物体在一段时间内振动的最大值。这个指标并不是一个稳定值，会随着设备自身的健康状况发生变化。在设备运行良好的状态下，峰值变化范围不大，基本上稳定在一个阈值以下，一旦峰值异常变大，基本上可以认为设备健康状况出现了问题，大到一定程度一定是出现了某种故障隐患。

$$x_p = \mathrm{MAX}(x) \tag{10.1}$$

2. 峰峰值

峰峰值代表的含义和峰值类似，反映的是最大值和最小值的变化范围，见式（10.2）。

$$x_{p-p}=\mathrm{MAX}(x)-\mathrm{MIN}(x) \tag{10.2}$$

3. 平均值

在车辆振动过程中，由于轴心位置的变化会产生轴心位置的振动信号，这个指标反映了轴心位置的平均值，见式（10.3）。

$$\mu=\frac{1}{N}\sum_{i=1}^{N}x_i \tag{10.3}$$

4. 有效值

在车辆振动过程中，有效值又称均方根值，是一个非常重要的振动指标，反映了振动信号的能量强度和稳定性，见式（10.4）。工程人员通常最关心的就是这个指标，这个指标如果异常变大，则表示机械设备很有可能存在某种隐患。

$$\mathrm{rms}=\sqrt{\frac{1}{N}\sum_{i=1}^{N}x_i^2} \tag{10.4}$$

振动测试中，振动幅值可以是位移、速度、加速度或者力和应变等其他一些物理量。位移幅值的单位一般是毫米（mm），速度幅值的单位则是毫米每秒（mm/s）或者米每秒（m/s），加速度幅值常用的单位是米每二次方秒（m/s^2）或重力加速度（g）。

10.1.2 汽车平顺性评价指标

汽车平顺性是指汽车在一般行驶速度范围内行驶时，避免因汽车在行驶过程中所产生的振动和冲击，使人感到不舒服、疲劳，甚至损害健康，或者使货物损坏的性能。由于平顺性主要是根据乘员的舒适程度来评价，所以又称为乘坐舒适性，它是现代高速汽车的主要性能之一。

汽车平顺性评价方法大致可分为主观评价法和客观评价法。目前很多企业采用主、客观相结合的办法开展汽车平顺性的评价。

1. 主观评价法

主观评价法依靠评价人员乘坐的主观感觉进行评价，主要考虑人的因素。由有经验的驾驶员和乘客组成的专门小组，按预定方式驾驶或乘坐一组车辆来主观评价行驶平顺性的水平或特征；然后完成相应的主观评价表，最后综合确定车辆的乘坐舒适性。主观评价的优点在于可以覆盖众多的使用工况，例如主观评价人员可以对车辆行驶过程中各个车速下的平顺性情况进行评价，而且人体对振动的评价输入远远超过客观测试布置的传感器的数量。目前主观评价一般采用0~10分的打分制，主观感觉与具体分值的对应关系见表10.1。

表10.1 平顺性主观评价打分表

分值	1	2	3	4	5	6	7	8	9	10
主观感觉	非常差	很差	差	较差	警戒线	勉强接受	适当	好	非常好	卓越
问题程度	无法使用		不舒适，必须改进		可接受，需要进一步改进		问题很小		几乎感受不到问题	

注：评分可以精确到0.5分，评分理由可由文字描述进行补充。

2. 客观评价法

客观评价法是借助于仪器设备分析系统来完成试验数据的采集、记录和处理，通过得到相关的分析值与对应的国标相比较，做出客观评价，得到依据标准的量化结果。目前，依照国标 GB/T 4970—2009《汽车平顺性试验方法》，规定了汽车在脉冲输入行驶和随机输入行驶工况下的平顺性试验标准，该标准适用的频率范围是 0.5~80Hz。

脉冲输入行驶的评价方法中，当振动波形峰值系数<9 时，使用基本评价方法，即使用加速度响应与车速的关系特性来评价；当峰值系数>9 时，使用辅助评价方法，即使用振动剂量值（Vibration Dose Value，VDV）评价。

峰值系数是加权加速度时间历程的峰值与加权加速度均方根的比值。振动剂量值评价主要针对瞬态振动或间歇性瞬态振动，适用于越野路况下的平顺性评价，这种方法对振动峰值的变化比普通的均方根评价方法更为敏感。

随机输入行驶的评价指标可以用常用车速下总加权加速度均方根值来表示。总加权加速度均方根值与人的主观感受之间的关系见表 10.2。

表 10.2　总加权加速度均方根值与人的感受之间的关系

总加权加速度均方根值/(m/s^2)	人的主观感受	总加权加速度均方根值/(m/s^2)	人的主观感受
<0.315	没有不舒服	0.8~1.6	不舒服
0.315~0.63	有些不舒服	1.25~2.5	很不舒服
0.5~1	比较不舒服	>2	极不舒服

10.1.3　隔振系统的评价指标

对于单自由度隔振系统（例如车辆的前后悬架、排气管吊耳等）来说，传递率可以作为评价隔振效果的唯一标准。但当悬置与动力装置组成一个多自由度的振动系统时，单一的传递率评价指标就不够了。例如传统汽车的动力总成悬置系统，它有六个自由度，就有六个相互耦合的模态，此类动力装置隔振效果的评价指标主要有三个：悬置的传递率、动力装置刚体模态解耦程度以及动力装置绕自由惯性主轴的转动频率。总体而言，振动传递率是所有隔振悬置系统的核心评价指标。

10.2　振动测试系统及传感器

振动测试系统是指测量并记录振动物理量的设备和系统。一般来讲，基本的数字化振动数据采集系统由测振传感器、数据记录设备和数据后处理和分析系统三部分组成。

10.2.1　数据采集仪

振动数据采集部分由转换模拟信号为数字信号的数据采集器以及操纵数据采集器进行采集并保存数字信号的计算机和采集软件系统组成，如图 10.1 所示。数据采集器首先按一定的等时间间隔对模拟信号进行采样及离散化，从而得到时间离散的数字信号。数据采集器的工作通常需要由计算机上的数据采集软件来控制，如设置采样频率、采集时间，数据文件存放地址等，对于触发采集，还需要设置采样触发电压值。采集得到的数据经过缓存堆栈转存到计算机的硬盘上。

模数转换器（A/D 转换器，又称 ADC）是将振动模拟量转换成为其相对应的数字量的装置，也是数据采集器最核心的模块。数据采集系统性能的好坏主要取决于它的精度和速度，在保证精度的条件下，应有尽可能高的采样速度，以满足实时采集、实时处理和实时控制的速度要求。随着大规模集成电路技术的发展，出现了很多类型的 A/D 转换集成电路芯片，其中大多数是采用电压-数字转换型，直接输出以二进制编码的数字量，其输入、输出的模拟电压也都规范化，如单极型 0~10V、双极型±5V 或双极型±10V 等，在使用时只需要按规格合理使用即可。

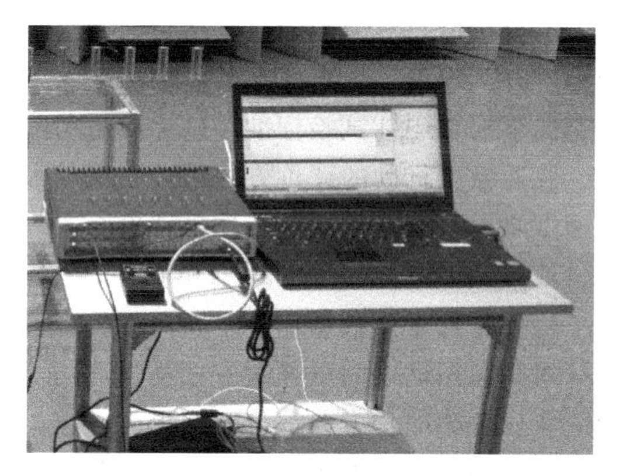

图 10.1 振动数据采集系统

数据采集仪的核心技术指标如下：

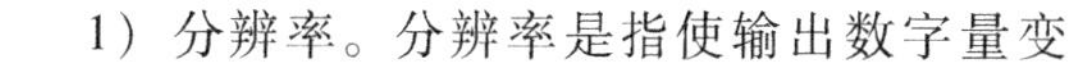

1）分辨率。分辨率是指使输出数字量变化一个相邻数码所需输入模拟电压的变化量，常用二进制的位数表示。如 12 位 ADC 的分辨率就是 12 位，或者说分辨率为满刻度的 $1/2^{12}$。一个 10V 满刻度的 12 位 ADC 能分辨的输入电压变化最小值是 $10\text{V}\times1/2^{12}=2.4\text{mV}$。目前常用于汽车振动测试的采集仪是 24 位的。

2）采样频率。A/D 转换器从启动转换到转换结束，输出稳定的数字量，需要一定的转换时间。转换时间的倒数就是每秒能完成的转换次数，称为转换速率，此转换速率也决定了系统的采样频率，例如，如果用转换时间为 100μs 的 A/D 转换器，则其转换速率为 10kHz。根据采样定理和实际需要，一个周期的波形需采 10 个样点，那么这样的 A/D 转换器最高也只能处理频率为 1kHz 的模拟信号。把转换时间减少，信号频率可提高。现在高速转换器可以达到 0.05μs 的转换速率，即系统每秒可以完成 20 兆次的转换，也即该系统对模拟信号可以用高达 20MHz 的采样频率进行数据采集。

3）动态范围。动态范围表示采集器在把模拟信号转换为数字信号的过程中，所能够不失真转换的最大输入信号和最小输入信号的幅度跨度。在常规的采集方法中，采集器所能达到的最高动态范围取决于其所采用的 A/D 转换芯片，目前一些进口的振动噪声采集仪动态范围可以达到 150dB。

10.2.2 汽车振动测试用传感器

测量振动用的传感器通常有位移传感器、速度传感器、加速度传感器和力传感器等。其中压电式加速度传感器是最常用的传感器，主要是因为其灵敏度高、测量频率范围宽、尺寸小，安装布置相对其他传感器方便简单，工作相对可靠。压电式传感器是利用压电效应制成的。其原理是晶体受到某固定方向的外力作用时，内部会产生电极化现象，同时在某两个表面上产生符号相反的电荷，当外力撤走后，晶体又会恢复到不带电的状态，而且当外力的方向发生改变时，电荷的极性也会随之发生改变，晶体产生电荷量的大小与外力的大小成正比。加速度传感器中常用的压电材料有石英晶体和钛酸钡压电陶瓷等。

在使用压电晶体加速度传感器之前，应注意压电晶体传感器的灵敏度问题。该类型传感器灵敏度的表示有两种方法，一种是电荷灵敏度 S_q，是指传感器产生的电荷 q 与传感器的加速度 a 之间的关系，故其单位是 $\text{C}\cdot\text{s}^2/\text{m}$，C 代表电荷量的单位库仑；另一种是电压灵敏度 S_c，是指产生的电压与传感器加速度之比，电压灵敏度的单位是 $\text{V}\cdot\text{s}^2/\text{m}$，V 代表电压的单位伏特。压电式加速度传感器在出厂时一般会给出以上两种灵敏度，另外还会给出幅频特性曲线，在进行传感器选用之前一定要注意测量物体的振动频率范围与加速度传感器频率范围的匹配。压电式加速度传感器的另一指标是横向灵敏度，优良的加速度传感器在其工作频率范围内横向灵敏度应该控制在5%之内。另外传感器选用时也要注意被测物体的温度，选择适用于不同温度场景的加速度传感器。图10.2为PCB公司的一款压电式加速度传感器，表10.3为其主要参数。

图10.2　美国PCB公司的356A09型三向加速度传感器

选择合适的振动加速度传感器应考虑以下几项技术指标：

1）灵敏度和频率特性。对低频振动应选择灵敏度较高的传感器，但高灵敏度传感器固有频率较低，工作频率上限也低。

2）振动幅值。加速度传感器的最大可测量振级应大于所测加速度峰值。

表10.3　356A09型三向加速度传感器主要参数

参数	值	参数	值
灵敏度	1.02mV/(m/s²)	输出阻抗	≤200Ω
测量幅值范围	±4905m/s²	输出偏置电压	9~16VDC
频率范围(±5%)(y、z轴)	2~8000Hz	尺寸(高度)	6.35mm
频率范围(±5%)(x轴)	2~5000Hz	尺寸(长度)	6.35mm
适用温度范围	−54~+121℃	尺寸(宽度)	6.35mm
激励电压	22~30VDC	质量	1.0g

3）传感器的质量。测量质量和刚度较小物体的振动时，应选择小型轻质传感器，例如车身模态试验时就选择质量较小的加速度传感器。

4）由于加速度传感器具有横向灵敏度，其输出不仅反映主轴线方向的加速度，也包括横向加速度，为提高测量精度，希望其横向的灵敏度越小越好。

5）压电加速度传感器的使用环境，对其性能有一定的影响，较高的温度会导致电压灵敏度降低，如图10.3所示。当环境超过一定温度时，会导致压电元件的破坏，应注意厂家对于传感器使用环境的规定，在使用压电加速度传感器时，应保证其测量环境在传感器允许的范围内，例如测量车辆排气系统的振动等。

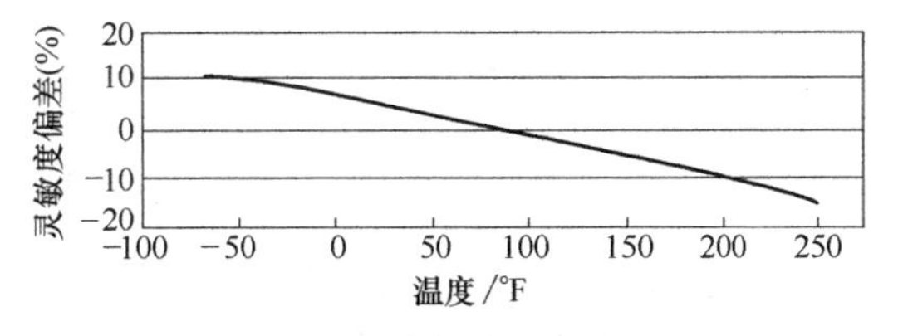

图10.3　某压电加速度传感器灵敏度随环境温度变化曲线图

6）车辆振动测量还会遇到零漂问题，尤其在车载振动测量时，零漂有时很突出，除了选择优质传感器外，在传感器外壳上采用绝缘措施，使用单独的锂电池给采集系统和传感器供电是常用的减少零漂的方法。

压电式加速度传感器的安装也十分重要，常用的安装方法有磁力座安装法、螺钉固定法、胶结法和石蜡法。以上几种传感器的安装方法各有优缺点和使用场合，如果安装方法选择和使用不当，容易引起传感器的损坏，详细介绍如下：

1）磁力座安装法（图10.4）：这种方法是使用较为普遍的方法，常用在铁基材料物体表面振动的测试中，磁力座的磁力越大越好。在安装时，首先将传感器与磁力座通过螺柱连接在一起，注意安装时使用扭力扳手，以免引起滑丝。磁力座和传感器连接后，将磁力座滚动移动到被测物体上，避免因磁力较强使磁力座与被测物体快速接触而引起较大的冲击加速度，根据经验，这种冲击加速度一般都会超过传感器自身的量程，而引起加速度传感器内部压电晶体或者压电陶瓷的破碎。另外需要注意的是，如果传感器需要安装在被测物体的下表面，为避免传感器意外坠落，在安装时首先需要擦拭干净安装表面，如果条件允许，安装前在磁力座表面涂抹少许 502 胶水会取得更好的效果。

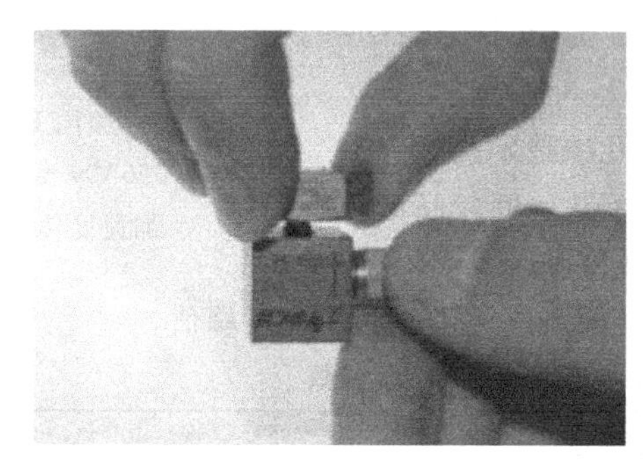

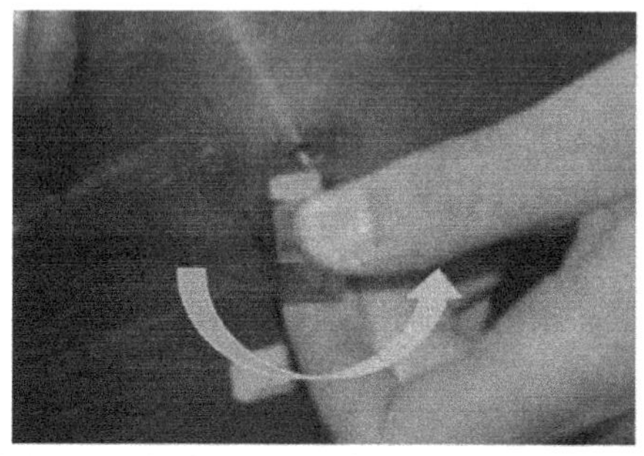

图 10.4　磁力座安装的方法

2）螺钉固定法（图 10.5）：这种方法对于振动测试而言是最好的安装方法，相当于把传感器与被测物体完全固定在一起，其安装共振频率高，能够传递大的加速度。在拧紧传感器之前，先了解传感器安装转矩，利用扭力扳手进行拧紧，尽量避免使用普通扳手。该安装方法的缺点是会破坏被测物体，而且安装前需要对被测物体进行打眼操作，一定程度上影响安装的效率，故经常使用在室内测试场景且不需要频繁拆解传感器的场合，在汽车道路试验过程中该方法不使用。

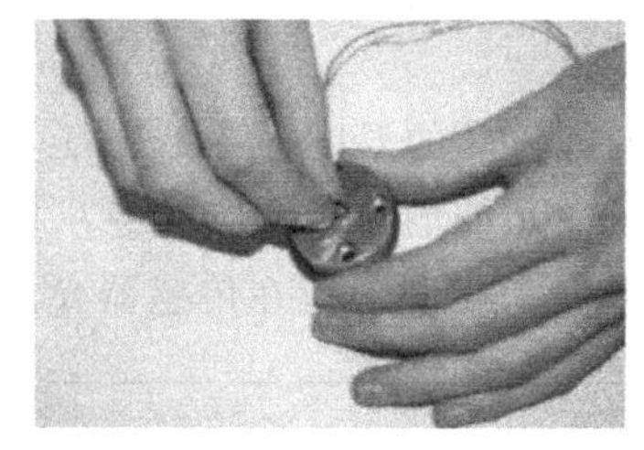

第一步：先拧入螺钉

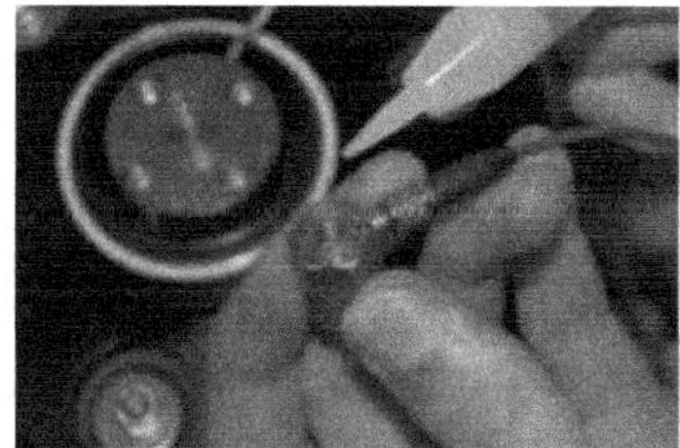

第二步：传感器底部点胶

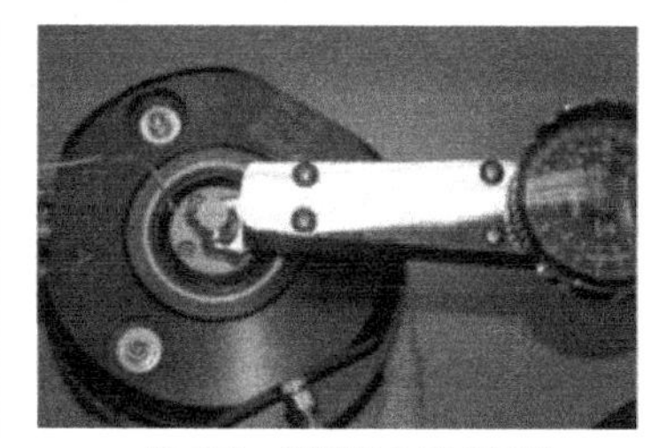

第三步：按照扭力要求拧紧

图 10.5　螺钉固定的方法与步骤

3）胶结法（图 10.6）：该方法使用强力结构胶将传感器与被测物体粘接在一起，测试完成后将传感器通过高于粘接强度的外力扭下来。使用结构胶时要注意确保传感器和安装表

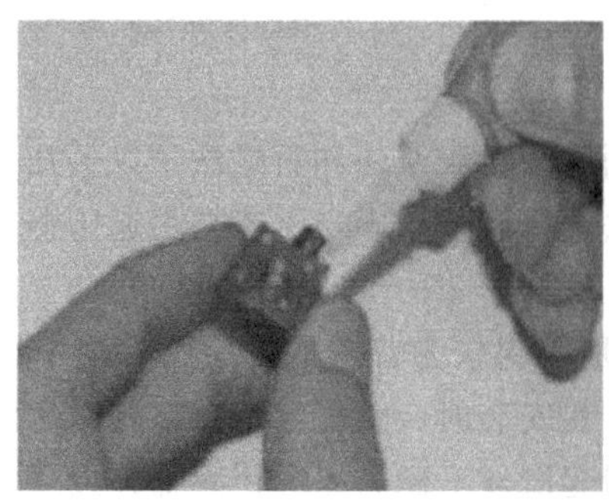

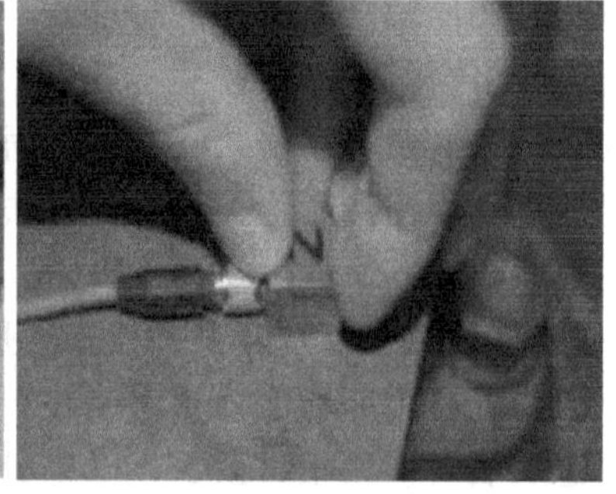

图 10.6　胶水粘接固定传感器

面没有灰尘或油污，用丙酮擦除灰尘，再用干净纸巾擦干，确保安装面干净。小的胶点即可以达到精密附着，过多的胶水会延迟设置时间，另外也会在传感器周边造成胶水的堆积，影响传感器的拆卸，用少许胶水涂抹传感器或被测物体表面后，将传感器压到安装面上维持5s即可达到良好的粘接效果。这种方法在汽车振动测试过程中较为常见，一般使用在不用使用磁力座的场合。

4）石蜡法（图10.7）：该方法也是一种粘接方法，只是不使用结构胶水。首先在传感器的四周点一些石蜡，然后将传感器紧紧压到接触面上，轻轻旋转传感器来达到良好接触。石蜡相对于结构胶水而言更容易处理，但缺点也很明显，即粘接力不强，容易在测试过程中使传感器掉落，该方法一般使用在结构模态测试等振动能量较小的场合。

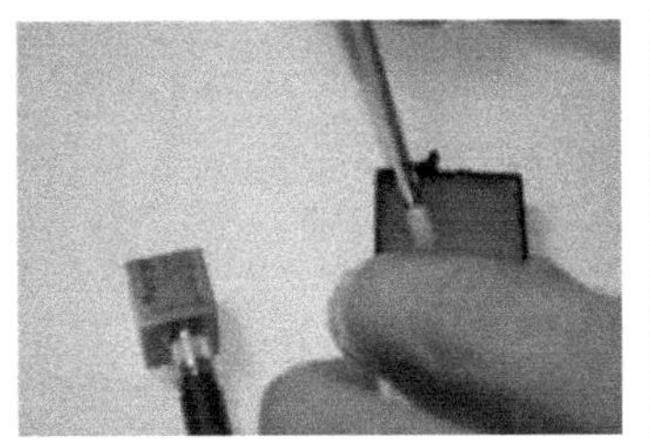 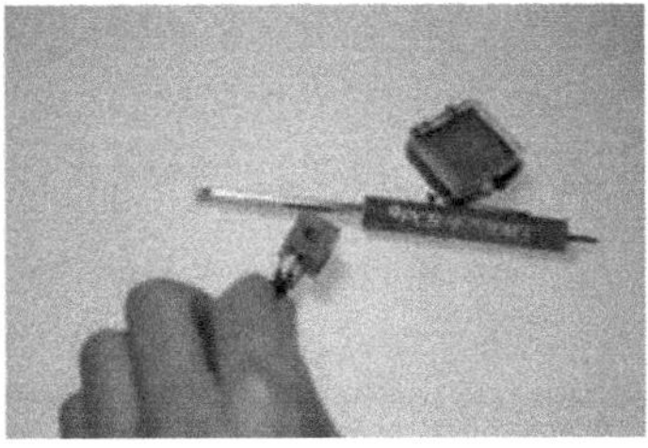 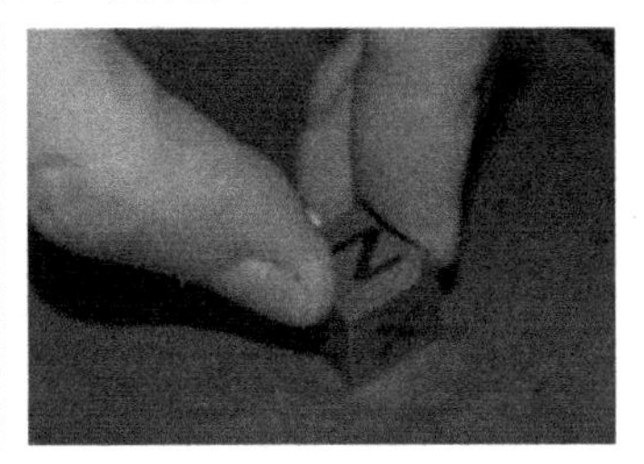

图10.7 石蜡粘接固定传感器

10.2.3 振动数据处理软件

数据采集板卡将振动信号由模拟量转换为数字量后，数据采集系统会首先将这些数字量存储在数据采集板卡自带的缓存中，然后通过USB或者以太网传输到计算机端，一般情况下计算机端会安装与采集硬件相匹配的数据采集、显示和处理软件。目前在国内汽车道路振动数据采集系统中，采集软件在线或者后处理软件一般与硬件为同一家供应商，采集后数据处理不需进行数据格式转换即可实现。通常的数据采集与分析软件常具备以下主要功能：

1）提供数据采集的设置和通道参数设置，每通道均可单独设置，也可以分组设置，另外还可建立传感器数据库，在测试软件中可直接快速访问调用，无需每次输入传感器灵敏度等参数。软件可对各个通道进行各种数学和逻辑运算。创建测试模板，实现对记录数据的读入、回放和浏览。生成测试报告（报告格式可以根据要求设置）和数据格式转换。

2）可支持在线监控功能，通过平板电脑或笔记本电脑对信号的采集进行控制，可以开始、暂停、停止信号采集。同时可对采集信号进行监控，如发现信号异常，可及时排除和处理。

3）功能强大的软件支持在线信号处理，如时间波形、快速傅里叶变换（FFT）谱、阶次谱、临界带宽谱、自功率谱、互功率谱、功率谱密度、相位参考谱、频响函数及相干性、总量级分析、阶次切片、频率切片、倍频程切片、频谱和阶次谱的最大值保持及平均、雨流计算等。

4）为方便用户进行数据二次开发，信号处理系统中包含数据格式的转换功能，用户可以根据需要自由进行多种数据格式转换，数据格式支持UFF、wav、txt等。

5）提供多种图形显示方式，如瀑布图、彩色等高线图、条状图、线状图等；还可从相关图形中裁剪和提取谐波与单个切片图。配置多种光标灵活变换，如主光标、区间光标、参考光标、谐波光标、边带光标，不同显示窗中光标可同步，使得一个显示窗中的变化可反映在另一个显示窗中，显示相同或不同函数。

6）软件可以实现常规的数学计算，包括加减乘除、绝对值、平方根、最大/最小值、自然对数、自然指数、对数、RMS值、声压级、倒数、正负、积分/微分、二次积分、升/降采样率等函数运算。

7）软件可以实现采集过程中和后处理时的各种信号滤波功能，如高通、低通、带通、带阻等滤波功能。包括无限脉冲响应（IIR）和有限脉冲响应（FIR）两种滤波器。

8）软件可以实现多种触发采集方式，包括快变通道的量级触发、手动进行各测试时间块的开始触发，支持预触发模式。

9）具有数据查找和管理功能，方便数据的管理；能够实现试验备忘文档、照片、数据一体化管理。

10.3 振动数据采集及预处理

10.3.1 采样定理

振动信号采集应选择合适的采样频率，以保证对连续信号采样后得到的离散信号能够保持原信号的主要特性，既没有干扰，也不失真。采样频率高意味着对一定时间长度的波形抽取较多的离散数据，需要占用较大的计算机空间以及较多的运算时间。采样频率选择过低，即采样时间间隔过大，则离散的时域信号可能不足以反映原来连续信号的波形特征。离散信号会发生频率混淆现象，有效的频率被漏掉，会出现原来频率信号中没有的低频成分。为此，采样频率必须高于信号成分中最高频率的2倍，也就是必须满足Shannon采样定理，即$f_s \geqslant 2f_{max}$。在实际应用中，通常采样频率f_s的取值为信号最高有用频率的3~4倍，以确保信号中高频成分的完整性。

采样前需根据信号的截止频率选择抗混淆的前置低通滤波器对连续信号进行滤波（简称为抗混滤波器），去掉不需要的高频成分，然后再进行采样和数据处理。但是由于抗混滤波器的带通和带阻之间的斜率不可能是理想的90°，在滤波器的截止频率之后还留有一些高频成分，为了减小频率混淆带来的误差，通常选取采样频率大于2.56倍的抗混滤波器截止频率。

10.3.2 振动数据预处理

1. 预处理基本方法

数据采集仪中信号放大器受环境温度、湿度、电磁场、噪声、振动冲击及车载逆变器电压稳定性等外部环境的干扰，采集到的振动信号往往与真实信号发生偏离，使信号信噪比降低、甚至信号完全失真。在汽车振动测试过程中，由于受到传感器布置空间和固定方式等因素的限制，一般情况下测量被测物体的加速度比测量位移和速度方便。根据被测物体的加速度信号，对信号进行积分变换求得被测物体的位移与速度是汽车振动信号处理中常用的方法，但由于信号中零点漂移含有长周期趋势项，在对数据进行二次积分时得到的结果可能完全失真。故振动信号预处理通常包括奇异点剔除和消除趋势项等。

1）奇异点剔除。数据中奇异点往往是测试系统中引入了较大的干扰造成的，其数值不符合一般客观事物的变化规律，这些奇异点的存在会给数据处理结果带来较大的误差。我们

常通过对数据的物理分析和人工鉴别直接剔除这些奇异点。

2）消除趋势项。可以在测量系统中加高通滤波器消除趋势项，而最常用且精度较高的一种方法是“最小二乘法”，它既能够消除高阶多项式趋势项，又能够消除线性趋势项，该方法在很多书籍和论文中均有描述，此处不再赘述。

2. 振动数据预处理案例

以测量某重型货车后尾灯在比利时路面行驶时位移变化情况为例说明消除趋势项与未消除趋势项对二次积分位移信号的影响，试验如下：

1）试验道路：某汽车试验场比利时路面。

2）试验仪器：美国 HI-Tech 16 通道数据采集仪、江苏联能 IEPE 型单项加速度传感器，采样频率为 200Hz，采样时间为 5s。

试验测到的原始信号如图 10.8 所示。

由于信号中的趋势项不明显，为了更好地说明问题，对采集数据人为增加趋势项 $x_2=(0.5\times t)^2+4\times t/8+0.5$，图 10.9 为增加的趋势项曲线，图 10.10 为原始信号增加趋势项后得到的信号曲线。

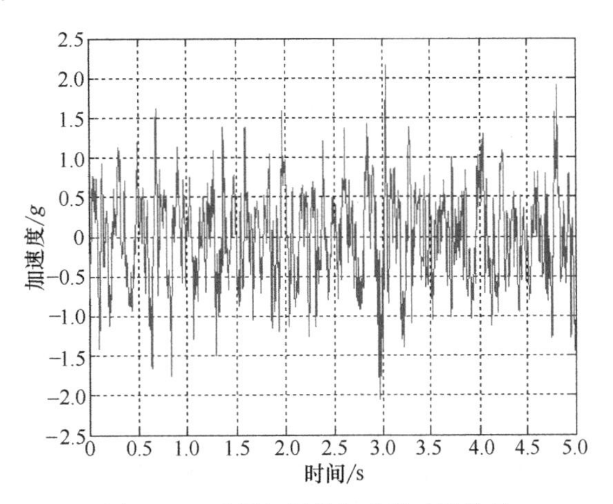

图 10.8 后尾灯原始加速度时间信号

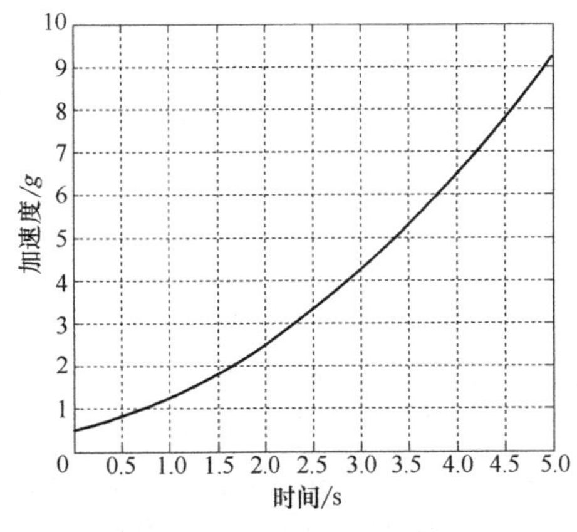

图 10.9 趋势项曲线

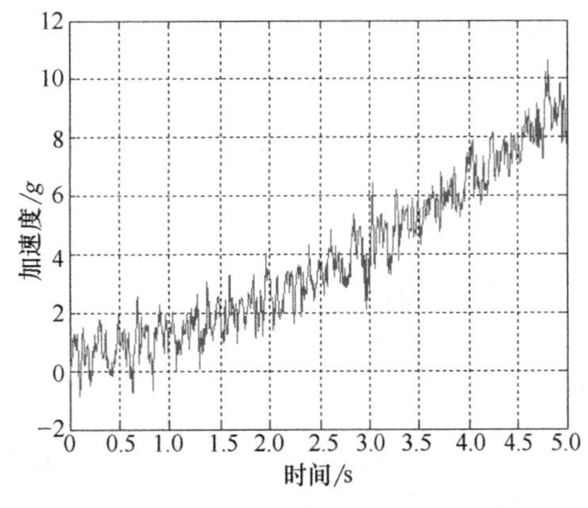

图 10.10 原始信号增加趋势项后信号曲线

然后利用最小二乘法消除趋势项，得到消除趋势项后曲线，如图 10.11 所示。

对比图 10.8 和图 10.11 发现，消除趋势项后的曲线与原始测试得到的曲线非常接近，说明最小二乘法消除趋势项非常有效。最后我们分别利用消除趋势项与存在趋势项两种情况的加速度信号进行二次积分，求得其随时间变化的位移曲线，如图 10.12 所示。

由图 10.12 可知，利用最小二乘法消除趋势项方法有效地消除了原始信号中的趋势项，使信号更加接近实测数据，利用消除趋势项的加速度数据进行二次积分得到的位移时间曲线较贴近实测情况。

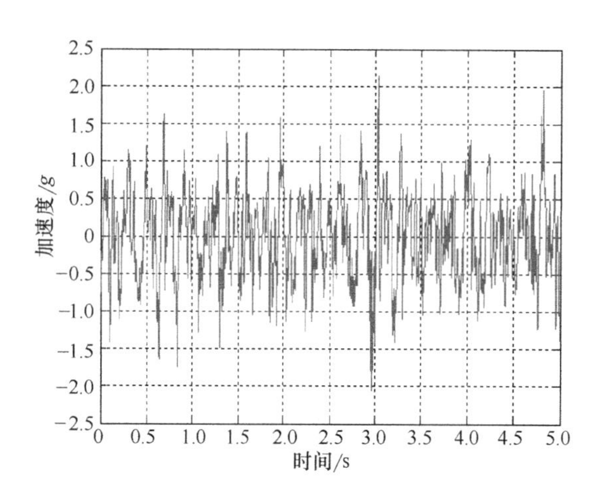

图 10.11　消除趋势项后得到的信号曲线

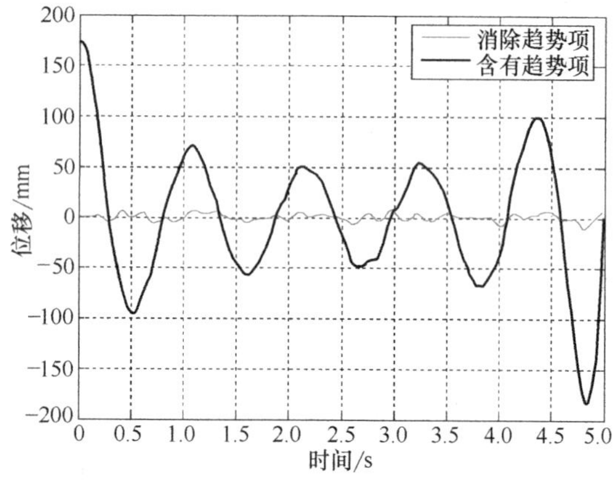

图 10.12　消除趋势项与含有趋势项积分位移曲线

10.4　道路振动试验及数据处理

汽车行驶在不同的道路上受到不同路面谱的激励时车辆轮胎受到的振动会通过悬架、驾驶室等传递至车辆其他部件和人体。除此之外，车辆发动机、驱动电机和高速旋转的传动系统等也会将其自身工作而产生的振动传递至其他部件和人体。此类振动会引起车辆部件的早期疲劳损伤和异响。对于人体而言，当人体暴露在振动环境下会引起人体肌肉和骨骼等疲劳，使人体产生不舒适的感觉，严重的振动甚至会直接影响到人们的身心健康。

因此，车辆在开发前会根据国家法规要求和市场定位等设置整车级和系统级振动指标，故车辆在推向市场前会进行各级振动指标的测试，其中道路测试最贴近用户的使用工况，以下分别介绍几种重要的道路振动测试项目。

10.4.1　车内外关键点振动测试

1. 测试目的

车内外关键振动测试点一般包括后视镜、转向盘、仪表板、变速杆（手动档汽车）等，此类位置驾驶员（乘员）目光或者身体可以直接接触到，对驾驶员观察交通情况或驾驶员疲劳带来直接影响。例如，当车辆后视镜振动超过一定的幅值，驾驶员就会看不清后视镜中物体的轮廓，严重影响行车安全。另外，如果车辆转向系统刚度、模态等参数设计不当，就会在发动机某个转速下或范围内出现转向盘振动超标的现象，该振动会直接将振动传递到驾驶员手背和全身，从而引起手臂发麻和手部肌肉疲劳，进而影响驾车安全。

2. 测试工况

1）定置怠速：车辆停止在平坦的路面，发动机怠速运行。对于各种形式的混合动力汽车和电动汽车而言，该工况下车辆上高压，使转向电机和空气压缩机等系统正常工作。

2）定置缓加速：车辆停止在平坦的路面，通过控制节气门使发动机缓慢加速至设计的最高转速。对于混合动力/增程式等安装发动机的汽车而言，要测试发动机在定置工况下各种转速下的关键点振动。

3）匀速行驶：车辆分别在空、满载状态，行驶于平滑水泥或沥青路面上以测试不同车速行驶时关键点振动。

3. 评价指标

对于关键点的振动，常用加速度均方根 x_{rms} 来评价，它是振动信号平均能量的一种表达。

4. 数据处理方法

随机振动信号均方根值的估计是样本函数记录 $x(k)$ 的平方在时间坐标上有限长度的积分平均。离散随机振动信号均方根值的表达式见式（10.5）。

$$x_{\mathrm{rms}} = \sqrt{\frac{1}{N}\sum_{k=1}^{N} x^2(k)} \tag{10.5}$$

5. 实际测试案例

国内三款牵引车转向盘、变速杆和后视镜位置 X、Y 及 Z 方向在发动机怠速状态下测试得到的振动加速度均方根值见表 10.4，测试时间为 20s。

表 10.4 定置状态各车型转向盘、变速杆和后视镜振动幅值 （单位：$\mathrm{m/s^2}$）

测点	方向	车型一	车型二	车型三
转向盘	X	0.882	2.744	4.312
	Y	0.686	0.294	1.568
	Z	2.156	6.958	4.802
变速杆	X	0.588	23.814	2.156
	Y	0.588	7.938	1.862
	Z	0.196	14.896	0.98
后视镜	X	0.196	0.392	3.724
	Y	0.196	0.686	2.842
	Z	0.196	0.49	1.274

根据经验，当以上位置的加速度均方根值大于 $3.5\mathrm{m/s^2}$ 时，后视镜就会出现模糊，手接触到此类振动就会明显感觉不舒服。

某牵引车在静止状态下发动机从 900r/min 缓慢加速至 2200r/min 过程中测得的转向盘、变速杆、后视镜位置的加速度值如图 10.13～图 10.15 所示。

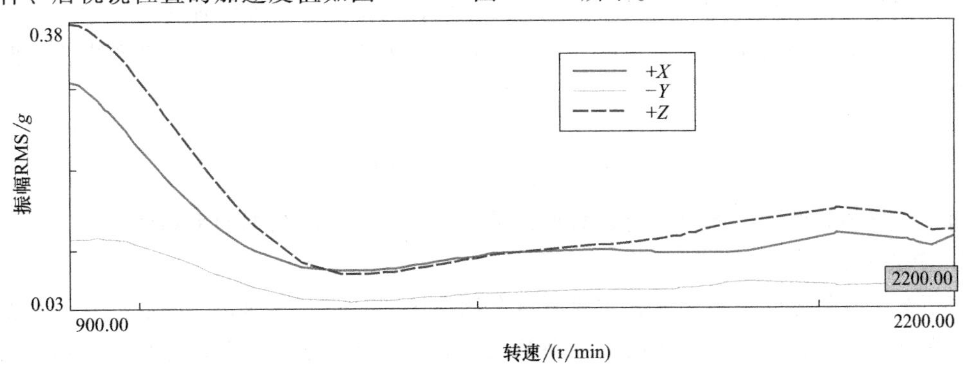

图 10.13 定置缓加速状态转向盘振动情况

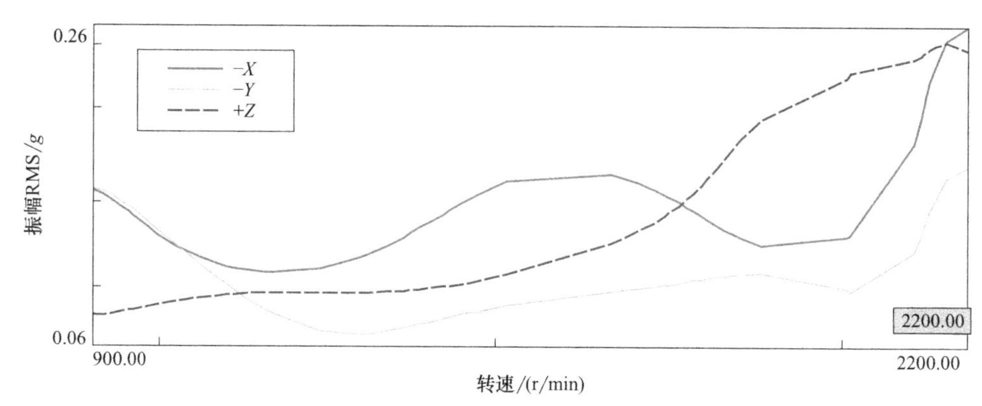

图 10.14　定置缓加速状态变速杆振动情况

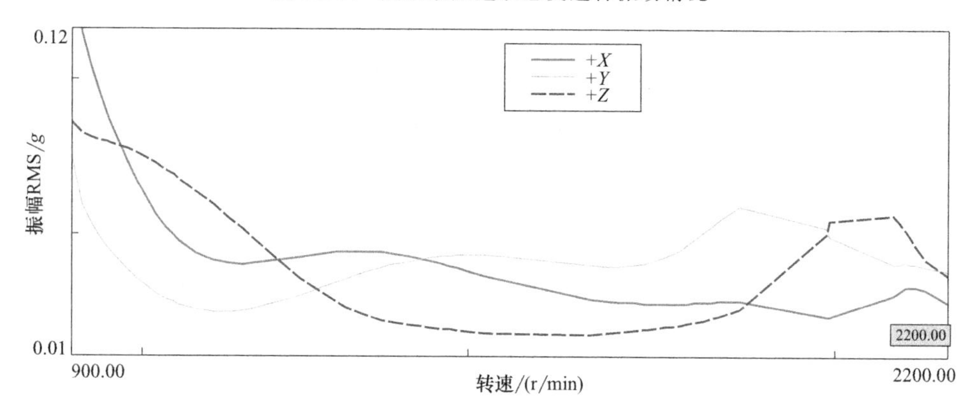

图 10.15　定置缓加速状态后视镜振动情况

10.4.2　车辆悬架系统隔振特性测试

1. 测试目的

汽车行驶在不同的路面上，道路的不平度激励会通过轮胎、悬架等各级悬置系统传递至人体和其他零部件，良好的悬架系统会有效地隔离振动传递，如果悬架或悬置系统设计不当，隔振效果就会变差，甚至会放大振动，因此对隔振系统的隔振效果进行评价尤为重要。

2. 数据处理方法

传递率是评价悬架系统隔振效果的重要指标。一个悬架系统通常由主动端支架、隔振器和被动端支架构成，如图 10.16 所示。测试时分别在两个支架上安装加速度传感器，测得主动端加速度均方根值（$a_{a(rms)}$）和被动端加速度均方根值（$a_{p(rms)}$）。悬架系统的隔振率见式（10.6）。

$$TL=\frac{a_{a(rms)}-a_{p(rms)}}{a_{a(rms)}}\times 100\% \tag{10.6}$$

每个工况最好测试三组以上有效数据，最后的结果取三组数据的平均值。

3. 测试工况

对于车辆各级悬架系统而言，主要测试车辆在比利时路、减速带、一般沥青和水泥路面等典型路面，以不同的车速行驶时的隔振情况。对于手动变速器汽车，选择常用档位完成各车速下的隔振测试。

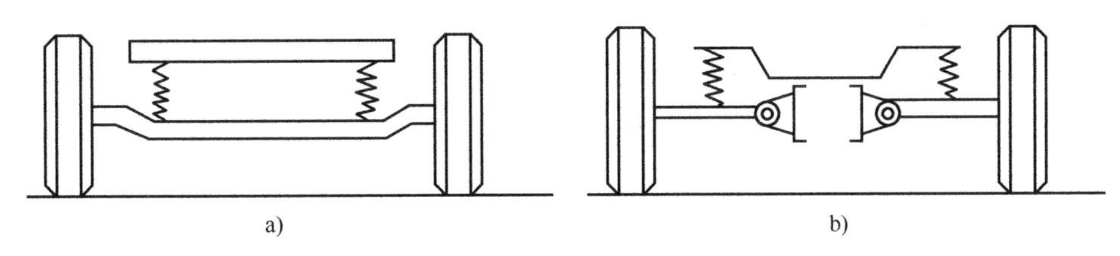

图 10.16　悬架系统

根据路面激励特性和悬架系统的隔振特点，一般要求分析频率≤128Hz 即可，频率分辨率≥0.2Hz，采样时间≥10s。

4. 实际测试案例

针对某物流车，其前悬架是麦弗逊式，后悬架是钢板弹簧式非独立悬架，通过在悬架上下端分别布置单向加速度传感器，如图 10.17 所示，采集车辆在水泥路面上以 40km/h、60km/h、80km/h 车速匀速行驶时前后悬架的隔振率。本次试验分析频率带宽设置为 256Hz，频率分辨率为 0.2Hz，相同工况的试验进行了 3 次，最后结果为 3 次试验的平均值。

图 10.17　前悬架系统传递率传感器布置位置

通过采集的时域数据，处理得到 1~20s 时间内的 overall 曲线，统计 overall 曲线的平均值，列入表 10.5，得到悬架系统的振动通过率。

表 10.5　某物流车悬架系统振动通过率

测试位置		40km/h	60km/h	80km/h
左前悬架	主动端/(m/s^2)	0.501	0.617	0.831
	被动端/(m/s^2)	0.445	0.441	0.647
	隔振率(%)	11	29	22
左后悬架	主动端/(m/s^2)	0.752	0.797	1.105
	被动端/(m/s^2)	0.731	0.721	1.036
	隔振率(%)	3	10	6
右前悬架	主动端/(m/s^2)	0.532	0.636	0.829
	被动端/(m/s^2)	0.47	0.465	0.633
	隔振率(%)	12	27	24
右后悬架	主动端/(m/s^2)	1.005	0.998	1.261
	被动端/(m/s^2)	0.645	0.593	0.763
	隔振率(%)	36	41	39

10.4.3　悬置系统隔振特性测试

1. 测试目的

测试汽车发动机、驱动电机/发电机、传动轴、打气泵、转向油泵等核心总成和部件在工作时产生的振动通过悬置传递至固定支架端（常称为被动端）振动量的大小。它是衡量悬置隔振效果的主要指标，该指标是非常重要的 NVH 指标。

2. 数据处理方法

常使用振动传递率评价悬置隔振效果，指主动端振动加速度均值与被动端加速度均值的比值，传递率用分贝形式表达，见式（10.7）。

$$T_{dB} = 20\times\lg\frac{|a_a|}{|a_p|} \tag{10.7}$$

在汽车悬置的隔振率测试过程中往往需要测试各种工作转速下的传递率。当传递率大于20dB时，认为取得了较好的隔振效果。这意味着加速度从主动端传递到被动端振动能量衰减了10倍。

3. 测试工况

因此类部件大部分产生旋转振动，因此通常情况下需要在每个主、被动端支架布置三向加速度传感器，测量 X、Y、Z 三个方向的隔振性能。例如乘用车发动机悬置通常有三个隔振悬置，重型商用车发动机悬置通常有四个点，测试时需要对每个点的隔振性能进行评价。另外测试应该覆盖其自身工作的各种转速工况，通常使用转速跟随模式进行测试。在测试时尽可能使车辆本身停在较为平坦的路面上，以消除车轮和道路不平度激励对于隔振系统隔振性能测试的影响。采集设备的采样频率应根据采样定理，再结合发动机等部件自身工作转速和关心的阶次进行确定。

4. 实际测试案例

以下是测试某重型牵引车发动机悬置隔振率的试验。测试使用 LMS SCM09 动态数据采集仪，美国 PCB 公司的 356A32 三向加速度传感器测量怠速工况动力总成悬置上下端及关键点的振动加速度，然后使用 LMS Test. Lab 数据处理软件得到悬置的隔振率。怠速工况测试之前对车辆进行了热车，观察发动机水温、油温处于正常状态。测得怠速情况下的发动机悬置隔振率结果，见表 10.6。

表 10.6 某进口牵引车发动机悬置隔振率

测点位置	方向	隔振率/dB	测点位置	方向	隔振率/dB
左前悬置	X	2.82	右前悬置	X	10.49
	Y	1.19		Y	5.15
	Z	21.76		Z	6.44
左后悬置	X	30.18	右后悬置	X	32.36
	Y	17.5		Y	15.88
	Z	13.81		Z	9.33

另外图 10.18 列举了同一汽车左前发动机悬置在定置缓加速工况下垂直方向的隔振率测试结果。通过该图可以分析在发动机常用转速范围内悬置隔振的情况，如果在常用转速下的隔振率达到了设计要求，即可认为设计是成功的。

10.4.4 汽车平顺性道路试验

因汽车全生命周期行驶在道路上，其振动会引起驾乘人员疲劳甚至影响其身体健康。汽车平顺性测试的目的在于发现和解决汽车行驶平顺性方面的问题，保证驾乘人员的舒适和身体健康以及避免货物在运输过程中的异常损坏。

根据国家标准 GB/T 4970 的要求，汽车平顺性道路试验主要分为两大类，第一类是道

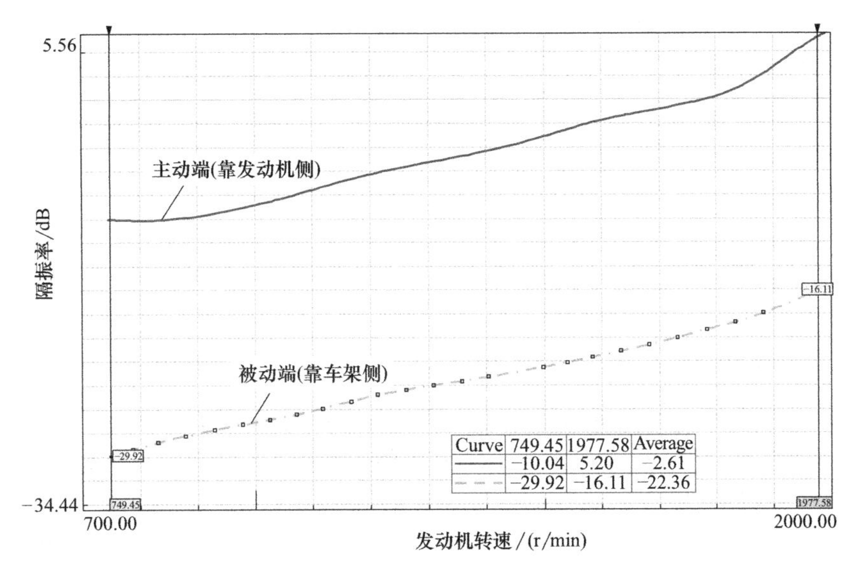

图 10.18 左前发动机悬置在定置缓加速工况下垂直方向隔振率

路随机输入试验，第二类是道路脉冲输入试验。道路随机输入平顺性试验可以在相当于二级公路的水泥路面或沥青路面以及相当于三级公路的砂石路面两种道路上进行，对于越野车、矿用车等优先选择在三级公路上进行试验，其他公路车辆优先选择在二级公路上进行。试验所用的路面应该平直、干燥、纵向坡度不大于 1%，不平度应均匀无突变，累计的试验路面总长度应不小于试验样本个数要求的最短路面长度，并且两端应该留有 30~50m 的车速稳定路段。

对于使用场景相对确定的车辆，在标准要求的路面上完成测试后，建议在真实使用路面上增加平顺性测试，例如干线物流牵引车，应该在高速公路上进行测试，公交车应该在所在城市的相对应线路上进行测试，对于越野车辆，应该增加在非铺装路面上的平顺性测试。

试验前应该确认汽车各总成、部件、附件以及其他附属装置按照规定装备齐全。调整状态应该符合该汽车出厂技术条件的规定，尤其应该注意试验前车辆经过 1000km 以上的磨合，轮胎花纹正常，没有任何的偏磨等异常磨损，轮胎气压应符合汽车技术条件的规定，误差不超过规定充气压力的±3%。

常规平顺性试验车辆载荷应该在额定满载条件下进行，根据试验委托方或需求方要求可以增做半载或空载条件下的试验。测试部位的载荷应该为身高 1.70m±0.05m、体重为 65kg±5kg 的真人；非测试部位最好是体重为 65kg±5kg 的真人（如果体重不满足要求，可以通过其他配重进行调节），也可以用 65kg 的沙袋或水桶代替，汽车载荷在试验过程中应该固定牢靠。测试部位的乘员应该全身放松，佩戴安全带，如果测试部位是驾驶员，其双手应该自然地握住转向盘，双脚按照正确的驾驶姿势进行驾驶，手脚不能刻意地承担身体的重量；测试部位如果不是驾驶员，乘员应该双手自然地放在大腿上，下肢自然弯曲，双脚自然地放置在地板上。一般情况下，测试部位乘员/驾驶员应该自然地后背靠在座椅上，保证后背与座椅靠背传感器有效贴合，在整车试验过程中测试部位驾乘人员应该保持坐姿不变，否则应该注明，在数据处理时应该删除不正常数据或者在试验报告中做出特殊说明。

试验时车速应该由车速仪进行监控，对于装配手动变速器的汽车，档位的选择应根据车速进行适当的匹配，保证发动机或驱动电机工作在经济转速范围内。试验时车速的偏差应该控制在±4%范围内。

1. 随机输入行驶平顺行试验

本方法通过测试汽车在随机不平的路面上行驶时的振动对乘员以及货物产生的影响，来评价货车、客车以及轿车的平顺性。试验可以在沥青或者水泥路面上进行，试验载荷一般选择为汽车额定载荷，对于货车可以增做空载条件下的平顺行，客车和轿车可以增做半载条件下的平顺性。

测试人-座椅系统仪器的频率响应范围应为 0.1~100Hz，测试货箱的频率响应范围应该为 0.3~500Hz。试验时根据车型不同，传感器的安装方式也不同：对于 M 类车辆，驾驶员及同侧最后一排座椅坐垫上方、座椅靠背和对应脚部地板上均应布置三向加速度传感器；对于 N 类车辆，三向加速度传感器应该布置在驾驶员座椅坐垫上方、座椅靠背、脚部地板、车厢地板中心以及与驾驶员同侧、距离车厢边板、车厢后板各 300mm 处的地板上。其中座椅位置应该布置三个加速度传感器，其中一个坐垫式传感器应该布置在乘员臀部正下方，坐垫传感器的结构如图 10.19 所示。试验时应保证传感器与人体紧密接触。另外一个传感器应该安装在乘员座椅靠背中心位置，如图 10.20 所示。第三个三向加速度传感器应该安装在乘员脚部地板上，通常安装在驾驶员或者乘员两脚中间位置。因为车辆脚部地板上多安装了地板革等，给传感器的安装和拆解带来一定困难，建议在脚部部位首先通过胶水粘贴一个面积超过传感器安装座的平铁片，然后通过磁座将传感器安装在该铁片上，试验过程中乘员脚不能碰触到该传感器。车厢地板上的加速度传感器只需测量垂向振动信号。

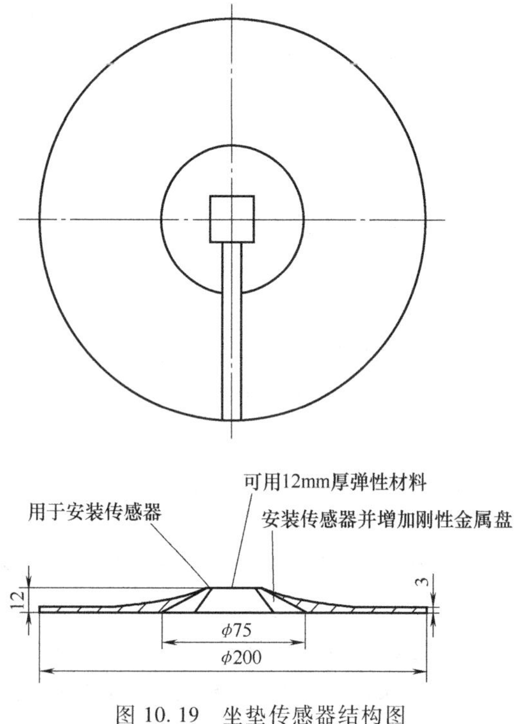

图 10.19 坐垫传感器结构图

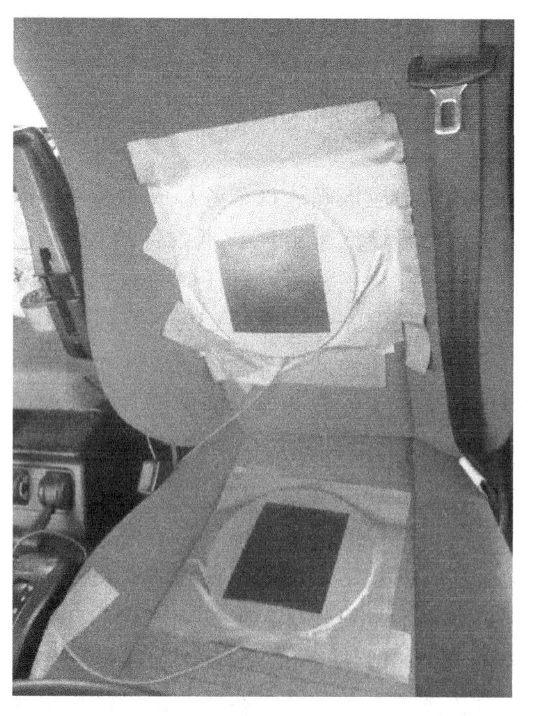

图 10.20 坐垫传感器安装示意图

试验时在良好的路面，应该从 40km/h 开始至设计最高车速，间隔 10km/h 选择一个车速为试验车速。其他路面的试验根据实际道路情况进行车速选择，在试验报告中必须注明车速。汽车在匀速段内稳定行驶通过试验路面时，使用加速度数据记录仪记录以上描述测点的加速度时间历程，数据采集过程中应采用抗混滤波器，截止频率设置为 100Hz，频率分辨率设置为 0.125Hz。样本记录的时间建议≥30s。每一个工况有效数据样本量需≥3 个，试验结果取三个样本量的平均值。对于货车车厢布置的传感器，建议截止频率设置为 500Hz。

随机输入行驶平顺性试验对于人体振动的评价指标为加权加速度均方根值。该评价指标是根据中国人体不同部位承受不同方向振动的敏感程度而进行加权计算得到的。对于货车货箱的振动，用加速度均方根值和功率谱密度函数（或功率谱函数）评价。

试验数据的处理应该严格按照 GB/T 4970 进行。首先计算单轴向加权加速度均方根值 $\bar{a}_w$，它可由等带宽频率分析得到的加速度自功率谱密度函数 $G_a(f)$ 计算得到，按照式（10.8）计算三分之一倍频程加速度均方根值。

$$\bar{a}_j = \sqrt{\int_{f_{uj}}^{f_{ij}} G_a(f)\,\mathrm{d}f} \tag{10.8}$$

式中 $\bar{a}_j$——中心频率为 f_j 的第 j（$j=1$，2，3，…，23）个 1/3 倍频程加速度均方根值，单位为 $\mathrm{m/s^2}$；

f_{ij}、f_{uj}——分别是 1/3 倍频带的中心频率为 f_j 的上、下限频率，见表 10.7，单位为 Hz；

$G_a(f)$——加速度自功率谱密度函数，单位为 $\mathrm{m^2/s^3}$。

表 10.7 1/3 倍频带中心频率上、下限频率 （单位：Hz）

1/3 倍频带中心频率 f_j	f_j 的下限频率 f_{ij}	f_j 的上限频率 f_{uj}	1/3 倍频带中心频率 f_j	f_j 的下限频率 f_{ij}	f_j 的上限频率 f_{uj}
0.50	0.45	0.57	2.0	1.8	2.24
0.63	0.57	0.71	2.5	2.24	2.8
0.8	0.71	0.9	3.15	2.8	3.55
1	0.9	1.12	4	3.55	4.5
1.25	1.12	1.4	5	4.5	5.6
1.6	1.4	1.8	6.3	5.6	7.1

再按照式（10.9）计算 $\bar{a}_w$。

$$\bar{a}_w = \left[\sum_{j=1}^{23}(\omega_j a_j)^2\right]^{\frac{1}{2}} \tag{10.9}$$

式中 $\bar{a}_w$——单轴向加权加速度均方根值，单位为 $\mathrm{m/s^2}$；

ω_j——第 j 个 1/3 倍频带的加权系数，根据测点的位置和方向不同，按照表 10.8、表 10.9 选择不同的加权系数。

表 10.8 不同测点、方向的倍频带的加权系数

位置	坐标轴名称	频率加权函数 ω_j
座椅坐垫上方	x、y、z	ω_d、ω_d、ω_k
座椅靠背	x、y、z	ω_c、ω_d、ω_d
脚	x、y、z	ω_k、ω_k、ω_k

表 10.9　1/3 倍频带主要加权系数

频率带数 x	频率 f/Hz	ω_k		ω_d		ω_c	
		频率加权系数 ×1000	dB	频率加权系数 ×1000	dB	频率加权系数 ×1000	dB
1	0.50	418	-7.57	853	-1.38	843	-1.48
2	0.63	459	-6.77	944	-0.50	929	-0.64
3	0.8	477	-6.43	992	-0.07	972	-0.24
4	1	482	-6.33	1011	0.1	991	-0.08
5	1.25	484	-6.29	1008	0.07	1000	0.00
6	1.6	494	-6.12	968	-0.28	1007	0.06
7	2.0	531	-5.49	890	-1.01	1012	0.10
8	2.5	631	-4.01	776	-2.20	1017	0.15
9	3.15	804	-1.90	642	-3.85	1022	0.19
10	4	967	-0.29	512	-5.82	1024	0.2
11	5	1039	0.33	409	-7.76	1013	0.11
12	6.3	1054	0.46	323	-9.81	974	-0.23
13	8	1036	0.31	253	-11.93	891	-1.00
14	10.0	988	-0.1	212	-13.91	776	-2.20
15	12.5	902	-0.89	161	-15.87	647	-3.79
16	16.0	768	-2.28	125	-18.03	512	-5.82

座椅坐垫上方、座椅靠背及驾驶室地板处各点的加权加速度均方根值，按照式（10.10）计算。

$$\bar{a}_{vj}=(k_x^2\bar{a}_{wx}^2+k_y^2\bar{a}_{wy}^2+k_z^2\bar{a}_{wz}^2)^{\frac{1}{2}} \tag{10.10}$$

式中　$\bar{a}_{wx}$——x 轴向加权加速度均方根值，单位是 m/s^2；

$\bar{a}_{wy}$——y 轴向加权加速度均方根值，单位是 m/s^2；

$\bar{a}_{wz}$——z 轴向加权加速度均方根值，单位是 m/s^2；

k_x、k_y、k_z——各轴轴向加权系数，详见表 10.10；

$j=1$、2、3——分别代表座椅坐垫上方、座椅靠背及驾驶室地板三个位置；

$\bar{a}_{vj}$——某点的总加权加速度均方根值，单位是 m/s^2。

表 10.10　不同位置的轴加权系数

位置	坐标轴名称	轴加权系数	位置	坐标轴名称	轴加权系数
座椅坐垫上方	纵向	$k_x=1.00$	靠背	垂向	$k_z=0.40$
	横向	$k_y=1.00$	脚（驾驶室地板）	纵向	$k_x=0.25$
	垂向	$k_z=1.00$		横向	$k_y=0.25$
靠背	纵向	$k_x=0.80$		垂向	$k_z=0.40$
	横向	$k_y=0.50$			

总加权加速度均方根值 $\bar{a}_v$ 按照式（10.11）计算。

$$\bar{a}_v=(\sum\bar{a}_{vj}^2)^{\frac{1}{2}} \tag{10.11}$$

使用 MATLAB 进行随机输入平顺性计算，程序如下：

```
%%汽车平顺性数据处理方法(该程序中没有数据前处理)
%%(对自功率谱密度函数进行等带宽的分析得到加权加速度均方根值)GB/T 4970—2009
clear
clc
close all hidden
fni=input('请输入要处理的数据文件名:','s');
fid=fopen(fni,'r');
```

```
sf=500;
x=fscanf(fid,'%f',[9,inf]);
status=fclose(fid);
n=length(x);
t=(0:1/sf:(n-1)/sf);
seatx=x(4,(1:n))*9.8;
seaty=x(5,(1:n))*9.8;
seatz=x(6,(1:n))*9.8;
%%%-------------靠背
backx=x(1,(1:n))*9.8;
feetx=x(7,(1:n))*9.8;
feety=x(8,(1:n))*9.8;
feetz=x(9,(1:n))*9.8;
%%%
nfft=2^nextpow2(n);
ch1=seatx;ch2=seaty;ch3=seatz;
ch4=backx;ch5=backy;ch6=backz;
ch7=feetx;ch8=feety;ch9=feetz;
win=hanning(n);%%需保证窗函数的长度大于3倍的采样频率
[Psx,f]=pwelch(ch1,win,50,nfft,sf);[Psy,f]=pwelch(ch2,win,50,nfft,sf);[Psz,f]=pwelch(ch3,
win,50,nfft,sf);
[Pbx,f]=pwelch(ch4,win,50,nfft,sf);[Pby,f]=pwelch(ch5,win,50,nfft,sf);[Pbz,f]=pwelch(ch6,
win,50,nfft,sf);
[Pfx,f]=pwelch(ch7,win,50,nfft,sf);[Pfy,f]=pwelch(ch8,win,50,nfft,sf);[Pfz,f]=pwelch(ch9,
win,50,nfft,sf);
fl=[0.45 0.57 0.71 0.9 1.12 1.4 1.8 2.24 2.8 3.55 4.5 5.6 7.1 9 11.2 14 18 22.4 28 35.5 45 56 71];
fu=[0.57 0.71 0.9 1.12 1.4 1.8 2.24 2.8 3.55 4.5 5.6 7.1 9 11.2 14 18 22.4 28 35.5 45 56 71 90];
wk=[0.418 0.459 0.477 0.482 0.484 0.494 0.531 0.631 0.804 0.967 1.039 1.054 1.036 0.988 0.902
0.768 0.636 0.513 0.405 0.314 0.246 0.186 0.132];
wd=[0.853 0.944 0.992 1.011 1.008 0.968 0.890 0.776 0.642 0.512 0.409 0.323 0.253 0.212 0.161
0.125 0.1 0.08 0.0632 0.0494 0.0388 0.0295 0.0211];
wc=[0.843 0.929 0.972 0.991 1 1.007 1.012 1.017 1.022 1.024 1.013 0.974 0.891 0.776 0.647
0.512 0.409 0.325 0.256 0.199 0.156 0.118 0.0844];
%%------------座椅位置的加权加速度均方根值
for j=1:23
  b=1;b1=1;
  Plvx=0;Plvy=0;Plvz=0;
  Glvx=0;Glvy=0;Glvz=0;
 for i=1:nfft/2
   if(fl(j)<=f(i) & fu(j)>=f(i))
      Plvx(b)=f(i);Plvy(b)=f(i);Plvz(b)=f(i);b=b+1;
      Glvx(b1)=Psx(i);Glvy(b1)=Psy(i);Glvz(b1)=Psz(i);b1=b1+1;
 end
end
```

```
        azx(j)= sqrt(trapz(Plvx,Glvx));
        azy(j)= sqrt(trapz(Plvy,Glvy));
        azz(j)= sqrt(trapz(trapz,(Plvz,Glvz));
        end
        awxme=0;
        for i=1:23
            awx(i)=(wd(ii) * azx(ii)^2;
            awxhe=awxhe+awx(i);
        end
    awxx=sqrt(awxhe);
    awyhe=0;
          for i=1:23
                awx(i)=(wd(ii) * azx(ii)^2;
                awxhe=awxhe+awx(i);
          end
    awxx=sqrt(awxhe);
    awyhe=0;
          for i=1:23
                awy(i)=(wd(i) * azy(ii)^2;
                awyhe=awyhe+awy(i);
          end
    awyy=sqrt(awyhe);
    awzhe=0;
      for i=1:23
        awz(i)=(wk(ii) * azz(i))^2;
        awzhe=awzhe+awz(i);
      end
    awzz=sqrt(awzhe);
    %%%%%%%%%%%%%%%%%%%%%%%%%%%%%%%%%%%%%%%%%%%%%%%%%%%%
    awseat=sqrt((1.0 * awxx)^2+(1.0 * awyy)^2+awzz^2);
    %%%%%---驾驶员靠背位置的加权加速度均方根值
    for j=1:23
        b=1;b1=1;
        Plvx=0;Plvy=0;Plvz=0;
        Glvx=0;Glvy=0;Glvz=0;
      for i=1:nfft/2
          if(f1(j)<=f(i)   &   fu(j)>=f(i))
              Plvx(b)= f(i);Plvy(b)= f(i);Plvz(b)= f(i);b=b+1;
              Glvx(b1)= Pbx(i);Glvy(b1)= Pby(i);Glvz(b1)= Pbz(i);b1=b1+1;
          end
      end
          azx(j)= sqrt(trapz(Plvx,Glvx);
          azy(j)= sqrt(trapz(Plvy,Glvy);
          azz(j)= sqrt(trapz(Plvz,Glvz);
    end
    awxhe=0;
```

```
        for i=1:23
            awx(i)=(wd(i) * azx(i)^2;
            awxhe=awxhe+awx(i);
        end
    awxx=sqrt(awxhe);
    awyhe=0;
      for i=1:23
        awy(i)=(wd(i) * azy(i))^2;
        awyhe=awyhe+awy(i);
      end
    awyy=sqrt(awyhe);
    awzhe=0;
      for i=1:23
        awz(i)=(wk(i) * azz(i));^2;
        awzhe=awzhe+awz(i);
      end
    awzz=sqrt(awzhe);
    %%%%%%%%%%%%%%%%%%%%%%%%%%%%%%%%%
    awback=sqrt((0.8 * awxx)^2+(0.5&awyy)^2+(0.4 * awzz)^2);
    %%%%%---驾驶员地板位置的加权加速度均方根值
    for j=1:23
        b=1;b1=1;
        Plvx=0;Plvy=0;Plvz=0;
        Glvx=0;Glvy=0;Glvz=0;
      for i=1:nfft/2
          if(f1(j)<=f(i)&fu(j)>=f(ii)
              Plvx(b)=f(i);Plvy(b)=f(i);Plvz(b)=f(i);b=b+1;
              Glvx(b1)=Pfx(i);Glvy(b1)=Pfy(i);Glvz(b1)=Pfz(i);b1=b1+1;
          end
      end
        azx(j)=sqrt(trapz(Plvx,Glvx));
        azy(j)=sqrt(trapz(Plvy,Glvy));
        azz(j)=sqrt(trapz(Plvz,Glvz));
    end
    awxhe=0;
      for i=1:23
          awx(i)=(wd(i) * azx(i))^2;
          awxhe=awxhe+awx(i);
      end
    awxx=sqrt(awxhe);
    awyhe=0;
      for i=1:23
```

```
        awy(i)=(wd(i)*azy(ii)^2;
        awyhawyhe+awy(i);
    end
awyy=sqrt(awyhe);
awzhe=0;
    for i=1:23
        awz(i)=(wk(i)*azz(i))^2;
        awzhe=awzhe+awz(i);
    end
awzz=sqrt(awzhe);
%%%%%%%%%%%%%%%%%%%%%%%%%%%%%%%%%%%%
awfeet=sqrt((0.25*awxx)^2+(0.25*awyy)^2+(0.4*awzz)^2);
aw=sqrt(awseat^2+awback^2+awfee^2);
fno=('总加权加速度均方根值.txt');
fid=fopen(fno,'w');
fprintf(fid,'%f %f %f %f\n',awseat,awback,awfeet,aw);
status=fclose(fid);
```

2. 脉冲输入平顺性测试

脉冲输入平顺性测试的目的是考核汽车以不同的车速通过路面减速带或者凹坑等不平整路面，即悬架在受到冲击载荷的情况下，路面不平度引起的振动对乘员以及货物产生的影响，来评价车辆的平顺性。

该试验的车辆载荷、路面条件、试验所用的仪器以及加速度传感器布置位置均与随机输入平顺性试验方法一致，试验车速应该为10~60km/h，每间隔10km/h选择一个车速为试验车速。

脉冲输入应该采用图10.21所示的凸块，企业可以根据车辆不同技术条件采用其他高度的凸块或者减速带，但为保证试验结果的可比性，一旦确定凸块的形状后不建议随意更改。图10.21中，h=40mm，B根据车辆轮胎宽度制定，需大于轮胎宽度。

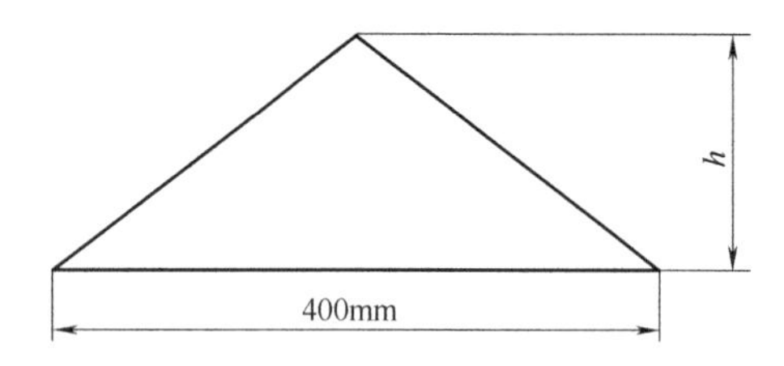

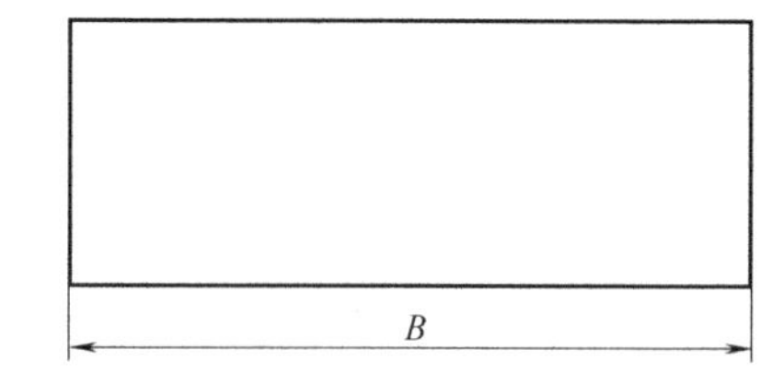

图10.21 脉冲试验用三角形凸块

试验开始前需将三角形凸块放置在试验道路中间，并根据汽车轮距调整好三角形凸块的位置，然后通过固定装置（推荐使用沉头地脚螺栓）与地面可靠固定，保证车辆通过时不发生移位。试验时，汽车以规定的速度匀速通过凸块，在汽车通过凸块前50m应稳住车速，数据采集系统应该在汽车通过凸块前就开始采集数据，待汽车行驶通过凸块后停止记录。每种车速的有效试验次数应不少于5次。

对于脉冲输入平顺性试验的数据处理，首先要计算加权加速度时域信号的峰值系数，也称为峰值因子。峰值系数是加权加速度时域信号的峰值与均值的比值，例如正弦信号的峰值系数是 1.414。利用 MATLAB 计算加权加速度时域信号的 M 文件见下：

```
clear
clc
close all hidden
format long
fni=input('请输入要处理的数据文件名:','s');
fid=fopen(fni,'r');
sf=500;%数据采样频率
x=fscanf(fid,'%f',[9,inf]);
status=fclose(fid);
n=length(x);
x1=x(9,(1:n))*9.8;
%%%建立离散的时间列向量
t=(0:1/sf:(n-1)/sf)';
%取大于并最接近 n 的 2 的幂次方为 FFT 长度
nfft=2^nextpow2(n);
%进行 FFT 变换,结果存于 y
y=fft(x1,nfft);
%建立一个长度为 nfft 元素全为 0 的向量
a=zeros(1,nfft);
f1=[0.45 0.57 0.71 0.9 1.12 1.4 1.8 2.24 2.8 3.55 4.5 5.6 7.1 9 11.2 14 18 22.4 28 35.5 45 56
71];
fu=[0.57 0.71 0.9 1.12 1.4 1.8 2.24 2.8 3.55 4.5 5.6 7.1 9 11.2 14 18 22.4 28 35.5 45 56 71 90];
%wx=[0.418 0.459 0.477 0.482 0.484 0.494 0.531 0.631 0.804 0.967 1.039 1.054 1.036 0.988
0.902 0.768 0.636 0.513 0.405 0.314 0.246 0.186 0.132];
%wy=[0.853 0.944 0.992 1.011 1.008 0.968 0.890 0.776 0.642 0.512 0.409 0.323 0.253 0.212
0.161 0.125 0.1 0.08 0.632 0.0494 0.0388 0.0295 0.0211];
wz=[0.843 0.929 0.972 0.991 1 1.007 1.012 1.017 1.022 1.024 1.013 0.974 0.891 0.776 0.647
0.512 0.409 0.325 0.256 0.199 0.156 0.188 0.0844];
%四舍五入取整求最小截止频率对应数组元素的下标
ni=round(f1*nfft/sf+1);
%四舍五入取整,求最大截止频率对应数组元素的下标
na=round(fu*nfft/sf+1);
for i=1:23
    %将 y 的正频率带通内的元素赋值给 a
    a(ni(i):na(i))=y(ni(i):na(i))*wz(i);
    %将 y 的负频率带通内的元素赋值给 a
    %a(nfft-na(i)+1:nfft-ni(i)+1)=y(nfft-na(i)+1:nfft-ni(i)+1)*wz(i);
end
%进行 FFT 逆变换,结果存于 y
y1=ifft(a,nfft);
```

```
%取逆变换的实部 n 个元素为滤波结果列向量
y1=(real(yl(1:n)))';
%绘制滤波前的时程曲线图形
figure(1)
subplot(2,1,1);
plot(t,x1);
%添加横向坐标轴的标注
xlabel('时间(t)');
%添加纵向坐标轴的标注
ylabel('m/s^2');
grid on;
%绘制滤波后的时程曲线图形
spbplot(2,1,2);
plot(t,y1);
%添加横向坐标轴的标主
xlabel('时间(t)');
%添加纵向坐标轴的标注
ylabel('m/s^2');
grid on;
%打开文件输出滤波后的数据
fno='加权加速度时间历程曲线.txt';
fid=fopen(fno,'w');
for k=1:n
    fprintf(fid,'%f %f\n',t(k),y(k));
end
status=fclose(fid);
%%%%%对两个信号在频率中进行对比
X=fft(x1,nfft);
f=sf/2*linspace(0,1,nfft/2);
=abs(a);
=abs(X);
figure(2);
subplot(2,1,1);
plot(f,YA(1:nfft/2));xlabel('Hz');ylabel('幅值');hold on;grid on;xlim([0 30]);
title('通过滤波网络的信号');
subplot(2,1,2);
plot(f,XA(1:nfft/2));xlabel('Hz');ylabel('幅值');hold on;grid on;xlim([0 30]);
title('原始信号);
```

一般情况将试验结果列入表 10.11 中。

如果峰值系数大于 9，除上述基本评价方法外，还应该采用振动剂量值来评价。振动剂量值 VDV（单位是 $m/s^{1.75}$）按照式（10.12）进行计算。

表 10.11 脉冲输入平顺性试验结果

测量位置	车速/(km/h)					
驾驶员坐垫 z 向	10	20	30	40	50	60
驾驶员靠背 z 向						
驾驶员座椅地板位置 z 向						
驾驶员同侧最后排座垫 z 向						
驾驶员同侧最后排座椅靠背 z 向						
车厢地板中心						
驾驶员侧距车厢边板 300mm 处						
驾驶员侧距车厢后板 300mm 处						

$$\mathrm{VDV} = \left[\int_0^T a_{\mathrm{w}}^4(t)\,\mathrm{d}t\right]^{\frac{1}{4}} \tag{10.12}$$

式中 $a_{\mathrm{w}}(t)$——加权加速度时间历程，单位是 $\mathrm{m/s^2}$。

T——作用时间，是指汽车前轮接触凸块到汽车驶过凸块且响应消失的时间段，单位是 s。

3. 实际测试案例

以下是对一辆进口牵引车进行平顺性随机测试的案例，车辆配置见表 10.12。

表 10.12 试验样车基本参数

参数	值	参数	值
最大总质量/kg	44000	最大转矩/(N·m)	2600
长×宽×高	5890mm×2518mm×4490mm	变速器型号	AT2612E
驱动形式	4×2	后桥速比	2.47
发动机型号	D13K420 EUVI	轴距/mm	3700
额定功率/hp	420(1hp=745.7W)	轮距/mm	2020/1830

试验在某汽车试验场水泥路面进行，测试工况均为匀速行驶工况，车速依次从 40km/h 按照 10km/h 的阶次递增至 80km/h，传感器布置在驾驶员座椅坐垫、驾驶员座椅靠背以及驾驶员脚部地板。每个工况测试采集 3 组数据，在排除数据无误的情况下，最终结果取 3 次结果的平均值，结果见表 10.13。

表 10.13 平顺性测试结果

车速/(km/h)	测试位置	空载测试结果/($\mathrm{m/s^2}$)	满载测试结果/($\mathrm{m/s^2}$)
40	座椅加权	0.28	0.24
	靠背加权	0.21	0.19
	底板加权	0.13	0.11
	总加权	0.38	0.32
50	座椅加权	0.33	0.30
	靠背加权	0.24	0.23
	底板加权	0.15	0.14
	总加权	0.43	0.40

（续）

车速/(km/h)	测试位置	空载测试结果/(m/s²)	满载测试结果/(m/s²)
60	座椅加权	0.39	0.34
	靠背加权	0.29	0.28
	底板加权	0.17	0.16
	总加权	0.51	0.47
70	座椅加权	0.45	0.33
	靠背加权	0.33	0.25
	底板加权	0.20	0.20
	总加权	0.60	0.47
80	座椅加权	0.46	0.38
	靠背加权	0.35	0.30
	底板加权	0.21	0.19
	总加权	0.62	0.52

10.5 某商用车驾驶室平顺性改进分析案例

某6×4牵引车在道路试验时发现，以70km/h左右的速度行驶在高速公路上时存在严重的驾驶室抖动现象，尤其在空载行驶时该现象更为突出，但当车辆行驶速度低于或者高于70km/h时驾驶室抖动现象消失。该抖动现象振动频率较为单一，节奏感较强，车辆长时间行驶在该车速时驾驶员容易产生疲劳感觉。

为排查车辆平顺性差的原因，设计试验方案如下：通过测量车辆不同位置（如车桥、车架等）在出现故障的车速（70km/h）和非故障车速（40km/h）下的振动情况，根据振动信号频域特性分析即可判断引起驾驶室抖动的主要振源。本试验所使用的仪器主要有东华测试DH5920型36通道数据采集仪及9个单向和1个三向ICP型加速度传感器，传感器详细布置位置见表10.14。测试采样频率为200Hz，试验车辆为空载状态，不带挂车；试验在平直高速公路路段进行；各状态下采样时间均为50s。

表10.14　加速度传感器布置位置明细

序号	布置位置	序号	布置位置
1	前轴左侧 Z 向	8	车架后端右侧 Z 向
2	前轴右侧 Z 向	9	车架前端左侧 Z 向
3	中桥左侧 Z 向	10	车架前端右侧 Z 向
4	中桥右侧 Z 向	11	驾驶室地板 X 向
5	后桥左侧 Z 向	12	驾驶室地板 Y 向
6	后桥右侧 Z 向	13	驾驶室地板 Z 向
7	车架后端左侧 Z 向		

10.5.1　不同车速下相关位置功率谱密度对比分析

利用MATLAB编程语言编写了自功率谱密度批处理程序，处理得到了车辆空载情况下

在良好路面上以 40km/h（非抖动车速）和 70km/h（抖动车速）时表 10.13 所示位置的加速度功率谱密度函数，详见图 10.22~图 10.25。

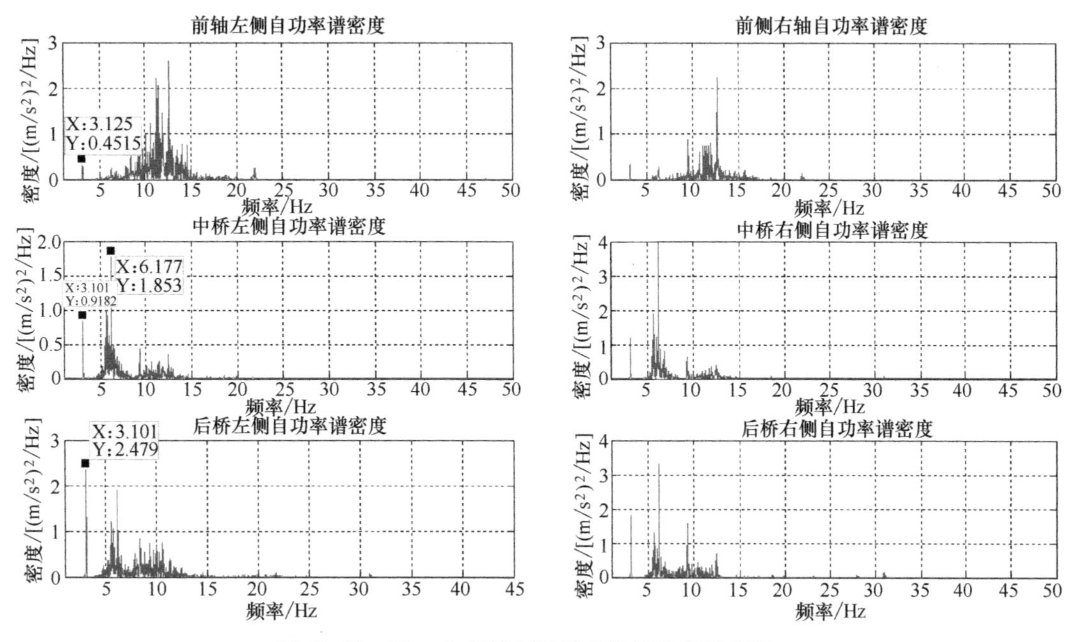

图 10.22　40km/h 匀速行驶时各轴桥功率谱密度

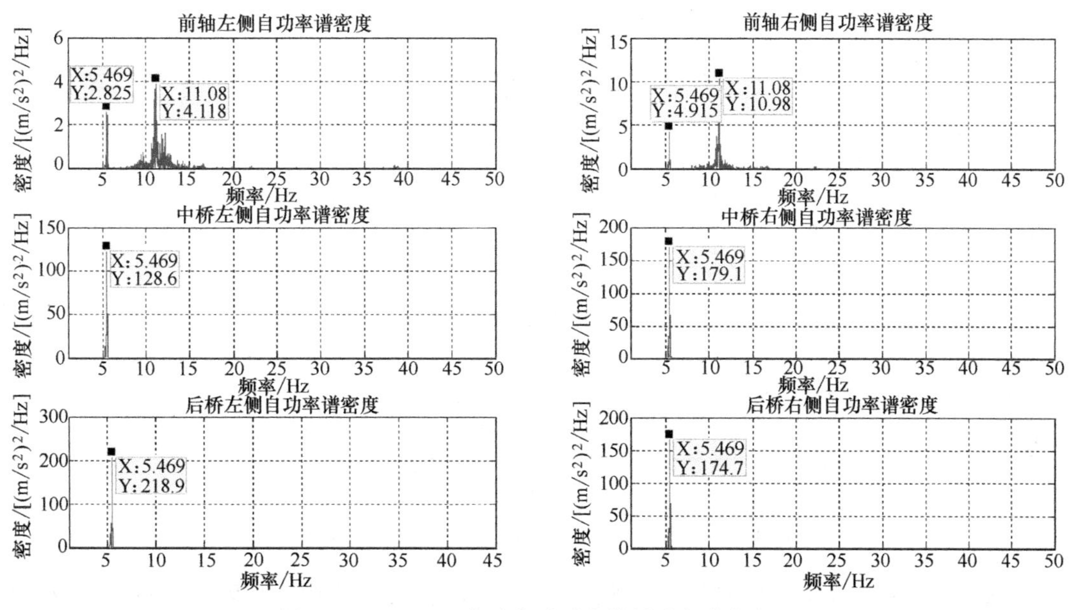

图 10.23　70km/h 匀速行驶时各轴桥功率谱密度

由图 10.22、图 10.23 的轴桥功率谱密度曲线可以看出：以 40km/h 车速匀速行驶时，轴桥的能量分布较为分散，能量幅值较小；以 70km/h 车速匀速行驶时，轴桥出现频率较为单一的振动、能量幅值较大。后者的振动能量是前者振动能量的 10 倍以上，初步可以判定试验车辆以 70km/h 车速匀速行驶时，轴桥受到周期激励力作用。

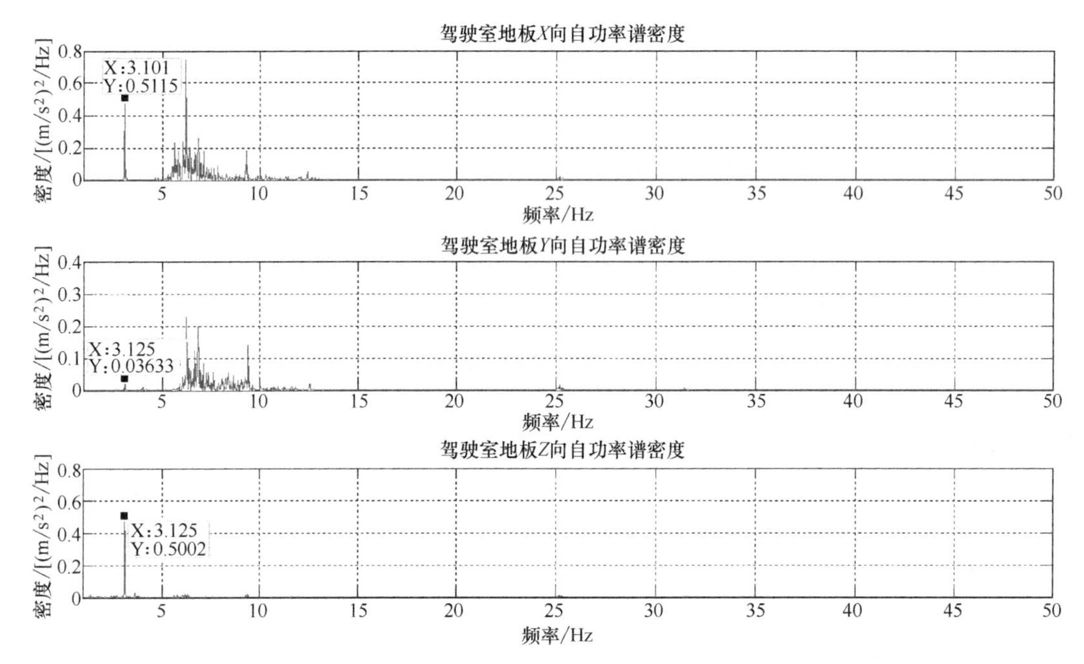

图 10.24 40km/h 匀速行驶时驾驶室地板功率谱密度

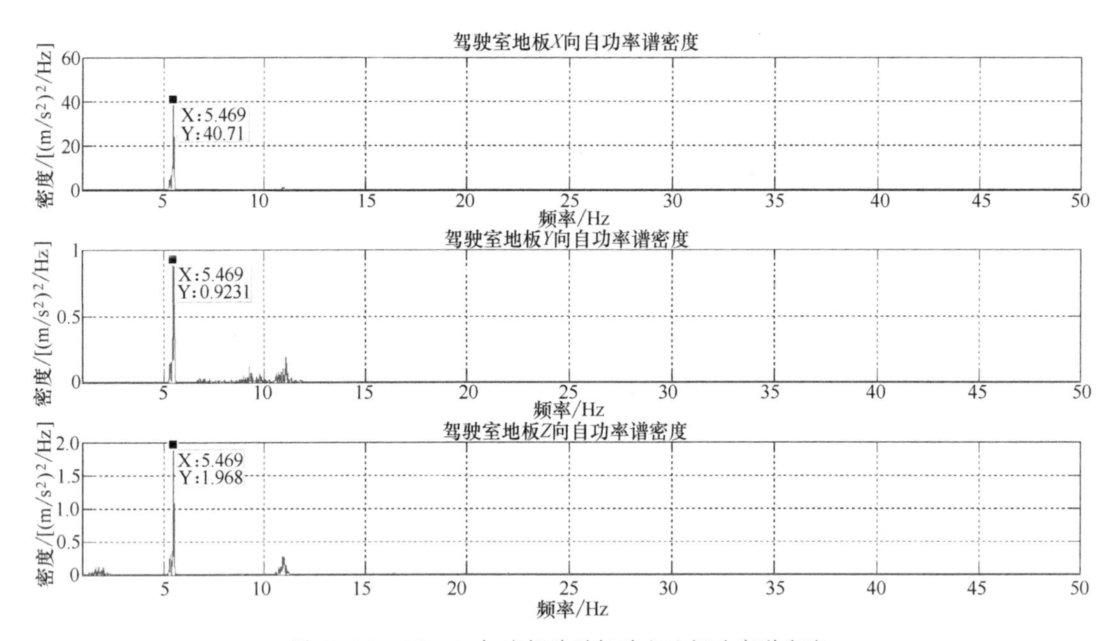

图 10.25 70km/h 匀速行驶时驾驶室地板功率谱密度

从图 10.24 驾驶室地板位置功率谱密度曲线可以看出：驾驶室地板三个方向的振动频率与车架、轴桥部位的振动频率完全相关。

10.5.2 原因分析

引起试验车辆在 70km/h 匀速行驶时驾驶室抖动的主要振源是车辆轴桥部位单一频率的振动，其振动量级约为 40km/h 时的 2.8 倍。测试时车辆行驶的路面是平直的高速公路，且

在 40km/h 时车辆驾驶室并无抖动现象，这就排除了路面对驾驶室抖动的影响。根据作用力与反作用力的关系，我们考虑这种激励可能是轮胎的周期性转动引起的，车辆在高速行驶时，轮胎总成的动不平衡量和径向跳动超标均会引起驾驶室抖动现象的发生。为验证，我们进行了以下运算。

假定车辆以 $v=70\text{km/h}$ 的速度匀速行驶时车轮每秒滚动的圈数为 n，查询试验车辆所配装的 12.00R20 普通断面子午轮胎在静负荷下的半径 $r=526\text{mm}$，所以轮胎滚动一周行驶的距离 $l=2\pi r=2\times3.14\times0.526\text{m}=3.3\text{m}$，所以轮胎滚动的圈数为

$$n=\frac{v}{l}=\frac{70\text{km/h}}{3.3\text{m}}=5.88\text{Hz} \tag{10.13}$$

轮胎在 1s 内滚动的圈数跟轴桥振动的主要频率非常接近，可以初步判定该车速下驾驶室的抖动主要是由轮胎总成的不平衡量或者径向跳动超标所致。

10.5.3 整改方案实施和效果验证

根据测试数据的分析，初步判定驾驶室抖动的主要原因是轮胎总成的动不平衡和径向跳动超标，为解决该问题，我们在市场上购买了同样规格的某品牌轮胎，其径向跳动量均小于 2.2mm，配装各项检测指标均合格的某品牌 8.5-20 型轮辋，然后对轮胎总成进行双边动平衡，最后装车进行了主观评价和相同工况的测试工作。经相同状态下测试，试验人员主观认为车辆在 70km/h 附近的驾驶室抖动现象完全消失，其他车速未发现驾驶室抖动现象。客观上，我们按照同样的方法对车辆轴桥等部位振动信号进行采集，经处理得到其功率谱密度函数，现将 70km/h 匀速行驶时各部位的功率谱密度绘制在图 10.26 和图 10.27 中。

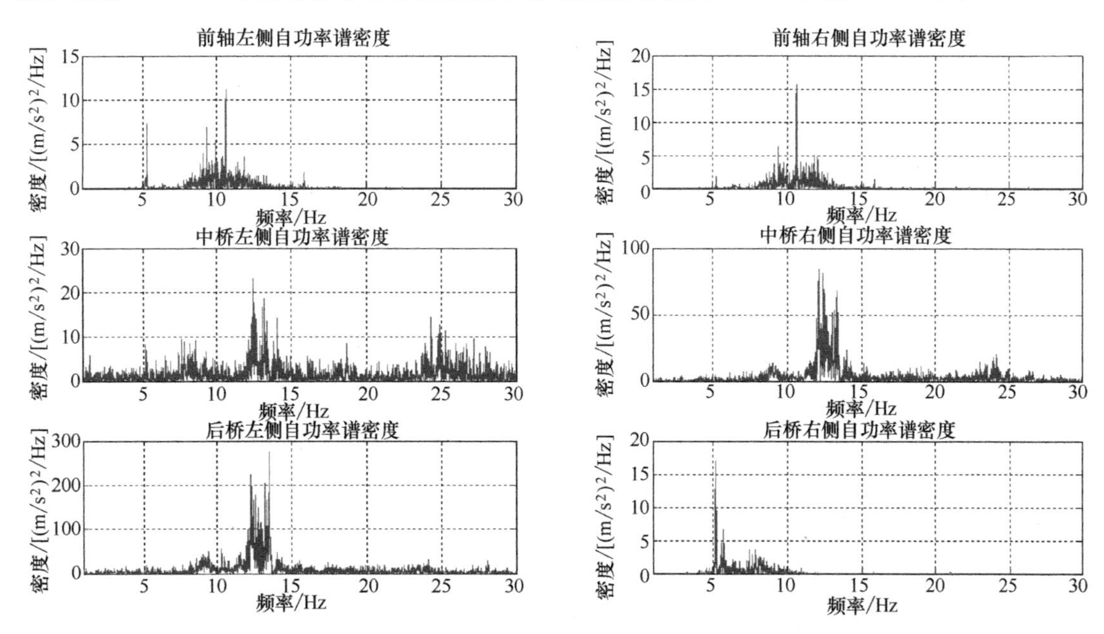

图 10.26 整改后 70km/h 匀速行驶时各轴桥功率谱密度

由图 10.26 和图 10.27 可知，整改后车辆轴桥位置的功率谱分布较为分散，不存在单一频率的振动现象。车架的主要振动频率移到人体敏感的范围之外，驾驶室位置的振动能量基本上达到了整改前 40km/h 行驶时的平顺指标。

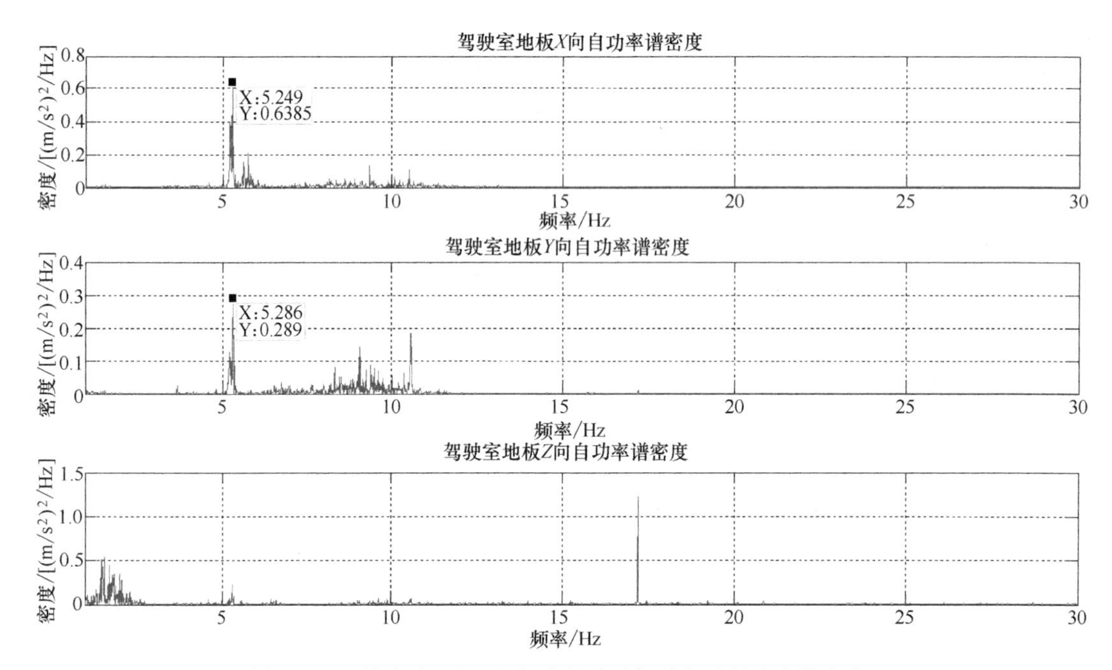

图 10.27　整改后 70km/h 匀速行驶时驾驶室地板功率谱密度

第11章

汽车道路排放试验

近年来全球气候变化问题日益严峻，出现了频繁的极端气候现象，如持续酷热、干旱、暴雨洪涝等。中国为应对气候变化问题，于 2020 年 9 月在第 75 届联合国大会上提出了“3060”战略：中国将力争 2030 年前实现碳达峰，2060 年前实现碳中和。而汽车尾气排放是大气污染物及碳排放的重要来源，对此国家对汽车排气污染物进行了严格限制，也出台了相关法律法规，并对汽车排气污染物测试方法进行了明确规定，道路排放试验是汽车排气污染物测试最重要的子项之一。本章主要围绕汽车道路排放试验方法展开介绍，包括轻型汽车、重型汽车道路排放试验方法，并对法规现状、试验条件、试验过程控制和排放试验数据处理方法进行了详细说明。

11.1 汽车道路排放评价指标

11.1.1 排放法规

为贯彻《中华人民共和国环境保护法》《中华人民共和国大气污染防治法》，防治汽车排气对环境的污染，国家环保部制定了第六阶段机动车污染物排放标准，包括《轻型汽车污染物排放限值及测量方法（中国第六阶段）》和《重型柴油车污染物排放限值及测量方法(中国第六阶段)》两部。法规详细情况及要求见表 11.1。

表 11.1 汽车排放法规

法规名称	GB 18352.6—2016《轻型汽车污染物排放限制及测量方法(中国第六阶段)》	GB 17691—2018《重型柴油车污染物排放限制及测量方法(中国第六阶段)》
适用车型	适用于轻型汽车(总质量≤3.5t),包括点燃式发动机和压燃式发动机	重型车(总质量>3.5t),包括压燃式发动机和气体燃料点燃式发动机,不适用于重型汽油机
实施时间	国六 a:2020 年 7 月 1 日 国六 b:2023 年 7 月 1 日	国六 a:燃气车辆 2019 年 7 月 1 日 城市车辆 2020 年 7 月 1 日 其他车辆 2021 年 7 月 1 日 国六 b:燃气车辆 2021 年 1 月 1 日 其他车辆 2023 年 7 月 1 日
试验项目	Ⅰ型试验:常温冷起动后排放 Ⅱ型试验:实际道路排放 Ⅲ型试验:曲轴污染物排放 Ⅳ型试验:蒸发排放 Ⅴ型试验:排放耐久 Ⅵ型试验:-7℃低温排放 Ⅶ型试验:加油污染物排放	标准发动机循环:WHSC、WHTC 非标准发动机循环:WNTE 实际道路排放 曲轴箱通风 排放耐久

（续）

所用设备	1. 常规排放和低温排放使用全流排放设备（CVS）和底盘测功机 2. 实际道路行驶排放试验使用便携式排放测量系统（PEMS）设备 3. 蒸发排放使用密闭环境舱	1. 发动机排放使用测功机和排放直采设备或全流排放设备（CVS） 2. 实际道路排放试验使用PEMS设备

11.1.2 评价指标

汽车道路排放性能评价指标主要是污染物浓度和颗粒物质量及数量，详见表11.2。

表11.2 汽车道路排放性能评价指标

轻型汽车	污染物名称	CO	THC	NMHC	NO_x	N_2O	PM	PN
	单位	mg/km						个/km
重型汽车	污染物名称	CO	THC	NO_x	PN			
	单位	mg/(kW·h)			个/(kW·h)			

11.2 汽车道路排放试验常用设备

实际道路排放试验使用便携式排放测量系统（portable emissions measurement system, PEMS），此种设备方便在车上安装，可同时进行排气流量、污染物浓度、环境温度、湿度和大气压力测量，并实时采集发动机转速、转矩、负荷、车辆行驶速度、经度、纬度和海拔。

11.2.1 PEMS设备主要组成模块

1）污染物分析仪，用于测量各种污染物的浓度，其中CO和CO_2用不分光红外吸收型分析仪（NDIR）测量，HC用加热型火焰离子分析仪（HFID）测量，NO_x用化学发光法分析仪（CLD）或者不分光紫外吸收型分析仪（NDUV）测量。

2）全球定位系统（GPS）。

3）气象站，主要测量大气温度和压力。

4）排气流量计，应为皮托管或者其他原理相似的设备。

5）主控单元及电源辅助模块。

目前世界主流的PEMS设备厂家有两家：日本HORIBA和欧洲的AVL，图11.1展示的是AVL排放测试仪安装后的效果，图11.2是PEMS设备主要构成示意图。

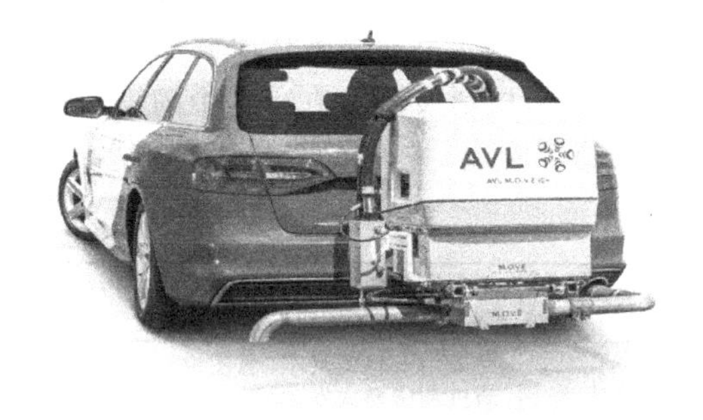

图11.1 AVL公司的PEMS设备

11.2.2 PEMS设备基本原理

1. 不分光红外气体分析仪（NDIR）

红外线是波长为0.8~600μm的电磁波，多数气体具有吸收特定波长的红外线的能力，如CO能吸收4.5~5μm的红外线，CO_2能吸收4~4.5μm的红外线，HC能吸收2.3μm、3.4μm、7.6μm的红外线，NO能吸收5.3μm的红外线，不分光红外线气体分析仪根据其特

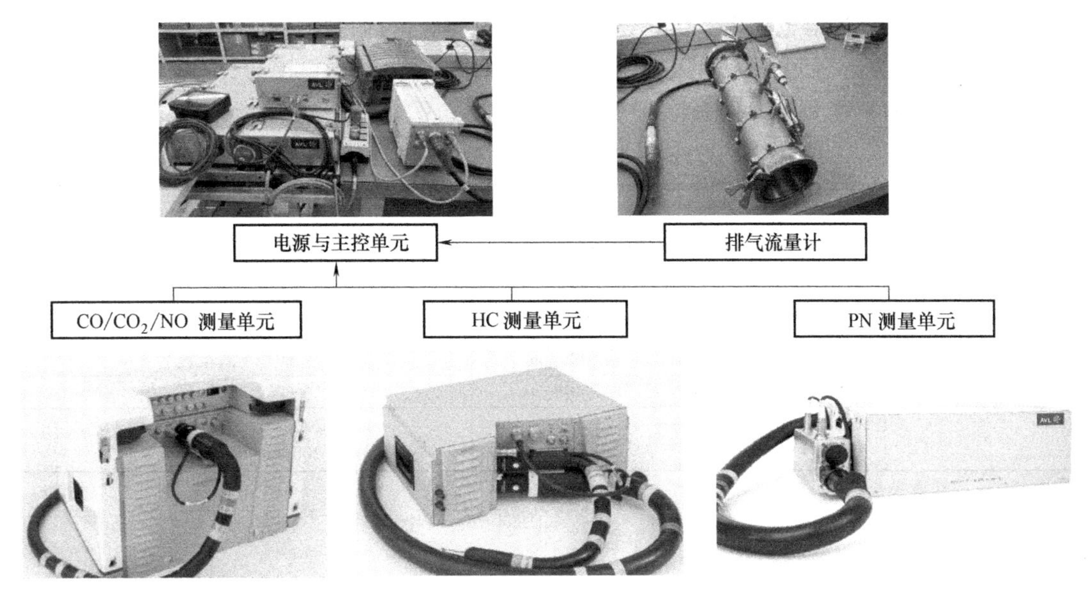

图 11.2 PEMS 设备主要构成

定的吸收来鉴定气体分子含量。不分光红外线气体分析仪测量 NO 时，由于输出信号非线性且易受干扰，其测量精度低，测量 HC 时，只能检测某一波段的 HC，测量结果只能反映饱和烃的含量，不能代表各种 HC 的含量，所以 HC 测量总精度较差，排放法规仅允许 CO、CO_2 用不分光红外线气体分析仪测量。

2. 化学发光分析仪（CLD）

化学发光分析仪用来测量 NO_x 的浓度，其优点是敏感度高，应答性好，在 10^{-2} 浓度范围内输出特性呈线性，适用于连续分析。CLD 只能直接测量 NO，其原理基于 N 与臭氧反应，见式（11.1）。

$$\begin{cases} NO+O_3 \rightarrow NO_2^* +O_2 \\ NO_2^* \rightarrow NO_2+h\nu \end{cases} \tag{11.1}$$

式中 h——普朗克常数；

ν——光子频率。

当 NO 与 O_3 反应，大约有 10%处于激态，这种激态衰退成基态时，会发射波长 0.6~3μm 的光子，发光强度与 NO 的浓度成正比。为了测量气体中 NO_2 的浓度，需要使用催化转化器，将 NO_2 尽可能完全转换成 NO，催化转化器的温度需要保持在 920K（646.85℃）以上，实际使用过程中应定期检查催化转化器的效率，使其保持在 90%以上。

3. 氢火焰离子型分析仪（FID）

FID 是测量汽车排放中 HC 最有效的手段，灵敏度高，可以测到极小浓度的 HC，其工作原理为：利用 HC 在氢火焰中燃烧时，2300K（2026.85℃）左右的高温火焰，会使 HC 离子化成自由离子，离子数量与 HC 浓度成正比，离子在 100~300V 电场中会按一定方向运动，形成离子流，通过对离子流的电流强度进行测量，就能得到碳原子的浓度，从而反映 HC 的浓度。

4. 颗粒计数器（PN）

PN 的原理是使稀释的废气进入扩散充电器的高压电场（4000~5000V），废气颗粒会带上正电荷，然后进入脉冲静电除尘器，它会对带电颗粒电荷进行调制，形成颗粒物脉冲，然后进入法拉第笼式静电计，带电颗粒会因静电感应产生补偿电流，补偿电流与粒子的电荷成正比。

PEMS 设备的精度和量程见表 11.3。

表 11.3　PEMS 设备的精度和量程

序号	污染物名称	量程	精度
1	CO	0~50000ppm	0~1500ppm：±30ppm（绝对） >1500ppm：±2%（相对）
2	CO_2	0~20vol%	0~10vol%：±0.1vol%（绝对） >10vol%：±2%（相对）
3	NO	0~5000ppm	±0.2%满量程
4	NO_2	0~2500ppm	±0.2%满量程
5	THC	0~30000ppm	0~200ppm：±5ppm（绝对） >200ppm：±2%（相对）

11.3　汽车道路排放试验条件

11.3.1　道路条件

PEMS 试验应在铺装的道路上进行，应避免在极端路面条件下进行试验，比如泥泞、结冰和下雪路面，且不允许在某一段封闭道路上循环往复行驶。

PEMS 试验路线推荐按照表 11.4 的要求进行，允许实际试验有 5%的误差，试验应按照市区—市郊—高速顺序行驶，市区路况平均车速为 15~30km/h，市郊路况平均车速为 45~70km/h，高速应>70km/h。试验开始和试验结束海拔高度不应超过 100m，而且试验过程中海拔高度的变化量应控制在 1200m/100km 以内。加减速比例参考如下：加速占比 27%，减速占比 23%，匀速占比 38%（加、减速度$\leqslant 0.1m/s^2$），怠速占比 12%。PEMS 试验之前应对试验路线进行充分熟悉和验证，不同道路之间切换时，可以适当加入怠速工况。

表 11.4　试验工况要求

车辆类型	市区工况占比	市郊工况占比	高速工况占比
M_1、N_1	34%	33%	33%
M_2、M_3、N_2	45%	25%	30%
N_3	20%	25%	55%
城市车辆	70%	30%	0

11.3.2　车辆条件

安装 PEMS 设备前，应对车辆状态进行仔细检查，车辆正常维修和保养，检查车辆车载自诊断系统（OBD），不得报送故障，进、排气管路无堵塞。轮胎型号、油液、燃料等符合出厂规定，轮胎气压符合设计要求。推荐完成 500km 磨合。

对于可外接充电混合动力电动汽车，试验之前将车辆在实际道路上充分放电，可采用最大电力消耗模式进行，直至电量储存系统达到电量平衡状态，对于非外接充电混合动力电动汽车，无需进行相关的放电预处理。车辆空调和附属设备的使用应该按照实际道路上正常驾驶要求进行设置，避免不恰当使用空调系统。

对于轻型车（≤3.5t）应按照测试质量进行加载，测试质量包括基准质量（整备质量+100kg）、选装装备质量和代表性负荷质量。代表性负荷质量指一定百分比的车辆最大负载：客车为车辆最大负载的15%，货车为车辆最大负载的28%，车辆最大负载指设计最大许用装载后总质量减去基准质量再减去选装装备质量后的质量。对于重型车（>3.5t）应控制加载量，国六a阶段加载量50%~100%，国六b阶段加载量10%~100%。测试设备、工装质量及人员质量也应计入加载质量。

11.3.3 设备安装条件

1. 基本要求

安装PEMS时，应考虑到测试过程中的电磁干扰、冲击、振动、灰尘和温度变化，尽可能降低其影响。安装和使用PEMS时，应当进行密封，尽可能降低热损失，安装和使用PEMS时不得改变排气性质，不得过度增加排气管路的长度。为避免产生新的排放颗粒物，在测试过程中，连接管路或其他连接装置应该在可能的排气温度范围内保持热稳定性。车辆排气出口与连接管路之间，不推荐使用人造橡胶连接装置。如果使用了人造橡胶连接装置，应当尽可能减少排气与人造橡胶之间的接触面积，以避免在高车速或者发动机大负荷的工况下使测试结果受影响。

2. 排气取样

排气取样应具备代表性，在排气充分混合处进行取样，并尽可能减小取样点下游环境空气的影响。取样点距离流量传感器至少150mm，取样探头应布置在排气出口上游200mm处，如果PEMS需要向排气管回流气流，只能在取样探头下游进行回流，且不得影响发动机工作过程中取样点处的排气性质，当取样管长度改变时，应重新校正系统的延迟时间。如果发动机装有排气后处理装置，应在后处理系统下游进行排气取样，如果测试车辆有分支排气歧管，取样探头的入口应在下游足够远，以保证样气能够代表所有气缸的平均排气状态。

颗粒物排气取样应在气流中线处进行，使用多个取样探头的，颗粒物取样探头应布置在其他取样探头的上游，颗粒物取样与气态取样之间不得相互影响。

应对加热采样探头采取合理的保温措施，尽可能减少采样管路的热量散失，特别是在各管路连接处，应避免在采样管路中出现冷点，防止气体凝结带来的测量误差，排气取样示意图如图11.3所示。

图11.3 排气取样示意图

3. 排气流量计安装

排气流量计的量程范围应与PEMS测试过程中预期的排气流量变化范围相匹配，选择量程时可以参考设备使用说明书。排气流量计以及一切用于调整、连接排气的装置，均不得影响发动机或者排气后处理系统的正常工作。安装排气流量计不应改变发动机排气的性质和成分，排气管长度增加量不得超过2.5m，不得使排气背压大于发动机要求范围。排气管不得出现死弯，在排气流量测量元件的上游和下游应设置至少2倍管道直径或150mm（取长度较大者）的直管段。可以采用耐高温的硅胶管进行排气管与流量计的连接，但硅胶管用于外围固定，应避免硅胶管与排气直接接触，其他连接处应采用金属法兰-卡箍连接。

设备连接完成后，最终的尾气排出方向不得与车辆行驶方向相对。应对流量计皮托管出口处采取保温措施，以防止水蒸气在低温条件下发生凝结。排气流量计应安装在不妨碍车辆重要功能的位置上，例如更换备用轮胎等。对采用双排气管布置的车辆，应使用Y形管将全部排气汇集后送入排气流量计进行 测量，流量计安装示意图如图 11.4 所示。

图 11.4 流量计安装示意图

4. 其他辅助设备安装

卫星定位系统应该安装在可接触到的车辆最高点，不得安装在驾驶室内或者车厢内部，试验开始前应检查并确认信号正常；气象站应安装在车外不易受到气流直吹或者杂质污染的位置上，气象站的温度传感器应当远离有可能被外部加热的位置，大气压力传感器安装应避免气流作用带来的不利影响；气瓶安装时应固定好位置，防止气瓶与其他物体发生碰撞，不得出现泄漏。

11.3.4 驾驶员条件

驾驶员应熟悉 PEMS 试验路线，包括道路构成比例、道路车速要求等，熟悉路线上的交通状况。试验过程中驾驶员应及时报告仪表盘上的故障码和故障灯状态，严格遵守道路限速要求，避免不合理的驾驶行为，如反复踩和抬加速踏板的行为，对于手动车辆的换档操作，需按照正常的驾驶习惯，不能人为进行不合理的升降档行为，如果发动机熄火，驾驶员应进行重启发动机，但此期间不得中断排气采样。

11.4 道路排放试验方法

11.4.1 上电预热

设备上电前，通过目视和触摸的方法检查所有接头，确认没有松动。起动供电设备，给 PEMS 设备上电并起动 PEMS 设备，至少提前 1h，进行 PEMS 设备预热，正式开始试验前，应确保排放分析仪、压力、温度和流量等传感器达到正常工作状态，为了保证 PEMS 设备稳定性能，在车辆静置期间，不要关掉 PEMS 电源开关，以保持预热状态。

上电后应对 PEMS 进行泄漏检查，首先将取样探头与排气系统断开，把取样口封堵住，设备预热稳定后，如果没有泄漏，所有流量计的读数应该是零。也可以使用标准气体进行泄漏检查，在取样开始时，引入浓度阶跃变化的标准气，由零气切换到量距气，应保持与正常系统工作相同的压力，如果一个正确校准过的分析仪，经过足够长的时间以后，分析仪读数值与通入的标准气浓度值的比值≤99%，则应该对泄漏问题进行纠正。

11.4.2 设备标定

每次试验前，均应使用零标准气体对气体分析仪进行检查。对于研发试验，使用环境空气作为零标准气体时，注意环境空气采样点远离污染源。对 PN 分析仪，要求对使用高效滤网（HEPA）过滤后的空气进行零点检查。2min 内的平均浓度应满足设备制造商的要求。

每次试验前，均应按照设备制造商推荐的标准气体浓度对分析仪进行量距点检查标定。标准气体浓度应与排放试验过程中测试的污染物浓度相匹配。

试验前应按照设备制造商的要求吹扫和准备排气流量计，该程序中应该包括清除管线和设备端口的冷凝物和沉积物。应使用清洁空气或者氮气吹扫压力传感器接头的方式清洗排气流量计。

11.4.3 时间参数校正

为了准确计算车辆排放量，需要对试验过程中污染物浓度、排气质量流量、车速等瞬态数据的时间刻度进行校正，以保证各参数在同一时间刻度下，比如 HC 分析是有明显滞后，那么设备显示的 HC 浓度与车速曲线就存在一定时间差，所以就需要校正。

用反向移位方法，根据分析仪传递时间对记录的所有污染物浓度曲线、排气质量流量曲线，进行时间校正；也可利用排气质量流量与车速正加速互相关的关系，对排气质量流量进行时间校正；使用 ECU 车速对 GPS 的车速信号进行时间校正。

11.4.4 车辆启动检查

车辆上电后，检查设备是否能够正常读取和显示 ECU 数据，尤其是需强制读取的数据，并检查是否还有足够的存储空间存储数据。车辆启动后，应检查确认驾驶员仪表盘上各故障灯未点亮，车辆状态全部正常。

11.4.5 试验运行

具体试验流程如下：

1）PEMS 设备应在车辆启动前开始采样，测量排气参数并记录发动机及环境参数。测试开始时发动机冷却液的温度不得超过 30℃，如果环境温度高于 30℃，测试开始时发动机冷却液温度不得高于环境温度 2℃。

2）测试期间，应持续进行排气取样、测量排气参数以及记录发动机和环境数据，发动机可以停车或重新起动，但是在整个测试过程中排气取样应持续进行。

3）轻型车道路排放测试时间控制在 90~120min 之间，试验车辆市区、郊区、高速最小行驶距离不得小于 16km；重型车测试时间应保证发动机累积做功为 WHTC 循环功的 4~7 倍。

4）车辆完成整个行驶行程且关闭发动机后结束试验，此时应继续记录数据，直到达到取样系统的响应时间。

11.4.6 试验后检查

试验完成后，应使用标定时所用的标准气体尽快对气体分析仪的零点和量距点检查，以评估气体分析仪的响应漂移，并与试验前的校准结果进行对比。该项检查应该在 PEMS 设备关闭之前进行。如果零点漂移在允许范围内，允许在验证量距点漂移前对分析仪重新进行零点标定。试验前、后分析仪检查结果的差异应符合表 11.5 的要求。如果试验前和试验后零点漂移和量距点漂移结果偏差超过允许的范围，所有测试结果无效，需要重新进行试验。

表 11.5　试验期间气体分析仪漂移允差

污染物	零点漂移	量距点漂移
CO_2	≤2000ppm	≤2%读数或者≤2000ppm，取其中较大值
CO	≤75ppm	≤2%读数或者≤75ppm，取其中较大值
NO_x	≤5ppm	≤2%读数或者≤5ppm，取其中较大值

应对颗粒分析仪的零点进行检查，在取样探头的入口或者取样管的入口对经 HEPA 过滤的环境空气进行取样。零点取样信号应持续 2min 并取其平均值作为结果。最终浓度应在设备规定的范围内。

分析仪的标定量程也是重要检查内容，标定量程应该能覆盖实测浓度的 90%，允许 1% 的实测浓度超过标定量程的 2 倍。

11.5　道路排放试验数据处理方法

道路排放试验数据处理采用移动平均窗口法，该方法是将试验结果分为数据子集，即不同的窗口，并用统计数据处理方法识别有效的窗口，采用窗口计算的好处是减小试验结果的随机性，即使重复试验，其结果一致性也比较好。

计算的基本原理为：不根据整个试验结果计算排放量，而是根据将所有试验结果数据分割成的一系列数据子集计算排放量，这些数据子集的特征量与标准工况的特征量有关。移动平均计算的步长 Δt 与数据取样频率一致。将这些用于平均排放数据的数据子集称为平均窗口。整个处理过程分为以下 5 个步骤：

1）对试验数据进行分割，生成平均窗口。

2）基于每个窗口，计算排放数据。

3）根据公差要求，计算评判每个窗口的有效性。

4）对总有效窗口比例进行验证。

5）基于有效窗口，进行排放计算。

轻型车是基于 CO_2 排放量来选取平均窗口，重型车是基于发动机累积功来选取平均窗口，数据处理思路上有明显差异，下面分别进行介绍。

11.5.1　轻型车道路排放数据处理方法

通过式（11.2）确定第 j 个平均窗口的起止时间（详见图 11.5）。

$$M_{CO_2}(t_{2,j}-\Delta t)-M_{CO_2}(t_{1,j})<M_{CO_2,ref}\leq M_{CO_2}(t_{2,j})-M_{CO_2}(t_{1,j}) \tag{11.2}$$

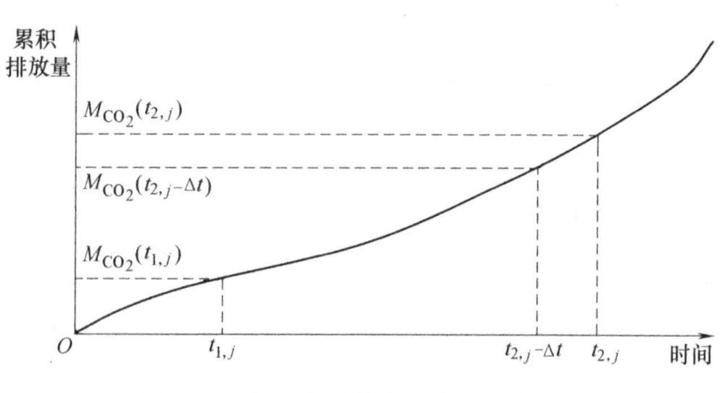

图 11.5　轻型车平均窗口定义示意图

式中　j——第 j 个窗口；

$M_{CO_2}(t_{2,j})$——$t_{2,j}$ 时刻累积 CO_2 排放量，单位为 g；

$M_{CO_2}(t_{2,j}-\Delta t)$——$t_{2,j}-\Delta t$ 时刻累积

CO_2 排放量，单位为 g；

$M_{CO_2}(t_{1,j})$——$t_{1,j}$ 时刻累积 CO_2 排放量，单位为 g；

$M_{CO_2,ref}$——Ⅰ型排放试验车辆 CO_2 排放量的一半，单位为 g。

确定平均窗口后，计算每个窗口的 CO_2 排放 $M_{CO_2,j}$(g/km) 和平均车速 $\bar{v}_j$(km/h)。并非每个平均窗口均为有效窗口，需要定义 CO_2 排放特性曲线，来判断平均窗口的 CO_2 排放量是否符合特性曲线规定的容差。

确定特性曲线需要确定三个参考点 P_1、P_2、P_3，定义如下：

1）P_1 点：$\bar{v}_{P_1}=19$km/h，为Ⅰ型排放试验低速段平均车速；M_{CO_2,P_1} 为Ⅰ型排放试验低速段 CO_2 排放量的 1.2 倍（g/km）。

2）P_2 点：$\bar{v}_{P_2}=56.6$km/h，为Ⅰ型排放试验高速段平均车速；M_{CO_2,P_2} 为Ⅰ型排放试验高速段 CO_2 排放量的 1.1 倍（g/km）。

3）P_3 点：$\bar{v}_{P_3}=92.3$km/h，为Ⅰ型排放试验超高速段平均车速；M_{CO_2,P_3} 为Ⅰ型排放试验超高速段 CO_2 排放量的 1.05 倍（g/km）。

特性曲线由两段构成，即线段（P_1，P_2）和线段（P_2，P_3），其表达式见式（11.3）和式（11.4）。

$$M_{CO_2}(\bar{v})=\frac{M_{CO_2,P_2}-M_{CO_2,P_1}}{\bar{v}_{P_2}-\bar{v}_{P_1}}\bar{v}+\left(M_{CO_2,P_1}-\frac{M_{CO_2,P_2}-M_{CO_2,P_1}}{\bar{v}_{P_2}-\bar{v}_{P_1}}\bar{v}_{P_1}\right) \tag{11.3}$$

$$M_{CO_2}(\bar{v})=\frac{M_{CO_2,P_3}-M_{CO_2,P_2}}{\bar{v}_{P_3}-\bar{v}_{P_2}}\bar{v}+\left(M_{CO_2,P_2}-\frac{M_{CO_2,P_3}-M_{CO_2,P_2}}{\bar{v}_{P_3}-\bar{v}_{P_2}}\bar{v}_{P_2}\right) \tag{11.4}$$

线段（P_1，P_2）和线段（P_2，P_3）上下是 tol_1 和 tol_2 两级容差线，详见图 11.6，容差的定义为 $tol_1=25\%$，$tol_2=50\%$。

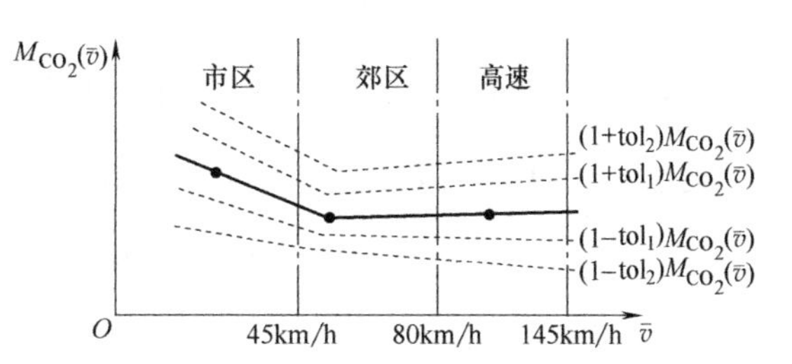

图 11.6 CO_2 排放特性曲线及容差线

轻型车排放计算时，需要将平均窗口按照市区、郊区、高速进行区分，分别计算市区窗口、郊区窗口、高速窗口的排放，按照最终加权。

市区窗口的特征为窗口平均车速 $\bar{v}<45$km/h；郊区窗口的特征为窗口平均车速 $45km/h\leqslant\bar{v}<80$km/h；高速窗口的特征为窗口平均车速 $80km/h\leqslant\bar{v}<145$km/h。

市区、郊区和高速窗口数量分别占总窗口数量的 15%以上时，认为试验有效。市区、郊区、高速窗口中，各自的有效窗口比例需≥50%，即满足 25%容差的窗口数量占比≥50%，如果无法保证有效窗口比例达到 50%，允许按照 1%的步长，增大容差 tol_1，直至有效窗口比例达到 50%，使用这种增大容差方法时，tol_1 不能超过 50%。

确定有效窗口后，对市区有效窗口、郊区有效窗口、高速有效窗口各自计算其加权平均值，计算公式见式（11.5）。

$$\overline{M}_{gas}=\frac{\sum w_j M_{gas,j}}{\sum w_j} \tag{11.5}$$

式中　w_j——第 j 个窗口的加权系数；

$M_{gas,j}$——第 j 个窗口的排放结果。

按照下述要求确定加权系数 w_j：

1）若窗口的 CO_2 排放 $M_{CO_2,j}$ 落在 tol_1 容差带内，则 $w_j=1$。

2）若窗口的 CO_2 排放 $M_{CO_2,j}$ 超出 tol_2 容差带，则 $w_j=0$。

3）若窗口的 CO_2 排放 $M_{CO_2,j}$ 介于 tol_1 和 tol_2 容差带之间，则按下列各式确定：

若

$$M_{CO_2}(\bar{v})\times(1+tol_1)\leqslant M_{CO_2,j}\leqslant M_{CO_2}(\bar{v})\times(1+tol_2) \tag{11.6}$$

则

$$w_j=\frac{1}{tol_1-tol_2}\ \frac{M_{CO_2,j}-M_{CO_2}(\bar{v})}{M_{CO_2}(\bar{v})}+\frac{tol_2}{tol_2-tol_1} \tag{11.7}$$

若

$$M_{CO_2}(\bar{v})\times(1-tol_2)\leqslant M_{CO_2,j}\leqslant M_{CO_2}(\bar{v})\times(1-tol_1) \tag{11.8}$$

则

$$w_j=\frac{1}{tol_2-tol_1}\ \frac{M_{CO_2,j}-M_{CO_2}(\bar{v})}{M_{CO_2}(\bar{v})}+\frac{tol_2}{tol_2-tol_1} \tag{11.9}$$

加权函数如图 11.7 所示，分别计算市区、郊区和高速窗口加权评价排放后，再对市区、郊区和高速进行加权，得到最终排放结果，加权系数为 0.34、0.33 和 0.33。

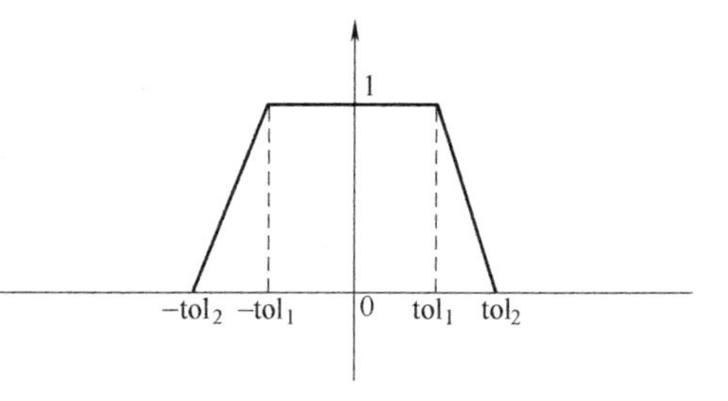

图 11.7　加权函数

11.5.2　重型车道路排放数据处理方法

通过式（11.10）确定第 j 个平均窗口的起止时间（详见图 11.8）。

$$W(t_{2,j}-\Delta t)-W(t_{1,j})<W_{ref}\leqslant W(t_{2,j})-W(t_{1,j}) \tag{11.10}$$

式中　j——第 j 个窗口；

$W(t_{2,j})$——$t_{2,j}$ 时刻发动机累积功，单位为 kW · h；

$W(t_{2,j}-\Delta t)$——$t_{2,j}-\Delta t$ 时刻发动机累积功，单位为 kW · h；

$W(t_{1,j})$——$t_{1,j}$ 时刻发动机累积功，单位为 kW · h；

W_{ref}——发动机 WHTC 循环功，单位为 kW · h。

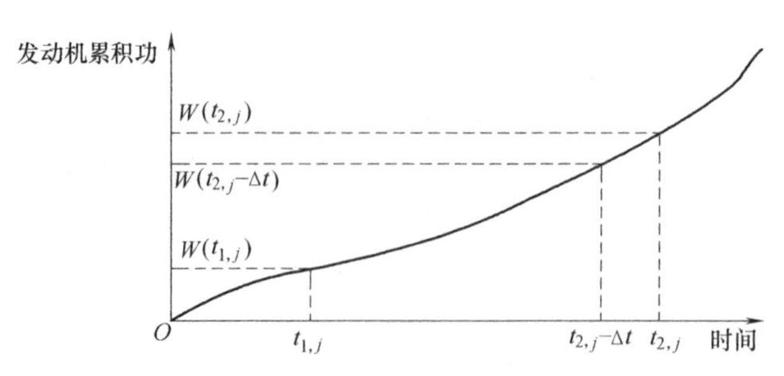

图 11.8　重型车平均窗口定义示意图

平均功率大于发动机额定功率的20%的窗口，称为有效窗口，有效窗口的比例应大于或等于50%。若有效窗口的比例低于50%，将使用较低功率阈值增加有效窗口比例。将窗口平均功率阈值以1%为步长逐渐减小，直到有效窗口的比例达到50%。但是功率阈值最小不能小于10%，若最小功率阈值低至10%时，有效窗口的比例仍小于50%，则试验无效。

确定有效窗口后，计算每个有效窗口比排放，计算公式见式（11.11）。

$$e_j = \frac{m_j}{W(t_2, j) - W(t_1, j)} \tag{11.11}$$

式中 e_j——第j个窗口的比排放，单位为mg/(kW·h)；

m_j——第j个窗口的排放量，单位为mg；

$W(t_2, j) - W(t_1, j)$——j个窗口的发动机做功，单位为kW·h。

得到有效窗口的比排放结果后，选取90%分位窗口的比排放结果进行评价。

第12章 汽车智能驾驶试验

随着消费者对车辆安全的理解和需求不断提升，自动驾驶汽车技术的开发与应用成了汽车企业市场竞争力的重要筹码，能够让更多汽车搭载更加有效减少伤亡、提高效率的智能系统，也有现实的意义。除了研究智能网联汽车的新功能和算法之外，保证智能网联汽车在行驶环境中的可靠与安全已成为其开发最大的难点。只有通过完善的智能网联汽车测试与评价技术，够尽早在研发阶段发现问题，挖掘隐藏的功能缺陷及不合理之处，保证智能网联汽车应用的功能完备性及有效性，从而确保产品在市场中的核心竞争力。

12.1 汽车智能驾驶评价指标

安全是汽车智能化的基本前提，也是自动驾驶的基本要求；在保障安全的前提下，用户体验的好坏也是消费者是否接受智能网联汽车的重要方面。在一定程度上，安全和体验可以代表汽车智能驾驶的综合性能表现。

智能网联汽车基于车辆的智能化、网联化配置，可以有效保障车内乘员及其他道路使用者的生命安全，还可以带来更加舒适的驾乘体验。同时，配置还可以间接反映出智能网联汽车产品的关键零部件水平，反映该系统处理复杂使用场景的能力上限。

因此，汽车智能驾驶评价可以从安全、体验两大性能维度进行，并以配置维度作为辅助评价。

12.1.1 安全

安全基于连续性测试场景，从驾乘人员状态监控、自车操作、设计运行域（operational design domain，ODD）、事件探测及响应（object and event detection and response，OEDR）以及失效响应五个方面进行评价。

驾乘人员状态监控是指对驾驶员（L3 级自动驾驶时为动态驾驶任务后援用户）的接管能力和乘客的安全行为进行监控。

自车操作是指相应测试场景下需要执行的驾驶任务及执行驾驶任务的性能指标，驾驶任务包括纵向操作（如加速、减速）和横纵向操作（如变道、超车等），自车性能包括碰撞时间（TTC）警告、跟停距离，可区分同一场景下不同自动驾驶车辆的安全能力。

ODD 是指自动驾驶系统的测试运行范围，包括道路、天气条件和交通情况等。

OEDR 是指相应测试场景下自动驾驶系统需要探测的物体或者事件以及做出的响应，如对行人横穿和动物穿行的探测及响应。

失效响应是指相应测试场景下自动驾驶系统失效的响应模式，失效原因主要包括传感器失效、超出 ODD 等，响应模式主要包括人工操作接管、车道内停车和靠边停车等。

安全部分的连续测试场景，通过虚拟仿真、封闭场地和实际道路进行测试，满足该测试场景的测试规程即视为该场景通过。

12.1.2　体验

体验基于实际连续测试场景，从人机交互、舒适体验、通行效率、接管四个方面进行主观和客观评价。

1）人机交互：对系统易用性进行主观评价；对警告提示、接管提示、抬头显示、远程控车等具体指标进行客观评价。

2）舒适体验：对乘坐安全感受和乘坐舒适感受方面进行主观评价；对起步、转弯、加速、减速等具体参数要求进行客观评价。

3）通行效率：对效率感受方面进行主观评价；采用最小理论通行时间与实际使用时间的比值方式进行客观评价。

4）接管：对系统可用性体验进行主观评价；对脱离场景、脱离率、误警告率、漏警告率、被动接管率、平均千米接管次数等进行客观评价。

12.1.3　配置

智能网联汽车的工作原理，是通过摄像头、激光雷达、毫米波雷达、超声波传感器等车载传感器来感知周围的环境，结合高精度地图或网联等信息，依据所获取的信息进行决策判断、路径规划与控制执行。

传感器作为智能网联汽车感知系统的重要组件，可为车辆提供周边环境信息，供自动驾驶系统进行路径规划和行为决策。当前，已有不少业内人士或组织开始进行尝试和研究，试图找出传感器的数量、性能等与智能驾驶任务之间的关系。

在智能网联汽车工作过程中，涉及感知、定位、通信等多种数据融合，决策与规划算法运算，运算结果的电子控制与执行等过程，在此过程中需要一个强劲的“大脑”来统一实时分析、处理海量的数据与进行复杂的逻辑运算，对计算能力的要求非常高。

因此，在充分考虑了智能网联汽车产品的配置需求以后，重点考察智能网联汽车产品关键零部件的数量和性能，如传感器数量、传感器的性能、高精地图、计算平台和网联能力，以期望“配置”可以代表智能网联汽车产品的关键零部件水平，反映该系统处理复杂使用场景的能力上限。

配置从感知、高精地图、计算平台和网联四个方面对智能网联汽车产品的关键零部件的数量和性能进行评价。其中感知体现的是自动驾驶系统对于环境的场景理解能力，可从传感器数量、传感器性能这两个指标进行评价；高精地图能够提供准确而详细的道路特征信息，在环境感知辅助、路径决策与规划和高精度定位辅助方面发挥重要作用，主要从数据精度和更新时间上进行评价；计算平台能够体现智能网联汽车实时分析、处理海量数据与进行复杂逻辑运算的能力，通过自动驾驶需要的算力、时延和能耗进行评价；网联通过车辆与其他车辆、道路使用者和道路基础设施进行通信，来减少非视距危险事故，同时提高自动驾驶效率，可从通信方式、网联数据发送能力和网联数据使用能力进行评价。

12.2 汽车智能驾驶试验常用设备

12.2.1 模拟目标物

模拟目标物用于代表测试场景中各种交通参与者，可细分为成人目标物、儿童目标物、自行车目标物、轻便摩托车目标物（图 12.1），汽车目标物（图 12.2）及动物目标物等。目标物的雷达反射特性、吸波或反射材料、红外特性、生理运动特点、外观结构等均要与相对应的真实人或物达到一定程度的接近，以满足传感器的识别需求。

图 12.1 弱势目标物（成人、儿童、自行车、轻便摩托车）

12.2.2 模拟目标物载体

图 12.2 全尺寸目标车

模拟目标物的承载控制系统，分为可移动平板和拖拽系统两大类。其中拖拽系统仅可实现目标物的直线移动控制，已逐渐被灵活实现前进、后退、转弯等曲线运动的可移动平板替代。

可移动平板一般分为高速平板（图 12.3）和低速平板（图 12.4）。高速平板主要用于搭载汽车目标物，低速平板用于搭载行人、自行车、轻便摩托车等弱势交通参与者目标物。可移动平板高度集成高精度定位系统、电子控制系统、无线通信系统、锂电池供电系统、外部触发、后天远程控制及监控系统等。它的离地高度较低，能有效避免被车载传感器识别，对试验结果造成影响，同时具有可承受碾压的结构。

12.2.3 惯性导航系统

自动驾驶试验车辆速度、车辆运动状态、高精度定位由惯性导航系统测量。组合惯导系

图 12.3　高速平板

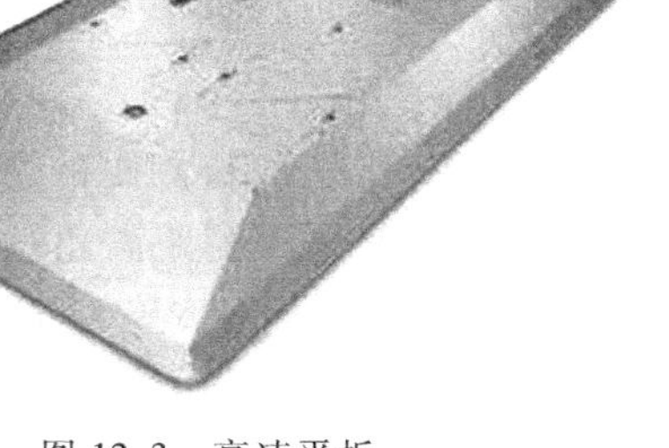

图 12.4　低速平板

统在满足车辆数据测量的同时，也可作为输入与驾驶机器人通信，实现对测试车辆速度和位置的精准控制。自动驾驶测试用车辆惯导系统的性能要求如下：运动状态采样和存储的频率不小于 50Hz；速度采集精度不大于 0.1km/h；横向和纵向位置采集精度不大于 0.1m；加速度采集精度不大于 $0.1\mathrm{m/s^2}$。自动驾驶试验中用到的惯导和操纵稳定性试验中的惯导功能基本一致，在自动驾驶试验中，我们更关注其精确定位能力。

12.2.4　道路环境采集设备（含传感器）

道路场景采集系统如图 12.5 所示。试验道路环境采集设备采集的场景数据可用于感知、融合、规划、控制功能的训练和优化。基于车辆的感知系统或真值系统，可通过对开放道路数据采集形成测试场景集，积累不同类型的驾驶场景数据，形成企业的核心竞争力。其中真值传感器在识别能力、探测精度等指标上都要高于车辆本身的传感器，通过对比车辆感知系统和真值系统输出的目标探测结果，可以对车辆感知系统进行测评和优化。

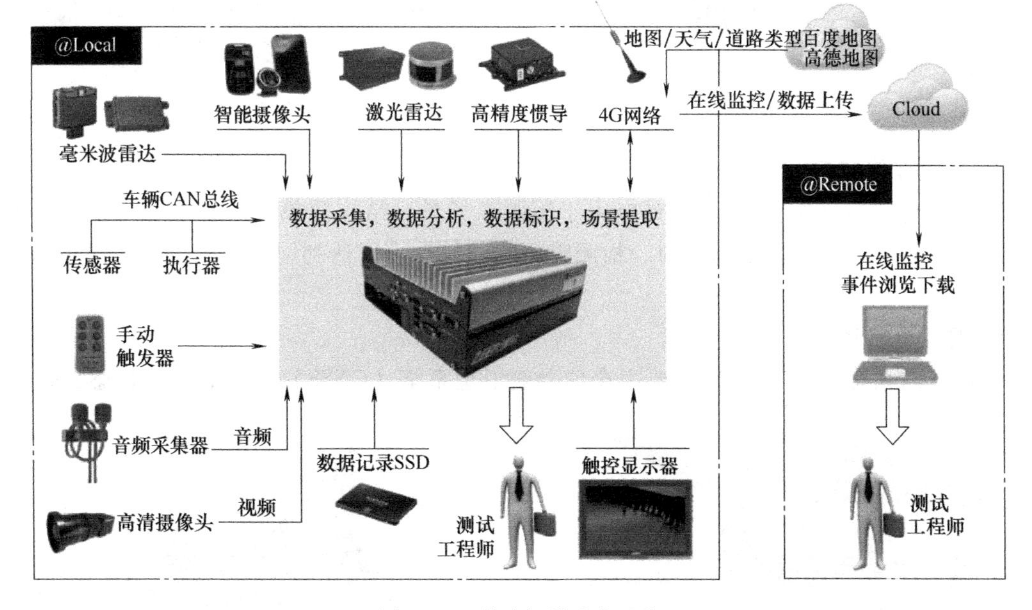

图 12.5　道路场景采集系统

1. 摄像头

摄像头可分为前视摄像头和环视摄像头。前视摄像头主要应用于中远距离场景，能识别清晰的车道线、交通标志、障碍物、行人等；环视摄像头主要应用于短距离场景。虽然摄像头对光照、天气等条件很敏感，但摄像头是目前唯一可以识别车道线、交通信号灯、交通标识牌等信息的车载传感器。

2. 毫米波雷达

毫米波雷达（图 12.6）主要有用于中短测距的 24GHz 雷达和长测距的 77GHz 雷达两种。毫米波雷达可得出有效速度信息，且拥有更远的探测距离，探测距离超过 200m，更适合高速行驶的场景。同时毫米波雷达有一定的穿透能力，受雾霾、雨雪等天气的影响较小。

毫米波雷达是目前唯一全天时、全天候的车载感知传感器。

3. 激光雷达

激光雷达（图 12.7）是一种综合的光探测与测量系统，通过发射与接收激光束，分析激光遇到目标对象后的折返时间，计算出目标对象与车的相对距离。激光雷达可以获得极高的速度、距离和角度分辨率，准确地感知周边环境的三维信息，探测精度在厘米级以内。激光雷达能够准确地识别出障碍物具体轮廓与距离并形成 3D 点云。激光雷达的优点非常明显，它能够准确探测障碍物的大小和距离，分辨率高；对光照的变化不敏感，在有光照变化和夜晚等场景基本不会受到影响；同时能够提供 360°的视野范围，保证整个车辆基本上没有视野盲区。但激光雷达惧怕雾霾天气，因为雾霾颗粒的大小非常接近激光的波长，激光照射到雾霾颗粒上会产生干扰，导致效果下降；相同频段的激光雷达干扰比较严重；激光雷达无法识别车道线、交通信号灯、交通指示牌等信息，所以不能够代替摄像头。

图 12.6　毫米波雷达

图 12.7　激光雷达

4. 超声波传感器

超声波传感器（图 12.8）主要应用于短距离场景，结构简单、体积小、成本低。超声波传感器在 0.2~5m 的短距范围内，检测障碍物的精度可以达到厘米级别，但无法精准描述障碍物位置。

5. 惯性导航系统

惯性导航系统（图 12.9）主要由全球导航卫星系统（GNSS）天线和惯性传感器构成。

图 12.8　超声波传感器

图 12.9　惯性导航系统

惯性导航系统是利用惯性传感器测量加速度及角速度信息，结合给定的初始条件，与 GNSS 等系统的信息融合，从而进行实时推算速度、位置、姿态等参数的自主式导航系统。可实现车辆的高精度定位和车辆运动状态的测量，结合差分定位技术可以实现厘米级定位。

12.3　汽车智能驾驶试验条件

12.3.1　道路条件

1）封闭场地试验：试验场地为具有良好附着能力的混凝土或沥青路面，交通标志和标线清晰可见，道路及基础设施符合标准要求。试验道路限速大于或等于 60km/h 时，车道宽度不小于 3.5m 且不大于 3.75m；试验道路限速小于 60km/h 时，车道宽度不小于 3.0m 且不大于 3.5m。

2）实际道路试验：试验道路为不中断的连续道路。根据测试车辆的设计运行范围和实际使用场景，选择合适的道路进行试验。根据道路类型，可以将实际道路测试路段分为高速公路、快速路、城市道路、城郊道路和特殊区域等。试验道路应获得政府相关部门的认可，测试车辆获得自动驾驶测试牌照。

12.3.2　环境条件

测试时的环境必须符合测试车辆的设计运行范围。典型的外部环境条件包括道路、交通、天气、光照等。

12.3.3　车辆及试验设备要求

1. 人机交互要求

试验车辆应满足以下人机交互要求：具备便于人工激活和关闭自动驾驶模式的操作方式，系统状态及人机转换过程提示信息清晰可见。

2. 载荷状态要求

对于乘用车而言，车辆质量应处于整车整备质量加上驾驶员和试验设备总质量与最大允许总质量之间；试验开始后不改变试验车辆载荷状态。对于商用车而言，试验车辆在整车整备质量加上驾驶员及试验设备的总质量和最大允许总质量状态下分别进行试验，试验开始后不改变试验车辆载荷状态。

3. 开放道路试验要求

测试车辆的制动、灯光、转向等车辆运行安全性能，应符合 GB 7258 要求。而且应具备人工操作和自动驾驶两种模式，能够以安全、快速、简单的方式实现模式转换并有相应的提示。在人工操作介入时，保证在任何情况下都能将车辆即时转换为人工操作模式。测试车辆应能自动识别自动驾驶系统失效及运行环境是否持续满足设计运行范围（ODD），并能采取风险减缓措施以达到最小风险状态。另外，测试车辆应具有自动驾驶数据记录系统，具备车辆控制模式、车辆位置、车辆速度、加速度等实时状态记录、存储功能，自动驾驶数据应能实时上传至测试平台。

测试车辆应具有事件（事故或失效状况）数据记录系统，具备记录和存储车辆事件发生前 20s 的车辆数据功能，事件数据存储时间不少于 1 年。存储的测试车辆事件数据能即时通过网络自动或通过人工操作上传测试监管平台。

测试车辆应在车身以醒目颜色清晰标示“自动驾驶测试”字样，单字高度应不小于 400mm，单字宽度应不小于 350mm，标示示例如图 12.10 所示，车上所有标识不应影响车辆感知或遮挡测试驾驶员视野。测试车辆应在车内前后风窗玻璃上张贴（悬挂）临时行驶车号牌，安装符合 GB/T 35788 要求的电子标识，配备三角警告牌。

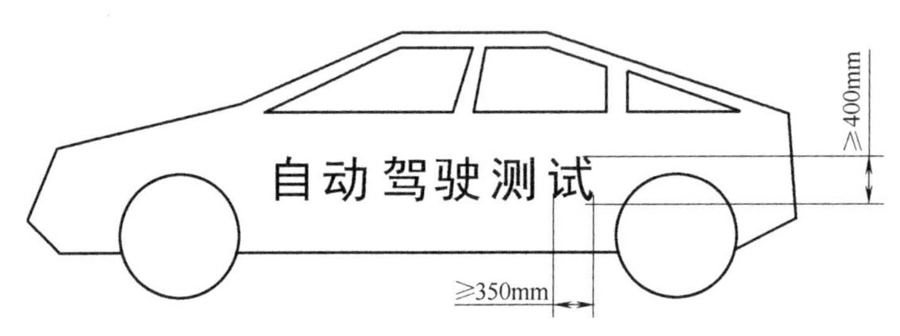

图 12.10 “自动驾驶测试”标示示例

测试车辆事件数据记录系统应提供 USB 接口，可供交通警察在现场查询近两个日历天的车辆事件数据记录。测试车辆仅限于在指定的道路、时间、路线上启动自动驾驶模式，当超出设计运行范围（ODD）时，测试车辆应自动提醒驾驶员接管。测试过程中遇需要人工接管情形时，测试车辆应以醒目的方式提醒测试驾驶员立即接管；在测试驾驶员接管驾驶前，测试车辆应保持自动驾驶状态，采取风险减缓措施以达到最小风险状态，保证车辆运行安全。

测试车辆应遵守现有道路交通安全法律法规通行，在设置交通信号灯路口或路段应按照交通信号灯指示安全通行，在未设置交通信号灯路口或路段应注意安全避让通行。在夜间或极端天气下测试时，测试车辆应开启危险警告闪光灯，并主动减速通行。测试车辆不得擅自变更影响车辆功能、性能的软硬件。在测试行驶状态下，测试车辆不应进行软件远程升级（OTA）。测试过程中，除经专业培训的测试人员和用于模拟货物的配重外，测试车辆不应搭载其他与测试无关的人员和货物。在每个测试周期内（最长不超过 18 个月），测试车辆应按测试主体制定的每周测试预案开展测试活动，应按规定的自动驾驶能力测试项目和技术要求，但不限于规定的测试项目，在测试道路上进行自动驾驶能力测试验证，单车累计测试里程不应少于 1000km。

4. 封闭道路试验要求

封闭场地测试时，试验设备主要包括惯性导航系统和驾驶机器人。惯性导航系统布置在车辆的质心位置；同时在车外部署差分定位基站，用于提高定位精度，选择地质条件良好的地面固定，周围无信号反射物、视野开阔，保证能方便地播发和传送差分信号。试验车辆外部设备主要是测试场景元素。按照测试要求，在规定的场地上，布置试验目标物，通过移动平台设置目标物的位置、行驶轨迹、速度等参数，实现自动驾驶封闭场地测试场景的构建。实际道路试验设备应完全独立于自动驾驶系统安装、运行，不能影响试验车辆及其自动驾驶功能的正常运行。同时因为实际道路试验场景复杂，充满不确定性，应当特别注意试验设备的固定、工作温度、设备供电、设备功耗、各数据接口的牢靠。

12.4 汽车智能驾驶试验方法

国际汽车制造商协会（OICA）提出了“多支柱法”智能网联汽车测试评价准则，即由虚拟仿真测试、封闭场地测试、实际道路测试构成多级智能网联汽车测试体系。

虚拟仿真测试应覆盖设计运行范围内可预测的全部场景，包括不易出现的边角场景，覆盖设计运行范围内全部自动驾驶功能；封闭场地测试应覆盖设计运行范围内的极限场景，如安全相关的事故场景和危险场景，覆盖自动驾驶系统正常状态下的典型功能，验证仿真结果；实际道路测试覆盖设计运行范围内典型场景组合的道路，覆盖随机场景及随机要素组合，验证自动驾驶功能应对随机场景的能力。自动驾驶测试环节发现问题的比例，虚拟仿真测试约占90%，封闭场地测试约占9%，实际道路测试约占1%。总体上，虚拟仿真测试是加速自动驾驶研发过程和保证安全的核心环节，封闭场地测试是自动驾驶研发过程的有效验证手段，实际道路测试是检测自动驾驶系统性能的必要环节，也是实现自动驾驶商业化的前置条件。

智能网联汽车的自动驾驶测试，首先进行审核与虚拟仿真测试，根据是否具备仿真测试条件，进行虚拟仿真测试或者审核。如果具备虚拟仿真测试条件，则在虚拟仿真测试用例库中进行验证全部声明的ODD（设计运行范围，指驾驶自动化系统设计时确定的适用于其功能运行的外部环境条件）和自动驾驶功能；如果不具备虚拟仿真测试条件，则审核全部声明的ODD和自动驾驶功能。

其次进行封闭场地测试，封闭场地测试用例围绕五大运行场景构建，包括高速/环路、市内运行、城际/郊区、泊车/取车和封闭园区。封闭场地测试依据声明的ODD、自动驾驶功能和具体车型选定不同的测试用例进行测试和综合评价。

实际道路测试首先需要获取实际道路测试许可，取得试车牌照，然后根据产品声明的ODD确定测试路段。在测试过程中，必须达到一定的测试时长和里程，覆盖自动驾驶必备功能，充分验证自动驾驶的功能和性能表现。实际道路测试时，可以在试验车上安装真值传感器，车辆行驶时可以同步采集测试场景，方便进行试验结果的分析和对比。采集得来的场景也可以用来进行仿真测试，或者通过封闭场地测试利用目标物进行测试场景的复现。

本节主要针对汽车智能驾驶试验方法，按照封闭场地和开放道路方法展开介绍。

12.4.1 封闭场地试验

针对场地试验提出相对应的试验场景、试验方法和通过要求，利用场地试验过程中交通参与者行为及目标物轨迹可控、场景可复现等特点，验证自动驾驶功能面对典型场景的应对能力。与道路试验、仿真试验结合，形成可满足自动驾驶功能需求的完整试验相关标准体系。自动驾驶功能在应用过程中将面临复杂多样的随机场景，在研发阶段企业应通过多层次、多类型的功能评估和测试保证其安全性。由于场地试验方法存在局限性，场景无法进行穷举，进行的封闭场地试验仅作为安全性验证的一部分，对于车辆运行范围中典型场景、典型道路、典型交通环境进行抽样检查，无法完全体现自动驾驶系统处理全部场景的表现，无法保证具备自动驾驶功能的车辆可应对全部复杂交通环境。

封闭场地试验进行的各项试验具体方法如下：

1. 交通信号识别及响应

1）限速标志的识别及响应试验：试验道路为至少包含一条车道的长直道，根据试验车辆的最高车速 V_{max} 在表 12.1 中选取相对应的任一组试验参数，标志牌之间距离至少为 100m，其中，解除限速标志和恢复限速标志在同一平面，如图 12.11 所示。

表 12.1　限速标志选取参照表　（单位：km/h）

V_{max}	初始道路限速	限速标志数值	解除限速标志	恢复限速标志
$V_{max} \geq 80$	80	60	60	80
	60	40	40	60
	40	30		
$60 \leq V_{max} < 80$	60	40	40	60
	40	30		
$40 \leq V_{max} < 60$	40	30		
$V_{max} < 40$	40	$V_{max}-10$		

在试验道路路旁设置限速标志、解除限速标志、恢复限速标志，试验车辆以不低于初始道路限速数值 0.75 倍的速度在长直道内驶向限速标志，记录试验车辆的行驶车速。

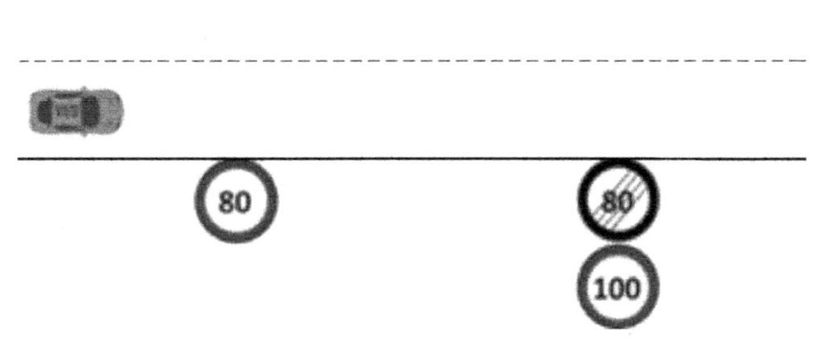

图 12.11　限速标志试验场景示意图

试验车辆在其最前端越过限速标志所在平面时，速度不高于限速标志数值；在限速标志牌间行驶时，试验车辆的行驶速度不低于当前限速标志数值的 0.75 倍；若存在解除限速标志，通过解除限速标志牌后 200m 处，试验车辆行驶速度应不低于当前限速标志数值的 0.75 倍。

2）弯道的识别及响应试验：试验道路为长直道和弯道的组合道路，弯道长度应保证试验车辆在弯道内至少行驶 5s。根据试验车辆最高车速 V_{max}，在表 12.2 中选取对应的任一组试验参数，并设置相对应的限速标志牌。

表 12.2　弯道最小曲率半径对照表

V_{max}/(km/h)	最小弯道半径/m	限速要求/(km/h)
$V_{max} \geq 100$	650	100
	400	80
	250	60
	125	40
$60 \leq V_{max} < 100$	400	80
	250	60
	125	40
$V_{max} < 60$	250	60
	125	40
	60	20

根据选定的最小弯道半径进行试验，试验车辆以不低于限速数值 0.75 倍的速度由长直道驶入并驶出弯道，如图 12.12 所示。

试验车辆速度不高于限速标志数值。若试验车辆为乘用车，弯道内全程车速不低于 0.75 倍限速值；若试验车辆为商用车辆，弯道内全程车速不低于 0.5 倍限速值。

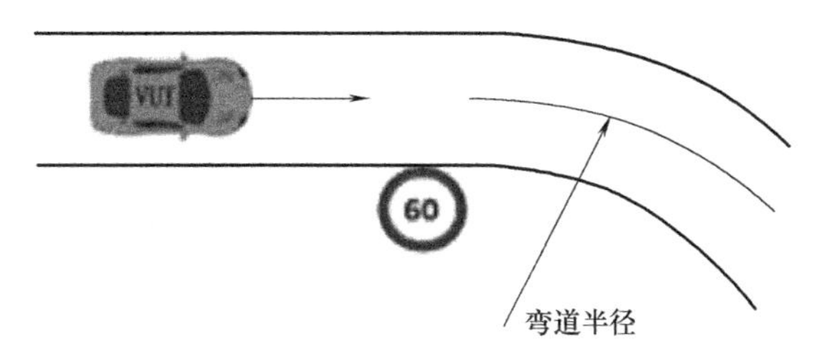

图 12.12 车道线试验场景示意图

3）停车让行标志标线的识别及响应试验：试验道路为至少包含两条双向车道的丁字路口，并于交叉处设置停车让行标志牌和停车让行标线，如图 12.13 所示。

试验车辆在车道内驶向停车让行线。车辆应在停车让行线前停车且车身任何部位不越过停车让行线。若试验车辆为乘用车，车辆最前端与停车让行线最小距离不大于 2m，车辆起动（行驶速度由 0km/h 加速至 2km/h）时间不超过 3s；若试验车辆为商用车辆，车辆最前端与停车让行线最小距离不大于 4m，起动时间不超过 5s。

4）机动车信号灯的识别及响应试验：试验道路为至少包含双向单车道的十字交叉路口，路口设置机动车信号灯且道路转弯半径不小于 15m，路段设置限速为 40km/h，如图 12.14 所示。试验车辆在车道内驶向机动车信号灯。机动车信号灯初始状态为绿灯并随机调整为下列两种信号灯状态之一：绿灯，信号灯保持绿色状态；红灯，信号灯在试验车辆最前端距离停止线距离为 40~60m 时由绿色变为黄色，持续 3s 后变为红色，并持续 30s 后变为绿色。

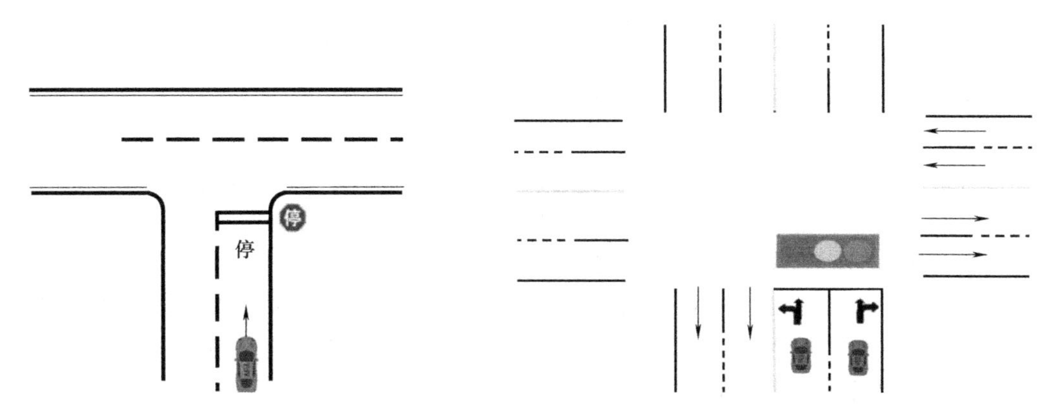

图 12.13 停车让行标志标线试验场景示意图　　图 12.14 机动车信号灯试验场景示意图

本场景下试验车辆应进行 3 次直行、3 次左转以及 3 次右转试验，且试验车辆同一运动轨迹的 3 次试验中上述两种信号灯状态应至少各出现 1 次。当进行绿灯和红灯右转试验时，试验车辆应通过路口并进入对应车道，在此过程中不应停止行驶。

当进行直行、左转红灯试验时，试验车辆在红灯时停止于停止线前且车身任何部位不越过停止线；对于乘用车而言，车辆最前端与停止线最小距离不大于 2m；信号灯变为绿色后，起动时间不超过 3s；若试验车辆为商用车，车辆最前端与停止线最小距离不大于 4m；信号灯变为绿色后，起动时间不超过 5s。

5）方向指示信号灯的识别及响应试验：试验车辆在车道内驶向方向指示信号灯，如图 12.15 所示。

车辆行驶路径方向的指示信号灯初始状态为绿灯，并随机调整为下列两种信号灯状态：

绿灯，车辆行驶路径方向的指示信号灯保持绿色状态；红灯，车辆行驶路径方向的信号灯在试验车辆最前端距离停止线 40~60m 时由绿色变为黄色，持续 3s 后变为红色，并持续 30s 后变为绿色。

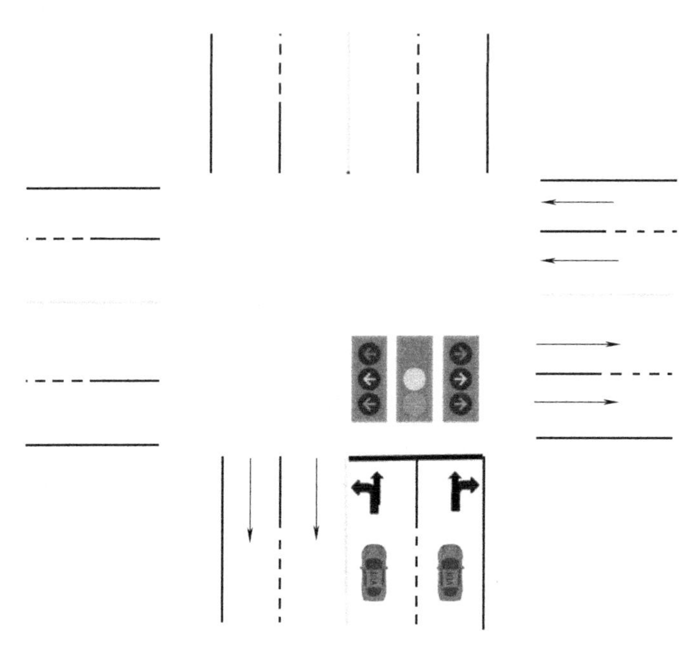

图 12.15 方向指示信号灯试验场景示意图

本场景下试验车辆应进行 3 次直行、3 次左转以及 3 次右转试验，且试验车辆同一运动轨迹的 3 次试验中上述两种信号灯状态应至少各出现 1 次。

合格的自动驾驶车辆应该满足：当进行绿灯试验时，试验车辆应通过路口并进入对应车道，试验过程中不应停止行驶。当进行红灯试验时，试验车辆在红灯点亮后应停止于停止线前且车身任何部位不越过停止线；当试验车辆为乘用车时，车辆最前端与停止线最小距离不大于 2m；当车辆行驶路径方向指示信号灯变为绿色后，起动时间不超过 3s；当试验车辆为商用车辆时，车辆最前端与停止线最小距离不大于 4m；当车辆行驶路径方向指示信号灯变为绿色后，起动时间不超过 5s。

6）快速路车道信号灯的识别及响应试验：试验道路为至少包含单向两车道的道路，道路上方均设置快速路车道信号灯，如图 12.16 所示。

试验车辆在车道内驶向车道信号灯，相邻车道信号灯保持绿色通行状态，并提前调整该车道信号灯为下列两种状态之一：绿色通行，该车道信号灯保持绿色通行状态；红色禁行，该车道信号灯保持红色禁行状态。上述两种信号灯状态应至少各出现 1 次。

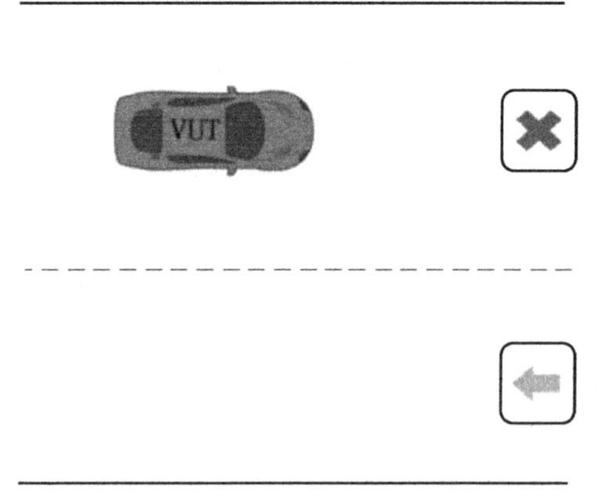

图 12.16 快速路车道信号灯试验场景示意图

若试验车辆具备信号灯识别功能，当进行绿色通行试验时，试验车辆应于本车道内通过交通

信号灯且在通过过程中不应存在停止行驶的情况。当进行红色禁行试验时，若试验车辆具备换道行驶功能，试验车辆应在信号灯前方驶入相邻车道；若不具备换道行驶功能，试验车辆应停止于信号灯前方，可发出超出设计运行范围的提示信息。若车辆不具备快速路车道信号灯识别功能，试验车辆应在到达信号灯前发出超出设计运行范围提示信息。

2. 道路交通基础设施与障碍物识别及响应试验

1）隧道的识别及响应试验：试验道路为至少包含长度不小于100m隧道的单向两车道；试验车辆在车道内驶向隧道，如图12.17所示。

图12.17　隧道通行试验场景示意图

若不具备隧道通行功能，试验车辆应在进入隧道前发出超出设计运行范围的提示信息且不进入隧道区域；若具备隧道通行功能，试验车辆应保持相同车道驶入并驶出隧道。

2）环形路口的识别及响应试验：试验道路内设置包含不低于3个出入口的环形路口，每个出入口至少为双向两车道。试验车辆入口上游存在1辆行驶目标车辆（VT_1），下游第1个入口存在静止目标车辆（VT_2），如图12.18所示。

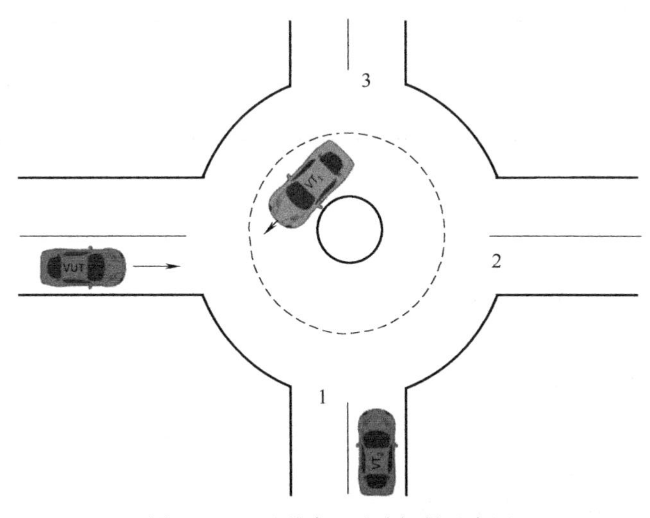

图12.18　环形路口试验场景示意图

试验车辆在车道内驶向环形路口，且车辆路径规划从出口2或出口3驶出环形路口；当试验车辆到达环形路口入口时，在入口上游存在以15km/h的速度匀速行驶并计划于出口1驶出的目标车辆（VT_1）。

若不具备环形路口内行驶功能，试验车辆应在进入环形路口前发出超出设计运行范围的提示信息且不进入环形路口；若具备环形路口内行驶功能，试验车辆应满足以下条件：由正确出口驶出环形路口并进入对应车道；不与目标车辆发生碰撞；在进入环形路口后不出现紧急制动或停止的情况。

3）匝道的识别及响应试验：试验道路为一条长度不小于100m的匝道连接的两条长直

道（长直道1和长直道2），道路至少为单向双车道。匝道入口处设置限速40km/h的标志牌，如图12.19所示。

试验车辆根据路径设定并入最右侧车道后由长直道1驶入匝道，通过并驶出匝道并入长直道2。试验车辆若不具备匝道行驶功能，则无需进行本场景试验。

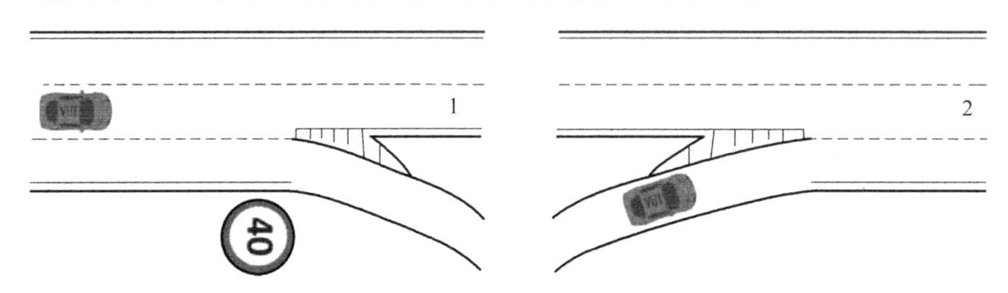

图12.19　驶入驶出匝道试验场景示意图

若试验车辆具备匝道通行功能，试验车辆应满足以下要求：在匝道车道内驶入、驶出匝道并进入长直道2对应车道；若试验车辆为乘用车，匝道内行驶全程速度不低于15km/h。

4）收费站的识别及响应试验：试验道路为至少包含一条车道并设置有收费站的长直道，收费站前设置收费站标志、减速带等，如图12.20所示。

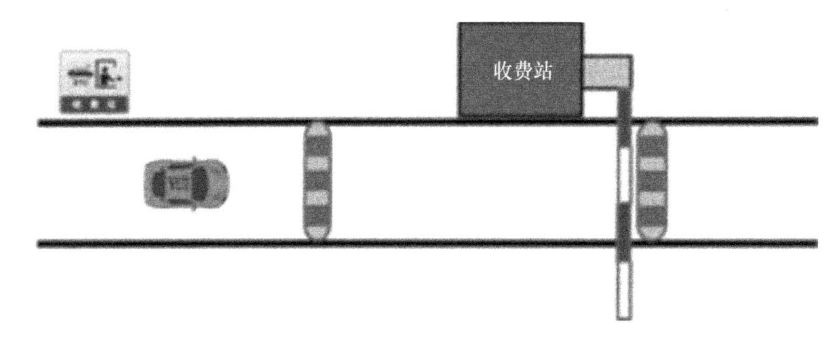

图12.20　驶入驶出收费站场景示意图

试验车辆沿试验道路驶向收费站。当试验车辆最前端与收费站升降栏距离为20~30m时，升降栏下降并于试验车辆速度降为0km/h后升起。

通过要求：若不具备收费站通行功能，试验车辆应在到达收费站前发出超出设计运行范围的提示信息；若具备收费站通行功能，试验车辆应在升降栏完全升起后5s内起动。

5）无信号灯路口右侧存在直行车辆的识别及响应试验：试验道路为至少包含双向单车道且无信号灯的十字交叉路口，试验路段车速限制为40km/h。目标车辆从路口右侧道路驶入路口，如图12.21所示。

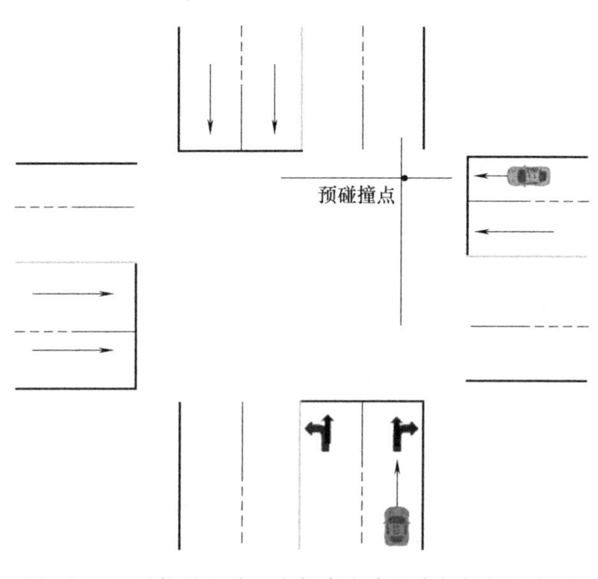

图12.21　无信号灯路口右侧存在直行车辆场景示意图

试验车辆根据路径设定在车道内直行通过该路口。当两车预碰撞时间首次到达4.5~5.5s时间区间时，目标车辆以20km/h匀速直行通过路口。

通过要求：试验车辆应让行目标车辆并经由路口驶入对应车道。

6）无信号灯路口左侧存在直行车辆的识别及响应试验：试验道路为至少包含双向单车道且无信号灯的十字交叉路口，交叉路口转弯半径不小于15m，试验路段车速限制为40km/h，目标车辆应从试验车辆左侧外侧车道直行驶入路口，如图12.22所示。

预碰撞点

图12.22　无信号灯路口左侧存在直行车辆场景示意图

试验车辆根据路径规划在车道内行驶并右转通过该路口。当两车预碰撞时间首次到达4.5~5.5s时间区间时，目标车辆以20km/h匀速直行通过路口。

通过要求：试验车辆应让行目标车辆并经由路口驶入对应车道。

7）无信号灯路口对向存在直行车辆的识别及响应试验：试验道路为至少包含双向单车道且无信号灯的十字交叉路口，交叉路口转弯半径不小于15m，试验路段车速限制为40km/h，目标车辆应从试验车辆对向车道直行驶入路口，如图12.23所示。

试验车辆根据路径规划在车道内行驶并左转通过该路口。两车预碰撞时间首次到达4.5~5.5s时间区间时，目标车辆以20km/h速度匀速直行通过路口。

通过要求：试验车辆应让行目标车辆并经由路口驶入对应车道。

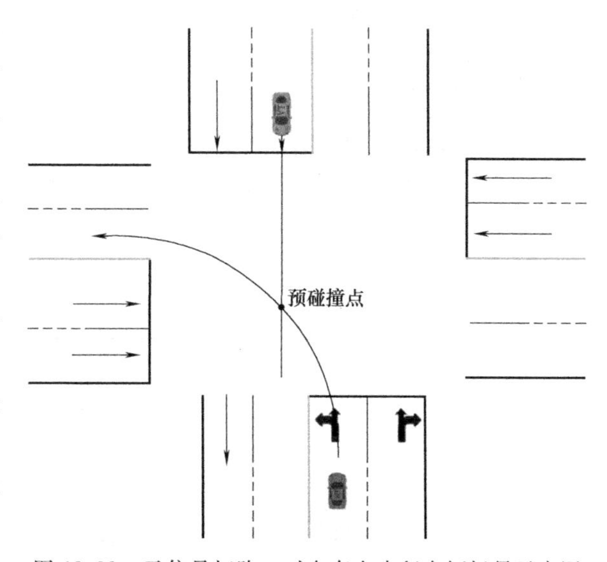

图12.23　无信号灯路口对向存在直行车辆场景示意图

8）施工车道的识别及响应试验：试验道路至少为具备单向双车道的长直道，中间车道线为白色虚线。外侧车道依据道路施工长期作业区的交通控制要求摆放交通锥及交通标志等，试验车辆在施工车道内驶向前方障碍物，如图12.24所示。

通过要求：若不具备换道行驶功能，试验车辆应在行驶过程中或在车辆静止后发出超出设计运行范围提示信息，停止于本车道内且不与障碍物发生碰撞；若具备换道行驶功能，试验车辆应变更车道绕行障碍物。

9）静止车辆占用部分车道的识别及响应试验：试验道路至少为具备单向双车道的长直道，中间车道线为白色虚线，最左侧车道线为双黄实线。目标车辆占用试验车辆行驶车道，

图 12.24　施工车道场景示意图

横向距离 1~1.2m 静止停放，且纵向轴线与中间车道线夹角不大于 30°，试验车辆应沿试验道路驶向目标车辆，如图 12.25 所示。

通过要求：试验车辆应不与目标车辆发生碰撞。若试验车辆停止于本车道内，应在车辆行驶过程中或在车辆静止后发出超出设计运行范围的提示信息。

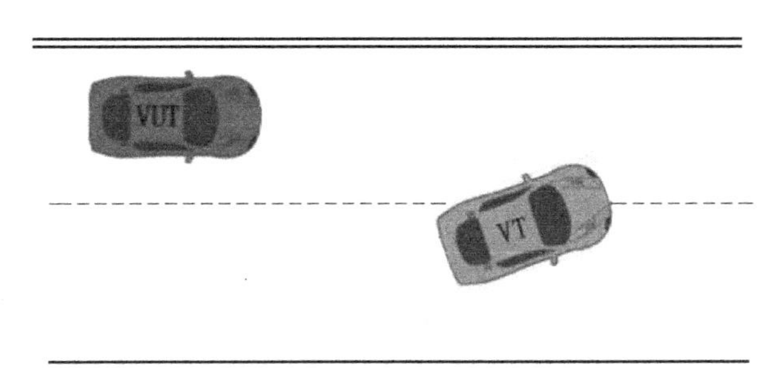

图 12.25　静止车辆占用部分车道场景示意图

3. 行人与非机动车识别及响应

1）行人通过人行横道线的识别及响应试验：试验道路至少为具备单向双车道的长直道，并在路段内设置人行横道线、人行横道预告标志线及人行横道标志等相关标志标线，该路段限速 40km/h。左侧车道外侧存在行人，行人沿人行横道线横穿试验道路，如图 12.26 所示。

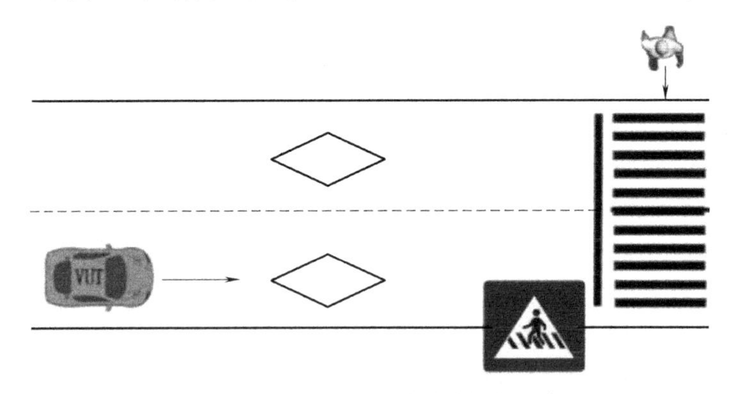

图 12.26　行人通过人行横道线场景示意图

试验车辆在外侧车道行驶并驶向人行横道线，行人初始位置在人行横道线外。当预碰撞时间首次到达 3.5~4.5s 时间区间时，行人于车辆左侧以 5~6.5km/h 的速度横穿人行横道线，3 次通过本场景的过程中，目标行人应包括成年假人和儿童假人。

通过要求：试验车辆不应与行人发生碰撞。若试验车辆在驶过人行横道线过程中停止，待行人通过试验车辆所在车道后，试验车辆为乘用车时，起动时间不应大于 3s，试验车辆为商用车辆时，起动时间不应大于 5s。

2）行人沿道路行走的识别及响应试验：试验道路为至少包含单向双车道的长直道，中间车道线为白色虚线。行人以5~6.5km/h的速度于距离车道右侧车道线内侧1~2.5m范围内沿外侧车道行走，如图12.27所示。

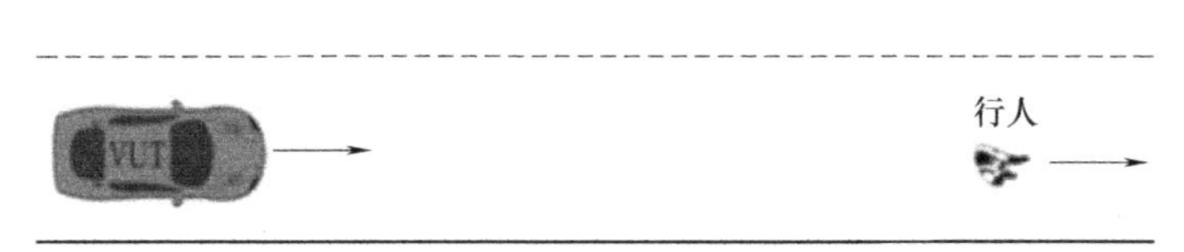

图12.27 行人沿道路行走场景示意图

试验车辆于外侧车道驶向行人。若跟随行人行驶，当试验车辆速度不大于6.5km/h时，持续时间超过5s后，行人从车道右侧离开当前车道，3次通过本场景的过程中，目标行人应包括成年假人和儿童假人。

通过要求：试验车辆应采用绕行或跟随方式通过该场景且不与行人发生碰撞。若采用跟随方式通过该场景，试验车辆应在行人离开本车道后加速行驶。跟随过程中，试验车辆可发出超出设计运行范围的提示信息，当发出提示信息后，试验车辆在行人离开本车道后可不执行加速行驶。

3）自行车同车道骑行的识别及响应试验：试验道路为至少包含单向双车道的长直道，中间车道线为白色虚线。自行车以10~20km/h速度于距离本车道右侧车道线内侧1~2.5m范围内沿外侧车道骑行，如图12.28所示。若试验车辆V_{max}小于20km/h，无需进行该试验项目。

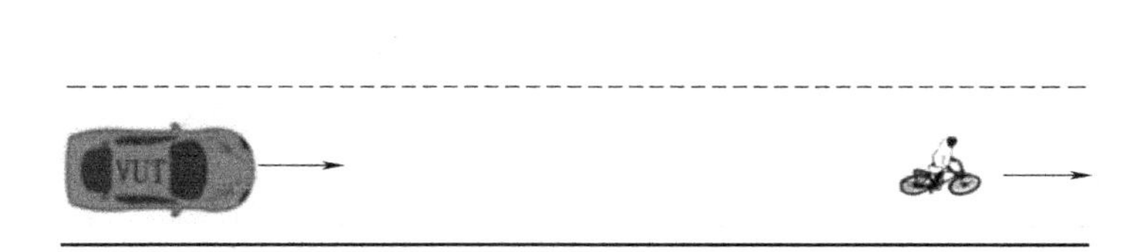

图12.28 自行车同车道骑行场景示意图

试验车辆于外侧车道驶向自行车。若跟随自行车行驶，当试验车辆速度不大于20km/h时，持续时间超过5s后，自行车从车道右侧离开当前车道。

通过要求：试验车辆应采用绕行或跟随方式通过该场景且不与自行车发生碰撞。若采用跟随方式通过该场景，试验车辆应在自行车离开本车道后加速行驶。跟随过程中，试验车辆可发出超出设计运行范围的提示信息，当发出提示信息后，试验车辆在自行车离开本车道后可不执行加速行驶。

4. 周边车辆行驶状态识别及响应

1）摩托车同车道行驶的识别及响应试验：试验道路为至少包含单向双车道的长直道，中间车道线为白色虚线。摩托车以20~30km/h速度于距离本车道右侧车道线内侧1~2.5m范围内沿外侧车道行驶，如图12.29所示。

试验车辆于外侧车道驶向摩托车。若跟随摩托车行驶，当试验车辆速度不大于 30km/h 时，持续时间超过 5s 后，摩托车从车道右侧离开当前车道。

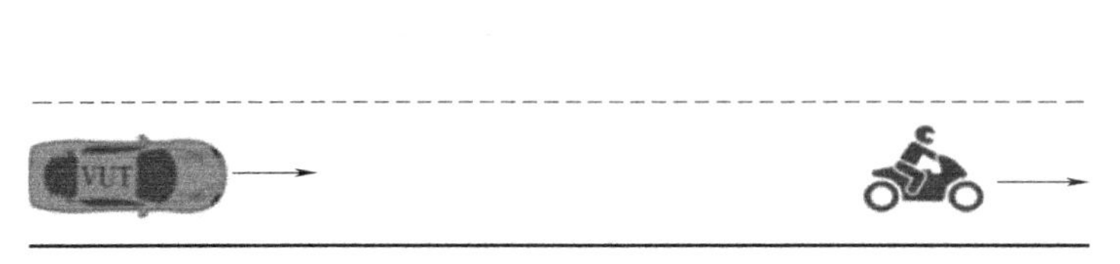

图 12.29　摩托车同车道行驶场景示意图

通过要求：试验车辆应采用绕行或跟随方式通过该场景且不与摩托车发生碰撞。若采用跟随方式通过该场景，试验车辆应在摩托车离开本车道后加速行驶。

2）前方车辆切入的识别及响应试验：试验道路为至少包含单向双车道的长直道，中间车道线为白色虚线，目标车辆以预设速度匀速行驶，如图 12.30 所示。

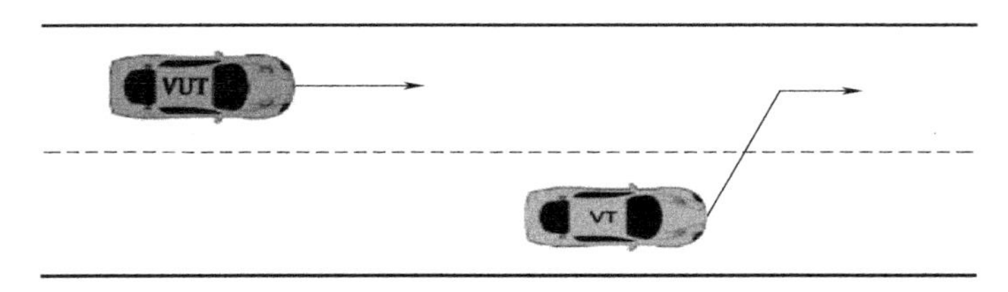

图 12.30　前方车辆切入试验场景示意图

试验车辆于内侧车道行驶。当试验车辆达到 V_{max} 的 85%以上且两车预碰撞时间首次达到预设时间区间时，目标车辆由外侧车道开始切入内侧车道并完成换道，完成换道时间不大于 3s，且目标车辆在切入过程中和切入完成后其纵向速度均等于预设速度。预设速度和预设时间区间见表 12.3。

表 12.3　切入预设速度/时间区间对照表

V_{max}/(km/h)	预设速度/(km/h)	预设时间区间/s	V_{max}/(km/h)	预设速度/(km/h)	预设时间区间/s
V_{max}>100	50	[5,6]	60<V_{max}≤80	30	[3,4]
80<V_{max}≤100	40	[4,5]	V_{max}≤60	V_{max}/2	[3,4]

通过要求：试验车辆不应与目标车辆发生碰撞。

3）前方车辆切出的识别及响应试验：试验道路为至少包含单向双车道的长直道，试验车辆前方存在目标车辆（VT_1），相邻车道存在目标车辆（VT_2），VT_1 以 V_{max} 的 50%速度匀速行驶，如图 12.31 所示。试验路段限速应大于目标车辆行驶速度。

试验车辆在外侧车道驶向 VT_1。当试验车辆稳定跟随 VT_1 后，VT_1 开始换道并入相邻车道，完成换道时间不大于 3s。VT_2 最前端在 VT_1 换道开始前保持在与试验车辆最后端距离 3m 以内。

通过要求：试验车辆不应与目标车辆发生碰撞；当目标车辆切出后，试验车辆应执行加速动作。

4）对向车辆借道行驶的识别及响应试验：试验道路为包含双向单车道的长直道，中间车道线为黄色虚线，该路段限速 40km/h。目标车辆越过中间车道线占用对向车道宽度的 25%~30%并以 30km/h 匀速行驶，如图 12.32 所示。

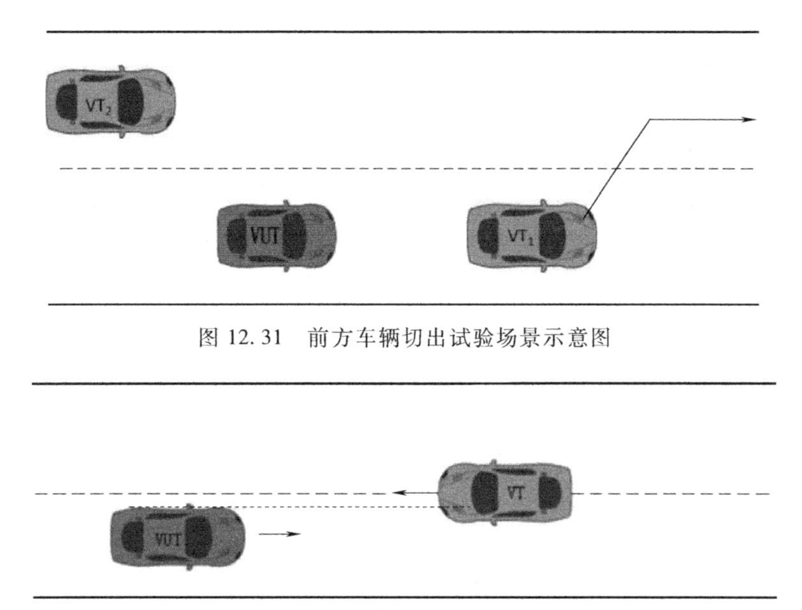

图 12.31　前方车辆切出试验场景示意图

图 12.32　对向车辆借道行驶试验场景示意图

试验车辆在车道内行驶且速度波动在 2km/h 以内保持 3s 以上。试验车辆与目标车辆初始纵向距离不小于 200m 并逐渐接近。记录两车相距 200m 时试验车辆速度为初始速度，当两车距离小于 200m 且试验车辆速度较初始速度降幅大于 5km/h 或试验车辆发出超出设计运行范围提示信息时，目标车辆驶回原车道。

通过要求：若降幅不大于 5km/h，试验车辆应完成会车且不与目标车辆发生碰撞。若降幅大于 5km/h，当目标车辆驶回后，试验车辆应继续行驶。试验车辆可在行驶过程中发出超出设计运行范围的提示信息，若发出提示信息，可不执行继续行驶动作。

5）目标车辆停-走的识别及响应试验：试验道路为至少包含单向双车道的长直道，中间车道线为白色虚线；外侧车道内存在以 V_{max} 的 75%匀速行驶的目标车辆，如图 12.33 所示。

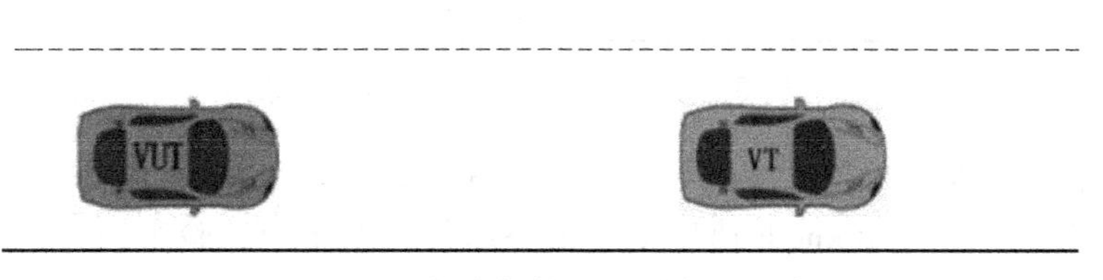

图 12.33　目标车辆停-走试验场景示意图

试验车辆稳定跟随目标车辆行驶后，目标车辆以 2～3m/s^2 减速度减速直至停止；若试验车辆保持跟随状态，当试验车辆速度降为 0km/h 后，目标车辆保持原车道起步并于 2s 内达到 10km/h 行驶。

通过要求：若具备换道行驶功能，目标车辆减速至停止过程中，试验车辆应完成换道并超越目标车辆且不与目标车辆发生碰撞；试验车辆为乘用车时，完成换道时间不应大于 5s；若不具备换道行驶功能，试验车辆应跟随目标车辆行驶且不与目标车辆发生碰撞；试验车辆为乘用车时，起动时间不应大于 3s，试验车辆为商用车辆时，起动时间不应大于 5s。

5. 自动紧急避险场景试验

1）行人横穿道路的识别及响应试验：试验道路为至少包含单向双车道的长直道，中间车道线为白色虚线。若 $V_{max} \geqslant 60$km/h，该路段限速 60km/h；若 $V_{max} < 60$km/h，该路段限速 40km/h。道路存在行人横穿道路行为，如图 12.34 所示。

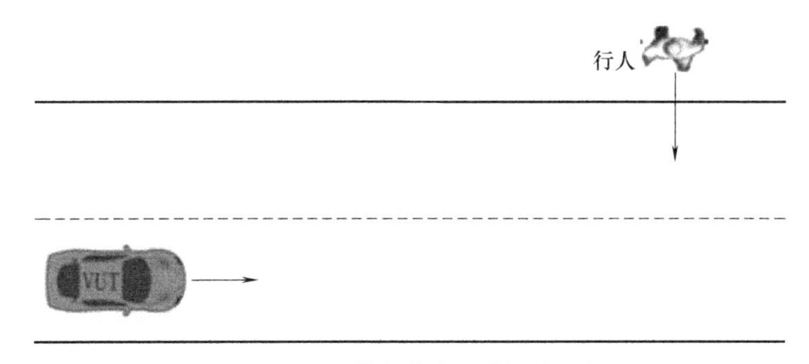

图 12.34　行人横穿道路试验场景示意图

试验车辆在最右侧车道内行驶。当预碰撞时间首次到达 3.5~4.5s 时间区间时，行人于试验车辆左侧以 5~6.5km/h 的速度横穿道路，并通过试验车辆所在车道的最右侧车道线，3 次通过本场景的过程中，目标行人应包括成年假人和儿童假人。

通过要求：试验车辆不应与行人发生碰撞。

2）自行车横穿道路的识别及响应试验：试验道路为至少包含单向双车道的长直道，中间车道线为白色虚线。若 $V_{max} \geqslant 60$km/h，则该路段限速 60km/h，若 $V_{max} < 60$km/h，则该路段限速 40km/h。道路存在自行车横穿道路行为，如图 12.35 所示。

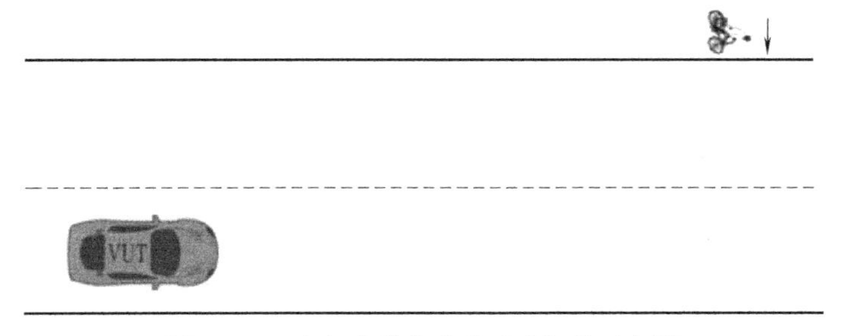

图 12.35　自行车横穿道路试验场景示意图

试验车辆在外侧车道内行驶。当预碰撞时间首次到达 3.5~4.5s 时间区间时，自行车于试验车辆左侧触发以 14~16km/h 速度横穿道路动作并停止于试验车辆当前行驶车道中间，停止 2s 后，自行车继续加速至 14~16km/h 速度通过该道路。

通过要求：试验车辆不应与自行车发生碰撞。

3）目标车辆切出后存在静止车辆的识别及响应试验：试验道路为至少包含单向双车道的长直道，中间车道线为白色虚线。外侧车道内存在两辆目标车辆（VT_1 和 VT_2），其中 VT_1 以预设速度驶向静止状态 VT_2，两辆目标车辆的中心线偏差不超过 0.5m，如图 12.36 所示。

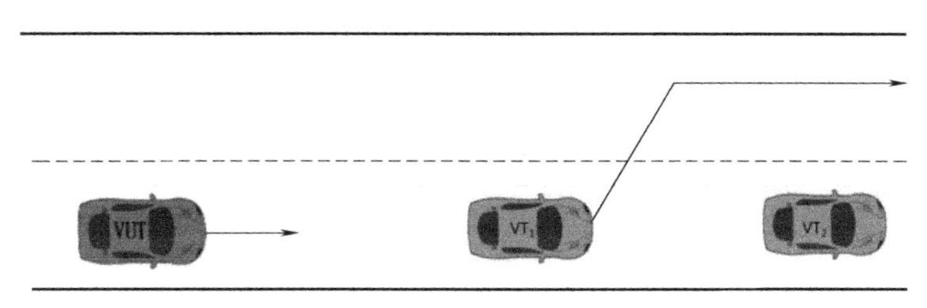

图 12.36 目标车辆切出后存在静止车辆场景示意图

试验车辆稳定跟随 VT_1 在相同车道内行驶，当 VT_1 距离 VT_2 预碰撞时间首次到达预设区间内时执行换道动作驶入相邻车道，完成换道时间不大于 3s。预设速度及预设时间区间见表 12.4。

表 12.4 切出预设速度/时间区间对照表

V_{max}/(km/h)	预设速度/(km/h)	预设时间区间/s	V_{max}/(km/h)	预设速度/(km/h)	预设时间区间/s
$V_{max}>100$	80	[4,5]	$60<V_{max}\leqslant 80$	40	[3,4]
$80<V_{max}\leqslant 100$	60	[3,4]	$V_{max}\leqslant 60$	$V_{max}-20$	[3,4]

通过要求：试验车辆不应与目标车辆发生碰撞。

4）前方车辆紧急制动的识别及响应试验：试验道路为仅有一条车道的长直道且两侧车道线为实线；车道内存在以 V_{max} 的 75%匀速行驶的目标车辆，如图 12.37 所示。

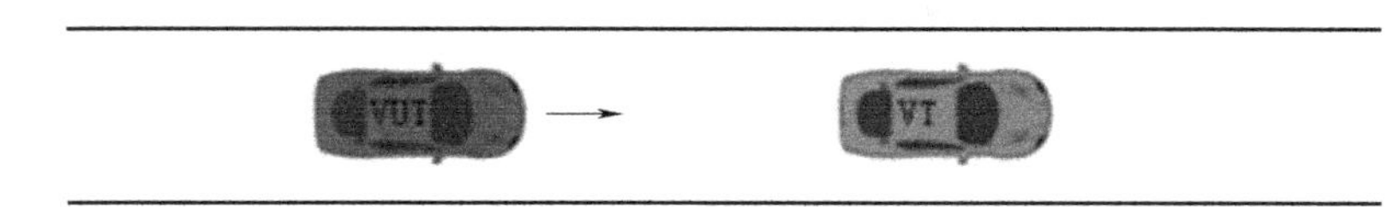

图 12.37 前方车辆紧急制动场景示意图

试验车辆稳定跟随前方行驶的目标车辆。目标车辆 1s 内达到减速度 $6m/s^2$ 并减速至停止。

通过要求：试验车辆不应与目标车辆发生碰撞。

6. 停车场景试验

1）停车点的识别及响应试验：试验道路为至少包含单向双车道的长直道，中间车道线为白色虚线。道路边存在停车点且停车区域道路旁具有足够空间不影响车辆右侧车门的正常打开，如图 12.38 所示。试验车辆若不具备换道功能，则无需进行本场景试验。

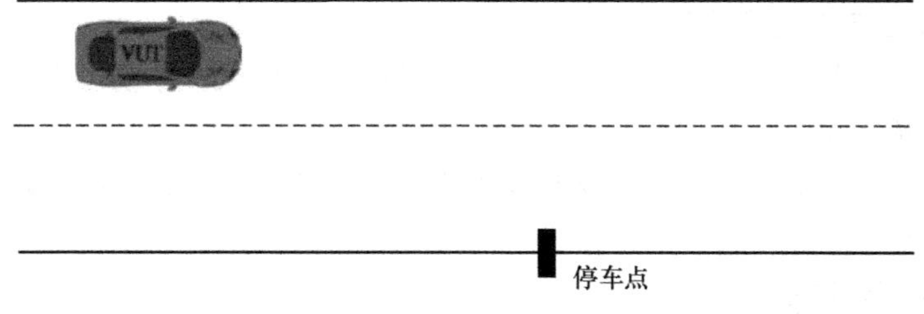

图 12.38 停车点场景示意图

试验车辆在停车点所在车道的左侧车道内行驶，靠近指定位置停车点。

通过要求：试验车辆不出现倒车动作；试验车辆距离车道内侧最大距离不大于 0.3m；试验车辆距离停车点最大纵向偏差不大于 10m。

2）港湾式站台的识别及响应试验：试验道路为至少包含单向双车道的长直道，中间车道线为白色虚线，路段内设置港湾式公交站，站台长度不小于25m，设置上、下客区域，如图12.39所示。

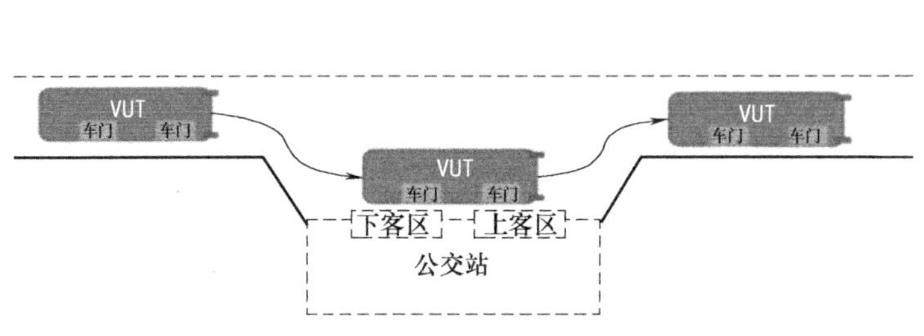

图12.39 港湾式站台场景示意图

试验车辆驶向港湾式站台。

通过要求：试验车辆一次性进入港湾式站台并完成停靠，无倒车调整情况，并保证车门与站台上、下客区域的对应；试验车辆一级车门踏步中心外沿距离车道内侧最大距离不超过0.3m；试验车辆在静止后3s内开始开启站台同侧车门。

3）普通站台的识别及响应试验：试验道路为至少包含单向双车道的长直道，中间车道线为白色虚线，路段内设置普通站台，设置上、下客区域，如图12.40所示；试验车辆驶向普通站台。

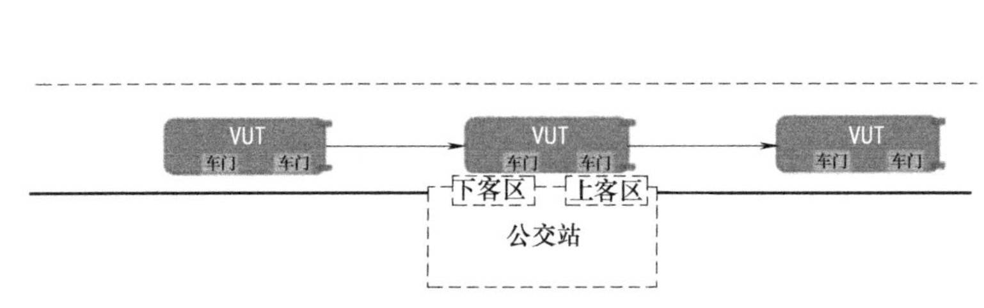

图12.40 普通站台场景示意图

通过要求：试验车辆一次性进入普通站台并完成停靠，无倒车调整情况，并保证车门与站台上、下客区域的对应；试验车辆一级车门踏步中心外沿距离车道内侧最大距离不超过0.3m；试验车辆在静止后3s内开始开启站台同侧车门。

7. 动态驾驶任务干预及接管试验

试验车辆以自动驾驶模式于长直道内行驶，驾驶员根据试验车辆可实现自动驾驶模式退出的方式执行干预操作。

通过要求：试验车辆应向驾驶员交出动态驾驶任务执行权限；交出权限后，自动驾驶系统不应自主恢复自动驾驶模式。

8. 最小风险策略试验

上述试验过程中，若试验车辆发出超出设计运行范围提示信息，驾驶员均不对试验车辆行驶状态进行人为干预。

若试验车辆进行上述所有试验项目过程中，均未发出超出设计运行范围提示信息，则进行补充试验。

补充试验：试验道路为至少包含一条车道的长直道，在各车道内均垂直于道路行驶方向均匀放置至少3个交通锥，该路段道路限速60km/h，如图12.41所示。

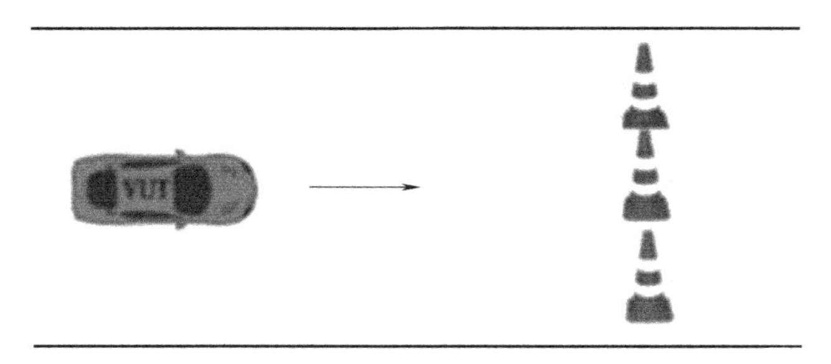

图12.41 最小风险策略补充试验场景

试验车辆驶向前方交通锥，行驶过程无人为干预。试验车辆应避免与交通锥发生碰撞，在行驶过程中或障碍物前静止后发出超出设计运行范围提示信息。

12.4.2 道路在环仿真测试

自动驾驶整车在环仿真测试平台总体结构主要由交通仿真场景、自动驾驶控制系统、真实测试道路上的物理车辆三部分组成。

仿真场景中的数字孪生车辆通过虚拟感知传感器采集测试场景数据，并将数据传递注入被试自动驾驶控制器，进行信息融合与控制决策，决策后的车辆控制命令，通过无线网络发送给物理车辆的执行器。

物理车辆在真实道路上做出反应后，再通过无线网络将车辆姿态和位置信息发送给仿真场景中的数字孪生车辆；完成车辆位置同步，从而实现整个系统的闭环实时仿真。

自动驾驶整车道路在环测试仿真系统中，由于交通仿真场景中数字孪生车辆的运动状态由真实道路上行驶的物理车辆的运动状态决定，因此仿真测试平台无需建立复杂的车辆动力学模型；同时相比其他类型的硬件在环仿真系统，提供了更精确的仿真能力，且保留了软件虚拟测试低成本、场景多样、极端场景测试、可重复性测试等优点。

交通仿真场景中，不仅可以生成可控的程序化车辆流、行人、动物等动态背景物体，还可以接入驾驶模拟器，控制特定的背景车辆，模拟人类驾驶习惯，构成更加真实、严苛的仿真测试环境。

12.4.3 开放道路测试

试验开始前，试验人员起动试验车辆并全程记录试验数据，试验安全员应根据车辆制造商声明开启自动驾驶功能并沿规定试验道路行驶。

试验通过要求如下：

1. 系统激活

车辆点火（上电）后（发动机自动起停除外），试验车辆应符合下列规定之一：

1）试验车辆自动驾驶功能应处于未激活状态。

2）符合车辆制造商声明的条件下，试验车辆自动驾驶功能可以自动处于就绪状态。

试验车辆自动驾驶功能处于“就绪”状态下，试验人员可通过制造商声明的专用操纵方式激活自动驾驶功能；处于“未就绪”状态下，试验人员通过专用操纵方式不可激活自动驾驶功能。

2. 执行动态驾驶任务

系统应持续执行动态驾驶任务，不应主动导致交通事故，通过设备采集车辆行驶状态，正常行驶时试验车辆应满足下列要求：

1）除试验人员身体原因和不可抗力因素外，试验过程中不发生非策略性干预（策略性干预是指由于行程规划、目的地选择等原因导致的试验人员干预车辆行驶）。

2）车辆行驶期间，除换道情况外，不碰轧“对向车道分界线”和“同向车道分界线”，无干扰情况下，不得碰轧“车道边缘线”。

3）若驻车等待，车辆轮廓不超越停止线停车；车速不超过限制速度。

4）不占用应急车道行驶及停车；不得以危险、不合理的方式超车及掉头；不违反交通信号灯指示信号行驶；不违反道路交通标志行驶；通过人行横道时礼让行人、非机动车；通过交叉路口时能按照优先通行权进行礼让；合理控制车辆照明及信号装置，包括但不限于近光灯、转向信号灯、制动灯、危险警告闪光灯、雾灯等；合理控制车辆喇叭。

5）通过试验人员主观感受，正常行驶时试验车辆应满足：适应真实交通流，避免过长时间等待；避免扰乱正常的交通流，导致整体通行效率下降；及时响应车辆周边道路障碍物或者相关交通设施；及时响应可对本车行驶产生影响的其他交通参与者；除与周边交通参与者、障碍物或者相关交通设施无法保持安全距离以及换道情况下，车辆稳定行驶于车道内；不无故实施紧急制动或紧急转向措施。

3. 系统后援

系统在执行动态驾驶任务的过程中，应持续监控设计运行范围，在不满足设计运行范围的计划事件即将发生前，自动驾驶系统应识别并响应，保证驾驶员有充足的时间接管车辆控制。相关自动驾驶系统的响应方式应符合其系统说明材料。

在系统发出接管请求期间，试验车辆应满足以下要求：在设计运行范围内持续执行动态驾驶任务，不主动导致交通事故；保证试验人员可通过制造商规定的方式接管车辆行驶，并在试验人员接管后提示车辆不再处于自动驾驶模式；不在试验人员接管车辆控制前停止发出接管请求信号。

试验车辆在试验过程中，一旦自动驾驶系统执行最小风险策略，则应符合要求：不主动导致交通事故；除非驾驶员干预，最小风险策略使车辆最终停止在目标停车区域内；系统运行状态的提示信号发生变化，该提示信号明显区分于其他系统提示信号；车辆立即对外发出危险警告信号；车辆完成最小风险策略后，自动驾驶功能退出，并在车辆重新起动后方可重新激活。

4. 试验车辆状态显示

试验车辆的状态显示应符合以下要求：

1）系统未激活提示：系统处于就绪状态时，至少有一种明确方式提示系统可被激活，如视觉文字指示等；系统处于未能成功激活的非就绪状态时，宜视觉提示典型的未激活原因类别，例如涉及运行范围不满足的情况，可视觉提示用户操作车辆。

2）系统激活和退出提示：系统由未激活状态进入激活状态时进行明显的提示；系统由激活状态退出至未激活状态时进行明显的提示。

3）系统运行状态提示：系统激活进入正常工作状态后，至少在用户直观可见的位置以视觉方式提示用户自动驾驶系统已正常工作；若出现系统失效，在激活系统时，进行相应的提示；系统激活后，若出现系统失效的情况，用包含视觉在内的明显提示方式进行持续提醒。

若系统发出接管请求信号，该信号符合以下要求：介入请求至少包含视觉并附加听觉和/或触觉提示信号；在介入请求阶段，介入请求在开始4s内（含4s）升级并保持升级状态直至介入请求结束，升级的介入请求包含持续或间歇性的触觉提示，除非车辆处于静止状态；在介入请求阶段，介入请求以直观和明确的方式提示后援用户介入，视觉提示至少包括手和转向盘控制的图片信息，并可附有其他解释性文本或提示符号。

12.4.4 V2X功能验证

车联网（V2X）测试系统包括仿真测试平台、路侧单元（RSU）、测试车辆［包括车载单元（OBU）］。该系统通过建立仿真平台与真实场地测试车辆之间的双向交互，实现虚实结合闭环自动化测试。

仿真测试平台应具备如下功能：应支持将真实的物理测试场地和环境映射成虚拟的仿真测试场地和环境；应支持测试场景建模、监控及仿真，对测试场景进行视景模拟时，可自动运行，也可以人工干预运行状况；应支持根据虚拟测试场景，生成测试场景的配置数据；应支持对测试过程的控制，包括测试过程的启动和停止；应支持发送测试场景配置数据的初始化数据和更新数据，以及测试过程的控制消息；应支持接收测试车辆上报的实时状态信息；应支持对测试车辆响应情况进行记录、保存和评估，并生成测试报告；应支持对多辆测试车辆同时进行在环测试；可支持外接驾驶员在环设备，对测试场景进行实时人工控制。

路侧单元应具备如下功能：应支持广播传输方式与车辆进行直连链路短程通信；应支持通过有线网络与仿真测试平台通信；应支持把仿真测试平台接收的测试场景相关信息和测试过程控制信息通过V2X消息传递给测试车辆；应支持从测试车辆接收车辆状态上报的V2X消息，并把测试车辆的状态等数据回传给仿真测试平台；路侧单元和测试车辆之间的V2X消息应符合相关规定。

测试车辆应符合如下要求：应至少包含车载单元、车内控制单元、线控系统功能模块。其中，车载单元为测试车辆提供通信能力，是车路交互信息集的交互通道；测试车辆作为真实的自动驾驶实车也可以具备所需的其他车载感知设备（如激光雷达、摄像头、毫米波雷达等），以及融合感知系统等。

测试流程如下：

1）仿真测试平台根据测试场景要求生成虚拟测试场景的配置数据。

2）在初始化测试场景配置阶段，仿真测试平台将初始化测试场景的配置数据下发给RSU。RSU将初始化测试场景的配置数据通过V2X消息下发到测试车辆。

3）测试车辆发送初始化测试场景配置的响应消息给RSU，RSU将该信息发送给仿真测试平台。

4）在初始化测试场景配置阶段完成后，仿真测试平台通过RSU向测试车辆发送测试过程控制指令（例如测试过程的启动），控制测试过程的开始和结束。

5）测试车辆在测试执行过程中通过RSU向仿真测试平台周期性报告其实时状态信息（例如速度、位置等），车辆状态信息的报告可以伴随着整个测试过程。

6）根据测试场景的需求，仿真测试平台在测试执行过程中通过 RSU 向测试车辆下发临时更新或者周期性更新的测试场景（例如前方施工、行人横穿马路）。根据测试场景需求，测试场景临时更新的或者周期性更新的内容可以作为测试场景的增量内容下发给测试车辆。根据测试场景需求，仿真测试平台下发测试场景可以通过其中的一个或多个 RSU 进行发送。

7）测试车辆根据更新的测试场景，周期性地通过 RSU 向仿真测试平台报告其实时状态信息。

8）仿真测试平台在测试执行过程中，实时跟踪分析测试车辆的状态，综合评估测试车辆是否通过了当前场景下的测试，并在测试过程结束后给出测试结果，生成测试报告。

12.5 汽车智能驾驶数据分析案例

12.5.1 AEB 失效问题

某样车进行自动紧急制动（AEB）功能测试，在目标车辆静止的工况测试中，试验样车以 40km/h 的车速驶向目标假车。行驶中该样车未发出前向碰撞预警，无自动紧急制动，AEB 功能未正常触发，直接撞上了目标假车。

12.5.2 原因分析

分析该测试过程数据，AEB 系统为正常工作状态，感知系统摄像头和毫米波雷达工作正常。并且通过读取 CAN 报文数据，AEB 系统已成功识别到前方的目标车辆，车辆行驶中目标也无明显丢失，但是距离碰撞时间（TTC）均为默认值。在此状态下 AEB 功能应能正常工作，自动紧急制动避免碰撞。

检查其他数据，发现制动系统（EBS）的横摆角速度数据（图 12.42）在车辆静止的状态下存在明显偏置，大于系统要求值 0.02（°）/s，且会出现明显波动毛刺。在车辆的直线行驶中，车辆的横摆角速度数值应在 0 附近波动，车辆转向行驶时会产生横摆角度的变化。AEB 系统正是通过横摆角速度的数据，来判断并推算车辆的行驶方向。结合以上分析可以

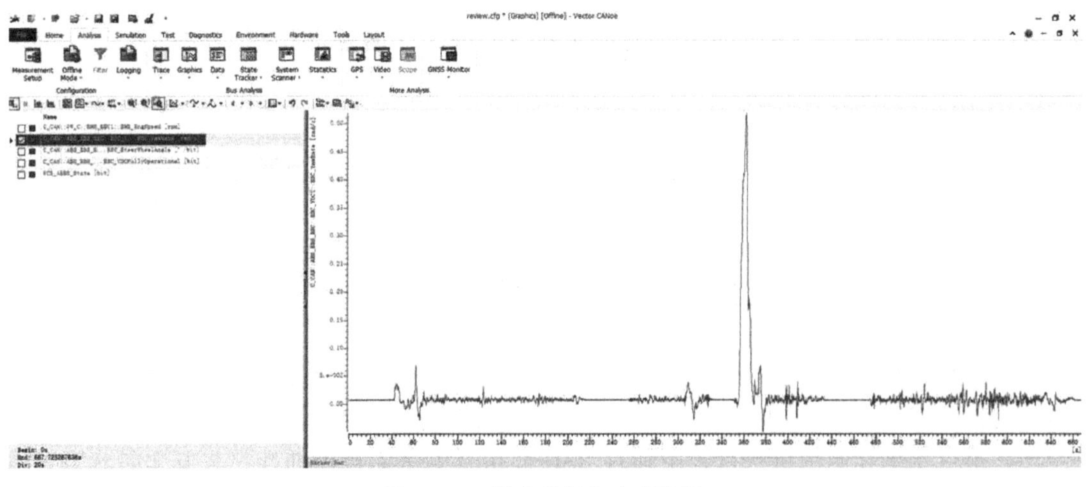

图 12.42　样车横摆角速度数据

得出，在此次试验中很有可能是因为横摆角速度的数据异常，导致车辆虽然是在直线行驶，但其后台数据推算车辆在转向行驶；识别到前方有目标车辆，但无碰撞风险，所以系统未给出警告和制动命令。

12.5.3 整改方案和效果验证

更换车辆的横摆角速度传感器，并优化固定工装，增加固定支架的厚度。车辆行驶到平整的广场上对横摆角速度数据进行置零。检查横摆角速度数据是否正常。

确认横摆角速度数据正常后，对样车的自动紧急制动功能进行复测。样车以 40km/h 的车速驶向目标假车，样车碰撞前发出碰撞预警，AEB 功能正常工作，自动制动成功避免了碰撞，符合标准要求。明确了前期测试 AEB 功能异常的原因正是横摆角速度数据异常。复测试验结果见表 12.5。

表 12.5 AEB 目标车辆静止测试结果

项目	标准要求	测试结果	符合性判定
自车车速	40km/h	39.64km/h	符合
预警方式	一级碰撞预警应在紧急制动阶段 1.4s 前产生	2.04s	符合
	二级碰撞预警应在紧急制动阶段 0.8s 前产生	1.38s	符合
紧急制动启动时的 TTC	不应在 TTC≥3s 前开始制动	1.06	符合
紧急制动结果	避免两车碰撞	是	符合
	车间距离大于 0m	0.71m	符合

第13章 新能源汽车整车专项试验

13.1 能量流试验

能量流试验是分析新能源汽车能量消耗的一个很重要的测试手段，通过能量流试验可全面了解汽车电耗的分布情况，定量地找到样车与标杆车型之间的能量消耗差异，从而有效获得经济性优化改进措施。

13.1.1 能量流试验条件

试验样车状态应良好，各控制器硬件和软件状态应符合设计要求，纯电驱动的车辆磨合里程应不少于500km，混合动力的车辆应在混动模式下至少经过2000km磨合。若动力总成在装车前已在台架上完成磨合，可减少整车磨合里程。

试验质量根据需要进行确定，M_1 车辆推荐按照国六排放试验质量进行配载，N类车辆推荐满载或超载，城市客车推荐按照65%载荷进行配载。

该试验一般在转鼓实验室进行，试验设备主要包括底盘测功机、功率分析仪、油耗仪或者全流排放设备、总线记录仪，试验一般在常温条件下进行（25℃±5℃），但是新能源车在高温环境下，电池水冷系统会耗能，低温环境下动力电池内部加热膜或者PTC也会消耗大量能量，所以有必要进行低温和高温环境下能量流试验，低温一般设定在-7℃以下，高温一般设定在35℃以上。

13.1.2 能量流试验方法

首先将试验样车固定到底盘测功机上，并安装功率分析仪。功率分析仪测试通道应包括驱动电机、动力电池、空调、DC/DC变换器等，混动汽车还应测试发电机的发电量和发动机的耗油量。

功率分析仪的电压信号来自高压盒母线，电流钳安装位置位于高压盒直流输出端，如图13.1所示。功率分析仪的测量项目应包括瞬时电压、瞬时电流、瞬时功率、累积正能耗、累积负能耗、累积能耗。对于能量供给的部件，如动力

图13.1　电流钳安装实物图

电池、发电机，当其对外放电时，定义能耗数据为正；对于能量消耗的部件，如空调压缩机、驱动电机，当其消耗电量时，定义能耗数据为正，调整功率分析仪电流钳方向，使其数据正负号符合此要求。

将试验车辆在底盘测功机上预热 20min，使得各系统工作达到良好状态。在底盘测功机上进行滑行，以补偿车辆损失。道路行驶阻力值应通过道路滑行试验获得（详见本书3.4节）。

根据需求选择合适的工况进行试验，试验过程中应严格控制速度误差，应符合《电动汽车能量消耗量和续驶里程试验方法　第1部分：轻型汽车》《电动汽车能量消耗量和续驶里程试验方法　第2部分：重型商用车辆》《轻型混合动力电动汽车能量消耗量试验方法》《重型混合动力电动汽车能量消耗量试验方法》标准要求。至少完成6个工况循环的测试，试验结束后应立即充满电，并记录来自电网的电量。

试验过程中全程记录功率分析仪数据、油耗仪和 CAN 记录仪数据，充电桩给汽车充电过程中，也应记录上述数据，并保存好底盘测功机的速度、里程、轮边力数据。

13.1.3 能量流试验数据分析

能量流试验完成后，结合功率分析仪数据、充电桩充电量数据、底盘测功机里程数据，就可以计算车辆的百公里能耗，以及能量分布。下面以某款纯电动汽车在高温 38℃ 市区工况下进行的能量流试验为例，对数据分析方法进行详细介绍。

首先分析车辆充电过程中的能量流向，如图13.2所示，充电桩的电能主要流入动力电池，少量电能被空调压缩机、DC/DC 变换器消耗了。计算空调压缩机、DC/DC 变换器耗电量与电池充电电量之比，这个结果用于后续将行驶过程中的单个工况循环电能消耗，按照等比例折算出充电过程的附件消耗，计算结果见表13.1。结合试验过程中电池放电量和能量回收电量，就能计算电池自身的充放电效率。电池充放电效率是影响能耗的一个关键因素，需要重点关注。

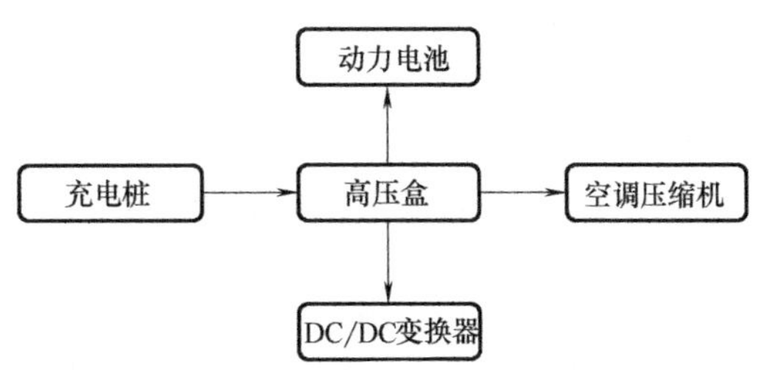

图13.2 车辆充电过程中能量流向示意图

表13.1 某纯电动车辆充电过程中能量流计算

项目	测试结果	与电池充电量之比
充电桩总充电量	73.65kW·h(原始值)	
电池充电量	72.23kW·h(原始值)	1
DC/DC 变换器耗电	0.41kW·h(原始值)	0.56%
压缩机耗电	1.01kW·h(原始值)	1.40%
试验中电池放电	81.12kW·h(原始值)	
试验中电池能量回收	11.99kW·h(原始值)	
电池自身充放电效率	96.32%(计算值)	

再分析车辆行驶过程中的能量流向，如图13.3所示，动力电池提供电能，能量主要被驱动电机消耗掉，部分电能被 DC/DC 变换器和空调压缩机消耗掉，在制动工况，驱动电机

会有能量回收，这时会给动力电池回充。按照能量守恒的原则，电池放电量-电池能量回收=电机耗电量-电机能量回收+空调压缩机耗电+DC/DC 变换器耗电，表 13.2 的数据符合能量守恒原则，说明试验数据本身是可信的。

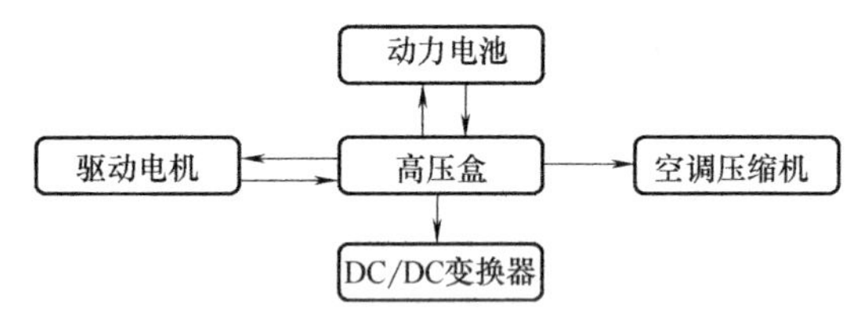

图 13.3 车辆行驶过程中能量流向示意图

表 13.2 某纯电动车辆行驶过程中能量流计算

项目		循环测试结果	百公里结果	能量流占比
行驶过程	电池放电电量	16.40kW·h(原始值)		
	电池能量回收	4.84kW·h(原始值)		
	电机耗电	13.63kW·h(原始值)	48.51kW·h/100km	109.68%
	电机能量回收	6.05kW·h(原始值)	21.53kW·h/100km	-48.68%
	空调压缩机耗电	2.07kW·h(原始值)	7.37kW·h/100km	16.60%
	DC/DC 变换器耗电	1.91kW·h(原始值)	6.80kW·h/100km	15.37%
	行驶里程	28.1km(原始值)		
	能量回收过程中电池自身损耗	0.18kW·h(计算值)	0.64kW·h/100km	1.44%
	电池综合放电量	11.74kW·h(计算值)		
充电过程（等效折算）	电池充电量	12.19kW·h(计算值)		
	充放电过程中电池自身损耗	0.45kW·h(计算值)	1.60kW·h/100km	3.62%
	DC/DC 变换器耗电	0.07kW·h(计算值)	0.25kW·h/100km	0.5%
	压缩机耗电	0.17kW·h(计算值)	0.60kW·h/100km	1.36%
	充电桩总充电量	12.43kW·h(计算值)	44.23kW·h/100km	100%

根据电机、电池和附件的能耗数据，再结合表 13.1 中的电池自身充放电效率数据进行计算：

能量回收过程中电池自身损耗=电池能量回收×(1-充放电效率)；

电池综合放电量=电池放电量-电池能量回收×充放电效率；

电池电网端充电量=电池综合放电量/充放电效率；

充放电过程电池自身损耗=电池电网端充电量×(1-充放电效率)；

DC/DC 变换器耗电和压缩机耗电按照表 13.1 附件电耗与电池充电量之比的系数进行折算；

充电桩总充电量=电池电网端充电量+充放电过程电池自身损耗+DC/DC 变换器耗电+压缩机耗电。

再根据行驶里程，计算百公里能耗结果，最终除以充电桩总充电量，得到能量流分配比例。

根据表 13.2 的结果，行驶过程中 DC/DC 变换器耗能和空调压缩机耗能之和占比超过 30%，这个占比明显偏高，经排查，空调压缩机、电子风扇、电子水泵综合功率超过 4kW，市区工况平均车速低，100km 行驶 3h，耗能达到 13kW·h，要降低车辆能耗，对空调及附件进行能耗优化十分必要。

13.2 整车功能验证

对于新能源汽车而言，具有区别于传统燃油车的独立的电气架构，其三电系统（电机、电池、电控）、座舱系统、底盘系统、辅助驾驶系统都需要通过硬件、软件有机结合，对各执行单元进行精确控制，从而实现整车行驶功能。功能验证是新能源汽车开发中一个必不可少的环节，整车功能验证是在整车条件下，根据功能测试用例，逐项验证，检查汽车各功能是否达到设计要求。

13.2.1 整车功能验证常用设备

新能源汽车的网络架构都是基于汽车总线开发的，汽车内部信息交互都是通过总线完成的。要想完成整车功能验证，总线测试工具是必不可少的，它用于监控、记录各个控制器在执行命令时的实际动作，同时也可以记录汽车内部各种传感器实际数据。借助总线测试工具，就可以分析总线报文数据，从而判断整车功能是否正常，各控制器是否按照设定要求工作。整车功能验证常用的总线测试设备有两类，一类是总线记录仪（图 13.4），此类设备自带内存卡，可以完整记录总线上所有报文，然后进行事后回放分析，该设备优点是不需要计算机和人员在场，自行记录，但是不支持实时播放、实时分析；另一类是总线实时分析设备（图 13.5），该设备一端连接总线，一端通过 USB 与计算机连接，从而实现总线数据实时播放、分析，也可通过计算机本地化记录，同时支持软件标定和软件刷写。

图 13.4 总线记录仪（品牌：ZLG，4 路 CAN，支持 4G 网络上传）

图 13.5 总线实时分析设备（品牌：PEAK，支持 1 路 CAN）

13.2.2 整车功能验证方法

整车功能验证就是在整车状态下，对每个控制器每项功能进行逐一检查，需要测试的控制器一般包括：DC/DC 变换器（高压直流转低压直流）、MCU（驱动电机控制器）、BMS（电池管理系统）、VCU（整车控制器）、BCM（车身控制器）、OBC（交流慢充控制器）、ADAS（先进驾驶辅助系统）、EPS（电动转向系统）、AVAS（电动汽车低速提示音系统）、SVS（仪表系统）、ACCU（空调控制器）。整车功能验证是依据测试用例的要求进行的，新能源汽车测试用例多达几千条，故整车功能验证是一个比较复杂又非常耗时的工作，下面列举几条常见的测试用例，见表 13.3，并对试验方法进行说明。

下面举例介绍某车型 BMS 高压互锁功能验证方法。根据测试用例要求，将 BMS 主正、主负高压插接器断开后，如图 13.6 和图 13.7 所示，钥匙上电，BMS 应该上报动力高压互锁故障，无法上高压，实际测试结果为：BMS 未报动力高压互锁故障，仅上报非动力回路互锁故障，导致 PMS（动力管理系统）请求 BMS 高压上电持续约 3.9s，如图 13.8 和图 13.9 所示。

表 13.3　整车功能验证部分测试用例举例

控制器名称	用例名称		操作方法	判断标准
DC/DC 变换器	使能试验	上电使能	车辆静止状态，钥匙从 OFF 档至 ON 档，分析总线报文	VCU 发出使能打开命令到 DC/DC 变换器反馈使能状态时间间隔≤设定时间
		下电使能	车辆静止状态，钥匙从 ON 档至 OFF 档，分析总线报文	VCU 发出使能关闭命令到 DC/DC 变换器反馈使能状态时间间隔≤设定时间
	工作状态试验	正常工作	钥匙至 ON 档，检查 DC/DC 变换器是否正常工作，分析总线报文	DC/DC 变换器输出电压≥设定值
		最大负荷工作	将车辆所有用电器件打开，包括车灯、刮水器、多媒体等，分析总线报文	DC/DC 变换器输出电压≥设定值
MCU	外特性试验	峰值转矩	正常 READY 状态，挂 D 档，加速踏板开度 100%，车辆加速至最高车速，分析总线报文	不同转速下最大转矩符合外特性要求
		峰值功率		不同转速下最大功率符合外特性要求
	防溜坡功能验证		车辆满载，在设定的坡道上，车头朝上，挂 D 位，松开制动踏板，不施加油门	MCU 不得出现电机旋转方向与驾驶意图行驶方向不一致，后溜距离≤设定值
	能量回收功能验证	D 位滑行	整车运行至中等速度，松开加速踏板，车辆滑行，车速降低至 10km/h 以下，分析总线报文	MCU 正常响应 VCU 滑行能量回收要求，回馈力矩符合控制策略
		制动能量回收进入	整车运行至中等速度，踩下制动踏板，深度为 50%，直至停车，分析总线报文	MCU 正常响应制动能量回收要求，回馈力矩符合控制策略
		制动能量回收退出	整车运行至中等速度，踩下制动踏板，深度为 100%，车辆紧急停车，分析总线报文	当车速低于设定值，且 ABS 介入时，制动能量回收退出，回馈力矩为零
	防抖功能验证	起步防抖	松开驻车制动，分别挂 D 位和 R 位，缓慢抬起制动踏板起步	车辆正常前进或者后退，无抖动现象
		连续加减速	先踩加速踏板，再踩制动踏板，行驶中连续深踩加速踏板，至最高车速	
		蠕行防抖	抬起制动踏板，车辆起步至蠕行车速，再踩制动，反复多次	
		坡道防抖	车辆满载、空载，在各种坡度路面进行爬坡试验	

图 13.6　BMS 主正、主负插接状态

图 13.7　BMS 主正、主负断开状态

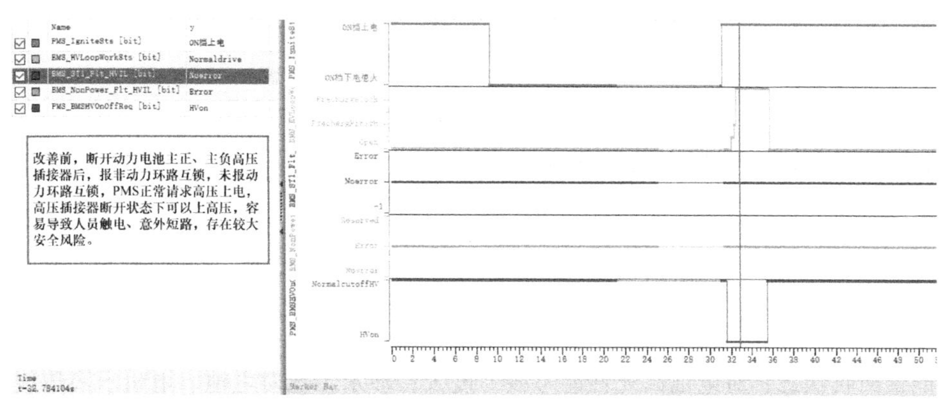

图 13.8　断开 BMS 主正、主负后高压互锁状态 CAN 报文（见彩插）

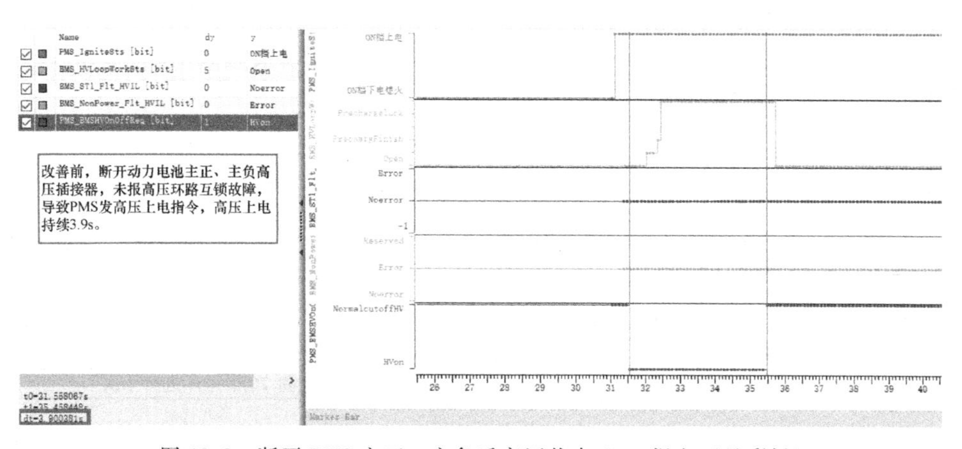

图 13.9　断开 BMS 主正、主负后高压状态 CAN 报文（见彩插）

图 13.8 表明，断开 BMS 主正、主负后，动力互锁正常，只有非动力互锁故障，图 13.9 表明高压持续了约 3.9s，这会导致异常断路条件下，出现人员触电或者意外短路的风险。经分析，该样车电池包为非设计定型状态，MSD（手动维修开关）和高压插接器是按照非动力互锁定义的，策略不合理，需要优化成动力互锁策略。

修改互锁策略、更新 BMS 软件，进行该用例复测，断开动力电池主正、主负高压插接器后，钥匙上电，报动力互锁故障，无法高压上电，符合安全要求，如图 13.10 所示。

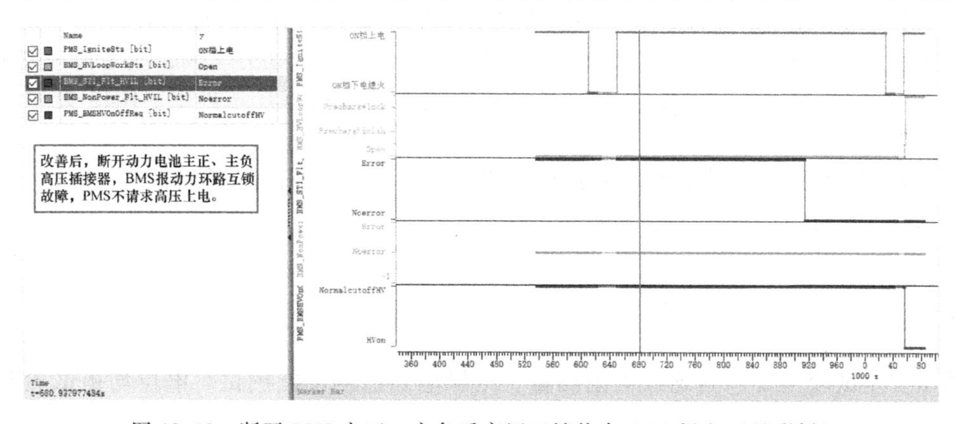

图 13.10　断开 BMS 主正、主负后高压互锁状态 CAN 报文（见彩插）

13.3 整车三电耐久性试验

13.3.1 整车三电耐久性试验方法

整车三电耐久性试验是指为验证新能源车辆的三电系统，包括电机、电池和电控，进行的整车专项耐久性试验。其核心思想是把用户实际工况中，对三电系统损害或者影响很大的工况提取出来，进行专项验证。这些工况主要包括急加速、紧急制动、涉水、高速放电，其中急加速工况，电机处于过载状态，对电机、电池放电性能考核力度大；紧急制动工况，电机处于能量回收状态，对电池回充性能考核力度大；涉水工况对电池、电机、高压线束及接插器、辅驱控制器等高压零部件的防雨密封性进行考核，目前很多新能源汽车在南方多雨城市，容易出现进水导致的绝缘故障，所以涉水工况试验也是很有必要的。

表 13.4 是某新能源汽车三电耐久性试验工况统计，总共需要完成 1000 个循环，单个循环约 50km，总计里程约 50000km。

表 13.4 循环次数统计

序号	工况名称	考核目的	单个循环动作次数	总动作次数
1	溅水	验证电器件及其插接器防水、绝缘性能	1	1000
2	制动	验证紧急制动工况下的能量回收	6	6000
3	起停	验证低速急加速工况下大电流放电	12	12000
4	爬坡	验证爬陡坡工况下大电流放电	4	4000
5	中速变速	验证中速工况下能量回收和放电	4	4000
6	高速变速	验证高速工况下能量回收和大功率放电	4	4000
7	长里程放电	验证高速持续放电	每 20 个循环进行 1 次	50

13.3.2 整车三电耐久性试验注意事项

三电耐久性试验在实际执行时还有以下注意事项：

1）试验工况及车速要求须与试验场地安全条件相结合，比如制动试验必须在专门的制动路上进行，变速工况可以在试验场高速环道上进行，但是试验场高速环道每个车道有车速范围限制，实际试验不能超出车速范围要求。

2）注意车辆模式的选择，新能源车辆一般有多种模式，比如正常模式、经济模式、动力模式，试验过程中各种模式都要穿插使用。

3）对于充电性能的验证，三电耐久性试验应尽量做到充分、全面验证，有慢充功能的车辆，可以进行快充和慢充交替验证。对于可外接充电的混合动力车辆，应选择一段试验循环区间，不得外接充电，以验证在长期低 SOC（电池荷电状态）条件下，BMS 关于 SOC 算法的准确性。

4）附件功能验证也很重要，试验过程中应尽可能穿插附件的使用，比如收音机、蓝牙、刮水器、车灯、导航的功能。

13.4 高压安全试验

高压安全试验主要包括绝缘电阻测量、绝缘电阻监测功能测试、电位均衡试验和涉水试验。

13.4.1　绝缘电阻测量

试验前需准备两个相同的电压表，电压表内阻不小于 10MΩ，在测量时若绝缘监测功能会对整车绝缘电阻的测试产生影响，则应将车辆的绝缘监测功能关闭或者将绝缘电阻监测单元从 B 级电压电路中断开，以免影响测量值。具体测量步骤如下：

1）使车辆上电，保证车辆上所有电力、电子开关处于激活状态。

2）用相同的两个电压表同时测量可充电储能系统（REESS）的两个端子和电平台之间的电压，测量位置需要与设计工程师提前沟通，负极测量点推荐为充电口负极，正极测量点推荐为 PTC 或空调压缩机接插器，测量示意图如图 13.11 所示。待读数稳定后，较高的一个为 U_1，较低的一个为 U_1'。

3）添加一个已知电阻 R_0，阻值宜选择 1MΩ，如图 13.12 所示。并联在 REESS 的 U_1 侧端子与电平台之间。再用步骤 2）中的两个电压检测工具同时测量 REESS 的两个端子和电平台之间的电压，如图 13.13 所示，待读数稳定后，测量值为 U_2 和 U_2'。

4）计算绝缘电阻 R_i。R_i 可以使用 R_0 和四个电压值 U_1、U_1'、U_2 和 U_2'以及电压检测设备内阻 r，代入式（13.1）来计算。

$$R_i=\frac{1}{\dfrac{1}{R_0\left(\dfrac{U_2'}{U_2}-\dfrac{U_1'}{U_1}\right)}-\dfrac{1}{r}} \tag{13.1}$$

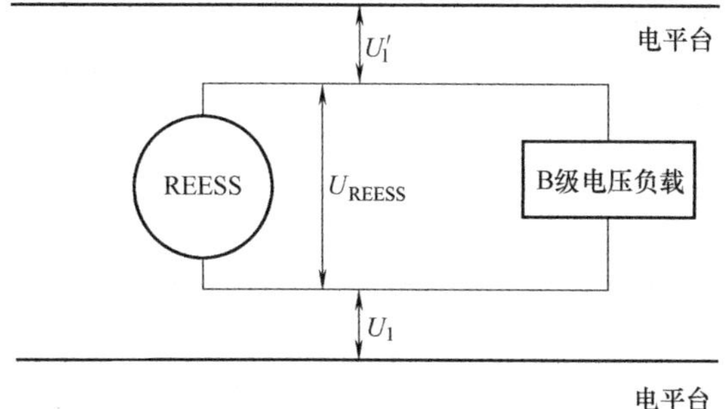

图 13.11　绝缘电阻测量（未并电阻）

图 13.12　绝缘电阻测量（并入电阻）

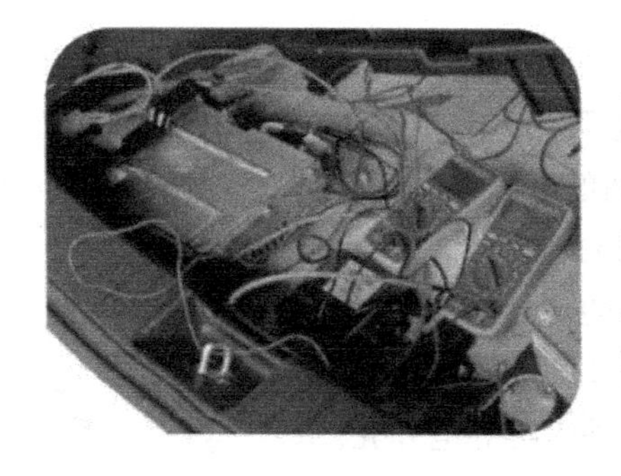

图 13.13　电压测量

对不含电源的 B 级电压负载绝缘电阻，具体测量方法如下：

将被测的 B 级电压负载的所有电源（包括 A 级电压电源）断开；将 B 级电压负载的所有 B 级电压带电部分相互传导连接；将 B 级电压负载所有外露可导电部分、A 级电压部分与电平台传导连接；将绝缘电阻测试设备连接在带电部分和电平台之间，该设备可选用绝缘电阻表；将绝缘电阻测试设备的测试电压设置为不低于 B 级电压电路的最高工作电压；最后读出 B 级电压负载的绝缘电阻值。

13.4.2 绝缘电阻监测功能测试

绝缘电阻监测功能用于当绝缘电阻值小于设计要求时，车辆能够自动通过声光信号提醒驾驶员。其测试方法如下：

测试过程中，车辆 B 级电压电路应处于接通状态，且绝缘监测功能或设备已启动。测试中使用可调节电阻器（例如变阻箱等），可调节电阻器的最大电阻值≥10MΩ。试验步骤如下：

1）在常温下，按照上文的测试方法，测出当前整车绝缘电阻值为 R_i，并记录较小测量电压 U_1'所在的 REESS 高压侧。

2）按照被测车辆的正常操作流程使车辆进入“可行驶模式”。

3）若步骤 1 中，U_1'在 REESS 的正极端，则如图 13.14 所示，将可调节电阻器并联在 REESS 正极端与车辆电平台之间。相反，若 U_1'在 REESS 的负极端，则将可调节电阻器并联在 REESS 负极端与车辆电平台之间。开始测量时，可调节电阻器的电阻值设置为最大值。

4）将可调节电阻器的电阻值逐渐减小到目标值，观察车辆是否有明显的声或光警告。

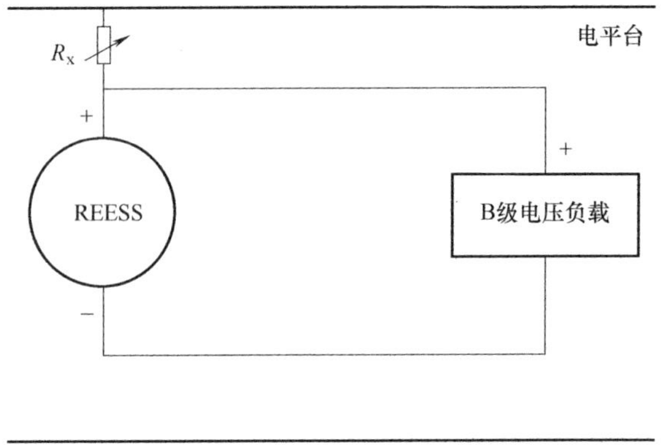

图 13.14 绝缘监测验证试验

13.4.3 电位均衡试验

电位均衡可用电阻测试仪直接测量，也可以采用独立直流电源配合电流和电压检测设备进行测量。其中电阻测试仪的测量电流可调，电阻测试分辨率高于 0.01Ω。独立直流电源电压也可调节。两个外露的可导电外壳或遮栏之间的电阻，也可以通过外露的可导电外壳或遮栏与电平台之间的连接电阻值计算得出。测试方法如下：

1）将电阻测试仪的两个探针分别连接外露的可导电外壳以及电平台。

2）增大测试电流，使测试电流至少达到 0.2A，读取电阻值。

3）将电阻测试仪的两个探针分别连接两个外露可导电外壳。

4）重复步骤 2）。

13.4.4 涉水试验

图 13.15 涉水试验

样车处于 100mm 深的涉水池中，如图 13.15 所示，在涉水池中以 20km/h±2km/h 的速度行驶至少 500m，包括车辆在水池外的总试验时间应少于 10min。

涉水后测量整车绝缘电阻值，判定整车绝缘是否符合设计要求。样车静置 24h 后，再次测量整车绝缘电阻值，判定整车绝缘是否符合设计要求。

13.5 新能源汽车数据分析案例

某新能源汽车在试验场综合耐久性试验，行驶至 5200km 处，车辆无法“READY”，无法行驶，仪表未报任何故障，SOC 值为 25%。

通过新能源汽车远程监控平台，调取车辆故障信息，发现上报了单体欠电压故障，故提取每个电池单体电压信息进行分析，发现第 6 号电池的电压仅为 2.91V，而其他电池的电压为 3.27V，如图 13.16 所示。

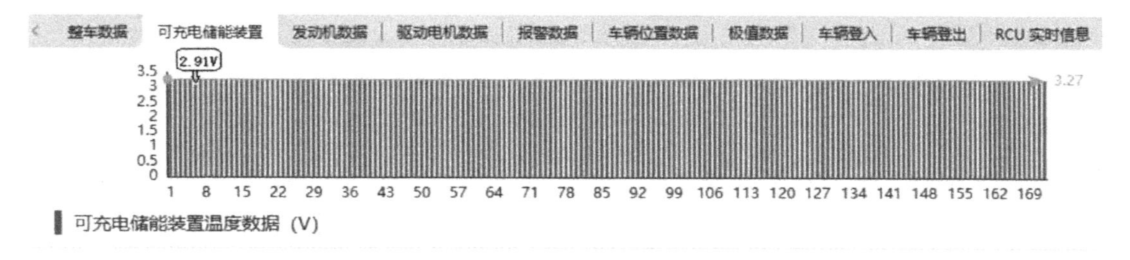

图 13.16 电池单体电压信息

将车辆拖行至充电桩进行充电，当 SOC 为 100%时，电池单体电压恢复正常，车辆可以正常“READY”，故障消失。该故障的根本原因为电池单体一致性差，电池单体在工作过程中电压降明显，类似于水桶原理，即电池包的总体性能是由性能最差的那个电池单体决定的。该故障虽然暂时消失，随着车辆后续使用，多次充放电循环之后，有故障的电池单体可能会再次出现单体欠电压故障。

参考文献

[1] 何耀华. 汽车试验技术 [M]. 北京：机械工业出版社，2010.

[2] 樊继东. 汽车测试技术 [M]. 北京：清华大学出版社，2017.

[3] 王霄锋. 汽车可靠性工程基础 [M]. 北京：清华大学出版社，2007.

[4] 茆诗松，汤银才，王玲玲. 可靠性统计 [M]. 北京：高等教育出版社，2008.

[5] SINGIRESU S R. 机械振动 [M]. 李欣业，杨理诚，译. 北京：清华大学出版社，2009.

[6] 余志生. 汽车理论 [M]. 5 版. 北京：机械工业出版社，2009.

[7] 赵立军，白欣. 汽车试验学 [M]. 北京：北京大学出版社，2008.

[8] 庞剑，谌刚，何华. 汽车噪声与振动：理论与应用 [M]. 北京：北京理工大学出版社，2006.

[9] 李良巧. 可靠性工程师手册 [M]. 2 版. 北京：中国人民大学出版社，2012.

[10] 罗峰，孙泽昌. 汽车 CAN 总线系统原理、设计及应用 [M]. 北京：电子工业出版社，2021.

[11] 曼弗雷德·米奇克，享宁·瓦伦托维兹. 汽车动力学 [M]. 陈荫三，余强，译. 北京：清华大学出版社，2019.